AU POLE

ET SOUS LES TROPIQUES

GRAND IN-8° PREMIÈRE SÉRIE

BÉNÉDICT-HENRY RÉVOIL

AU POLE

ET SOUS

LES TROPIQUES

HISTOIRES RÉCUEILLIES

PAR UN VOYAGEUR AUTOUR DU MONDE

LIMOGES

ANCIENNE MAISON BARBOU FRÈRES

CHARLES BARBOU, IMPRIMEUR-ÉDITEUR

Avenue du Crucifix.

AU POLE

ET SOUS LES TROPIQUES

LA PÊCHE DES PERLES

La perle — que nos lecteurs veuillent bien nous permettre de le leur redire — est le produit de la sécrétion nacrée de quelques huîtres, qui, pour se débarrasser d'un insecte qui veut pénétrer à travers leurs écailles, dans l'intérieur de leur valve, enveloppent à l'aide de cette exsudation ces objets qui les gênent ou les menacent. Si l'on coupe une perle en deux, on reconnaît qu'elle est formée de couches concentriques et l'on trouvera, au milieu, le corps étranger qui en a déterminé la formation.

C'est pour cela que l'industrie humaine s'est ingéniée à produire des perles, et, pour arriver à ce résultat, il a suffi d'altérer, en les piquant, certaines coquilles, et, dès lors, l'animal, sentant la nécessité de réparer sa maison, accumule à l'endroit où le dégât est commis la matière calcaire que sécrète son manteau. L'abondance de cette matière produit alors une callosité qui devient une véritable perle. Les Indiens connaissent ce moyen factice de produire des perles et ce procédé est encore employé en Allemagne, le long des grands affluents de la rive gauche du Rhin, où l'on a essayé de parquer des coquillages perliers pour les exploiter régulièrement.

Les huîtres se nomment des *pintadines* ou mère-perles, et elles produisent énormément dans certains pays. Ce sont elles, d'ailleurs, qui donnent les meilleures et les plus belles perles, celles dont le prix est élevé à cause de leur régularité et de leur grosseur.

On trouve également ces jolis globules dans les coquillages nommés « avicules », « patches » et « héliolides ». Ces dernières mêmes offrent aux yeux des couleurs irisées très estimées.

Il y a des pêcheries en Amérique, aussi bien que dans les Indes. Dans ces derniers parages, c'est sur la côte de Ceylan que l'art de pêcher les perles est connu depuis la plus haute antiquité. Cette occupation commence en février et finit en avril. Le pêcheur, muni d'un filet en forme de sac et lié par une corde, plonge au fond de la mer, remplit son filet de coquilles et, après deux ou trois minutes, donne le signal pour qu'on l'aide à remonter. Il reparaît alors à la lumière, en rendant quelquefois le sang par le nez et les oreilles. Chaque plongeur renouvelle jusqu'à cinquante fois par jour cette opération.

On rassemble les coquilles sur des nattes entourées de palissades, et, quand la chair est morte et tombe en putréfaction, on se met à la recherche des perles.

A Condalchy, dans le golfe de Mannuar, de l'île de Ceylan, se trouve la plus importante pêcherie de perles. Elle couvre un espace de vingt milles, et ce banc d'huîtres est mis en coupe réglée, comme le serait une forêt sur notre continent, ou comme le sont les bancs de coraux sur la côte de Sicile. Il est partagé en sept parties que l'on exploite successivement chaque année. On a calculé que les bivalves d'où l'on extrait les perles atteignent toute leur grandeur dans cet espace de temps et que si on les laissait plus longtemps, les perles leur deviendraient incommodes au point qu'ils les expulseraient de leurs coquilles.

Toutes les barques que l'on emploie à la pêche doivent être autorisées par le gouvernement, à qui elles ont payé un droit. Elles se rassemblent au jour convenu, vers dix heures du soir, dans la baie de Condalchy, afin de partir de conserve pour se trouver à la pointe du jour sur le banc où se fait la pêche. Chaque barque, outre le patron, est montée par vingt hommes, dont dix rameurs et dix plongeurs. Ceux-ci, qui se sont habitués à ce métier dès l'enfance, viennent en général de Colang, sur la côte de Malabar, et de l'île de Magyar. Ils se partagent en deux bandes égales en nombre qui plongent et se reposent alternativement.

Les plongeurs, armés d'un sac, comme je l'ai déjà dit, se suspendent à une corde attachée à leur ceinture et terminée par une pierre, et, le long de la gâche, est fixée par quelques anneaux cousus dans la corde même une seconde corde amarrée à la barque, au moyen de laquelle ils indiqueront le moment où il faudra les aider à remonter.

Au moment de plonger, le pêcheur prend entre les doigts de pied la corde au bout de laquelle est la pierre et saisit la corde d'appel de la main droite, tandis qu'il se bouche les narines avec la main gauche.

Au bout de deux, de quatre, de cinq et même de six minutes, — ce qui est fort rare et dépend de l'habileté du plongeur, — celui-ci se fait remonter, en tirant sa corde d'appel, par les hommes qui se tiennent toujours en éveil sur les bords de l'embarcation. Chaque plongeur peut répéter cinquante fois par jour la même opération. La pêche continue ainsi depuis le lever du soleil jusqu'à midi ; à ce moment, un nouveau coup de canon avertit les barques qu'il faut revenir au point du départ. Là, les propriétaires de la pêche ou du gouvernement font déposer les coquilles dans des espèces de puits d'un ou deux pieds de profondeur, ou bien encore sur des nattes entourées de palissades.

Après quelques temps, lorsque les mollusques sont morts et que l'on juge à propos l'ouverture de leurs coquilles, on cherche alternativement dans celles-ci et dans l'animal lui-même, — c'est-à-dire dans les lobes de son manteau, quelquefois même en le faisant bouillir, — les perles qui pourraient s'y trouver. On choisit, en outre, les plus belles coquilles propres à fournir la nacre et on laisse le reste. Quant aux perles adhérentes à la coquille, on les détache et ensuite des ouvriers les arrondissent les polissent à l'endroit de leur adhérence, au moyen d'une poudre fournie par les perles elles-mêmes.

Il faut environ sept cents quintaux de coquilles pour obtenir une livre de perles. Dix livres de perles annuelles représentent donc 7, 000 quintaux de coquilles. Mais il y a tant de plongeons inutiles, de déboires et de non valeurs, qu'il faut compter avec cette pêche aux huîtres perlières. Quelques plongeurs peu honnêtes ont trouvé le moyen d'ouvrir des huîtres au fond de la mer, d'en arracher des perles et de les avaler, puis, en remontant, ils disent ne rien avoir trouvé. Mais la perle, quand elle a passé par le canal digestif, est altérée et se reconnaît facilement. D'autres cachent l'objet de leur vol dans une « partie secrète » de leur corps, et alors la perle garde son éclat ; mais il faut être très habile pour opérer ce truc et ne pas remonter les mains vides.

Mais les patrons des embarcations, quand ils soupçonnent qu'un de leurs plongeurs a commis un larcin, se hâtent de lui faire avaler, de gré ou de force, une sorte de vomitif qui provoque une expectoration immédiate.

Ce qu'il y a de plus terrible dans la pratique de cette pêche des perles, c'est la rencontre faite sous l'eau par un plongeur des squales si dangereux pour l'homme. Ces poissons, très rares dans le golfe de Condalchy en temps ordinaire, y pullulent au moment de la pêche des perles. Ils s'installent sur les bancs et n'en bougent pas. On les voit apparaître à la surface de l'eau, trahissant leur présence par l'aileron qu'ils ont sur le dos et qui dépasse presque toujours le liquide salé. Ce petit triangle frémissant et humide, qui a la forme d'une petite voile latine, est l'objet de la surveillance incessante des guetteurs. De temps en temps, un requin impatienté se rue sur le théâtre de l'action avec un vitesse de locomotive, et tout aussitôt s'élève un concert de clameurs assourdissantes. Les plongeurs, avertis par le bruit et les chocs donnés au fond des barques, lâchent leurs coquilles et remontent le crick au poing, sur la défensive. Généralement le monstre ahuri par tant de tapage, s'enfuit comme une flèche entre deux barques et va rejoindre ses compères qui croisent un peu plus loin. Il n'y a réellement que le couteau qui puisse venir à bout d'un requin : ce squale reçoit une balle de fusil ordinaire à trente pas sans broncher.

Un autre poisson très redouté des plongeurs est la *tintrera*, espèce « d'ange » ou de « diable » de mer, poisson plat, large, immense et très avide de chair humaine. Ce poisson, dont la large mâchoire est très redoutable, possède aussi une action électrique. Les Indiens parlent avec terreur de l'engourdissement que l'on ressent lorsqu'on se défend contre une *tintrera,* engourdissement qui vous laisse à sa merci. Comme l'ennemi vient entre deux eaux, les plongeurs ne peuvent pas être prévenus par les guetteurs et, quelle que soit leur habileté, ils sentent leurs tempes battre, leurs oreilles bourdonner, et la compression se fait dans leurs poumons. Voici comment procède la *tintrera.* Elle s'installe sur le fond du banc d'huîtres, s'aplatit sur le sable, avec lequel elle se confond bientôt. Puis, quand arrivent les embarcations, le premier pêcheur qui tombera à sa portée verra soudain l'eau s'obscurcir autour de lui, et ses mouvements seront paralysés par un choc qu'il éprouvera aussitôt. Le monstre enveloppe alors sa victime et l'étouffe comme dans une couverture ; puis il l'entraîne non loin de là et, s'aplatissant sur le plongeur, l'étouffe avant de le dévorer. Ce drame maritime si sombre pourrait impressionner des imaginations encore moins portées à la superstition que celle de l'Indien, qui voit dans la « tintrera », dans sa phosphorescence singulière et l'action électrique dont elle est peut être le résultat, quelque chose de surnaturel.

Il y a encore la « scie », autre squale moins redouté, les pieuvres, quelquefois énormes, dont les pêcheurs de Condalchy se soucient peu, car ils savent comment leur percer la poche vitale et les réduire aussitôt à la plus grande impuissance.

Mais les Ceylanais sont très superstitieux ; ils voient du surnaturel en toutes choses, et je terminerai ce chapitre par une histoire authentique arrivée, il y a un an, dans la baie de Colang, sur la côte de Malabar. On citait dans ces parages, parmi les habiles plongeurs, un beau jeune Ceylanais du nom de Noahly, qui devenu fort riche à ce métier-là, portait hors de l'eau un splendide costume, et, quand il se jetait dans le propice élément, n'y plongeait jamais qu'en portant à son cou, à ses bras et à ses rotules, des colliers de coraux ouvragés.

Noahly était attaché à la barque d'un certain Moorah, homme de grand courage, qui avait longtemps fait le métier de plongeur, et qui, ne pouvant plus continuer, eu égard à des étouffements qui lui faisaient perdre la respiration, avait acheté une barque et loué des hommes pour l'aider à la cueillette des huîtres perlières.

Noahly était le plongeur favori de Moorah, et tous deux s'aimaient comme deux frères. Ils partageaient la même couche, mangeaient ensemble et ne se quittaient jamais.

Par un beau jour de mai, Noahly, qui avait déjà opéré cinq immersions dans les profondeurs du golfe de Colang, remonta tout à coup à la surface de l'eau et s'écriant :

— La reine des eaux ! la reine ! je l'ai vue ! elle est là.

Pressé de questions par Moorah et ceux qui se trouvaient près de lui, Noahly déclara que parvenu au fond de la baie, au moment où il ouvrait les yeux pour ramasser les huitres perlières, il avait vu, à un mètre de distance, une créature d'une beauté sans pareille, revêtue d'ornements dorés, couverte de pierreries, les yeux noirs grands ouverts, tendre vers lui ses bras nus et semblant vouloir l'attirer à elle en lui souriant. Le premier mouvement de Noahly avait été celui de la stupeur ; mais il avait réfléchi sur-le-champ que la reine des eaux allait l'entraîner dans ses grottes profondes et qu'il ne reverrait plus Coméa sa fiancée. Se reculant aussitôt, il avait tiré la corde pour remonter à la surface.

— Elle est belle, ajoutait Noahly, comme une houri du ciel de Mahomet.

Moorah traita son ami de visionnaire ; et lui dit qu'il s'était trompé et que rien n'était moins vraisemblable qu'une reine des eaux ; Noahly répliqua qu'il savait ce qu'il disait, et il ajouta que, s'il n'aimait pas Coméa, il adorerait la créature divine qu'il avait aperçue au fond du golfe.

Quoi qu'il en fut, il déclara qu'il ne descendrait plus ce jour-là pour pêcher des perles.

Rentré sous la cabane de roseaux qui abritait Moorah et où il habitait également. Noaly refusa de prendre aucune nourriture : il semblait préoccupé, et, quand l'heure de se coucher fut venue, il s'étendit sur sa natte et demanda au sommeil l'oubli de ses préoccupations. Ses paupières se fermèrent, mais ce fut pour rêver, et il songea à la vision sous-marine qui l'avait si vivement impressionné. Moorah, qui reposait aux côtés de son ami, l'entendait parler d'une voix confuse et enfin il l'entendit dire ces paroles :

— Il faut que je la revoie ! je l'aime.

Le lendemain matin, Moorah rappela à son ami les mots qu'il avait dits pendant son sommeil. Noaly ne répondit pas à cette invite à la causerie, et il suivit Moorah pour se rendre au travail quotidien.

Arrivé sur l'emplacement habituel de la pêche, il demanda à Moorah la faveur de descendre le premier et, en effet, s'emparant de la double corde, Noahly se laissa tomber dans la mer et disparut au milieu d'une vague qui se referma sur sa tête.

Cinq minutes s'écoulèrent et Noahly ne remontait pas à la surface il semblait se complaire au fond de la baie. Moorah s'inquiétait d'une prolongation de séjour aussi insolite ; l'inquiétude s'empare de lui.

— Va, dit il à un autre plongeur, savoir, si tu le peux, ce qu'est devenu Noahly.

Sans répondre un mot, cet Indien se précipita dans l'océan et disparut comme une pierre au fond de l'eau: trois minutes après la corde de remonte s'agitait, et Moorah retirait le plongeur qui, à peine parvenu à la surface, offrit à la vue un visage bouleversé.

— J'ai vu Noahly, fit-il enfin en proie à la plus grande terreur et en laissant ses dents claquer à son aise. Il est devenue la proie de la reine des eaux.

Cette narration paraissait insensée à Moorah, qui voulut avoir le cœur net de cette histoire fantastique. Il appela trois plongeurs qui se trouvaient à l'avant de l'embarcation et leur dit :

— Vous êtes les amis de Noahly : vous ne le laisserez pas ainsi au fond de l'eau, et je compte sur vous pour descendre aussitôt et pour aller le chercher: il faut le rame..er et l'arracher à la divinité marine qui veut l'entraîner dans son royaume ; jurez de ne revenir qu'avec lui.

Tous les trois levèrent la main et firent le serment demandé. Puis d'un bond ils se jetèrent dans les profondeurs de l'abîme, et disparurent à tous les yeux.

Quatre minutes s'écoulèrent, — Un siècle pour Moorah qui attendait le résultat de cette immersion à la recherche de son ami.

Enfin une rumeur se manifesta à quelques mètres sous l'eau; et bientôt on vit la tête du premier plongeur, puis celle du second et enfin les bras du troisième. Au milieu de ces hommes courageux s'élevait un amas informe qui parut bientôt hors de l'eau : c'était une femme revêtue d'un costume oriental, couverte de pierreries et la tête orné d'une tiare d'or et de diamants, qui tenait entre ses bras le beau Noahly raidi par la mort.

La femme retirée ainsi du fond de la mer n'était plus elle-même qu'un cadavre; mais la putréfaction n'avait point encore détruit sa beauté, si réelle que dans aucun pays du monde on n'eût pu voir des formes plus belles, des traits plus fins et plus délicats.

Celle que le pêcheur de perles Noahly avait prise pour la reine des eaux n'était qu'une épave de la mer, apportée jusque dans ces parages par des courants sous-marins.

Qui était-elle?

Moorah fit transporter à terre les deux cadavres qui, par ses soins, furent embaumés et ensevelis dans la même pagode.

Le mystère était difficile à résoudre: la belle inconnue, la noyée du golfe de Colang, était étrangère à tous ceux qui étaient venus examiner ses restes mortels

Un jour, un mois après ce terrible événement, un palanquin porté par quatre Indiens, précédé et suivi d'une foule d'esclaves s'arrêta devant la porte de la cabane de Moorah. Un des serviteurs du riche propriétaire de ce palanquin s'approcha du chef de la pêcherie de Colang et lui demanda, de la part de son maître, s'il n'avait pas vu dans ses parages une houri du ciel, qui avait disparu depuis un mois de la maison paternelle.

— Aucune femme n'a passé dans ces lieux depuis un an, répliqua Moorah, sauf les habitantes du village que nous connaissons toutes.

— Mais ce n'est pas d'elles qu'il s'agit, ajouta le serviteur : je te parle, fit-il, d'une beauté sans pareille, d'une fille de roi. Mon maître est le souverain suprême de l'île de Ceylan : sa fille unique a disparu depuis trente-cinq lunes, et il la demande à tous ses sujets. Où est la belle Nooro ?

Ces paroles réveillèrent les souvenirs de Moorah : il raconta au roi des Cingalais les événements qui s'étaient passés dans la baie de Colang. On ouvrit le cercueil enterré dans la pagode et le père infortuné retrouva celle qu'il pleurait, décomposée, horrible à voir malgré les aromates dont on l'avait couverte. Mais son costume intact, ses bijoux, ne laissaient point de doute sur l'authenticité de ses restes adorés.

Nooro, embarquée à bord d'une jonque se rendant à Jaggernanth pour un pèlerinage, avait disparu en vue du golfe aux huîtres perlières, et le navire était revenu au port, dès qu'il s'était aperçu de l'absence de la maîtresse du bord.

C'est alors que le roi, qui ne pouvait se décider à croire à un malheur, et qui espérait que Nooro avait été sauvée par une embarcation, ou bien s'était dirigée à la nage vers la côte, avait entrepris la recherche qui se terminait à Colang.

On fit à la fille du roi de Ceylan des funérailles dignes de son rang : quant au pêcheur de perles Noahly, il resta enseveli tout seul, loin de celle pour qui il avait sacrifié sa vie et oublié sa fiancée.

LES DÉLICES DU BENGALE

Ce qui suit est extrait d'un livre inédit d'un officier anglais qui a résidé vingt années dans les grandes Indes, et qui m'a permis de le traduire pour l'offrir à nos lecteurs...

« Chargé de passer en revue un régiment d'indigènes, je montai à cheval, dès la pointe du jour. afin de me rendre au camp. J'étais d'assez mauvaise humeur et ce n'était point sans motif. D'abord je me trouvais enfoui au milieu d'un brouillard très dense qui faisait tomber sur mes épaules une humidité glaciale, et, à l'exemple des officiers résidant au Bengale, je ne portais qu'un veston de fine toile, sous lequel du reste, grâce à l'empois dont on l'avait imprégné, je me trouvais aussi mal à l'aise que si j'eusse été vêtu de bougran.

D'autre part, j'avais passé une partie de la nuit à jouer et j'avais perdu.

Je chevauchais donc tristement en pestant contre ma monture qui, selon l'aimable coutume des arabes pur sang, broutait à toute minute. D'ailleurs je me sentais blessé dans mes présomptueuses idées touchant la dignité humaine, chaque fois que mes regards tombaient sur le jeune nègre attaché à mon service en qualité de groom, et que je voyais courir pieds nus à mes côtés et cherchant à chasser les mouches qui osaient attaquer ma noble tête, ou bien qui s'emparait des rênes dès que je manifestais l'intention de descendre.

Aussitôt qu'un Européen arrive dans les Indes, la première chose qu'il fait c'est d'oublier bien vite qu'un Indien est un homme. S'il n'en était point ainsi il n'aurait pas l'impudeur d'affecter des prétentions à la supériorité, et de se poser, comme il le fait, en souverain maître de la création. Il ne souffrirait pas qu'un être d'une nature exactement semblable à la sienne remplît journellement les fonctions les plus serviles, les plus dégradantes auprès de sa personne. Je prenais à la fin en pitié ce pauvre groom, qui avait couru à mes côtés pendant quatre ou cinq lieues, afin de remplir des fonctions réputées « indispensables » par le *cant* anglais.

Je reviens à ma revue. Jamais, parmi tous les plus beaux corps de troupes connus, je n'avais vu aucun régiment qui eût meilleure tournure que celui des *Sepoys* que j'avais à passer en revue. L'Indien, à vrai dire, — est moins fort que l'anglais, mais pour la fermeté, la constance, la résolution, il n'y a point de soldat au monde qui l'emporte sur le sepoys. Pourvu que le riz soit distribué en suffisante quantité à cet indigène, il ne se préoccupe plus de sa nourriture et de son coucher et se présente d'aussi bonne grâce au feu qu'à la parade.

La revue terminée et lorsque le régiment eût manœuvré devant moi, sous la direction du sergent-major européen, lequel a rang au dessus du capitaine des indigènes, après avoir reçu et rendu le salut à MM. les officiers indiens, j'allai faire l'inspection de l'ambulance, à titre d'officier de service. Puis, en un temps de galop, je me rendis chez mon ami Thompson notre adjudant, qui m'avait invité à déjeuner. En traversant son vestibule, un nouvel exemple de la dégradation indienne vint frapper mes yeux. C'était une négresse allaitant une portée de chiens d'arrêt. J'en témoignai ma surprise à Tompson : il se mit à rire, et, pendant le déjeu-

ner fit des gorges chaudes au sujet de mes scrupules. En sortant de table,
nous fîmes une partie de paume et nous épuisâmes une boîte de cigares
parfumés. Après cela nous descendîmes à la cave pour y goûter certain
vin clairet que mon ami avait reçu de Calcutta.

Mais, ô douleur! il nous fut impossible d'en avaler une goutte : un *rat
musqué* avait passé sur le tonneau, et le vin était infecté à ne plus pouvoir
le boire.

Quand je revins à mon logement, j'y trouvai un capitaine indigène qui,
ses souliers dans les mains, marcha droit à ma rencontre et, criant d'une
voix de stentor: *Halte!* s'arrêta court devant moi. Cela fait, il me salua
militairement, m'apprit qu'un soldat venait de mourir à l'ambulance;
puis il me salua de nouveau et, en me quittant, se fit à lui-même le
commandement ordinaire; *Demi tour! En avant, marche!* qu'il exécuta
avec toute la raideur requise.

A peine était-il parti, que successivement entrèrent un lieutenant, un
sous-lieutenant, un sergent et un caporal, — tous indigènes aussi, — et
chacun d'eux m'apprit, de la même manière, une nouvelle de semblable
nature. Cinq décès en un jour! Je courus rendre compte au colonel de
ce triste événement. Il s'en étonna d'autant plus qu'il considérait notre
cantonnement comme très sain. Il fit appeler les chirurgiens-majors qui
nièrent la chose; il manda l'adjudant; celui-ci répondit que j'étais, sans
doute, devenu fou. Enfin, il fut avéré, après un terrible remue-ménage,
qu'un seul homme était mort. Mais, conformément à l'étiquette militaire
du pays, le fait avait dû être dénoncé à l'officier de service par un titu-
laire de chaque grade. Voilà ce que j'ignorais, et l'on ne se gêna pas de
rire à mes dépens.

En revenant chez moi, je rencontrai une jeune lady de ma connaissance, qui se promenait en palanquin, escortée par un détachement de
lanciers : son père était un officier général. Au beau milieu du récit que
je lui faisais de ma dernière mésaventure, elle poussa un cri déchirant.
Un *mille-pattes* long de cinquante centimètres s'était attaché à son pied.
Ses porteurs s'arrêtèrent frappés de stupeur. Notre chirurgien qui se trouvait avec moi, écrasa ausitôt l'insecte, et milady fut reportée chez elle en
toute hâte. Au bout de onze semaines, la malheureuse, souffrant toujours,
s'embarqua pour l'Europe, où elle allait consulter les médecins. J'ai
appris depuis qu'elle avait été forcée de subir l'amputation.

Quel effroyable pays que celui qui vous livre à la merci de ces insectes
dangereux !

Je venais de quitter le chirurgien, quand, passant devant la maison de
notre major, j'eus la pensée de lui rendre visite. Pendant ma conversation
avec sa femme et lui, mes yeux se dirigèrent par hasard vers le plafond,
et je remarquai quelques petits insectes qui s'agitaient autour d'une
poutre transversale. Tout à coup un de ces animalcules tomba sur le
plancher, et, tout en causant, je me mis à l'agacer du bout de ma badine.

Le major me demanda ce que je faisais là. Je ramassai l'insecte et le lui montrai avec insouciance.

Il ne l'eut pas plus tôt aperçu qu'il devint pâle comme un cadavre.

— C'est une fourmi blanche! s'écria-t-il; c'est une fourmi banche! De grâce, ma chère, dit-il à sa femme, qu'à l'instant même tous nos effets soient emballés et que, sans perdre une minute, on les enlève de cette maison. C'est une fourmi blanche!

La dame quitta précipitamment la chambre et je demandai une explication.

— L'insecte que vous tenez dans vos mains, me répondit le major, est si destructeur et se multiplie avec une rapidité tellement extraordinaire, que le propriétaire de la plus solide maison des Indes, pour peu qu'un seul individu de cette espèce s'offre à ses yeux, s'empresse de la déserter, ne songeant qu'à se soustraire au danger presque certain d'être bientôt écrasé sous ses ruines. Vingt-quatre heures suffisent aux fourmis blanches pour réduire en poudre la solive la plus épaisse; et puisque cette maudite vermine est maintenant sous mon toit, rien au monde ne saurait me déterminer à coucher encore une nuit ici. Il y a plus: mon déménagement effectué, je ne me servirai d'aucune de mes hardes avant de les avoir visitées avec le plus grand soin et les avoir fait nettoyer à fond, de peur de porter avec moi quelque part une de ces petites bêtes dévastatrices.

— Voilà un motif de plus, m'écriai-je en soupirant, pour m'applaudir d'habiter cette terre aimée des dieux !

Et je me rendis au *mess* de mes camarades.

Jamais repas ne m'avait paru plus appétissant. Notre cuisinier semblait s'être surpassé Au moment où nous prenions place autour de la table, un bourdonnement se fit entendre, et chacun se leva aussitôt.

A notre nez, à notre barbe, un petit essaim de punaises volantes venait de s'abattre sur nos plats. Or, à peine effleurée par cette mouche de malheur, qui pullule au Bengale, toute viande, corrompue aussitôt, contracte une odeur nauséabonde. Il fallut donc attendre qu'on nous eût fait un second dîner.

Dans l'après-midi, j'eus la fantaisie d'assister à une cérémonie religieuse du pays en l'honneur de Wishnou et *Doorgah Poujah.* Mon cœur saigna quand je vis immoler à la vilaine idole des Indiens, — une statue dorée avec quatre bras, — une pauvre jeune chèvre qui avait bonne envie de vivre. J'eus mes vêtements souillés de la poussière bénite dont j'avais été aspergé et je me sentais asphyxié par les émanations puantes de ces fidèles dont le corps était oint d'huile rance.

De retour à mon logement je perdis courageusement tout mon argent au whist, ce qui n'empêcha point mes camarades de me faire la réputation d'une poule mouillée, parce que je reculais devant une sotte gageure.

Mécontent de moi-même, des autres et de toutes choses, je gagnai enfin mon lit. Eu égard a la chaleur intolérable du climat, ma couchette, comme celle de tout le monde, se composait seulement d'une natte garnie de deux draps, laquelle était suspendue par les quatre coins, aux colonnes d'un bois de lit, de telle façon que l'on pouvait circuler par dessous. Au dessus de cette natte était placée, comme une tente fermée, une sorte de cage en gaze pour tenir les moustiques à distance, et les pieds de la couchette posaient dans des terrines pleines d'eau, précaution indispensable contre les invasions de fourmis.

Au bout de deux heures, une violente cuisson au visage me réveilla, et, bientôt à la lueur de ma veilleuse, je découvris sur mon moustiquaire une petite déchirure que je n'avais pas remarquée en me couchant.

C'est par ce trou, à peine perceptible, que l'ennemi s'était introduit dans la place.

Je fus obligé de me lever et de me bassiner le visage avec de l'eau de chaux, tandis qu'on me préparait un autre moustiquaire.

J'étais allé m'asseoir dans le jardin de ma maison, en compagnie de mon hôtesse, qui avait bien voulu me tenir compagnie afin de me faire oublier ma mésaventure, lorsque tout à coup un sifflement se fit entendre devant nous.

— Grand Dieu ! s'écria mistress Wolff, un « cobra capella » !

— Qu'est-ce à dire ? comment ? vous croyez ?

— J'en suis convaincue : Au secours ! à l'aide !

J'étais resté saisi d'horreur.

Au même instant trois serviteurs indigènes accoururent, portant des lanternes, et armés de roseaux. Je m'étais emparé d'un bâton qui se trouvait à ma portée.

— Où est-il ? Où est le cobra ? demandaient les domestiques.

— Par là,... dans cette direction, répondit mon hôtesse.

Nous cherchâmes tous avec les plus grands soins, sans rien trouver. A la fin, en frappant avec mon bâton sur un vase dans lequel poussaient des fleurs, je brisai la terre cuite et je vis un horrible reptile qui se replia sur lui-même comme pour prendre son élan.

Mon pauvre chien fidèle, un élégant terrier, que j'avais emmené d'Angleterre, voyant ce dangereux serpent prêt à se jeter sur moi, voulut l'empêcher d'en rien faire ; mais plus prompt que l'éclair, le cobra capella s'élança, mordit Toto à la gorge et disparut.

En dépit des recherches les plus minutieuses, il fut impossible de retrouver le cobra cappella. Quant à mon infortuné terrier je le vis bientôt expirer sous mes yeux dans les plus horribles convulsions.

Dès le lendemain, je sollicitai mon retour en Angleterre, et aujourd'hui mon plus grand plaisir est de contredire ces voyageurs qui, par sottise, ou par ignorance, vantent avec emphase les délices du Bengale.

L'AVALANCHE

Les ordres monastiques les plus utiles à l'humanité, et nous ajouterons à la religion, sont indubitablement ceux que l'on désigne sous le nom d'hospitaliers. Ce sont eux qui ont construit leurs demeures rigides sur les cimes des montagnes couvertes de glace et qui offrent le couvert et la noùrriture gratuite et obligatoire — pour eux — sans exiger le moindre salaire, en retour des soins généreux qu'ils offrent à ceux que les hasards de voyage ont attirés dans les parages de leurs couven's.

Les religieux les plus connus, parmi tous ceux qui se sont consacrés à la protection des voyageurs, sont ceux du Mont-Saint-Bernard dont l'ordre et la fondation ont eu pour directeur saint Bernard de Menthon.

Les moines — à tout seigneur tout honneur — sont, à peu d'exceptions près, des hommes de haute stature, très solides, très audacieux, qui, — s'ils étaient laïques, — auraient déjà mérité de nombreuses médailles d'or pour leurs sauvetages; mais, simple et modeste, ce groupe de gens charitables cache les bonnes actions de la communauté, et c'est toujours par hasard, ou plutôt par l'indiscrétion des personnes arrachées par eux aux dangers de l'avalanche et des chutes dans les précipices, que le public est admis à la connaissance de leurs bienfaits.

Quant aux chiens du couvent du Saint-Bernard, c'est autre chose. Ces bons animaux, dressés par les moines, étaient, dans l'origine, des bêtes énormes à pattes fortes et massives, à la tête énorme, aux babines pendantes, dont la robe offrait aux yeux des teintes ocre plus ou moins foncées et dont le poil était un peu court, quoique très fourni.

Par suite d'une épidémie qui survint vers l'année 1820, cette race disparut. Un seul individu survécut à la mortalité, et les moines du Saint-Bernard durent reconstituer une race par des croisements avec les chiens de Leonberg, race analogue à celle des Pyrénées.

En somme, cette noblesse de la race canine remonte à huit ou neuf cents ans.

L'ancien chien du Saint-Bernard était, dit-on, né du chien de berger et de la famille du mâtin, heureuse alliance dans l'espèce, car elle avait uni à l'intelligence la force; union précieuse et féconde en mérites, car, l'éducation aidant, il en était sorti une vocation étrange, une faculté singulière, une aptitude humanitaire devant laquelle l'esprit reste confondu, et cette faculté était tellement incrustée dans l'organisme, quelle a passé tout entière dans le sang de la nouvelle famille formée avec le sang des leonbergs.

Le chien philanthrope du Saint-Bernard est grand, fortement charpenté, admirablement doué : c'est une spécialité merveilleuse qui consiste à aller à la recherche des voyageurs égarés ou des touristes surpris par la tourmente, ensevelis sous les amas de neige.

L'histoire des services rendus à l'homme par les chiens de l'abbaye du Mont-Saint-Bernard est universellement connue. Tout le monde rend hommage à la loyauté, au zèle ardent et patient, à la douceur incomparable qu'ils déploient dans la difficile mission qui leur est dévolue par la charité, et, pour donner une idée de leur utilité effective, disons que les frères du Mont-Saint-Bernard ne reçoivent pas moins de vingt à vingt-cinq mille personnes chaque année. Dans ce nombre de voyageurs, combien auraient été empêchés, à leur détriment, sans la certitude d'une hospitalité attentive et ingénieuse et, parmi les autres, combien auraient péri, sans les secours intelligents et dévoués, préventifs ou opportuns, apportés par les moines ou par la race de chiens élevés par eux ! Ils se présentent sous une physionomie calme et placide ; leur regard est bon, bienveillant, attirant, si l'on veut bien nous permettre ce mot. Ils on l'oreille pendante, la queue longue et bien fournie.

C'est pendant l'un des hivers les plus rigoureux, sur un des points les plus élevés du passage, à plus de deux mille mètres au dessus de la mer. Autour d'eux il n'y a que des monticules de neige et le ciel est sombre. Toute trace de route a complétement disparu.

Malgré cela, plusieurs ont été forcés de partir ; ils gravissent péniblement et lentement les déclivités de la montagne, ils vont à la grâce de Dieu, alourdis par la fatigue, engourdis par le froid, tâtonnant, hésitant, et commençant à désespérer. Les uns sont aperçus par les frères, hélés à temps, opportunément secourus et conduits sans autre accident à l'abbaye. Ce sont les privilégiés, ceux à qui la fortune a souri, ceux que la Providence a manifestement protégés, ou ceux qui ont de la corde de pendu dans la poche de leur vêtement.

D'autres voyageurs, moins heureux, ont été violemment renversés dans un abîme, ou, épuisés, la voix éteinte, ils se sont affaissés sur eux-mêmes, à la suite d'une lutte inégale, mais courageuse, contre les éléments déchaînés. Ceux-ci et ceux-là sont dans une situation des plus critiques ; il ne faut rien moins qu'un miracle pour les rendre à ce monde auquel ils appartiennent, à leur famille, à laquelle ils donnent, *in extremis*, leur dernière pensée, leurs plus poignants souvenirs.

L'avalanche les a recouverts, le froid les a saisis, la vie leur échappe. Les bons moines en peine se sont mis en route. Ils ne voient personne, quoiqu'ils regardent de tous les côtés, ils n'entendent aucune voix, tout en écoutant les oreilles grandes ouvertes.

Mais leurs courageux, leurs infatigables auxiliaires que rien ne rebute, s'écartent, vont et viennent, flairant, cherchant aussi, sans trêve, sans repos, illuminés par l'intelligence, mus par l'amour du bien, conscients, allant, allant toujours, dans l'espoir que leur pénible labeur aura sa récompense.

Ils ne sont pas trompés : ils ont découvert une victime, et vous les voyez occupés l'un et l'autre, car ils sont deux que leur intelligence a portés presque au même moment vers le même point.

Il y avait là un homme terrassé par l'avalanche ; ils l'ont senti, ils ont dégagé la figure et le cou ; ils continuent l'œuvre d'une patte et se sont partagé le reste, car le sauvetage est à peine commencé. Il faut faire cesser la syncope, ce commencement d'asphyxie qui a enlevé toute connaissance, tout sentiment à ce malheureux.

L'un des chiens, de sa chaude haleine, cherche à rappeler la circulation dans l'un des membres, l'autre donne de la voix et informe ceux qui pourraient être à portée que leur venue serait certainement opportune et utile.

La précaution a bien son prix, car on aperçoit bientôt plusieurs frères se dirigeant vers un point dont ils s'éloignaient indubitablement, sans avoir soupçonné la présence d'un malheureux demandant du secours.

Et puis, voyez l'attention ! l'une des bêtes porte à son cou, tantôt dans un petit baril, tantôt dans une gourde, un précieux cordial à l'usage du voyageur dont il faut ranimer les esprits ; l'autre est enveloppé d'un manteau qui sollicite l'intelligence du ressuscité.

Tout le monde connaît l'histoire de ces enfants trouvés sous la neige, miraculeusement rappelés à la vie par un de ces chiens bénis, et rapportés à l'abbaye après qu'il leur eut fait comprendre, par les plus tendres carresses, et après les avoir invités par des manières douces et engageantes, par des regards doux et attractifs, en s'aplatissant pour se mettre à leur portée, qu'ils avaient le droit, ces pauvres petits, de l'enfourcher et de se tenir tant bien que mal sur son dos, jusqu'à ce qu'ils eussent pu être déposés en lieu sûr.

De tels chiens sont très précieux, et leur intelligence ouverte les place au rang des premiers auxiliaires de l'homme.

Nous avons toujours regretté de ne pas voir ces beaux chiens exhibés dans nos grandes expositions de races canines. Mais on nous a expliqué, à ce sujet, que la famille en est peu nombreuse, que ceux qui l'entretiennent songent plus au bien qu'elle est appelée à faire, qu'à l'obtention de médailles promises. Et d'ailleurs, que feraient-ils de ces récompenses ? Ne sont-ils pas voués à la modestie et à la simplicité ?

Les amateurs qui possèdent des chiens du Mont-Saint-Bernard s'attachent peu à maintenir homogènes des animaux dont la conservation à l'état de pureté de la race offre toutes sortes de difficultés. Le choix devient impossible lorsque ces animaux sont à la fois aussi rares et autant disséminés.

Nous ajouterons à cette monographie des chiens du Saint-Bernard quelques traits qui donnent du piquant à cet article.

Un des animaux du couvent faisait sa ronde, selon sa coutume, rencontra un petit garçon de six ans dont la mère était tombée au fond d'une gorge sans qu'il fût possible de la retrouver. Surpris par la vivacité du froid, épuisé de faim, de douleur et de fatigue, cet innocent était couché, sans force, au milieu du chemin et s'y lamentait. Le chien accourut vers lui, et, soulevant sa tête, lui montra le barillet plein de la liqueur bienfaisante qu'il portait pour le service des voyageurs. L'enfant, qui ne comprenait rien à la nature de cette offre, tressaillit de peur et voulut s'enfuir. L'animal, afin de l'enhardir, leva doucement la patte qu'il posa bien plus doucement encore sur les petits pieds du voyageur orphelin, dont il léchait en même temps les mains engourdies par l'acuité du froid.

Rassuré par ces démonstrations amicales et pacifiqnes, l'enfant fit un effort pour se relever, mais ses jambes, ses bras, tout son corps, étaient glacés à ce point qu'il lui était impossible de marcher. Compatissant à la faiblesse du petit, le chien s'approcha bien près de lui et, par un signe expressif, il lui fit entendre de se hisser sur son dos. L'enfant s'y plaça, en effet, le mieux qu'il lui fut possible et s'y tint couché en deux.

L'animal bienfaisant le porta ainsi avec grande précaution jusqu'à l'hospice, où l'on ne manqua pas de lui prodiguer tout ce qui était nécessaire pour le réchauffer.

Ce trait produisit une vive sensation dans tous les cantons du voisinage du Saint-Bernard : un riche propriétaire se chargea du sort du petit orphelin et fit peindre cette touchante aventure par un habile artiste de Berne.

On voit ce tableau dans le couvent où le chien hospitalier faisait autrefois son service.

Voici maintenant l'histoire du chevalier Gaspard Brandenberg qui, traversant à pied les routes du Mont-Saint-Bernard, fut tout à coup entouré par une trombe de neige terrifiante .

Au moment où il avait quitté les villages de la frontière d'Italie, une avalanche se détacha de l'un des côtés de la montagne et le recouvrit, lui et le domestique qui l'accompagnait. Le chien qui les suivait, et qui avait échappé aux atteintes de la masse de neige, ne voulut pas quitter l'endroit où son maître était enseveli.

Par bonheur, l'endroit n'était pas tout à fait éloigné du couvent du Mont-Saint-Bernard. Le fidèle animal gratta la neige et hurla très longtemps de toutes ses forces : il courut au couvent à plusieurs reprises et revint autant de fois sur ses pas.

Tout aussitôt les bons moines donnèrent la liberté à deux chiens du Mont-Saint-Bernard, qui s'élancèrent sur les traces de leur camarade, et celui-ci les mena directement à l'endroit où il avait gratté la neige.

Tout le monde se mit à l'œuvre, hommes et chiens, et enfin, après deux heures de recherches, on découvrit les deux malheureux qui, quoique à moitié gelés, n'en étaient pas moins encore en vie. Grâce aux soins rapides qui leur furent prodigués, ils se trouvèrent bientôt remis de leur émotion et prêts à continuer leur route.

Le chevalier Gaspard de Brandenberg, très reconnaissant de la fidélité de son chien, ordonna que, quand il mourrait, on lui élevât un mausolée. Le bon animal devait être représenté couché à ses pieds, et l'on tracerait sur une des plaques de marbre du tombeau l'histoire relative au sauvetage auquel la bête fidèle avait concouru.

On voit à Zug, dans l'église de Saint-Oswald, le tombeau du chevalier et le portrait de son chien Thor, qui, s'il faut en croire le statuaire, était un superbe danois.

UNE PROMENADE A PRAGUE

La journée était chaude, le ciel lumineux et doux. Fatigué d'avoir erré depuis le matin à la recherche des monuments remarquables, fatigué plus encore peut-être des idées, des rapprochements, des réminiscences historiques réveillés en moi, je m'assis au bord de la Moldau, verte et profonde, qui coulait languissamment à mes pieds.

Les berges de la rivière étaient peu élevées et revêtues de vipérines et de serpolet comme le plus humble de nos ruisseaux français. Deux chèvres s'y tenaient à l'aise et broutaient rapidement, fixant parfois avec défiance leurs yeux d'or sur moi. Sentaient-elles en moi un étranger ? On l'eût dit à voir leur surveillance inquiète, mais mon insensibilité ne tarda pas à les rassurer.

Un peu plus loin des blanchisseuses battaient leur linge en devisant non sans me jeter de temps à autre un regard, et moi les voyant je rêvais être en France avec mes amis, supprimant ainsi d'un bond de ma pensée la distance, quand, tout à coup, d'un timbre étrange sonna l'horloge du Hradshin. Deux heures : la journée était longue encore et mon carnet de voyage en marquait impitoyablement l'emploi. J'avais encore à visiter le cimetière juif.

Je ne devais pas être loin, et malgré ma fatigue, je m'acheminai vers le faubourg, non sans regarder avec envie l'herbe touffue, les flots verts qui coulaient si paresseusement et les deux chèvres libres de brouter à leur aise, tandis que moi, pauvre voyageur, il fallait m'arracher à ce lieu charmant et frais, pour obéir à mon guide de voyage, sous peine de voir, à mon retour, traiter de merveille et de chose intéressante le monument oublié.

Je m'enfonçai dans les ruelles étroites et sombres du Hradshin et tournant à droite je me trouvai en face d'une ouverture fermée jadis par une porte, mais dont il ne restait plus que gonds rouillés dans une rainure de briques. Le soleil illuminant de ses plus glorieux rayons la cour qui s'étendait au delà y faisait resplendir des haillons et des loques dont un Murillo eût volontiers revêtu ses modèles et dorait de tons chauds un essaim de véritables enfants de l'Orient, les uns dormant en tas aux seuils des portes, les autres jouant dans le ruisseau : des armées de petits Lévy et de petits Jacob à la mine éveillée, aux yeux de flamme, aux cheveux crêpus.

Tout d'abord, comme mes chèvres de tout à l'heure, ils s'arrêtèrent à la vue d'un étranger : car cette porte absente dans une étroite ouverture, c'était bien l'entrée d'une nouvelle ville, d'un nouveau pays. Des vieilles, qui semblaient revenues tout récemment de la captivité de Babylone, plongeaient du haut des fenêtres étroites leurs yeux noirs et leurs nez crochus sur la place, où avec mille cris s'ébattait leur progéniture.

Au premier moment j'hésitais à entrer : qui me protégerait moi, fatigué, seul et sans armes, dans ce monde inconnu, dans ce repaire, où toutes les convoitises allumaient tous les yeux? Mais bientôt le charme bizarre de ce monde étrange me domina si bien que j'oubliai mon inquiétude, et quelques pièces de monnaie vers lesquelles se tendirent les petites mains avides et les regards plus avides encore des mégères à leurs fenêtres, me procurèrent la bonne volonté de tous et un guide pour me conduire à la cité des morts vers laquelle se dirigeaient mes pas.

Une grande maison sombre aux briques noircies par le temps et la fumée, garnie de fenêtres à croisillons, en gardait l'entrée comme une citadelle. Mais là plus de bruits, plus d'enfants. Un vieux sacristain à figure austère entr'ouvrit une des fenêtres du rez-de-chaussée et d'une voix sépulcrale me demanda ce que je voulais.

Le soleil frappait vivement cette vieille tête qui m'apparut encadrée dans la sombre ouverture, comme un Holbein descendu de son clou. Son front, ses lèvres, ses pommettes saillantes et jaunes étaient tellement couverts de petites rides, qu'on eût dit les lignes concentriques d'un morceau de vieux bois, Ses yeux petits, noirs comme des charbons, me fixaient avec inquiétude. Sa barbe blanche et soyeuse descendait à moitié de sa poitrine et son crâne complètement nu brillait comme du vieil ivoire.

Je répondis, en observant cette apparition d'un autre âge, que je désirais visiter le cimetière juif. Cette expression malsonnante de « juif » offensa sans doute ses oreilles, car il la répéta en hochant la tête. Je repris alors en m'excusant : « le cimetière israélite ».

Il referma alors sa portion de fenêtre avec lenteur et précaution et j'attendis. De longues minutes s'écoulèrent, et malgré le soleil qui dardait ses plus chauds rayons sur les murailles muettes, je me sentais devenir froid comme les pierres tombales appuyées au mur.

Enfin s'ouvrit une porte si basse, qu'un homme de taille ordinaire ne pouvait passer qu'en se baissant, si étroitement ouverte que je dus entrer de côté pour me glisser à l'intérieur, et aussitôt le veillard de la refermer avec clefs et verrous , puis, s'aidant d'un bâton, il marcha en silence pour me montrer le chemin.

La cour de la maison, une ancienne synagogue ou maison de prière, était vaste et entourée d'arcades sinistres comme les orbites vides d'une tête de mort. Pas une herbe, pas une fleur, pas un insecte : la vie, la jeunesse, depuis longtemps avaient fui cet endroit ; la mort seule représentée par de nombreuses pierres accumulées sous la galerie, la décrépitude et sans doute, mais je les ignorais, de nombreux et touchants souvenirs remplissaient ces lieux.

Le vieillard me précédait toujours, mais muet et sans regard ; il m'ouvrit enfin une grille, qui grinça sur ses gonds avec un bruit désagréable; ses lèvres alors remuèrent, mais aucun son n'arriva à mon oreille et il disparut comme une ombre, gardien des ombres.

Je me trouvai alors dans un enclos d'à peu près cent mètres carrés, borné de tous côtés par des murs élevés, lézardés, en partie couverts d'une végétation touffue. A terre gisaient, en nombre incalculable, des pierres tumulaires, petites pour la plupart, dressées obliquement par la pression de la terre amoncelée et des herbes parasites. Une odeur de moisissure humide vous pénétrait et on marchait comme avec répugnance dans ce champ de la mort.

Cependant quelques-unes de ces pierres étaient disposées en ordre, là où la foule avait laissé quelque place et même on pouvait trouver quelques monuments intacts, quelque peu semblables à des lits de repos. L'un d'eux portait deux mains entrelacées, emblème sans doute de quelque heureuse union conjugale.

Regardant de plus près ces pierres noirâtres, je vis qu'elles étaient revêtues d'inscriptions hébraïques. Mais quel désordre, quel encombrement dans cet étroit espace? Pas un coin où le voyageur put poser le pied, sans fouler la poussière humaine; pas de trace, non plus, des soins pieux d'une main amie sur ces tombes entassées. Depuis quand dormaient-ils là, ces aïeux? Depuis quand l'astre de vie puissant et radieux oublait-il de les réveiller?

Comme je me retournais pour examiner un monument qui paraissait porter quelques traces de sépulture, le gardien du cimetière se dressa devant moi semblable à une apparition.

Je tressaillis : j'étais si bien parti pour le pays des rêves, que j'avais failli croire à un fantôme. Il me suivait silencieusement de son regard perçant qui remuait ma conscience : avait-il peur que je n'emportasse avec moi, un peu de cette terre sacrée, quelque fragment de ces pierres rongées ?

Pour détruire le charme qu'exerçait sur moi cet homme, je lui parlai.

— On n'enterre plus ici ? demandai-je d'un air couciliant.

Un bruit sourd, comme venu de loin, sortit de ses lèvres :

— Non.

— Il a donc un autre cimetière israélite ?

Cette fois-ci ce fut un profond soupir :

— Oui.

— Pourquoi ces pierres ici sont-elles si entassées ?

Le vieillard me regarda d'abord avec défiance ; mais mon air parfaitement sérieux le rassura sans doute :

— Quand Joseph mourut dans la terre d'Egypte, dit-il avec solennité, que recommanda-t-il à ses descendants par rapport à lui-même ? D'emporter ses os dans la terre de Chanaan, mais...

Les yeux du gardien jetèrent comme une rapide lueur qui s'éteignit aussitôt.

— Quand nous partirons tous d'ici, pour Jérusalem, dit-il, il faudra retourner les os de nos pères, et comme nul ne connaît l'heure, nous les mettons tous à la même place, pour n'en oublier aucun.

— Pourtant vous avez un autre champ de repos ?

Avec un nouveau et plus profond soupir :

— Cette terre ne voulait plus des morts, continua-t-il, ils ne s'y consumaient plus : c'est pourqnoi il a fallu porter nos frères ailleurs ; mais au grand jour, ils ne seront pas abandonnés non plus.

La foi profonde du vieillard m'avait gagné et ce fut sans une nuance de doute que je murmurai :

— Quand espérez-vous y retourner ?

Il leva les yeux au ciel avec la certitude du voyant qui aperçoit Dieu à travers les nuages, et répondit avec le geste oriental posant la main sur son cœur :

— Quand Jéhovah aura parlé.

Et il baissa la tête avec le respect d'un serviteur devant son maître.

— Et où serez-vous enterré vous-même ?

Nullement surpris ni offensé :

— Quand il appellera son serviteur Tsadok, dit-il, mes frères emporteront mes os dans la vallée de Josaphat, près de Jérusalem, où dorment près des élus Sarah mon épouse et mes deux fils.

Et il continua de regarder la terre.

— Pourquoi si loin ? Dieu n'est-il pas partout ?

Il fixa alors les yeux sur moi, étonné de mon ignorance, prêt à s'irriter de mon impiété :

— N'est-il pas écrit au livre de la Loi, dit-il en s'animant, que la trompette de l'Ange retentira d'abord dans le sacré vallon et ceux qui l'entendront les premiers, ressusciteront aussi les premiers ?

Je n'osai plus rien dire de peur de scandaliser ce saint des anciens jours et je me dirigeai vers la grille d'entrée. Il n'ajouta pas un mot, reçut la pièce d'argent que je lui posai dans sa main de spectre et referma ses portes avec un soin jaloux. Je comprenais maintenant qu'un peu de terre restée à mes pieds, ou qu'une pierre ramassée à titre de souvenir, lui eût semblé une profanation.

. . . .

Ah ! quel bonheur ensuite de fouler de nouveau la terre des vivants, d'entendre une voix vraiment humaine, de regarder ces petits polissons tout déchirés, tout crottés, mais frétillants de vie, de malice et de joie ! Comme ces ruelles où le soleil et l'ombre se disputaient l'espace me semblaient belles ! On y vivait au moins, et cette poussière que je foulais aux pieds n'était plus celle des morts.

Une jeune femme au type juif très accentué, portant un enfant d'un bras et de l'autre un baquet de sapin qu'elle emplissait à une fontaine, arrêta mon regard avec bonheur. Elle pouvait avoir vingt-cinq ans, son profil arqué et pur se détachait en couleur ambrée sur le ciel bleu, ses cheveux noirs un peu crépus se tordaient en lourdes tresses sur son cou : son buste plein se rejetait noblement en arrière et elle regardait cette eau qui tombait en bouillonnant dans son baquet, comme une reine l'eût fait d'ennemis prosternés à ses pieds.

Le vase plein, elle voulut le poser sur sa tête, mais l'enfant sur son bras était d'un autre avis et se démenait comme un petit démon. Cette belle Rébecca m'intéressait ; je m'avançai pour l'aider. Elle ploya ses deux genoux pour recevoir son fardeau, nullement étonnée de cette politesse d'un étranger et se redressa magnifiquement cambrée comme une cariatide, laissant échapper sur moi, de son grand œil noir, un regard de velours et d'or qui m'éblouit, puis elle disparut dans l'allée obscure d'une maison ; et moi, n'ayant plus, me semblait-il, rien à voir après cette gracieuse fille d'Israël, je sortis du Ghetto de Prague, pour retrouver l'espace et la Moldau aux flots verts.

Le soir, je quittai la ville, disant adieu à ses clochetons gothiques, à ses monumentales fontaines et à cette pittoresque colline du Hradshin, où un immense arc-boutant se détache sur le ciel, comme le bras d'un géant qui embrasse le dôme de Saint-Vit et le campanile. Mais peu à peu s'effacèrent dans le crépuscule les monuments et le paysage, et, bercé par le mouvement du wagon, je m'endormis et retrouvai en songe le vieux Tsadok et la Rébecca de la fontaine. Seulement, dans mon rêve, tous deux étaient de la même famille, et, pieuse petite-fille, elle consolait l'aïeul de la perte de ses deux fils enterrés dans le vallon de Josaphat.

ÉGARÉ A CENT MÈTRES SOUS TERRE

Il y a quelques années, deux touristes passaient sur la route si mal entretenue du Kentucky, dans l'Amérique du Nord, et se dirigeaient du côté des « grottes Mammoth » en franchissant des ornières profondes, et des roches entassées les unes sur les autres, au milieu d'une forêt d'arbres à moitié déracinés par le vent.

Les rossinantes efflanquées qui traînaient le *mail coach* à travers une pluie torrentielle, dressèrent tout à coup les oreilles. Elles « sentaient l'avoine » ; on allait atteindre « l'hôtel des Grottes » qui promettait bon souper et bon gîte aux voyageurs et une excellente provende aux bêtes de la diligence.

La soirée s'écoula fort gaie, et quand vint le moment du café et des liqueurs, les deux touristes, tout en complimentant leur hôte sur sa cuisine et sur sa cave, lui demandèrent un guide pour visiter les grottes Mammoth.

En entendant les amis du *mail coach* parler au *land lord*, au sujet de de cette excursion, un Irlandais nommé Pat Harry, s'avança vers eux et les pria de lui permettre de se joindre à leur compagnie, en payant sa part des dépenses.

Le nouveau venu avait l'air d'un brave homme, il fut accepté sans difficulté.

Après avoir fumé quelques cigares et humé le *night cap* (le grog américain) de l'amitié, les trois associés allèrent se coucher.

Dès la première heure, le lendemain matin, MM. Joseph Davis et Franck Hopster étaient debout, et l'Irlandais Harry les rejoignait dans le *barroom* où le déjeuner était servi.

On paye pour droit d'entrée dans les grottes la somme d'un dollar. Dès que cette redevance fut acquittée, les trois excursionnistes se mirent en route, munis de lampes, et ils parvinrent près d'un grand trou qui ressemblait fort à l'ouverture d'un puits.

Cette excavation, d'une profondeur d'environ quarante pieds et de trois mètres de large, recevait, vers l'un des angles, les eaux d'un ruisseau qui tombaient en poussière jusqu'au fond.

Parvenu en cet endroit, les voyageurs trouvèrent un chemin plat qui s'avançait sous un arc élevé, formé par des roches taillées et aboutissant aux caves que l'on appelle la « demeure des Invalides », car c'est là que résident en effet des malades à qui les médecins du pays promettent la guérison, eu égard à l'atmosphère chaude et vivifiante qui est très favorable aux poitrinaires.

Les trois voyageurs déclarèrent à leur guide que ce mode d'ensevelissement n'était pas précisément recréatif, et ni les uns ni les autres ne comprenaient que la fumée qui remplissait les cabanes fût propre à la guérison des malades enfouis sous ces voûtes profondes.

Derrière ce hameau souterrain, le guide conduisit les touristes à travers un grand boyau appelé la *vallée de l'Humilité*, ainsi nommé parce qu'il faut se courber en deux pour le franchir. Au delà se trouvait une sorte d'amphithéâtre au fond duquel coulait un ruisseau plein d'eau limpide.

On parvint ensuite dans la *vallée de l'Echo*, dont les répercutions étonnèrent les voyageurs. Tout autour d'eux la plus profonde obscurité enveloppait les parois de la grotte; c'est à peine si les lanternes posées deci, delà, pouvaient dissiper les ténèbres: mais, à l'aide des torches dont le guide s'était pourvu, les visiteurs purent distinguer les murailles de pierres *stalactifiées*, toutes couvertes d'arbustes, de plantes et de fleurs pétrifiés. Il leur semblait qu'ils se trouvaient dans un paysage exotique, au dessus duquel planait un orage des plus sombres, et ils éprouvèrent comme un sentiment d'une appréhension irrésistible. Ni les uns ni les autres n'osaient proférer une parole, lorsque tout à coup le guide Irlandais se mit à hurler une chanson nègre qui réussit à dérider le front des trois camarades d'excursion. L'écho répétait les mots de cette sottise rimée, si bien qu'on eût pu croire que des esprits invisibles se moquaient du chanteur et de ceux qui l'écoutaient.

Tout se tut enfin; quand le guide eut prononcé la dernière syllabe, le silence le plus profond se fit dans la caverne.

A quelques pas plus loin, les excursionnistes se trouvèrent sur le bord d'un lac nommé la *mer Morte* où l'on a placé un canot destiné aux besoins des visiteurs. Ils montèrent dans cette sorte de *barque à Caron*, dont le guide avait pris la direction. Bientôt le rameur s'arrêta et, prenant un revolver à sa ceinture, déchargea, l'une après l'autre, les six cartouches dans l'espace. On eût dit, à ce moment-là, que tout s'écroulait autour des quatre hommes perdus sous ces voûtes sombres, un parc d'artillerie s'exerçant et faisant feu de toutes parts n'eût pas produit plus de commotions simultanées.

MM. Davis et Hopster, voire même leur compagnon Pat Harry, se remirent cependant de leur émotion, causée par ces bruits inattendus, et la barque toucha bientôt le sable de la rive opposée au point du départ.

On se remit en route, tout en écoutant les histoires fantastiques débitées par le guide. Cet homme, un ex-esclave affranchi par les lois américaines après les guerres de sécession, avait appris à lire rien qu'en épelant les noms que les visiteurs conduits par lui écrivaient sur les parois de la grotte avec la fumée de leurs torches.

Il raconta aux « étrangers », qu'il découvrait en passant le premier, certains accidents qui avaient eu lieu dans les grottes par suite de l'élévation subite des eaux, lesquelles avaient empêché les visiteurs de revenir sur leurs pas.

— En pareille occurence, disait-il aux trois voyageurs, il est indispensable de sortir par un boyau humide où il faut se décider à glisser à genoux sur un lit de boue. Ce passage se nomme le *purgatoire*, et l'on comprend que s'il est ainsi appelé, c'est que ceux qui le traversent n'ont que ce seul moyen d'éviter une mort physique dont l'image serait l'enfer.

Tout en songeant à cette éventualité peu récréative, les visiteurs arrivèrent au *cabinet Cleveland*. C'est là que l'on peut admirer des spécimens de gypse que les fées semblent avoir sculptés de leurs doigts habiles. En effet, on ne voit en cet endroit que rosaces bizarres, culs-de-lampe ingénieusement dessinés, et mille ornements d'une forme insolite. On se croit égaré dans un château hanté par des êtres surnaturels: partout on foule des fleurs plus blanches que la neige ; les yeux percent des dômes florentins, des minarets turcs, des arbres, des spirales, des anneaux épars sur le sol, taillés dans le plus pur albâtre, et tout cela appliqué sur des parois de pierre noire comme l'ardoise.

Les règlements du Kentucky défendent aux voyageurs de rien toucher de ce qui est appendu ou appliqué aux murailles, mais ils ont la liberté de ramasser par terre tout ce qu'ils y trouvent. Il va sans dire que les visiteurs remplirent leurs bissacs de voyage de tout ce qui leur parut curieux à emporter.

Les merveilles de ces cristallisations de la grotte Mammoth du Kentucky sont réellement sans pareilles. Qu'on s'imagine voir, transformé en cristal ou en marbre, un de ces superbes bouquets que Nice expédie à Paris pendant la saison hivernale, et l'on n'aura qu'une faible idée de la richesse de cette flore factice des souterrains géants du Kentucky.

En quittant le *cabinet Cleveland*, les voyageurs se trouvèrent transportés tout à coup dans une atmosphère humide: les rochers suintaient l'eau. Ils parvenaient en effet dans la partie des ruisseaux souterrains et ils longeaient, en les traversant deci, delà, des courants d'une eau transparente comme le cristal, coulant sur des lits de cailloux blancs.

C'est en cet endroit que les excursionnistes s'arrêtèrent pour prendre leur repas, repas interrompu à différentes reprises par la présence de rats énormes qui hantent l'intérieur des grottes et dont la voracité est sans pareille. Leur nourriture, paraît-il, ne se compose que d'araignées et de grillons très nombreux dans les souterrains. Ces grillons sont fort gros et tout à fait blancs.

Le repas des voyageurs était terminé : ils renouvelèrent l'huile de leurs lanternes et continuèrent leur route.

Il leur fallut alors monter au lieu de descendre. Ils gravissaient une sorte d'échelle taillée dans une étroite fissure et au dessus de leurs têtes ils apercevaient une vigne splendide, couverte de feuilles et des plus belles grappes de raisin, qui serpentait le long de la muraille et la couvrait de ses guirlandes fantastiques. Pour se convaincre que la vendange était irréalisable il fallait tendre la main et sentir le froid de la pierre.

MM. Davis, Hopster et Harry se trouvèrent alors à l'entrée de la *cave aux boules de neige*. Leur guide s'avança au milieu de cette vaste coupole et y alluma un feu de Bengale pour éclairer le spectacle curieux qu'il voulait faire admirer à ses « clients » étrangers.

Ces gentlemen virent alors devant eux un vrai spectacle d'hiver. Le sol, leur parut couvert de neige et il y avait, par-ci, par-là, des amas de boules qui, en imagination, donnaient froid aux mains. On se fût cru en plein janvier et il ne manquait à ce spectacle que des sapins et des génevriers saupoudrés de givre.

Peu à peu l'artifice pyrotechnique s'éteignit et leurs rêves se dissipèrent. La lanterne magique avait cessé de fonctionner.

Ils avancèrent encore, sur les pas du guide, et se trouvèrent à l'extrémité la plus reculée des grottes Mammoth, après avoir franchi des crevasses et des précipices sans nombre. Ils avaient ainsi parcouru cinq lieues du pays par zigzags.

Ce point extrême des grottes Mammoth est nommé le *berceau de Péréva*. C'est une chambre circulaire de vingt à vingt-cinq mètres de circonférence et de trente de hauteur. Les parois semblent être recouvertes d'une draperie de pierre jaune dont les plis majestueux offrent à la vue les peintures d'un rideau de théâtre. Le guide déclara à ses « clients » que c'était en cet endroit que se réunissaient les fées du souterrain, pour y prendre leurs ébats.

Un ruisseau coule dans un angle de la salle, sur un lit de cailloux: c'est à peine si son murmure se fait entendre, et l'eau en est d'une limpidité cristalline.

— Venez par ici, gentlemen ; nous retournons sur la terre, mais par un autre chemin, dit alors le guide aux touristes ; seulement, vous allez éteindre vos lanternes, comme je le fais moi-même, afin de vous rendre compte de ce que c'est qu'une véritable obscurité dont on n'a aucune idée sur la térre.

MM. Hopster, Davis et Harry se refusaient à obéir à cette injonction, mais le guide leur dit que rationnellement rien ne leur serait plus facile que de rallumer leurs « lucioles » quand bon leur semblerait. Cette raison péremptoire suffit pour convaincre nos voyageurs timorés.

Ceux-ci, se tenant par la main, restèrent ainsi, pendant cinq minutes, sans bouger, mais non sans éprouver une certaine émotion. Lorsqu'ils frottèrent leurs allumettes et les approchèrent de la mèche de leurs lanternes, on eût pu voir sur leur visage une émotion qui avait produit chez eux une pâleur cadavérique. Ils avaient eu peur.

On arriva quelques instants après à la *chambre étoilée*, voûte constellée de facettes multiples, où l'on cherchait vainement une lune absente. L'étoile polaire se trouvait cependant à l'un des angles de la paroi la plus élevée.

Cette grotte est taillée pour ainsi dire dans une mine de micas et c'est de là que lui vient son nom.

Le guide fit ensuite passer ses gentlemen dans le *dôme d'Young* où il alluma un autre feu de Bengale, afin de montrer la hauteur des parois dont la lumière ne pouvait pas franchir la distance surélevée. Cette salle est la plus incommensurable de toutes celles des grottes Mammoth.

Au moment ou les quatre personnes pénétraient dans un couloir assez long, le guide poussa un cri et les trois compagnons de voyage reculèrent par un accord simultané.

— Qu'est-ce? demanda M. Hopster à l'Irlandais.

— Bonté divine! Dieu vivant! s'écria celui-ci: un cadavre!

— Est-ce vrai? répliqua M. Davis.

Et les trois voyageurs s'approchèrent rapidement du guide, qui leur montra étendu sur le sol les restes d'un homme dévoré par les rats. Des lambeaux de chair et de nerfs tenaient encore aux ossements blanchis de cette victime inconnue.

— C'est horrible! murmura Pat Harry: qui cela peut-il être? mais je ne me trompe pas, voici un papier crispé dans la main du cadavre. C'est un indice.

Tout en parlant ainsi, Pat avait tiré avec les plus grandes précautions le chiffon froissé, que la dent des rats avait épargné, trouvant une nourriture plus substantielle dans les flancs de cet infortuné voyageur égaré à cent mètres sous terre.

Le papier en question ne contenait que quelques lignes, dont voici la teneur.

« Je me nomme John Perceval : je suis venu ici en compagnie de quatre personnes de Charlestown, dont l'une, Samuel Cooper, mon cousin, avait comploté ma perte. Il avait gagné les trois coquins dont le nom m'est inconnu, afin de m'abandonner au milieu des grottes. Son but était de me voler ma fortune et d'épouser ma fiancée. Les misérables m'ont garrotté et laissé seul dans la *chambre étoilée*. Ils sont partis, et c'est après avoir fait des efforts inouïs que j'ai pu me débarrasser des cordes dont mes membres étaient liés. J'avais sur moi des allumettes et j'ai retrouvé ma lanterne, oubliée par mes assassins sur le sol. Voici trois jours et trois nuits que je parcours les méandres des caves sans retrouver mon chemin. Je suis perdu; ma lampe va s'éteindre, mais sur un des feuillets de mon portefeuille j'écrivis cette dénonciation véridique. Prêt à paraître devant Dieu, je jure que j'ai dit la vérité. Vengez-moi!! »

Les touristes tremblaient en écoutant la lecture de cette déclaration terrifiante. M. Hopster déclara qu'il irait la porter au juge du comté, dès qu'il serait sorti de l'intérieur de la grotte.

Le retour fut triste: on repassa la *rivière des échos* et l'on se croisa avec une société d'excursionnistes, dans laquelle se trouvaient des dames dont la gaieté ne parvint pas à rendre le calme aux trois gentlemen fortement impressionnés.

Le guide apprit à son collègue, directeur de la troupe joyeuse, qu'il avait quelque chose à lui dire, et il lui raconta à voix basse ce qu'il avait découvert, en l'engageant à éviter cet endroit lorsqu'il ramènerait sa société hors des grottes.

Puis chaque groupe s'éloigna dans une direction différente. A peine de retour à l'hôtel, les trois visiteurs demandèrent à l'hôte où demeurait le juge et ils se rendirent près de lui avec le guide.

Le magistrat écouta le récit de leur funèbre découverte, et prit connaissance du papier que lui remit M. Hopster.

— Mais je connais ce misérable nommé Cooper! Il est mon voisin, et il est venu me déclarer, il y a un mois, que son parent était tombé, par accident, dans le gouffre appelé le *Maëlstrom*. Il a pris le deuil et joué admirablement la comédie.

Pour terminer cette histoire, nous dirons que ce misérable Cooper passa devant la *court of session* avec ses complices. Il fut déclaré coupable, mais comme il n'avait pas souillé ses mains de son semblable, il fut seulement condamné à deux ans de *hard labour* et envoyé à Sing-Sing.

Ce fut un bonheur pour la jeune fille qu'il voulait épouser: car elle eût, — sans la découverte du cadavre de son fiancé, un peu trop vite oublié, puisqu'elle se laissait courtiser par Cooper quelques jours après la prétendue chute dans le « Maëlstrom » de celui avec qui elle avait flirté pendant six mois, — elle eût épousé, disons-nous, un criminel indigne de toute affection et de tout pardon sur la terre.

LA CLOCHE DES MORTS

Il est encore d'usage dans plusieurs pays de l'Europe, en Espagne et en Angleterre, voire même en Allemagne et en Autriche, que des gardes parcourent les rues, pendant la nuit, pour veiller à là sûreté des passants et prévenir, en cas d'incendie, ceux qui seraient en danger. Il est ordonné

à ces gardes, afin de constater qu'ils ne s'endorment pas, de faire entendre, par intervalles, des cris prouvant qu'il remplissent leur tâche.

C'est pour cela qu'ils crient les heures, les quarts, les demi-heures et
les trois quarts, en ajoutant ces mots : « Il fait *beau,* ou *mauvais* temps, »
suivant l'état de la température.

En France cet usage existait, comme partout ailleurs : il y avait, à
Abbeville, un homme posté sur la tour de l'église de Saint-Wolfrand, qui
sonnait de la trompe toutes les demi-heures, en se tournant successivement vers les quatre coins de la ville.

Jadis, dans la ville de Paris, un moine de la confrérie des pénitents ou
à son défaut un bedeau, un sacritain ou quelque autre personne d'église,
enveloppée d'une robe blanche sur laquelle étaient appliqués des dessins
d'étoffe noire, représentant des ossements et des têtes de mort, parcourait les rues, pendant la nuit, en agitant une sonnette, et criant, de la voix
la plus lamentable qu'il pouvait moduler :

> Réveillez-vous, gens qui dormez,
> Priez Dieu pour les trépassés !

Il était difficile que le sommeil le plus profond résistât aux appels de
la cloche et au chant monotone et lugubre du clocheteur qui, pour se
faire plus sûrement encore entendre des dormeurs, frappait quelquefois
aux portes des maisons avec le bâton qu'il tenait de la main droite.

Éveillés en sursaut par cette funèbre invitation, les bourgeois se mettaient à genoux sur leur lit et murmuraient des prières pour le repos des
morts.

Cet usage persista à Paris jusqu'au milieu du viie siècle, ainsi que le
prouve un poème de Saint-Amand, l'un des derniers membre de l'Aca-
démie française, dans lequel on trouve les vers suivants :

> Le clocheton des trépassés,
> Souvent, de rue en rue,
> De frayeur rend les cœurs glacés...
> Et mille chiens ayant la triste voix
> Lui répondent en longs abois, etc., etc.

Le poëte terminait en se fâchant contre cette coutume dont il demandait la suppression. Elle fut supprimée, en effet, au commencement du
viiie siècle, à Paris, et en 89 dans toutes les villes de province.

Dans la Bohême, cet usage de prier Dieu pour les trépassés est non
seulement pratiqué, mais il existe en outre, au cimetière de la ville, à
Prague principalement, une maison qui a son but spécial, celui d'empêcher les inhumations prématurées qui pourraient livrer à la terre un

corps que la vie n'aurait pas abandonné... autrement dit, qui serait en léthargie.

Au milieu du dernier asile destiné à contenir les cercueils des morts, s'élève une chapelle au côté de laquelle a été jointe une construction de forme basse, divisée en deux parties. Dans la première, à l'entrée, se trouve une logette avec poêle, table, chaises, bancs, tout ce qu'il faut pour un veilleur, et dans l'autre des tables en marbre, sur lesquelles sont posés un, deux, trois, quatre, dix cercueils au besoin, tous découverts, et au dessus desquels on a suspendu des cordons, de telle façon que, si une personne morte dans la journée ou la veille n'est pas complétement privée de vie, elle peut appeler et demander des secours pour être rendue à ses parents et amis.

Ces cordons, tirés même d'une main faible, font tressauter une sonnette dont le bruit réveillerait le veilleur, si endormi qu'il pût être, en admettant qu'ils fût infidèle à sa consigne, qui est d'avoir toujours les yeux ouverts.

Dans la journée, la femme, les enfants de ce proposé funèbre, sont là pour le remplacer au besoin.

Les corps ne sont enlevés qué quand la putréfaction vient prouver que la vie n'existe plus chez eux, et alors on procède aux inhumations. C'est là, il faut en convenir, un usage des plus louables, car on ne peut nier que dans tous les pays où l'on procède à un enterrement, avant d'avoir bien constaté la mort de celui ou de celle que l'on porte en terre, il y a quelquefois erreur, et ce fait ne se produisît-il qu'une fois sur mille, ce serait déjà trop.

L'histoire que nous allons raconter n'est pas un conte: elle a eu des témoins, il y a trois ans, dans cette ville de Prague dont nous parlions plus haut.

Tout le monde élégant, dans la cité qu'arrose la Moldau, — renommée par les îles verdoyantes, qui la couvrent, — connaissait la belle Fraulein d'Harnheim, dont le père, un richissime banquier, possédait le plus beau palais du quartier de la nouvelle ville.

Veuf depuis dix ans, le baron d'Harnheim avait consacré à sa fille Martha toute sa tendresse et tous ses soins. A peine sa femme avait-elle fermé les yeux, qu'il avait fait venir de Vienne une de ses parentes, peu fortunée, mais digne de la plus grande confiance, non seulement par sa sagesse et son expérience, mais encore par sa bonté sans pareille, son instruction et la noblesse de ses manières.

Mme de Ratzaw — tel était son nom — avait pris à cœur la tâche qui lui était dévolue ; elle était devenue la seconde mère de la bien chérie Martha d'Harnheim qui, du reste, méritait, de toutes façons, d'être aimée. Dès sa plus tendre enfance, la mignonne créature s'était créée des affections dans sa famille et parmi tous les serviteurs du logis. Jolie comme un ange, charmante de caractère, enjouée, pieuse, et cherchant à se rendre utile aux uns et aux autres, on ne lui connaissait aucun défaut. Bref, la fille de M. le baron d'Harnheim jouissait de la faveur immense d'être le « lion » de Prague : son nom était dans toutes les bouches.

Lorsque son père la conduisit pour la première fois dans le monde, ce fut un cri général : la foule des jeunes gens à marier se prit pour elle d'une admiration sans précédents. Les femmes elle-mêmes, qui, d'ordinaire, sont très jalouses des succès des autres, baissèrent pavillon en cette occasion et cédèrent le pas à Martha d'Harnheim. Du reste la jeune fille avait encore une qualité dont nous n'avons pas parlé, celle d'être exempte de vanité : elle ne comprit même pas tout ce qui se passait autour d'elle, et, sans fierté, sans morgue, elle marchait dans la vie comme l'eût fait une religieuse ayant fait à Dieu l'abnégation de tout ce qui a trait à la terre et aux vanités du monde.

Il va sans dire que gracieuse et riche, Martha d'Harnheim fut bientôt demandée en mariage : les plus beaux noms de la Bohême briguaient l'honneur de s'allier à la fille du banquier. Dans le nombre des aspirants on comptait le fils d'un magnat prince de Eppsburg, dont l'élégance et la noble figure avaient fait impression sur le cœur de Martha.

Lorsque son père, après avoir énuméré tous ceux qui lui demandaient la main de sa fille, prononça le nom du prince Carl de Eppsburg, il vit une rougeur instantanée monter aux joues de la chère enfant ; mais quand il eut ajouté que le bruit courait que ce jeune homme passait pour un dissipateur et qu'il menait la vie la vie à grandes guides, le visage de Martha devint pâle comme celui d'une morte.

Le banquier avait deviné que sa fille bien-aimée s'était éprise de celui qui n'était point digne d'elle. Dès ce moment son parti fut vite pris : il résolut de faire voyager Martha, afin de l'amener à l'oubli. Prétextant une impérieuse nécessité de se rendre à Londres, pour y régler des intérêts d'une haute importance, le baron de Harnheim dit à sa fille qu'il désirait l'avoir près de lui pendant le voyage. En conséquence, madame de Ratzaw fut prévenue d'avoir à tout ordonner pour le départ de Martha et le sien.

Trois jours après cette décision, le père, la fille et la dame de compagnie, étaient en route pour la France et l'Angleterre. Tout alla bien jusqu'à Londres. La locomotion, le charme du voyage, les impressions de toutes sortes que subissait, malgré elle, la charmante Martha, tout éloigna momentanément de sa pensée le souvenir de Carl de Eppsburg ; mais peu à peu, une sorte de langueur s'empara de cette malheureuse enfant : elle tomba malade, et malgré toute la science des célèbres médecins de la capitale britannique, quels que fussent les soins qu'on lui prodigua, cette pauvre Martha ferma les yeux, certain soir, et fut déclarée perdue pour son père et pour tous ceux qui l'aimaient.

Le lendemain, le docteur du quartier vint constater la mort de Martha d'Harnheim, et l'on procéda à ses funérailles.

Le père écrasé par sa douleur refusait à croire à cette séparation! il voulut passer la nuit près de son enfant, et bien fit-il, car vers le matin, au moment où les yeux fixés sur la couche funèbre, il examinait le visage de Martha, il crut apercevoir un léger mouvement sur les traits de cette chère créature.

Il se leva d'un bond, arracha le suaire qui enveloppait ce corps affaissé par la maladie et vit les paupières de Martha s'entr'ouvrir l'une après l'autre, puis simultanément.

— Elle vit ! s'écria-t-il, elle vit!

En effet, Martha d'Harnheim était plongée dans une léthargie dont elle sortait, grâce à la vitalité de son sang. Son retour à la vie fut un triomphe, une joie universelle. Le pauvre père, dans son ivresse, consentit à tout ce que voulut Martha, et il fut décidé qu'à son retour à Prague, le mariage entre elle et le jeune Carl de Eppsburg serait conclu sans aucun délai.

Dès que la chère fille du banquier fut jugée capable de supporter les fatigues du voyage, on reprit la route de la France et de la Bohême en faisant différentes escales pour ne point fatiguer la ressuscitée.

C'est ainsi que l'on s'arrêta à Paris, à Berlin, à Vienne, mais quelles que fussent les merveilles que l'on montrait à la convalescente, il semblait qu'elle n'avait d'autre désir que celui de rentrer à Prague, aussi vite que faire se pourrait.

Enfin, le douzième jour, le baron, sa fille et Mme de Ratzaw rentraient dans le palais de la nouvelle ville. Ce retour fut bien vite connu des amis de la maison de Harnheim qui vinrent savoir par eux-mêmes, de quelle façon miraculeuse Martha avait échappé à la mort.

Le premier, parmi les visiteurs, fut Carl de Eppsburg, qui comprit bien vite l'influence qu'il avait acquise sur la fille du baron. Il renouvela sa demande en mariage, fut accepté et on le vit alors chaque jour venir présenter ses hommages à sa fiancée.

Bref le mariage fut célébré, et l'heureux couple partit pour faire un voyage en Italie et en Suisse. Leur absence dura deux mois. Martha était complétement rétablie, et, quand elle rentra à Prague, sa santé semblait radieuse.

Par malheur à peine Carl de Eppsburg alla-t-il retrouver ses camarades, qu'il se vit entraîné par eux à de nouvelles folies. Il aimait passionnément le jeu, et il s'absenta maintes fois de la maison de sa femme pour se rendre dans les tripots d'où il ne sortait point avant son mariage.

Martha eut beau adresser des remontrances à son époux, elle perdit son temps : peu à peu sa santé s'altéra. Une maladie de langueur la terrassa, et, après avoir dépéri, la malheureuse succomba sans que les docteurs de Prague eussent pu la sauver.

Nous ne raconterons point ici les détails des funérailles qui furent faites à la jeune femme. Toute la ville accompagna le convoi qui la menait à la chapelle du cimetière. Nul n'avait songé à la possibilité d'une seconde léthargie, car la famille avait déclaré que cette fois, il ne fallait pas se rattacher à cette espérance.

Néanmoins le cercueil de la pauvre femme fut déposé, suivant l'usage, dans la salle destinée à la veille des morts : par un hasard assez rare, il y avait deux cadavres sur les dalles de marbre de ce lieu funèbre Le mari, cause de cette fin fatale, avait manifesté la plus grande douleur en perdant celle qui l'avait tant aimé. Il voulut rester avec le gardien durant la nuit qui suivit les obsèques. Rien de particulier ne se passa pendant ces douze heures de veille; quand vint le jour, Carl d'Eppsburg rentra chez lui, inconsolable; il songea à se tuer, pour rejoindre sa femme : mais ses amis l'en empêchèrent. Le soir venu il retourna au cimetière et s'en alla au jour, pour retourner encore à la nuit.

Au milieu de cette quatrième veille, vers une heure du matin. Carl qui ne pouvait fermer les yeux, et qui tenait les regards fixés sur la cloche, crut apercevoir un léger mouvement du battant; quelques seconde après, ce qu'il avait pris pour une illusion devenait une réalité. La cloche retentissait au point de réveiller le gardien de ce lieu funèbre, profondément endormi.

— La princesse vit ! s'écria celui-ci, en se frottant les yeux, courons à son secours.

Il ouvrit précipitamment la porte de communication entre la logette et la salle des morts.

Martha de Harnheim, à genoux sur son cercueil, regardait fixement autour d'elle, les yeux hagards cherchant à se rendre compte de la situation dans laquelle elle se trouvait.

— Où suis-je? fit-elle en voyant son mari et le gardien accourir près d'elle.

— Dans mes bras, chérie, sous la protection de ton mari qui ne te quittera plus désormais.

Aidé par le gardien, Carl de Eppsburg emporta la ressuscitée hors de ce lieu terrible : on la plaça près du feu, en la couvrant de chaudes étoffes pour la mieux réchauffer, et, avant qu'elle eût pu rien comprendre, la voiture du prince, mandée en toute hâte, emportait le prince et Martha, son trésor, Martha vivante qui rentrait dans le palais d'où elle était sortie réputée morte.

Le lendemain de cet événement tout Prague connaissait les détails de la terrible aventure.

Le prince de Eppsburg a changé de manière de vivre, et s'il joue encore, c'est dans ses salons ; s'il s'absente de Prague, c'est avec sa femme qu'il a juré de ne plus quitter d'un seul instant.

On voit, d'après cette histoire véridique que la mort a quelquefois du bon, surtout quand elle n'est pas réelle.

CHASSES AUX AUTRUCHES

A quelle famille appartiennent les autruches ? Les uns en font des « échassiers, » les autres les affilient aux « coureurs » et certains aux « gallinacés ». Les savants ne s'accordent pas entre eux. Pour moi une autruche est une autruche. Les Orientaux avaient donné à cet oiseau le nom d'*oiseau chameau*, et certainement l'élévation de ses jambes, la longueur de son cou et, en quelque sorte la forme de sa tête, la rapidité de sa course, tout, jusqu'aux lieux hantés par cette créature étrange, lui donne une ressemblance étrange avec le quadrupède du désert.

Aristote — pourquoi pas ? — prétendait de son temps que l'autruche était partie oiseau, partie quadrupède. Ce qu'il y a de certain, c'est que l'autruche atteint quelquefois deux mètres de hauteur et peut peser jusqu'à quarante kilos. Elle a la tête petite, charnue et calleuse à la partie supérieure, garnie inférieurement de poils clairsemés, blancs et brillants, le bec droit, court et déprimé ; l'orifice de l'organe de l'ouïe découvert et garni à l'intérieur de poils ; les yeux grands et vifs ; un cou mince, long d'un mètre environ et dont la peau, d'une couleur chair livide, n'est recouverte que de poils blancs et peu abondants. Les ailes sont hors de proportion avec le corps, et, outre leurs plumes flexibles et ondoyantes, elles sont pourvues chacune de deux piquants semblables à ceux du porc-épic. La queue est garnie de pennes dont la structure est la même que celle des ailes. Je passe maintenant à ses jambes recouvertes d'une peau épaisse et ridée, à ses pieds vigoureux garnis de grosses écailles et formés de deux doigts seulement, reliés ensemble, à la base, par une grosse membrane.

Le plumage chez le mâle est noir, strié de gris et de blanc ; les grandes plumes des ailes et celles de la queue sont blanches. La femelle est brune ou d'un gris cendré, partout où le mâle est d'un noir éclatant. Elle n'a de plumes noires qu'à la queue et aux ailes.

La femelle pond dans le sable de vingt à cinquante œufs gros comme un boulet allongé, qui pèsent de deux à trois livres. Dès que les petits sont éclos, ils se mettent à courir en quête de nourriture. Bien qu'ils n'aient pas encore de plumes, ils sont tellement agiles à la course qu'il est impossible de les attraper.

L'autruche est un animal d'une grande stupidité et d'une gloutonnerie exceptionnelle : on assure qu'elle mange le fer. Quoique sa chair soit visqueuse et nauséabonde, les Africains en mangent souvent. Les autruches vont par troupes dans le désert et les contrées sablonneuses. Leur aspect épouvante souvent les caravanes, parce qu'on les prend pour des hommes à cheval.

Certains auteurs ont prétendu que l'autruche était sourde ; il n'en est rien ; elle est au contraire douée d'une ouïe très fine. Une assertion erronée, c'est qu'elle est mauvaise mère : bien, au contraire, elle défend ses petits et les protége avec une grande sollicitude et beaucoup de courage.

Il est certain que, sous la zône brûlante, elle abandonne ses œufs pendant la journée, mais elle revient les couver pendant la nuit.

La chair de l'autruche est blanche et ressemble fort à celle du dindon. Les Romains la tenaient en grande estime. On raconte qu'un empereur romain — Caracalla — se fit servir une autruche à l'un de ses repas et qu'il la dévora en entier ; Héliogabale fit façonner un plat composé de six cents cervelles d'autruches.

Les œufs passent pour un mets divin, digne de Lucullus. On les mange à la coque ou en omelettes ; mais généralement on les vide, car ils servent aux Africains pour façonner des ornements qu'ils suspendent aux plafonds ou aux voûtes de leurs tentes ou de leurs habitations. D'aucuns même les emploient pour récipients à eau.

L'autruche aime à se baigner. Il y a de nombreux témoignages de ce fait qui, cependant, a été nié par quelques voyageurs.

J'ai parlé de la facile digestion de l'autruche. Rien n'est plus vrai, et pourtant la chose est très exagérée. Leur nourriture habituelle consiste en racines, en graines et en toute sorte de plantes légumineuses. C'est particulièrement la *narce,* sorte de bulbe jaunâtre qui croît dans le sable, dont la forme est celle d'un navet et dont les feuilles sont couvertes d'épines, qui est appréciée par ces oiseaux africains.

Cette racine, fort bonne à manger, a le goût d'amandes douces.

Lorsque l'autruche cherche des *narces* et les déracine, elle avale souvent des pierres comme le ferait tout autre animal qui en trouverait dans sa nourriture. C'est de là, sans doute, qu'est venue l'erreur si populaire et si profondément accréditée. Les autruches que l'on rencontre dans les ménageries ou les jardins publics sont très peu difficiles sur la nourriture et se contentent d'un mélange d'orge, de son et de choux. On en a vu dévorer, avec une sorte de plaisir, des copeaux qu'un menuisier avait laissés dans la cage qu'il venait de réparer.

Je passe maintenant à la chasse à l'autruche, chasse très intéressante à laquelle les Arabes s'adonnent avec passion. L'autruche poursuivie étend et ouvre ses ailes en courant, et semble — comme le dit Job dans l'Ancien Testament — défier le cheval et le cavalier. Elle a soin de jeter des pierres qu'elle soulève avec ses pattes pour arrêter la marche du chasseur.

Les Arabes chassent l'autruche à cheval, en tournant autour d'elle, pendant plusieurs heures, jusqu'à ce qu'ils parviennent à couper sa course.

D'autres fois, grâce à la rapidité de sa monture, l'Arabe arrive à s'emparer de l'oiseau convoité, après une poursuite des plus opiniâtres, où la bête à deux pâtes finit par tomber de fatigue, victime de son habitude de décrire en fuyant de grands cercles que le chasseur sait couper à propos, épargnant ainsi à son cheval une grande partie de son trajet. Lorsqu'il a répété ce manège un certain nombre de fois, il parvient enfin, mais seulement parfois après huit à dix heures de chasse, à s'emparer de l'oiseau, dont la course est plus rapide que celle du cheval le plus léger. S'il emploie des lévriers à cette chasse, elle devient moins pénible et moins longue.

On a dit que l'autruche, lorsqu'elle se voit au moment d'être prise, cachait sa tête sous son aile, comme feraient des enfants qui mettent leur tête dans leurs mains ouvertes, afin de ne pas être vus. Ce fait est contesté par plusieurs chasseurs dignes de foi ; et, en dernier lieu, par le docteur Livingstone qui a eu l'occasion de chasser l'autruche dans ses voyages dans l'Afrique australe.

C'est au mois de mars et d'avril, particulièrement, que l'on chasse les autruches, car c'est la saison où les plumes ont repoussé et où elles sont bonnes pour la vente. Dans les autres périodes de l'année, ces oiseaux ont la fâcheuse habitude, comme les paons et les dindons qui font la roue, de traîner les plumes de leurs ailes, ce qui abîme les barbes des plumes, diminue leur valeur et les salit extrêmement.

Dans le pays des Bechuanas et le Domara, les chasseurs aborigènes n'ont pour armes qu'un arc et des flèches, celles-ci empoisonnées au moyen du suc des euphorbes ou par le résidu des entrailles d'une chenille appelée le *n'ywa*. Il paraît que ce venin est très dangereux, car les noirs africains — chez qui la propreté est une qualité rare — ont grand soin de se laver les mains quand ils ont touché au *n'ywa*.

Ceux qui seraient atteints par ses effets délétères deviendraient fous furieux et enfin idiots pour le reste de leur vie.

Muni de ces terribles engins, le chasseur qui a découvert un nid d'autruche, va enlever les œufs et se couche à plat ventre dans l'excavation où ils se trouvaient. Combien d'heures reste-t-il là ? Lui seul et Dieu le savent ; à la fin, la mère couveuse paraît à l'horizon : elle avance à grands pas. La voilà, et quand elle est assez proche, l'archer africain qui tient son arc bandé vise, lâche la corde et la flèche va frapper généralement l'oiseau en pleine poitrine. Le mâle qui suit·de près sa femelle, tombe également sous l'arme meurtrière de ce chasseur primitif, car celui-ci sait très bien s'y prendre pour mettre à mort sa double proie.

Une autre façon de chasser l'autruche est pratiquée par les Bechuanas. Ils se revêtent de la dépouille de l'un de ces oiseaux et s'avancent dans le pays fréquenté par ce gros gibier, en imitant ses allures, jusqu'à ce qu'ils parviennent à portée de l'un d'eux.

M. Moffat, voyageur anglais très célèbre, décrit fort longuement ce genre de sport, en racontant comment l'Africain tient la tête empaillée debout, pour l'agiter, se blanchit les jambes avec de la craie, et agite de temps en temps les ailes pour mieux jouer la comédie. Il arrive quelquefois qu'un mâle curieux s'avance de très près, afin de voir par lui-même qui est cet inconnu. C'est là le moment dangereux, car si le chasseur n'atteint pas l'oiseau avant d'avoir été repoussé par lui il peut recevoir quelque horion très dangereux.

Le voyageur Anderson raconte avoir vu chasser l'autruche à la course par les Boschimen, sur les bords du lac N'gavis ; c'est à coups de bâtons qu'on procède, de façon à casser les jambes aux oiseaux.

Il y a encore d'autres chasses aux autruches, au moyen de pièges. En premier lieu, le lacet, corde tendue à un jeune baliveau, avec laquelle, à la hauteur du cou, on forme un nœud coulant. L'autruche passe par là, introduit le cou dans le rond de chanvre, et clac ! la bobinette choit et la farce sinistre est jouée. L'oiseau se trouve bel et bien pendu. Un second mode de chasse est celui de trous recouverts de roseaux et d'herbages, dans lesquels l'autruche tombe et d'où elle ne peut plus sortir.

Je termine cet article par le récit d'une chasse faite par M. Anderson, qui a si longtemps habité l'Afrique, et qui s'est, maintes fois, donné le plaisir d'une de ces parties.

« Un jour, sur le chemin qui conduit de Bay à Cheppœnsdorf, nous aperçûmes une autruche mâle ayant près de *lui* sa femelle et dix-neuf petits de la grosseur d'une poule de basse-cour.

« Depuis longtemps je souhaitais une rencontre pareille ; aussi mes compagnons et moi descendîmes-nous des selles posées sur le dos de nos bœufs. Nous voulions nous emparer particulièrement des jeunes.

« Dès que le père et la mère autruches eurent vent de nos projets, ils détalèrent, la femelle en avant, les petits après, et le mâle par derrière, pour protéger sa famille. Rien n'était plus touchant que cette anxiété paternelle. Quand l'oiseau eût compris que nous gagnions sur lui, il usa d'un stratagème ordinaire chez tous les oiseaux et les quadrupèdes : celui de se séparer de la bande, afin de nous attirer sur ses pas. Mais, lorsqu'il se fut aperçu que nous ne faisions pas la moindre attention à lui, il changea de gamme et fit semblant d'être blessé. Nous le vîmes décrire des cercles, s'arrêter, se coucher, se relever, et enfin tomber, lorsqu'il ne fut plus qu'à une demi-portée de fusil.

« Déjà l'un de nous avait tiré sur lui et je crus qu'il était blessé. Je m'avançai pour l'achever. Au moment où je l'ajustais, je compris que tout ce qu'avait fait l'oiseau jusque-là n'était qu'une ruse, car l'autruche se releva d'un bond et courut dans une autre direction opposée à celle de la femelle et de sa famille. Les petits, pendant ce temps-là, avaient gagné du terrain et se trouvaient bien loin. Il nous fallut une heure de poursuite obstinée pour réussir dans cette entreprise cynégétique.

« Nous parvînmes à nous emparer de neuf jeunes dans la compagnie, et encore se défendaient-ils avec un grand acharnement.

« Du reste, c'était un assez joli succès et nous dûmes nous tenir pour très satisfaits. »

CHEZ LES MONTÉNÉGRINS

Le pays de Monténégro est celui des braves. Cette nation de montagnards habite une contrée entourée de hautes montagnes et presque inaccessible à tout ennemi qui tenterait de s'en emparer. Aussi les Turcs n'y ont-ils jamais exercé qu'une domination purement nominale. Ils se sont toujours contentés d'un léger tribut, laissant l'administration et le gouvernement au *vladika*, autrement dit l'archevêque de Monténégro, qui, comme coréligionnaire du tzar de Russie est placé sous la protection du souverain autocrate. Du reste l'autorité du vladika est elle-même fort peu énergique : elle tempère celle du prince souverain du pays, et les Monténégrins conservent, bon gré mal gré, la plupart de leurs traditions.

Au nombre de celles-ci, il faut placer la justice de famille, dont l'exercice a résisté à tous les projets de réforme.

Dans un événement récent, cette juridiction est intervenue avec toute l'énergie de ses formes sanguinaires et sauvages.

Depuis 1875, un riche négociant moscovite, nommé André Sakaroff était venu s'établir à Belgrade dans une élégante habitation voisine du château princier, près de l'Arsenal. Ce négociant dont la fortune s'élevait à plus de quatre millions de roubles avait deux fils au service de la Russie : l'aîné, Nicolas, parvenu déjà au grade de capitaine dans le régiment des hussards de Soumsre ; le cadet, Paul, simple lieutenant au régiment des lanciers de Volhynie. Les deux jeunes officiers étaient venus passer quelques mois chez leur père, et ils ne tardèrent pas à se lier d'amitié avec un des jeunes gens les plus distingués de la ville, Milan Douckowitch, fils d'un boyard monténégrin et père de cinq enfants, quatre garçons et une fille. Milan, reçu dans la famille du père des deux Moscovites, voulut à son tour les inviter à venir chez son père : il les convia à la résidence de celui-ci en leur promettant des plaisirs de chasse qui leur étaient inconnus.

Les trois amis se mirent en route et ils arrivèrent enfin au séjour des Douckowitch où on les accueillit avec la plus grande cordialité. La fille de la maison, Pétrowna, avait avec elle une de ses amies, et les deux jeunes Russes furent bientôt épris des charmes de ces deux demoiselles, à qui ils firent la cour sans dépasser autrement les bornes de la politesse.

Une après-midi, en rentrant au salon du château de Douckowitch, Nicolas et Paul y trouvèrent les deux jeunes personnes et s'assirent près d'elles, pour causer et passer le temps. Ils n'étaient pas installés depuis plus d'une demi-heure que Milan entra dans l'appartement. A la vue des quatre personnes ainsi réunies, il se mit dans une violente colère et tira à moitié son poignard de sa gaîne ; Pétrowna et son amie s'étaient enfuies.

Milan alla trouver son père et ses trois frères et leur raconta qu'il venait de surprendre les deux étrangers en tête à tête avec Pétrowna et sa camarade de pension.

Suivant un usage du Monténégro, tout homme qui a eu une entrevue seul à seul avec une jeune fille est fiancé avec elle; donc Nicolas et Paul devaient épouser ou subir les conséquences d'un refus.

Les Sakaroff furent interrogés par Milan et, se croyant ainsi mis en demeure de contracter un mariage, s'y refusèrent carrément, ne se croyant pas engagés par quelques propos de pure convenance échangés avec des jeunes filles, comme ils auraient pu le faire à Saint-Pétersbourg ou à Moscou.

Milan les avertit qu'il y avait danger à dire non, mais Nicolas et Paul persistèrent dans leur détermination.

Le vieux Monténégrin et ses quatre fils, réunis dans une cabane de garde, prenaient le soir même la résolution de massacrer leurs hôtes, au moment où ils se trouveraient hors du château, c'est-à-dire hors de leur hospitalité.

Nicolas et Paul prirent froidement congé de leurs hôtes et quand ils furent sortis de l'enceinte du château hâtèrent le pas de leur monture.

Hélas ! ces malheureux ne devaient plus revoir leur père !

On retrouva leurs cadavres sur la route; chacun avait eu le cœur percé par un coup de poignard.

Un bâton planté à côté des deux morts portait ces mots tracés sur un carton et fichés dans le bois fendu :

« Morts pour avoir trahi l'hospitalité. »

Ce qui prouve qu'il ne fait pas bon causer seul à seul avec une Monténégrine.

Avis aux voyageurs.

LES BANDITS EN ESPAGNE

Tous les lecteurs ont entendu parler de Barcelone, capitale de la Catalogne, l'une des provinces les plus riches, les plus peuplées, les plus belles et les plus industrielles de l'Espagne. Barcelone est digne d'occuper ce haut rang qu'elle a enlevé à Tarragone la Superbe. L'origine de Barcelone remonte à deux siècles et demi avant l'ère chrétienne et son nom lui vient de la famille carthaginoise de Barca, — d'où *Barcina*, — dont Hamilcar, père d'Annibal, était le chef.

S'appuyant aux Pyrénées et formant ainsi une des parties les plus septentrionales de l'Espagne, la Catalogne est une des provinces de l'Espagne dont l'histoire offre le plus de variété et d'intérêt. De la domination carthaginoise, elle passa sous celle des Romains qui la gardèrent très longtemps.

Mais enfin chassés par les Goths, les fils de César durent abandonner leur conquête, laquelle à son tour passa sous les fourches caudines de l'Italie, des Scandinaves, des Asiatiques et des Africains, tous maîtres passagers d'un territoire qu'ils se disputaient avec acrimonie. La Catalogne devint enfin la propriété des Arabes, après la bataille de Xerès la Frontera ; mais le règne de ces nouveaux dominateurs ne fut pas de longue durée. La bataille de Fodiera fit reculer l'invasion arabe qui, après avoir repassé les « marches » des Pyrénées, fut refoulée jusque vers le midi de l'Espagne. Charles Martel avait arrêté le progrès des Maures en France et ce fut encore un prince de sa race qui leur enleva la Catalogne.

Bientôt, après cette délivrance du joug arabe, les Catalans conquirent la Sicile et la Sardaigne luttèrent avec l'empire d'Orient et s'emparèrent d'une partie de la Grèce. C'est à ce contact, sans doute, que ces peuples furent les rivaux des Maures qui répandirent la civilisation de l'autre côté de l'Espagne.

Les Catalans furent souvent en lutte avec leurs souverains particuliers et la couronne d'Espagne à laquelle ils furent enfin rattachés. Toutes les commotions qui ébranlèrent l'Espagne eurent dans la Catalogne plus de retentissement que partout ailleurs et au XIXe siècle, de nos jours, les *pronunciamentos* politiques qui agitent la Péninsule y font toujours fermenter les passions populaires avec une extrême énergie.

Barcelone a été le champ de bataille où se sont décidées toutes les guerres dans lesquelles la Catalogne s'est trouvée engagée. Cette ville a soutenu plusieurs siéges, dont le plus renommé est celui de **1714**, qui fut mis devant cette place par le duc de Berwick à l'époque de la guerre de Succession. L'Espagne s'était soumise à Philippe V et cependant Barcelone tenait encore pour Charles VI, empereur d'Allemagne.

Barcelone est assise sur le bord de la mer, dans une position extrêmement favorable. Les maisons de la ville sont généralement très bien alignées et leur aspect est un peu mauresque.

La vieille ville est très pittoresque. La cathédrale qui date de la fin du XIIIe siècle est d'un gothique simple et hardi. On y remarque une crypte très ancienne, où se trouvent, dans un mausolée d'albâtre, les reliques de sainte Eulalie, martyrisée sous Doclétien. La Bourse, bâtie sous le règne de Charles III, se distingue par une noble simplicité ; l'Hôtel de Ville, par son architecture élégante, et la Douane, par la richesse des matériaux employés pour sa construction. Mais le travail le plus imposant que l'on admire à Barcelone, c'est la digue — *la muraille de la mer* — destinée à défendre le port contre les ensablements. En somme, Barcelone est une des fortes places de l'Espagne.

Barcelone compte plusieurs manufactures de drap, de velours, d'étoffes de laines, de soieries, de toiles peintes, d'armes à feu, d'armes blanches, et, malgré les difficultés de son port, que les rivières Lobregat et Bessos encombrent de sable, malgré la muraille de la mer qui resserre l'entrée de ce refuge maritime, plus de deux mille navires encombrent annuellement son port. Le mouvement maritime, commercial et industriel appelle si continuellement la population dans Barcelone, et la ville renferme en elle-même tant de conditions de prospérité, que malgré les désastres que la guerre civile et la guerre étrangère ont fait peser sur elle depuis le commencement du siècle, malgré les horribles ravages que la peste y fit en 1821, elle compte plus de 200,000 habitants.

Barcelone est le refuge de tous les déclassés de l'Espagne et par conséquent on peut dire qu'il se trouve dans cette ville un noyau de gens capables de toutes les entreprises audacieuses, de tous les coups de main énergiques, de toutes les conspirations ayant un but politique ou particulier.

Dans ce dernier genre on peut citer l'agression à main armée dont viennent d'être victimes les voyageurs qui avaient quitté Barcelone dans la nuit du 6 au 7 juin, en route pour se rendre à Perpignan.

L'express parti à dix heures vingt-cinq minutes du soir allait sortir de de la station de San-Padrès, un des faubourgs de Barcelone situé à 15 kilomètres de la mer, quand, au grand étonnement des voyageurs, la machine ralentit sa marche et s'arrêta sans cause connue.

Les voyageurs ne savaient que penser de ce retard inexplicable e inexpliqué, lorsqu'une femme exprima tout haut sa pensée qu'il se pourrait bien que des voleurs eussent arrêté le convoi.

Hélas ! rien n'était plus vrai, car au même instant une voix du dehors cria aux passagers en pur catalan :

— Déposez vos armes immédiatement. Celui sur qui j'en trouverai, je lui brûle la cervelle.

Et sans donner le temps d'exécuter cet ordre un individu habillé convenablement en ouvrier, foulard autour de la tête, revêtu d'une blouse bleue, le visage recouvert d'un masque noir, se précipita vers le premier wagon, armé d'un de ces fameux *trabucos* à gueule évasée, de sept à huit centimètres de diamètre, et prêt à faire feu sur le premier récalcitrant.

— Remettez-moi votre argent, vos bijoux et tous les objets de valeur que vous possédez, dit alors le bandit aux voyageurs, et surtout ne cachez rien, car je vais vous fouiller et celui sur qui je trouverai la moindre chose sera aussitôt passé par les armes.

L'on s'imaginera sans peine quelle fut la terreur des personnes qui se trouvaient dans le convoi ; les femmes, les enfants poussaient les hauts cris ; les hommes n'osaient pas bouger.

Au même instant, une cinquantaine d'hommes s'étaient précipités comme un ouragan, armés de poignards et de revolvers, sur les marchepieds, avaient ouvert les portes et se précipitaient dans l'intérieur des wagons.

Quelques coups de feu avaient d'abord été tirés en l'air, et les voyageurs ayant mis le nez aux portières avaient pu à peine se rendre compte de ce qui se passait, tant la nuit était sombre. L'on ne distinguait réellement rien dans la campagne endormie.

Enfin on se rendit compte de la situation. Toute velléité de résistance était impossible, car chaque wagon était gardé soigneusement par les bandits. Il ne restait qu'à s'exécuter. Argent, montres, bijoux, menus objets de valeur, ils exigeaient tout, la menace à la bouche. Aux yeux de ceux qui faisaient les récalcitrants, ils faisaient briller l'acier de leurs armes.

« Pour moi, dit un des témoins de la scène, je me vis forcé de remettre au bandit qui se présentait comme « fouilleur » et le « caissier de la bande », ma bourse et celle de ma nièce qui contenaient trois cents francs, ce qui n'empêcha point que je fusse fouillé avec le plus grand soin. Comme il me restait au fond de la poche de mon gilet huit *cuartos* (4 sous) dont je n'avais pas cru devoir faire offrande au bandit « dévaliseur », je fus fort malmené et celui-ci me dit quand je réclamai près de lui, « que je pourrais bien me faire prêter de l'argent par mes amis ou mes « parents ».

J'eus beau lui assurer que je conservais cette menue monnaie pour prendre un verre d'anisette, afin de me remettre de la frayeur que j'éprouvais en ce moment, le voleur répéta qu'il n'entrait pas dans ces détails et qu'il lui fallait beaucoup d'argent pour payer sa troupe. »

Après les hommes, on fouilla les femmes moins sérieusement peut-être qu'on n'avait fait pour leurs maris, puis on visita les bagages.

Le pillage dura une heure et quart et il se fit sans précipitation, avec une méthode particulière.

Enfin un coup de pistolet retentit au loin, — un signal sans doute, — car toute la bande s'empressa de détaler, en abandonnant, à regret sans doute, un wagon de première classe où elle comptait faire une riche capture.

Vers une heure et demie du matin, le train allégé de tout ce qu'il avait de valeurs, rétrogradait vers Barcelone et rentrait dans la gare de cette ville, au grand ébahissement des chefs de la station et de leurs employés.

Il paraît que pour mener à bien leur entreprise, les bandits espagnols s'étaient emparés du garde de la voie et, après lui avoir garrotté les pieds et les mains, l'avaient attaché à un poteau, puis ils avaient mis en évidence le fanal vert, indicateur d'un danger sur la ligne.

En présence de ce signal, le mécanicien avait naturellement ralenti la marche du convoi et les bandits avaient pu se jeter sur le tender, s'emparer du mécanicien, le maintenir, le garrotter et procéder aux autres arrestations.

Revenus à Barcelone, les volés apprirent de la bouche même du chef de gare que le train ne repartirait que le lendemain, et que les billets seraient valables pour ce second voyage, triste mais juste consolation après une aussi fâcheuse mésaventure.

On croirait peut-être que la police, avertie de ce qui venait de se passer, s'émut et se mit en campagne. Point du tout. Il n'y eut pas même un semblant d'enquête. On ne demanda aux voyageurs ni quelles sommes leur avaient été volées, ni quels bijoux avaient été dérobés. On ne prit pas le moindre renseignement qui pût aider à la recherche des bandits.

Seuls, quelques *carabineros* et *guardias civiles* questionnèrent, par simple motif de curiosité, les malheureux voyageurs afin de connaître les péripéties du drame, et pour pouvoir en colporter les détails à la caserne ou aux cafés de la ville.

Du reste, ce n'est pas la première fois que pareil fait se présente en Espagne. En 1869, un train fut arrêté à la station de Beatin, sur la ligne d'Irun à Madrid, et les choses se passèrent absolument de la même façon. Il paraît que ces arrestations à main armée sont stéréotypées dans la Péninsule, aussi bien que dans toutes les parties du monde. Si ce ne sont pas les mêmes hommes, ce sont les mêmes moyens.

Un masque sur le visage, des *trabucos* ou des revolvers, un coup de main hardi sur les employés d'une station afin d'arrêter le train, ou bien des billes de bois placées en travers sur les rails pour faire démarrer les roues : la farce est jouée !

Après cela, il ne faut plus que de l'audace et, le diable aidant, messieurs les bandits, à quelque nationalité qu'ils appartiennent, n'en manquent pas.

C'est égal : aux Espagnols le pompon ! Ils sont passés maîtres dans ces jeux de hasard !

ASSIÉGÉ PAR UN RHINOCÉROS

Jusqu'au commencement du siècle dernier, le rhinocéros, qui est, après l'éléphant, le plus puissant des animaux, a été presque inconnu en Europe. Le premier qui ait paru est celui dont Pline le Jeune fait mention en racontant quand et comment il fut présenté au peuple romain par Pompée.

Auguste, si l'on s'en rapporte aux récits de Dion Cassius, en fit tuer un autre dans le cirque, lorsqu'il célébra son triomphe sur Cléopâtre. Sous Domitien, on amena à Rome deux rhinocéros qui firent l'étonnement de la population et dont les médailles de cet empereur portèrent l'effigie.

En 1553, un rhinocéros fut envoyé de Judée au roi de Portugal Emmanuel ; celui-ci l'adressa au pape, mais il périt en route avec le bâtiment qui le portait. En 1685, on conduisit un de ces animaux en Angleterre, et en 1739 et en 1741 on vit dans plusieurs royaumes d'Europe deux de ces pachydermes promenés par des montreurs de bêtes.

Depuis cette époque, les pachydermes de cette espèce ont été importés en Europe par de nombreux voyageurs, et l'on en trouve de très beaux spécimens dans les ménageries de toutes les grandes villes du monde civilisé.

Le rhinocéros parvenu à toute sa croissance a quatre mètres de long sur deux mètres environ de haut, et la circonférence de son corps est presque égale à sa hauteur. Il est très bas sur pattes ; sa tête tient à la fois de celle du cochon, du cheval et de la vache, car elle offre à l'observateur la forme de l'œil du premier de ces animaux, celle du naseau du second et de la lèvre inférieure du troisième. Cette bête sauvage se distingue par un organe qui lui est particulier, sa lèvre supérieure, qui s'allonge en pointe et remue à volonté: il s'en sert pour tordre des poignées d'herbages et pour arracher des racines. Cette lèvre sert au rhinocéros comme la trompe à l'éléphant ; sans elle, il serait privé du toucher.

La peau du pachyderme, dépourvue de poil, est si rude et si épaisse qu'il ne peut la froncer et qu'il aurait peine à se mouvoir si la nature n'avait ménagé de gros plis à divers endroits, comme jadis on laissait des ouvertures dans les armures de fer des anciens chevaliers.

Le nez du rhinocéros est armé d'une corne redoutable, légèrement recourbée en arrière. Cette corne lui sert à se défendre, à labourer la terre pour en tirer les racines dont il fait sa nourriture, ou bien pour déraciner les arbres.

Avec tant de force et d'avantages, l'animal dont il s'agit dans cet article serait un des plus redoutables de la création, s'il n'en était en même temps un des plus pacifiques. Comme tous les herbivores, il ne devient furieux que lorsqu'il est attaqué, et lorsque la faim le presse. On le voit alors bondir avec fureur, s'élancer en sauts impétueux et se précipiter droit devant lui avec une si grande vitesse qu'il renverse tout ce qui s'oppose à son passage : s'il atteint son ennemi, il le foule aux pieds avec rage ; s'il le manque du premier coup, il ne peut revenir sur ses pas, emporté qu'il est par l'impétuosité de sa course.

Le rhinocéros est d'une intelligence bornée, d'un caractère brusque et intraitable. Tantôt il a la douceur, l'indifférence de l'idiotisme ; tantôt il se livre à des accès de fureur que rien ne peut calmer. Cette masse immense devient alors d'une effrayante légèreté ; elle franchit un espace à peine croyable d'un seul bond, se livre à droite ou à gauche à des mouvements désordonnés et s'élève à une hauteur considérable. En résumé le rhinocéros est farouche, indomptable ; il est féroce par stupidité, capricieux sans motifs et irritable sans sujet. Il est solitaire et sauvage : on le voit rarement en compagnie. Il suit de préférence le bord des fleuves et se roule avec délices dans la vase des marécages, comme pour mieux amollir le cuir qui le couvre. Il se nourrit de plantes grossières, de genêts, d'arbustes épineux, de racines et de feuillages, et consomme près de quatre-vingts kilos de nourriture par jour, en buvant une quané d'eau considérable.

Les Indiens donnent la chasse aux rhinocéros, non seulement pour avoir sa peau , — dont ils font des boucliers impénétrables, — mais encore pour s'emparer de sa corne qu'ils estiment beaucoup. Ils s'imaginent qu'une coupe faite avec cette matière possède la vertu de détruire les effets du poison qu'on y aurait versé, et qu'une liqueur qu'on y dépose acquiert des propriétés miraculeuses pour guérir un grand nombres de maladies. Comme cet animal aime beaucoup la canne à sucre, le maïs, le sorgho et autres plantes cultivées, il se jette, la nuit, dans les champs et y fait d'énormes dégâts. Les chasseurs, ayant remarqué qu'il suit à peu près la même route pour sortir ou rentrer chaque nuit dans son fort, creusent des fosses sur son passage, et comme l'animal est plus stupide que rusé, il tombe facilement dans le piège. On l'assassine alors à coups de fusils, de flèches ou de lances.

Les ossements fossiles antédiluviens ont révélé aux savants l'existence de plusieurs espèces perdues de rhinocéros. Cuvier, l'une des gloires de la France, a découvert et prouvé que ceux trouvés à plus ou moins de profondeur sous terre, en Sibérie, en Allemagne, en Angleterre, étaient des ossements de rhinocéros. En 1771, on trouva enseveli dans les sables, sur les bords du Wilusi, en Russie, le cadavre de l'un de ces animaux parfaitement conservé. La chair et les poils étaient intacts. Ces faits extraordinaires et incontestables donnent à penser qu'avant le déluge les rhinocéros de haute taille étaient fort répandus sur la surface de l'Europe ; la fourrure dont on a trouvé les traces indique qu'alors ils pouvaient vivre dans un climat froid. Aujourd'hui, on ne rencontre plus le rhinocéros que dans les climats brûlants de l'Inde ou du sud de l'Afrique.

Nous transporterons donc nos lecteurs dans les contrées du Bogo, dans l'Afrique centrale, pour leur raconter une chasse dont un de nos amis nous a apporté le récit :

« Un soir, le domestique de notre camp vint nous prévenir qu'il avait découvert un *spoor groed one horn skellum* — lisez : la piste d'un gros coquin de rhinocéros — dans les fanges d'un marécage nommé Hollow Spring. Ce devait être, suivant la façon de voir du négrillon, un énorme mâle de toute venue, un vrai gibier de chasseur.

« — Vous avez là une chance excellente pour faire un début grandiose, me dit mon compagnon de voyage, M. Davidson, un Anglais ayant passé déjà dix ans sous le ciel brûlant africain et qui était blasé sur toutes les aventures de ce genre. Prenez une de mes carabines à deux coups, une poignée de mes balles explosibles, et partez. Bonne chance ! Je vais vous accompagner, ne fût-ce que pour jouir de votre triomphe. D'ailleurs vous courriez les plus grands dangers en vous aventurant tout seul dans ces buissons épais. Notre négrillon viendra avec nous. C'est bien le diable si nous ne mettons pas par terre la bête brute qui a été assez audacieuse pour se risquer si près de nous !

« Nous achevâmes notre souper, et, après avoir fait nos préparatifs, nous nous mîmes en route, éclairés par un superbe clair de lune. Le négrillon nous emmena à l'endroit même où nous devions nous poster à l'affût, mais la nuit s'écoula sans que rien passât à la portée de nos armes à feu. Le soir suivant, nous revînmes encore à la même place ; le résultat fut le même. Mon camarade se dépita et prétendit que le négrillon s'était moqué de nous.

« — C'est bien, pensai-je à part moi ; je n'abandonne pas la partie ; je reviendrai seul. »

« Il faut vous dire que le *Hollow-Spring* où le rhinocéros venait se désaltérer et s'ébaudir dans la boue était situé à deux lieues de notre campement, au fond d'une vallée profonde et d'un aspect des plus sauvages. L'étang s'y trouvait adossé du côté gauche à la base d'une muraille de rochers taillés à pic, du haut desquels on pouvait très bien dominer la situation et être en parfaite sûreté.

« Lorsque tout le monde fut couché dans le campement, je me glissa doucement hors de la tente, et m'en allai en emportant la carabine à deux coups de mon ami, avec les balles explosibles à pointes d'acier dont j'avais besoin pour tirer sur la bête. J'avais adopté un coussinet à la crosse du fusil, afin d'amortir les effets du recul.

« Je sortis de l'enceinte avec les plus grandes précautions et me jetai à travers bois, sans me soucier des épines qui me déchiraient les mains et le visage, car le *chapparal* africain semble hérissé d'hameçons et de lames de canif bien faits pour déchiqueter la peau de ceux qui se risquent à le traverser. Les Anglais appellent ces ronces les *Wait a bit*, ce qui veut dire: Attendez un peu. En effet il faut aller doucement, afin de ne pas sortir en pièces du bois où l'on s'est empêtré.

« Bref je parvins après bien des efforts à l'endroit où je devais attendre le passage du monstre. Là je m'aperçus seulement que j'avais perdu le coussinet de ma carabine. Il était impossible de songer à retrouver cet appendice. Je suppléai à cette perte par un coussinet de mon invention : mon mouchoir rempli d'herbes sèches.

« La lune venait de se lever au dessus des astres, lorsque j'entendis un rot bruyant dans le lointain. J'étais immobile et je prêtais l'oreille : on eût dit qu'un éléphant faisait retentir le sol sous ses pas ; seulement sa course était plus rapide Il ne me fallut pas attendre bien longtemps pour apercevoir une masse roulante qui se tenait à cinquante pas de l'autre côté du Hollow-Spring.

« Je visai rapidement et je pressai la détente. Mais le recul de l'arme à feu de mon ami fut tel qu'il me sembla, pendant quelques instants, que j'avais l'épaule démise.

« Lorsque je pus me rendre compte de la situation et que je jetai les yeux autour de moi, j'entrevis le rhinocéros à cinq mètres, se précipitant à ma rencontre, la tête baissée, sa corne pointue prête à m'embrocher. La position était perplexe : je n'avais que deux partis à prendre, ou de me jeter à l'eau, au risque de me noyer, ou de me hisser sur un arbre ; c'est à ce dernier moyen que j'eus recours.

« Avec la souplesse d'un acrobate, je sautai et je saisis une forte branche d'arbre qui se projetait hors du tronc d'un chêne moussu, et en peu d'instants j'eus atteint un endroit assez élevé pour défier les attaques de l'animal, qui cherchait à entamer l'écorce de l'arbre dans lequel je me tenais immobile.

« Je savais bien que la bête brute ne parviendrait jamais à déraciner le chêne, mais les secousses qu'elle imprimait à ce tronc vermoulu me faisaient redouter une chute. Le rhinocéros, lorsqu'il fut convaincu que je défiais son attaque, se mit à creuser la terre avec ses ongles et sa corne : j'avoue que j'avais peur.

« Je me trouvais réellement engagé dans une aventure du nombre de celles qui sont racontées par les grands voyageurs, aventures qui vous intéressent quand on en lit les récits, mais qui offrent moins d'agrément lorsqu'on en est le héros.

« Ma carabine était restée par terre et je me voyais sans défense : je n'avais, hélas ! pas la moindre corde sur moi pour essayer de « pêcher » mon arme et l'amener jusqu'à moi. Il fallait donc attendre.

« — Peut-être, me disais-je, ce maudit animal se lassera-t-il et rentrera-t-il dans le bois ; je profiterai alors de cet abandon pour descendre et pour reprendre ma carabine : qui sait si je ne pourrai pas aussi me jeter dans le fourré et disparaître à ses regards ? »

« Mais la bête en furie ne me paraissait pas disposée à abandonner ainsi une vengeance qui lui paraissait certaine. La nuit s'écoula de la sorte, mais d'une longueur sans pareille dont les minutes me semblaient avoir la longueur des heures.

« Tout à coup j'entendis une détonation au milieu du fourré, à une très petite distance de l'arbre sur lequel je me tenais perché. J'appelai à mon aide et je vis bientôt, à ma grande joie, mon camarade et ami qui me regardait en éclatant de rire.

— J'arrive à propos, me dit-il, pour vous délivrer du siège que vous subissiez. Votre ennemi est mort, mon cher ; j'ai trouvé sur sa peau la trace de votre balle qui n'avait pas éclaté ; mon coup a été plus heureux : je lui ai fait à la tête une crevasse où l'on passerait le poing et il est tombé foudroyé. Allons ! mon bon, ce sera votre tour une autre fois. Je m'estime heureux de vous retrouver vivant : votre escapade vous apprendra qu'en ce pays on ne doit jamais s'aventurer seul. »

« J'avouerai, ajoutait le narrateur dont j'ai retracé la périlleuse rencontre avec un rhinocéros, que depuis ce temps-là je me le suis tenu pour dit. »

LE PYTHON DU LAC FEZZARAH

Depuis le serpent de Régulus qui désolait les marais des possessions carthaginoises en Afrique et qui fut tué par cet audacieux chasseur de l'antiquité, on ne connaissait pas, sur les domaines conquis par la France, et sur les possessions barbaresques, de monstre qui rappelât celui dont l'histoire nous avait gardé le souvenir.

Ce que les anciens appelaient des monstres, des dragons, des divinités même, étaient tout simplement d'énormes ophidiens venus on ne sait d'où, — des déserts libyens, sans doute, qui leur servent de demeure habituelle, car personne n'ignore que le serpent, à quelque espèce qu'il appartienne, redoute le froid qui l'engourdit et ne se remue, n'agit et ne se montre redoutable, que dans les pays équatoriaux.

Il y a des serpents dans toutes les parties du monde, mais chaque grande division terrestre semble avoir ses variétés distinctes. C'est ainsi que les serpents pythons se rencontrent en Asie et en Afrique ; les boas dans l'Amérique du Sud ; les crotales ou serpents à sonnettes et beaucoup d'autres espèces venimeuses, dans les deux vastes continents de l'Amérique du Sud et de l'Amérique du Nord.

Il est de ces animaux qui recherchent les endroits boisés, couverts, humides ; il en est d'autres qui ne se plaisent que parmi les sables brûlés par la chaleur solaire. Les espèces à venin sont plutôt communes dans les endroits dénudés, chauds et secs, que dans les lieux froids et humides. Enfin quelques serpents vivent seulement sur le bord de l'eau et au sein des mers de tous les coins du monde.

Du nombre de tous les ophidiens, le plus grand, le plus monstrueux est le python dont la longueur varie de cinq à six mètres et la grosseur de quarante à cinquante centimètres de circonférence.

La tête de ces serpents géants est d'une forme triangulaire, leurs yeux dépourvus de paupières paraissent immobiles, ce qui donne à leur regard cette fixité à laquelle on a longtemps attribué un pouvoir fascinateur sur les animaux et les oiseaux qui passent à leur portée. La bouche très grande de ces reptiles, est, en outre, très dilatable, à cause d'une disposition particulière des muscles et des nerfs qui font mouvoir les mâchoires. Celles-ci sont armées de dents aiguës — et chez plusieurs espèces, de dents creuses ou crochets renfermant le venin. La langue est longue, très extensible, mais ne lance jamais le venin, comme on se l'est trop longtemps imaginé.

Les ophidiens se nourrissent presque tous de proies vivantes et engloutissent dans leur gueule des animaux toujours plus gros qu'eux-mêmes. Mais avant de les avaler, ils les brisent en les enserrant dans les redoutables replis de leur corps, les broient, les réduisent pour ainsi dire en une pâte qu'ils humectent de leur bave gluante. Pendant leur digestion, ils tombent dans une somnolence léthargique qui les prive d'une manière absolue de leurs moyens d'attaque et de défense.

C'est ce moment que les nègres choisissent pour tuer les plus grands de ces reptiles en leur passant un lacet autour du cou et en les suspendant à un arbre. Ils les ouvrent alors du haut en bas afin de leur arracher la peau, comme ils le feraient à une anguille, ils les dépècent et se nourrissent de leur chair.

Cet état de léthargie temporaire se produit chez les serpents à l'époque de leur repas, époque qui se représente au plus deux fois par mois, et ensuite pendant la mauvaise saison, qui est l'hiver dans nos climats du nord, et celle des pluies, sous la zone torride. Certains de ces animaux passent alors leur temps dans la vase où ils restent enfouis, ou bien cachés dans quelque retraite obscure, souvent seuls, mais plus fréquemment enlacés les uns sur les autres.

C'est quelque temps après leur réveil qu'ils donnent naissance à leurs petits, qui voient le jour, selon les espèces, tantôt tout formés, tantôt sortant des œufs que la chaleur du soleil fait éclore.

A une force réellement prodigieuse les grands ophidiens joignent une extrême agilité, car ils grimpent aux arbres, s'élancent d'un bond sur leur proie, et, pour guetter, surprendre les gazelles ou autres animaux qu'ils convoitent, s'enroulent sur eux-mêmes, se rapetissent et réduisent considérablement leur volume. Tout à coup, lorsque le moment leur paraît favorable, ils se détendent comme un ressort d'acier fortement tendu, et s'élancent à une distance considérable, ou à une grande hauteur.

Ce qui précède m'a paru intéressant pour arriver au récit de l'énorme serpent qui vient d'être tué sur les bords du lac Fezzarah, une des plus vastes nappes d'eau qui se trouve entre l'Algérie et la Tunisie.

Depuis longtemps les Arabes pasteurs, qui bivouaquaient sur les bords du lac, se plaignaient de la disparition d'agneaux et de chevreaux qui manquaient à l'appel, le soir, quand on comptait les têtes du cheptel.

Un matin, un jeune nègre vint, tout effaré, raconter à son maître sidi Abdel-Aram, qu'il avait vu une grosse bête emporter sur les eaux du Fezzarah un agneau, qui était venu au monde la nuit précédente.

Quel pouvait être cet animal? On se mit en embuscade et l'on aperçut le troisième jour un énorme python qui maraudait dans les joncs du palud qui entoure le lac, en quête de quelques couvées de canards, voire même d'œufs à couver, ou déjà couvés.

Comment faire pour s'emparer du serpent, car c'était infailliblement lui qui dévastait le pays et diminuait les têtes de bétail ?

Le tuer à coups de fusil paraissait très difficile et il y avait de nombreuses chances d'être broyé et meurtri, sinon étouffé par l'horrible ophidien.

Le chef arabe, sidi Abdel-Aram recourut à un moyen plus sûr et qui peint bien les mœurs de ces populations superstitieuses.

Deux indigènes, réputés grands charmeurs de serpents, c'est-à-dire ayant reçu de sidi Aïssa le don d'invulnérabilité, et de toute-puissance à l'endroit des reptiles les plus terribles, s'éloignèrent un matin du douar, munis, l'un d'une flûte en roseau, l'autre de son biniou arabe. Ils se dirigèrent vers le lac de Fezzarah, n'emportant pas d'autres armes que ces instruments obligés de leur profession.

Le soleil commençait à darder des rayons perpendiculaires mais doux,

quand ils parvinrent dans le voisinage d'une haie profonde où le serpen
avait été vu, cinq jours auparavant.

Une multitude d'oiseaux aquatiques des plus variés s'ébattaient sur
ses eaux calmes et profondes, mais le bruit de ces pas insolites provoqua
un plongeon immédiat, et une volée rapide chez toute la gent palmipède.

Les deux Arabes, après une brève invocation à leur patron Sidi Aïssa,
approchèrent de leurs lèvres leurs instruments de musique et firent
retentir l'espace de cette mélodie rêveuse et monotone, particulière aux
peuples restés dans l'enfance de l'art.

Soudain un remous se forma à la surface de l'onde ; il s'étendit, s'élar-
git encore et les virtuoses continuèrent à souffler avec plus de force et à
longer le rivage dans la direction du mouvement qui s'opérait sur
l'eau.

A un moment donné, ils aperçurent au milieu du tourbillon un bec de
canard, puis le palmipède tout entier : il était suivi de trois autres de ces
volatiles, de deux flamants et de plusieurs grèbes cornus.

Grande fut la désillusion des charmeurs, mais ils n'en continuèrent
pas moins à souffler.

Les deux Arabes étaient-ils pénétrés de l'histoire d'Orphée apprivoisant
les animaux féroces? Avaient-ils une foi absolue dans leur invocation
à Sidi Aïssa ? Etaient-ils simplement sûrs, par expérience, du charme de
leurs mélodies ? quoi qu'il en fût leurs désirs se réalisèrent.

Tout à coup une tête longue et triangulaire, large et plate, surmontée
de deux yeux ronds et flamboyants émergea lentement de l'onde. Il n'y
avait pas à s'y méprendre : c'était bien la tête d'un serpent qui devait
être gigantesque ; mais le corps restait caché et rien ne faisait présumer
qu'il allait sortir de l'eau. Ce n'était ni plus ni moins qu'un monstre livré
à l'extase et se tenant immobile, par cette même raison.

Un des joueurs arabes, eut alors l'idée d'éloigner quelques instants la
flûte de ses lèvres et se penchant à l'oreille de son camarade, il lui dit :

— Retirons-nous un peu du rivage, de cette façon le serpent viendra
sur la terre.

En effet, ils avaient à peine fait vingt pas à reculons, tout en jouant
de leurs *syrinx* que le reptile à qui les sons n'arrivaient plus que graduellement affaiblis, s'ébranla, traçant un large sillon écumeux et dévoi-
lant parfois une partie de son énorme corps. Il arriva ainsi jusqu'au bord
et s'arrêta, semblant résolu à ne pas quitter son élément habituel.

Les deux Arabes, firent halte pour reprendre haleine ; puis, un moment
après, sentant leurs poumons ravivés, ils reprirent leur marche à pas
lents en continuant leur improvisation musicale.

L'hôte du lac Fezzarah comme sollicité par une force irrésistible et
magnétique, développa ses nombreux replis et terrifia les adeptes de
Sidi Aïssa par la vue de ses proportions colossales.

Ils se disposaient déjà à se dépouiller de leurs vêtements et particulièrement de leur burnous qu'ils voulaient jeter sur la tête du python, lorsqu'un coup de feu retentit.

Ils se retournèrent et virent un Européen qui relevait une carabine. La fumée qui sortait du canon leur fit comprendre que ce chasseur était l'auteur de cette tentative qui pouvait leur être fatale.

Par bonheur, le serpent avait fait volte face et s'était rapidement reployé dans les eaux du lac. L'absence de toute trace de sang prouvait que l'ophidien n'avait point été atteint.

Après avoir maugréé quelques instants contre le « chien de chrétien » qui avait dérangé leurs plans, les deux Arabes revinrent au douar et racontèrent à Sidi Abdel-Aram ce qui s'était passé.

Celui-ci, après les avoir écoutés avec la plus grande attention, leur dit que comme ils avaient réussi à faire sortir des eaux le python qui décimait ses troupeaux, il allait songer à organiser une partie de chasse, dont ils seraient les chefs, se réservant, lui, de terminer en drame la petite opérette qui en serait le prélude.

Dix jours après cet événement, Sidi Abdel-Aram, accompagné des deux Arabes, qui n'avaient pas oublié leurs instruments, partit en excursion de chasse avec trois de ses parents, les plus habiles tireurs de son douar. Ils avaient pris leurs armes de précision, des carabines anglaises achetées par eux à Tunis, dans le grand bazar de la ville.

Arrivés sur les bords du lac Fezzarah, toute la petite troupe explora les abords du marécage et finit par découvrir les traces récentes du sillage du grand python, dans la boue et au milieu des roseaux.

Les trois tireurs se placèrent dans des embuscades naturelles, l'un derrière le tronc d'un grand figuier; l'autre à l'abri d'une roche; le troisième dans un trou qu'il se creusa dans le sable.

Lorsque tous ces préparatifs furent terminés, Sidi Abdel-Aram donna le signal.

Les deux joueurs de flûte et de biniou, commencèrent alors leur incantation. Une heure s'écoula, pendant laquelle aucun mouvement ne se fit sur la surface du lac dont les eaux étaient à peine ridées par le souffle de la brise.

Tout à coup, sur la gauche de la baie, du côté où Sidi Abdel-Aram se tenait caché, un remous violent se manifesta; une tête monstrueuse surgit violemment au niveau de l'élément agité. C'était le python géant qui accourait au bruit mélodieux des deux instruments dans lesquels soufflaient les disciples de Sidi Aïssa.

Comme la première fois, les deux Arabes pour amener le serpent sur la terre, s'éloignèrent lentement et le grand ophidien sortit du marécage, ondulant et balançant sa tête à deux mètres au dessus du sol.

Il se trouvait à peu de distance des trois tireurs qui se levèrent tout à coup et firent feu simultanément.

Le monstre frappé en plein corps par six chevrotines, vacilla un instant, fit un bond terrible et tomba lourdement par terre, se livrant à des convulsions vertigineuses.

Il se raidit enfin ; il était mort.

Les heureux vainqueurs du Python de Fezzarah purent alors s'approcher sans danger, et contempler leur victime. Le reptile mesurait cinq mètres de la tête à la queue et son corps avait soixante-trois centimètres de largeur.

La dépouille de cet énorme serpent, convenablement séchée et bourrée de fougères, a été portée il y a un mois au marché de Tunis et achetée par un Anglais qui veut en faire hommage au « Zoological Garden » de Londres.

LES VAMPIRES

Parmi les plus hideux animaux de la création, au nombre de ceux dont le contact répugne le plus à l'homme, citons la chauve-souris, les « philostomes » de nos classificateurs d'histoire naturelle. Mais si cette bestiole que l'on connaît en Europe inspire la répulsion, que doit-on dire de l'espèce géante, de celle qui est aussi grosse qu'une poule, et dont les ailes ouvertes mesurent de soixante à soixante-dix centimètres d'envergure ?

Cette race-là se nomme l'*Audira Guacu* de Carthagène, et en termes de savant le *Vampirus sanguisuga*, le vampire suce-sang. Le pelage de cette souris volante est d'un brun roux ; sa feuille nasale est entière, moins large que haute, quoique élargie à sa base.

La Condamine, Pierre Martyn, Jumilla, Don Gorges Juan, Don Antonio de Ulloa, et plusieurs autres voyageurs savants semblent s'être donné le mot pour enchérir les uns sur les autres dans les relations qu'ils ont faites de ce terrible animal.

« Les chauves-souris, qui sucent le sang des mulets, des chevaux et même des hommes, dit La Condamine, — quand ceux-ci ne s'en garantissent pas à l'abri d'une maison, — sont un fléau commun à la plupart des pays chauds de l'Amérique du Sud. Il y en a de monstrueuses pour la grosseur. Elles ont entièrement détruit à Borja et en divers autres endroits le gros bétail que les missionnaires y avaient introduit et qui commençait à s'y multiplier. »

Buffon a cité ce passage, et Juan de Jumilla va plus loin que La Condamine :

« Ces chauves-souris sont d'adroites sangsues, s'il en fut jamais, qui rôdent toute la nuit pour boire le sang des hommes et des bêtes. Si ceux que leur état oblige à dormir par terre n'ont pas les précautions de se couvrir des pieds à la tête, ils doivent s'attendre à être piqués par les chauves-souris. Si, par malheur, ces *oiseaux* leur percent une veine, ils passent des bras du sommeil dans ceux de la mort, à cause de la quantité de sang qu'ils perdent, sans s'en apercevoir, tant leur piqûre est subtile, outre que, battant l'air avec leurs ailes, elles rafraîchissent le dormeur auquel elles ont dessein d'ôter la vie. »

L'*Audira Guacu* est très commun dans la Nouvelle-Espagne. On le voit suspendu aux grands arbres durant la journée, dans les endroits les plus obscurs et les moins fréquentés. Il va sans dire que tant qu'on en trouve sur son passage, tant on en tue, car les naturels n'ignorent pas le danger qu'ils courent, s'ils sont forcés de s'abriter pendant la nuit au milieu d'une forêt, pour ne point s'égarer dans leur route. En effet, malheur à l'imprudent qui s'endormira dans les environs de Carthagène ! Si personne ne veille sur lui, s'il est assez malheureux pour voyager seul, c'est-à-dire sans avoir un veilleur qui ne ferme pas les yeux et soit préposé, à la fois, à surveiller la route et à empêcher les *Audira Guacu* de se jeter sur leur proie facile, il est sûr de ne pas se réveiller le lendemain matin. Son cadavre servira de proie aux carnassiers qui infestent le pays.

Une fois repus du sang de leur victime, les vampires s'envolent à tire-d'aile et retournent dans leurs tanières aériennes, sous les upas, ou à l'abri des grands manguiers au feuillage épais et impénétrable aux rayons du soleil.

L'*Audira Guacu* est très prolifique : comme chez les rats, sa portée est de six à sept petits, et son nid se trouve placé dans les creux des rochers, à l'abri des atteintes des serpents et des reptiles, grands amateurs de ces proies d'autant plus faciles qu'elles peuvent moins se défendre contre eux.

Six mois après sa naissance, un vampire est aussi gros que père et mère et aussi vorace qu'eux deux.

Il y a quelque temps dans les environs de Carthagène, un riche haciendero du pays devait marier sa fille unique à un jeune homme de la ville, fils d'un employé supérieur du gouvernement. Le senor Moralès, c'était le nom du fiancé, faisait depuis deux ans une cour assidue à Dona Manuelita y Alfandera, qui lui avait ouvert son cœur, avec le consentement de son père et de sa mère.

Tout allait pour le mieux dans ce monde heureux : les familles se convenaient, les amoureux étaient parfaitement assortis l'un pour l'autre, et deux fois par semaine José Moralès, monté sur un cheval de race, franchissait la distance qui séparait la ville du Rancho de Canovas pour passer la soirée avec sa bien-aimée. Le lendemain matin, il reprenait le chemin de Carthagène où l'appelaient ses fonctions gouvernementales.

L'union des deux *affecionados* devait avoir lieu le 15 août 1879, dans l'église du village de Canovas et le « padre » était déjà prévenu. Tous les présents d'usage avaient été offerts par le jeune homme à l'héritière des Alfanderas. Il n'y avait plus que le *reboso* de dentelle qui manquait sur le marché de Carthagène et que l'on attendait par un navire venant d'Europe où il avait été commandé.

Le *reboso*, autrement dit la mantille sans laquelle toute *nina* espagnole ne peut se coiffer, était envoyé de Madrid par un marchand de premier ordre, qui s'était lui-même adressé à Valenciennes pour obtenir un objet de valeur et d'un dessin entièrement nouveau.

La senorita Manuelita avait été prévenue que son *reboso* était en route, et qu'il arriverait à point pour le jour de la noce.

Mais les promis proposent et les vents disposent, si bien que le 14 septembre au matin le navire *Cerro Gordo* n'était pas même en vue de la rade.

Que faire ? quel parti prendre ? Se marier sans le *reboso* indispensable était chose impossible. Faillait-il se contenter des dentelles plus qu'ordinaires et sans valeur, que les marchands de Carthagène offraient à José Moralès ?

Celui-ci dépêcha un courrier à l'hacienda des Alfanderas, afin de prier sa fiancée de ne point l'attendre avant le milieu de la nuit. Il devait rester à Carthagène jusqu'après le coucher du soleil, afin d'être certain que le *Cerro Gordo* n'était pas signalé.

Mes lecteurs comprendront l'anxiété de ce pauvre *patito* qui n'avait qu'un seul désir : celui d'être agréable à celle qu'il aimait, et de la rejoindre au plus tôt. Hélas ! il était enchaîné loin d'elle, car il fallait à toute force lui porter ce fichu de dentelle rêvé et désiré depuis deux mois.

Le soleil venait de descendre derrière l'horizon, quand, aux lueurs du crépuscule, une colonne de fumée se développa dans le ciel et l'on vit poindre les mâts, puis la coque, d'une énorme construction navale.

La vigie du sémaphore carthagénois signala bientôt le tant souhaité *Cerro Gordo*.

Héler un batelier, sauter dans son embarcation, tout cela fut l'affaire de quelques minutes pour le bon José Moralès. Son but était d'accoster le navire, de réclamer le paquet à son adresse et de monter à cheval aussitôt, afin de se rendre où son cœur l'appelait.

José fut servi à souhait. Le capitaine du *Cerro Gordo* donna des ordres pour que l'on remît au jeune fiancé la boîte qui lui était destinée, et avant que les formalités de la douane fussent remplies, que la vapeur eût jeté l'ancre, le cheval de José Moralès, lancé à fond de train, volait comme le vent sur la route qui conduisait au Rancho de Canovas.

Tout alla bien pendant une heure : à peine la bonne bête avait-elle cru devoir reprendre haleine à deux courtes reprises. José la laissait respirer, puis il piquait des deux de nouveau.

Il atteignit ainsi l'entrée d'une forêt d'une lieue de large qu'il lui fallait traverser pour atteindre la plaine au milieu de laquelle s'élevait le canon à l'extrémité duquel étaient bâties les constructions de l'hacienda des Alfanderas.

Tout à coup, sans que rien pût faire prévoir ce qui arrivait, le cheval de José butta contre un tronc d'arbre abattu par le vent, au travers de la route. Le pauvre garçon fut lancé en avant et sa tête alla heurter un talus couvert de mousse, — heureusement. Le coup l'étourdit et le laissa sans connaissance, à quelques pas de la bête qui s'était démis le garrot et se trouvait, par conséquent, impropre à tout service.

Lorsque José reprit l'usage de ses sens, il comprit le désagrément de la situation dans laquelle il se trouvait ; après s'être tâté et s'être assuré qu'il n'avait rien de cassé et que, seul, son bon cheval était grièvement atteint, il se demanda quel parti il devait prendre.

Il était minuit passé : s'aventurer à pied à travers les méandres de la forêt n'était pas chose sûre ; aussi José Moralès crut-il plus prudent de bivouaquer en attendant le point du jour.

— Dès que les premières lueurs de l'aube se montreront, se disait-il, je pourrai continuer ma route sans risque, et j'atteindrai bientôt le Rancho de Canovas.

Après avoir bandé la jambe du pauvre cheval avec son mouchoir de soie, José chercha quelques branches mortes, les amoncela sur le bord de la route et alluma un feu de bivouac afin d'éloigner les serpents et les carnassiers.

Puis s'enveloppant dans son *sérape*, — la couverture aux couleurs brillantes dont sont toujours munis les Espagnols en voyage, — il appuya sa tête sur sa selle dont il avait déchargé sa monture et se mit à rêver à sa chère fiancée dont il se trouvait éloigné par ce fatal accident.

Peu à peu le sommeil descendait sur ses paupières, et, sans songer au danger qu'il courait, José Moralès ferma les yeux.

Une demi-heure s'était à peine écoulée que l'on eût pu voir voltiger au dessus de la tête du dormeur trois énormes volatiles aux ailes déployées qui venaient de frôler la tête et les mains de l'imprudent voyageur.

C'étaient trois *audiras guacu* qui avaient découvert une proie et accouraient pour se rassasier de sang humain.

L'une de ces chauves-souris, la plus grosse, s'abattit vers l'épaule droite de José Moralès, et son museau hideux s'enfonça entre la cravate et le col de chemise du jeune homme.

Deux secondes après les deux autres vampires attaquaient à leur tour les deux poignets de ce brave garçon.

Et, tandis qu'avec leur langue ils aspiraient le sang qui coulait des plaies ouvertes, les trois *audiras guacu* agitaient leurs ailes, comme pour rafraîchir le dormeur et l'empêcher de se réveiller.

Pendant que ce meurtre se consommait au milieu de la forêt, la gentille Manuelita se désolait dans la maison paternelle.

Elle maudissait la fantaisie qu'elle avait manifestée de posséder un *reboso* comme on n'en trouvait pas à Carthagène. Un voile de dentelle plus simple que celui qui venait d'Europe n'eût-il pas suffi? eût-elle été moins jeune, moins jolie, moins séduisante, avec des broderies inférieures à celles que lui avait promises son fiancé.

A la fin la peur s'empara de la charmante señorita; elle appela son père et le supplia de monter à cheval et de se faire suivre de quelques serviteurs pour aller à la rencontre de son futur.

Manoël ne se laissa pas prier: il aimait fort José Moralès, et il n'eût pas voulu, pour tout au monde, qu'un malheur arrivât à son beau-fils du lendemain.

Lancés au galop, Manoël et quatre *péones* parvinrent bientôt vers la bordure de la forêt et s'aventurèrent sur le chemin qui traversait cet épais fourré.

Ils aperçurent, peu de temps après, une lueur vacillante au milieu de la route: c'était celle du feu de bivouac allumé par Moralès.

Quelques enjambées rapides de leurs chevaux portèrent les cinq cavaliers sur le lieu du drame qui s'accomplissait en plein bois.

Il suffit d'un coup d'œil à Manoël pour comprendre ce qui s'était passé et le meurtre qui s'accomplissait sous ses yeux. Les vampires ivres de sang pouvaient difficilement se mouvoir; on les tua à coups de tisons enflammés.

Quant au fiancé de Manuelita, il ouvrait des yeux alanguis, et tout en reconnaissant Manoël son sauveur, il se sentait incapable de se mouvoir: le malheureux était exsangue, ou peu s'en fallait,

Les Indiens, qui portaient avec eux de l'amadou pour battre le briquet, se hâtèrent d'appliquer ces feuilles d'agaric sur les trois plaies de la victime; puis, avec toutes les précautions possibles, ils transportèrent José sur un brancard fabriqué à la hâte jusqu'à l'hacienda des Alfanderas.

Manuelita, à la vue de cette escorte funèbre, tomba en syncope, et quand elle revint à elle, ce fut pour apprendre, de la bouche même du médecin du Rancho, que la vie de son fiancé n'était pas en péril et qu'avec des soins, de la bonne nourriture et du vin généreux il reviendrait bientôt à la santé.

La noce fut forcément remise; mais elle eut lieu vingt jours après et le bon José Moralès bénit Dieu particulièrement ce jour-là de l'avoir tiré d'un aussi mauvais pas.

MADAME ROBINSON

A quelques milles de Santa-Barbara, dans l'océan pacifique, s'élève au dessus des vagues, comme la feuille du nymphéa, un groupe d'ilots, séparés à peine par des canaux étroits. Il était autrefois habité par des Indiens.

Suivant la tradition perpétuée par le témoignage de plusieurs Américains qui y ont séjourné, ces îlots renfermaient une population considérable.

Les natifs de ce pays faisaient de fréquentes visites sur la terre ferme, à Santa-Barbara et à San-Pedro, dans le but de trafiquer avec les Indiens qui demeuraient alors au sud de ces provinces. Les ventes et les achats se faisaient au moyen des coquillages particuliers qui servaient de monnaie.

A l'époque où les missions de la haute Californie étaient régulièrement établies et prospéraient de toute manière, c'est-à-dire à la fin du siècle dernier, le commerce était fort étendu, et les opérations d'échange avaien t engagé les Indiens à établir une foire annuelle, qui se tenait sur un point désigné de la côte, et à laquelle sé rendaient tous les Peaux-Rouges des îles et de la terre ferme.

Peu à peu, grâce aux sollicitations des missionnaires, les habitants des îlots ci-dessus mentionnés abandonnèrent leurs huttes et vinrent se fixer à Santa-Inès, Santa-Barbara, Los-Angelos, San-Gabriel et à San-Diégo.

L'un de ces coins de terre, appelé San-Nicholas, situé au centre du groupe, à soixante milles de Santa-Barbara, était habité par une tribu d'Indiens qui, malgré toutes les tentatives faites par les missionnaires dans le but de leur faire embrasser le christianisme et d'améliorer leur position et leur confort, n'avaient jamais consenti à quitter le sol où ils étaient nés.

Dans le courant de l'année 1865, un navire russe vint jeter l'ancre devant la bourgade des Indiens. Une fois à terre, les matelots se mêlèrent aux habitants, mais s'étant bientôt pris de querelle avec eux, ils attaquèrent ces malheureux et les massacrèrent, à l'exception de deux d'entre eux, qui parvinrent à se sauver dans les bois, et ils entraînèrent les femmes à leur bord.

Dix ans après cet événement, un M. Williams, qui habite maintenant le rancho del Chino, à Los Angelos, en Californie, visita cette île pour faire la chasse aux loutres, fort nombreuses dans ces parages.

Encouragé par le succès de sa chasse, M. Williams revint souvent à San-Nicholas, et enfin, un jour, il ramena une jeune squaw (femme) qui faisait partie de la tribu, composée alors de dix-sept Indiens, les descendants des deux qui avaient échappé au massacre de leurs pères par les Russes.

M. Williams s'adressa peu de temps après au capitaine de la goëlette, M. Hubbard, qui, avec le consentement de ses deux armateurs, MM. Sparke et Gomez, de Monterey et de Santa-Barbara, mit à la voile pour aller chercher tous les compatriotes de la protégée du fermier chasseur, et les ramener sur la terre ferme. Rien ne s'opposa à l'accomplissement de ce projet, car les Indiens avaient le plus grand désir de quitter leur île.

Tous étaient déjà à bord de la goëlette, dont les matelots levaient l'ancre, lorsqu'une des femmes, qui avait confié son enfant à un Indien, s'aperçut qu'il n'était plus avec lui.

Elle demanda alors la permission de retourner à terre, afin de le chercher. Le capitaine y consentit. La mère infortunée se précipita à la nage, et, parvenue sur la rive, elle s'enfonça au milieu des bois, où bientôt elle disparut à tous les regards.

Deux heures après, on la vit revenir; elle fit comprendre par ses gestes qu'elle n'avait rien trouvé. Sa voix, portée par le vent, arriva jusqu'au navire, et l'un de ses compatriotes expliqua à M. Hubbard qu'elle exprimait la crainte que son enfant n'eût été dévoré par les chiens sauvages, très nombreux dans l'intérieur de l'île.

Au lieu de venir à bord de la goëlette, l'Indienne s'agenouilla sur le sable exprimant le plus violent désespoir, et enfin, soit à cause de la fatigue qu'elle éprouvait, soit à cause de sa douleur, elle s'étendit sur le sol et s'endormit profondément.

Cependant la brise avait fraîchi; bientôt les vagues devinrent si hautes qu'il était dangereux pour le navire de demeurer à l'ancre dans ces parages. Le capitaine fit déraper, et quoiqu'il regrettât de laisser cette femme seule dans l'île, il s'y vit contraint par la force des circonstances. Nul ne saurait dire quelles durent être les impressions de désespoir de cette pauvre créature, lorsque, en rouvrant les yeux, elle se vit seule, abandonnée et séparée de tous les siens.

Trois mois après, jour pour jour, la goëlette de M. Hubbard aborda l'île de nouveau; le capitaine, à l'instigation de M. Williams, était revenu pour arracher l'Indienne à cette solitude forcée. Ce fut en vain qu'il explora l'île dans tous les sens, en compagnie de ses matelots. On ne découvrit rien, si ce n'est des empreintes de pas sur le sol. Depuis ce dernier voyage de M. Hubbard, toutes les fois que les chasseurs venaient faire leur provision de peaux de loutres, ils rencontraient les marques des pieds de ce nouveau Robinson Crusoé, mais jamais aucun d'eux n'avait eu l'occasion d'apercevoir la femme sauvage.

Dans le courant de juillet 1874, un Américain, nommé Georges Niedever, qui habite depuis longtemps Santa-Barbara, vint faire une partie de chasse sur les côtes de l'île San-Nicholas. Tout à coup, en longeant le rivage, il rencontra, au détour d'un massif d'arbres, l'Indienne si longtemps perdue. Cette infortunée était assise sur un tronc d'arbre renversé, et donnait toute son attention à la préparation de peaux d'oiseaux qui, cousues ensemble, formaient les vêtements dont elle se couvrait le corps. Elle ne manifesta aucune surprise à la vue de M. Niedever qui, s'adressant à elle par des signes, mit tout en œuvre pour se faire comprendre et lui proposa de quitter l'île et de le suivre sur le continent.

La squaw y consentit sans se faire trop prier, et s'occupa sur-le-champ de ses préparatifs de départ, enveloppant dans plusieurs peaux de bêtes les vêtements singuliers qu'elle s'était faits, et tous les ustensiles qui lui avaient servi pendant sa longue solitude.

La nouvelle Robinson de San-Nicholas devint la commensale de la famille de M. Niedever à Santa-Barbara, choyée comme une parente et heureuse autant qu'elle pouvait l'être. Cette femme était âgée de soixante ans, et sa simplicité ressemblait à celle d'un enfant. Dès qu'elle arriva à Santa-Barbara, un missionnaire se présenta chez le sauveur de l'Indienne ; il amenait avec lui un de ses compatriotes qui parlait deux ou trois dialectes de la langue des Peaux-Rouges de la Californie. Mais, à leur grande surprise, cet aborigène ne put comprendre le langage de la sauvage, qui n'avait point d'analogie avec ceux dont il connaissait les mots L'Indienne donnait bien un son particulier à chaque chose qu'on lui présentait, mais il était impossible de la comprendre, à moins qu'elle ne s'exprimât au au moyen de gestes et de signes. Du reste, elle paraissait fort satisfaite de sa situation, et son plus grand plaisir était de montrer à ses serviteurs quels moyens elle avait employés pour arracher les racines dont elle se nourissait, prendre du poisson et fabriquer ses vêtements. On voyait cependant qu'elle était satisfaite de se trouver avec ses semblables, et qu'elle ne regrettait point l'époque où elle habitait seule l'île déserte de San-Nicholas.

Une des grandes joies de cette femme était d'examiner à loisir les chevaux et les vaches, et tout porte à croire que, jusqu'à cette époque, elle n'avait jamais vu d'animaux aussi énormes. Un jour, elle s'aventura jusqu'à saisir un cheval par la queue, et sans Mme Niedever, qui lui fit comprendre le danger qu'elle courait elle serait restée exposée aux ruades du quadrupède.

Parmi les instruments rapportés par l'Indienne de San-Nicholas, les plus curieux étaient sans contredit ceux avec lesquels elle cousait ensemble les vêtements de peaux d'oiseaux dont j'ai parlé. Ces aiguilles, faites avec des arêtes de poisson, prouvent jusqu'à quel point la nécessité peut, au besoin, développer le génie de la race humaine. Le fil dont elle se servait n'était autre chose qu'une fibre légère détachée des nerfs d'une baleine. Les hameçons, employés pour la pêche, étaient fabriqués au moyen de clous tordus et affilés, appendus à une ligne dont la matière était aussi composée de nerfs de baleine tressés ensemble avec une habileté sans pareille.

Au milieu des nombreux objets qui se trouvaient dans les mains de cette Indienne, on remarquait aussi une matière crayeuse et rougeâtre semblable à de la brique tendre; mais il était impossible de deviner si cette substance était destinée, soit à préparer les peaux d'oiseaux, soit à peindre en rouge l'intérieur de ses vêtements. Le couteau dont elle se servait était fait avec un morceau de crochet de fer; elle l'avait aplati et forgé entre deux cailloux et habilement emmanché dans un des os du fémur de quelque animal; la lame n'avait pas plus d'un pouce et demi de long.

La femme sauvage avait aussi apporté avec elle une partie de ses provisions de bouche, de la viande boucanée, entre autres; mais il paraissait incompréhensible qu'elle eût pu se nourrir de cette chair empestée, dont la putridité saisissait le nerf olfactif à quarante pas de distance.

Il y avait aussi, avec cela, des racines nourrissantes, connues dans le dialecte indien sous le nom de « cacometes »; le goût de cette racine est à peu près semblable à celui de l'intérieur d'une noix encore verte. Cette femme extraordinaire était sans contredit un étrange échantillon de la race indienne, et si elle eût pu exprimer ses pensées et ses sentiments, tout porte à croire qu'elle eût ajouté un chapitre nouveau au livre de l'humanité. Pendant dix ans, cette pauvre créature avait vécu dans une île déserte, sans avoir auprès d'elle un compagnon pour partager ses chagrins, comme ses joies, ses craintes et ses espérances. A Dieu seul, qui lui donna la vie et qui l'avait protégée si miraculeusement, elle pouvait exprimer sa reconnaissance et demander aide et secours dans sa misère.

Le père Gonyalès, missionnaire de Santa-Barbara qui s'intéressait beaucoup au sort de sa néophyte, avait dessiné son portrait. Les habitants de Santa-Barbara donnèrent de nombreuses preuves d'intérêt à cette femme extraordinaire, et tous, les uns après les autres, allèrent la voir chez son hôte.

Plusieurs montreurs de curiosités ont essayé de s'emparer de la Crusoé de San-Nicholas pour l'amener aux États-Unis, et la faire voir dans les villes pour de l'argent, mais la famille Niedever a toujours refusé de donner son consentement au départ de cette infortunée. Tous ceux qui s'intéressaient à son sort préféraient pour elle la tranquillité et le bien-être domestiques, à tous les dollars que les Barnums américains pouvaient lui offrir.

UN SAUVETAGE

Il faut rendre justice à qui de droit, mais aux Anglais et aux Américains nous offrons la palme pour tout ce qui a rapport aux sauvetages et aux moyens employés sur les côtes pour venir au secours des naufragés, prévenir les sinistres et, enfin, quand ces malheurs sont arrivés, arracher à la mort tous ceux que la mer a engloutis.

Nous nous bornerons aujourd'hui à raconter ce que nous avons vu sur les rives américaines où l'on rencontre, à la distance de trois lieues l'une de l'autre, des stations de sauvetage, composées d'une cabane solidement construite, dans laquelle on trouve un bateau pouvant être manœuvré par sept hommes, le chariot qui le portera sur le point où l'épave est en péril, les cordages, les torches, les lanternes, les fusées, bref, tout ce qui a trait à la charitable institution du *Life saving service*.

Ajoutons à tout ce qui précède que dans l'intérieur de la cabane, on a ménagé une salle avec poêle pour chauffer, tables, chaises, lits de camp et boîtes à médicaments, liqueurs réchauffantes, indispensables pour rendre des forces, et souvent ramener à la vie les infortunés asphyxiés par l'immersion.

Le chef, et les six hommes qu'il commande, appartiennent à la fleur des pois des marins de la côte et du pays, et leurs fonctions durent près de sept mois de l'année, c'est-à-dire depuis septembre jusqu'à mai. Généralement, les mois de juin et de juillet ne sont pas exposés à des tempêtes dangereuses. La mer est belle et les orages rares, mais si ce calme relatif permet aux matelots de la station de faire des absences, ces stations ne sont pas abandonnées ; il reste toujours deux ou trois hommes à leur poste.

La profession de sauveteur n'est pas une sinécure, et d'ailleurs n'entre pas dans la confrérie qui veut s'y créer une position. Les hommes qui se dévouent à arracher leurs semblables à la mort sont généralement dressés à ce travail humanitaire dès leur plus tendre enfance. Leur étude principale consiste à surmonter les vagues et à ne point se laisser écraser par elles. Ce talent obtenu a demandé de longues expériences, et de nombreuses chutes à la mer ont suivi les tentatives des apprentis ; mais peu à peu leur adresse s'est développée ; ils sont arrivés à leurs fins et ont été admis dans la confrérie.

A dater de ce moment, la vie des sauveteurs est loin d'être agréable. La nuit, ils se dirigent en patrouilles à droite et à gauche de leur station, et vont sur la plage jusqu'à ce qu'ils rencontrent le matelot de la station voisine. En cas de mauvais temps, cette patrouille nocturne se prolonge pendant la journée. Quiconque forfait à son devoir, même une seule fois, est renvoyé de la société des sauveteurs et ne peut être pardonné; c'est-à-dire rentrer en fonctions après un exil temporaire.

Vous voyez d'ici, amis lecteurs, ces hommes s'avançant souvent à grand'peine, sur le sable ou sur les galets, courbés en deux contre le vent et la vague écumante. Quelques-uns tombent, et, s'ils se sont blessés ou ne peuvent se relever, deviennent alors la proie des vagues ou des températures abaissées.

Dès qu'un sauveteur en patrouille a découvert un navire ou une embarcation sombrant sur la côte, il commence par allumer des signaux, de façon à éveiller l'attention de ses camarades éloignés et celle des naufragés, qui savent, dès lors, que l'on va s'occuper d'eux.

En effet, il se hâte de retourner à la station où l'on met le bateau à l'eau, soit au moyen d'un cheval, ou si l'animal n'est pas trouvable dans la ferme la plus proche, les six matelots s'attèlent eux-mêmes au chariot et le tirent jusqu'à la mer, tandis que le chef pousse par derrière.

Enfin l'embarcation est mise à flot sur le point le plus rapproché du sinistre. Elle est souvent renversée par les vagues, et les hommes jetés à la mer font force de bras, se soulèvent sur l'onde à l'aide des ceintures de liége qui les enveloppent et les font flotter. Il s'agit de relever l'embarcation et de la ramener sur la voie indiquée.

Tandis que ceci se passe, d'autres hommes mettent le feu au canon qui lance des cordes au delà du navire naufragé. Dès que ce câble a été touché par l'équipage en danger, on entend un cri de joie. C'est celui de l'espérance, qui est rentrée au cœur des malheureux naufragés. La corde tendue sur une ancre, ouvre une communication directe entre l'épave et la rive. C'est sur ce câble que roulera la poulie à l'aide de laquelle les naufragés pourront, à tour de rôle, nouer autour de leur corps la ceinture de sauvetage et se glisser jusqu'à terre.

Cette ceinture de sauvetage est le moyen le plus sûr pour conduire sains et saufs les malheureux qui défendent leur vie contre les horreurs de la tempête. Les enfants, les femmes surtout y ont recours et sont ainsi attirés sur la plage, malgré la rage du vent et de la mer. Dans un certain naufrage, — celui de l'*Arcxshire*, — qui eut lieu sur les côtes du New-Jersey, on put sauver deux cent une personnes à l'aide de la bouée en question, sans compter toutes les marchandises précieuses que l'on arracha aux étreintes des vagues, la malle aux lettres et une somme d'or et d'argent monnayé appartenant au gouvernement de Washington.

Le sauvetage du navire et de ceux qui le montent n'est pas le seul travail des hommes employés à ces occupations humanitaires. Lorsque les naufragés ont été ramenés à la côte, ils sont à moitié morts, dans l'impossibilité de se mouvoir et de se défendre souvent contre les envahissements de la mer. Il faut en transporter à la station, les réchauffer devant un bon feu, leur donner des vêtements secs, leur faire rendre l'eau avalée. Tous ces soins exigent une énergie sans pareille. Si dans le nombre des malheureux, il en est qui paraissent noyés, il est du devoir des sauveteurs d'employer toutes les ressources imaginables pour rappeler ces pauvres diables à la vie, les faire dégorger, leur insuffler l'air nécessaire pour rendre le mouvement aux poumons. Les sauveteurs américains s'acquittent de ces devoirs avec un zèle qui mérite une mention toute particulière à la reconnaissance de ceux près desquels ils sont exercés.

Il est à remarquer que tous ces sauveteurs sont des gens d'une grande moralité et d'une religion invétérée. Ils ne s'enivrent jamais et ne blasphèment point. Leur grand plaisir est de lire à leurs heures de loisir, et de s'instruire en se récréant le cœur et l'esprit.

Le plus remarquable sauvetage qui ait jamais eu lieu est celui du *Kihamey*, sur les côtes d'Irlande en 1848, le 19 du mois de janvier. Le navire avait quitté Cork, la veille, au matin, en essayant, mais en vain, de « monter » dans la pleine mer. Mais le brouillard couvrait la plage et l'océan : on n'y voyait pas à dix mètres devant soi. Un grand nombre de bestiaux placés sur le pont furent emportés par les vagues, et, dans l'intérieur du navire, les meubles furent brisés, la vaisselle réduite en tessons. La machine à vapeur avait cessé de fonctionner et le capitaine ne sachant pas comment diriger son navire était en proie à la plus terrible anxiété.

La nuit se passa dans les plus terribles angoisses. Le lendemain matin, le bruit se répandit, parmi les gens de l'équipage et les passagers, que le capitaine songeait à mettre le cap sur la terre pour retourner à Cork. On voyait la côte à cinquante mètres au moins du point où l'on se trouvait.

Vers midi, l'ouragan se déchaîna plus violent que la veille, mais, grâce aux efforts de l'équipage et aux ordres de son chef, le navire se comporta assez bien. Toutefois l'eau avait envahi la machine, et il fallait des efforts inouïs pour l'épuiser, afin de rallumer les feux. Vers le soir le lieutenant du *Kihamey*, monté dans un hauban, s'écria: « Terre à bâbord ! »

Tout l'équipage et les passagers tressaillirent; il s'agissait de savoir à quel point on se trouvait. Si le capitaine voulait rentrer à Cork, ce désir était irréalisable, car les voiles étaient complètement déchirées et les deux machines ne fonctionnaient plus.

A la nuit venue, le pauvre navire vint heurter un rocher, et, au milieu du désordre qui se produisit à bord, deux passagers furent enlevés par les vagues. Au même instant, les machinistes étaient remontés sur le pont, afin d'aider les passagers à se sauver et pour pourvoir aussi à leur sûreté. Chacun se mit aux pompes, et la nuit se passa de la sorte, au milieu des plus poignantes angoisses.

Au point du jour, on parvint à rallumer les foyers, mais ce dernier effort était inutile, le *Kihamey* était ingouvernable, et il alla heurter, une seconde fois, les rochers contre lesquels il se désempara de fond en comble.

Chaque passager s'empara alors de ce qui se trouva sous sa main : caisses, planches, cages à poules, etc. Les uns se dépouillaient de leurs vêtements, afin de pouvoir mieux nager; les autres, dédaignant un pareil moyen, se contentaient de se cramponner aux cordages, et aux mâts, se résignant à leur sort et attendant la fin ou plutôt le dénoûment du sinistre.

Tout à coup un bruit épouvantable se fit entendre, suivi de cris désespérés. Le navire éclatait en morceaux. Quelques passagers parvinrent à se hisser sur le rocher contre lequel le *Kihamey* s'était brisé. D'autres furent balayés et emportés par les vagues furibondes.

Tous ceux qui étaient parvenus à se grouper sur le rocher durent se résigner à souffrir cruellement. La température était glaciale; la pluie tombait par torrents, et ces malheureux se voyaient obligés de ce cramponner aux aspérités de la roche contre lesquelles la mer les martelait en déferlant avec furie. Nuit infernale! nuit sans pareille, pendant laquelle la mort choisissait ses victimes !

Lorsque le jour parut et vint éclairer le rocher, les survivants du naufrage du *Kihamey* s'aperçurent qu'ils étaient sur un immense rocher placé au centre d'une baie profonde.

Sur les falaises qui dominaient ce havre, une foule, composée de paysans et de gentlemen du voisinage, contemplait avec terreur cet horrible spectacle.

Un fait curieux à signaler, parce qu'il peint les mœurs des riverains irlandais : c'est qu'un certain nombre d'entre eux vint, sous les yeux des infortunés naufragés, piller l'épave et emporter des débris de toute sorte.

Personne d'abord n'avait pris l'initiative de porter secours aux malheureux naufragés; mais, à la fin, un homme de cœur parla du sauvetage, et, sollicitant l'aide des marins accourus sur la côte, il mit en œuvre tous les moyens possibles pour arriver à un résultat. La journée du dimanche se passa cependant en essais infructueux. La nuit suivante fut encore bien terrible pour les naufragés: ils souffraient de la faim et de la soif, et l'un de ces infortunés s'étant jeté à la mer pour se rendre à la côte, fut brisé contre les récifs.

Tandis que ceci se passait, les gens qui avaient commencé les essais de sauvetage, s'ingéniaient à faire passer un câble, du promontoire au rocher, de façon à obtenir une communication sûre.

On réussit enfin, et les naufragés poussèrent un cri de joie quand ils purent toucher la corde qui reposait sur le roc. Par malheur, tout ce travail avait pris une longue journée ; la nuit était venue, et il était impossible de songer à opérer le transport des infortunés avant le lendemain matin.

Quand l'aube se leva, un désappointement inattendu vint frapper de terreur les naufragés. La corde avait été coupée par le frottement, sur l'arête vive de la falaise. Les nobles cœurs qui voulaient sauver leurs semblables conçurent alors le plan de faire passer un câble d'une falaise à l'autre, et il fut convenu qu'on le lancerait au moyen d'un obusier. Ce moyen fut approuvé et eut un grand succès.

Une heure après, la communication était obtenue entre les sauveteurs et les hommes à sauver. On commença par faire passer à ces derniers des cordiaux et du pain, contenus dans une sorte de nacelle, et dans ce même véhicule l'on plaça un papier sur lequel les sauveteurs avaient tracé toutes les instructions pour arriver à un heureux résultat.

Il s'agissait d'assujettir seulement le câble sur le rocher, de façon à ce que nul accident ne pût arriver. Les naufragés s'empressèrent d'agir de la sorte, et, lorsque tout fut prêt, on plaça dans la nacelle une dame qui parvint saine et sauve au milieu des sauveteurs, sur le haut de la falaise.

Tous les autres passagers réussirent à quitter le rocher de la même façon. Le capitaine du *Kihamey* était resté le dernier, comme il l'eût fait à bord de son navire.

Des cinquante personnes qui avaient quitté Cork, pour s'embarquer sur le *Kihamey*, vingt-cinq, au moment où le navire s'était brisé, avaient été jetées à la mer et avaient réussi à se hisser sur le rocher. Hélas! de ces malheureux quatorze seulement vivaient encore ; les autres étaient morts, emportés par la maladie ou balayés par les vagues.

L'endroit où avait eu lieu cet horrible sinistre, se trouve à cinq milles de Robbert's Cork.

Deux semaines après le naufrage du *Kihamey* la mer emporta la plus grande partie du rocher de la baie, si bien qu'à cette heure on ne voit plus à cet endroit qu'un récif contre lequel les vagues viennent se briser avec un bruit épouvantable.

Les anglais ont écrit sur ce sujet funèbre un drame dont l'intrigue est assez intéressante. Nous l'avons vu représenté, il y a dix à douze ans, sur le théâtre du *Lyceum* du Strand, alors qu'il était dirigé par notre excellent acteur Fechter.

Le sauvetage du rocher était représenté d'une façon graphique et le décor ne laissait rien à désirer.

UN DUEL ENTRE DEUX FEMMES

Un drame des plus sauvages vient de se passer en Californie, près de Sacramento, qui laisse derrière lui tous les récits fantastiques qui ont été faits de ce pays lointain où la civilisation, quoi qu'on en dise, est loin d'être parvenue à son apogée, où les lois sont encore très imparfaites et où les mœurs laissent toujours beaucoup à désirer.

Deux femmes, une veuve, mistress Fuller, et une jeune fille, miss Barton, se sont battues en duel, à l'américaine, dans un bois, lancée l'une contre l'autre, comme deux bêtes fauves, qui se cherchent pour s'entre-déchirer.

Nous commençons... par le commencement.

Il y a deux mois, arriva à Sacramento un joli garçon de Trenton (Etats-Unis), qui venait chercher fortune en Californie. Possesseur d'une certaine somme d'argent, très laborieux, fort économe, David Marsh était le parangon des époux à trouver : aussi, quelques semaines après avoir débarqué à Sacramento, quand il s'établit en qualité de *grocer* — lisez épicier — dans une rue de Sacramento, ce bel Adonis yankee vit sa boutique se remplir tous les jours de ménagères à marier qui n'avaient qu'un seul désir, celui de voir Daniel Marsh tourner les yeux de leur côté et leur adresser — à la plus belle, comme le fit le berger Pâris au temps de la Grèce — une demande sérieuse en mariage.

Tout d'abord Marsh fit la sourde oreille à toutes les agaceries de ses quémandeuses ; mais un matin il vit entrer chez lui mistress Fuller, très accorte , parfaitement habillée, qui lui acheta en minaudant une certaine quantité de provisions de ménage. Ses achats étaient compliqués mais la conversation fut simple et se termina par ces paroles échangées entre les deux personnes :

— Etes-vous garçon, monsieur?

— Oui, madame.

— C'est un tort.

— J'en conviens ! mais il n'est pas facile de trouver qui vous rende heureux en ménage.

— En cherchant, on rencontre et peut-être sans aller bien loin.

— Si c'était de vous qu'il s'agît, madame, je ne dis pas.

La suite de cette conversation intime, qui n'avait pas eu le moindre auditeur, fut celle-ci : le beau Daniel Marsh fut autorisé à venir faire sa cour à la jeune veuve, et bientôt les deux amoureux furent convenus de leurs faits.

Le mariage de l'épicier et de mistress Elisa Fuller devait avoir lieu le 25 juillet dernier, par devant le révérend M. Joshua Rush, ministre de la religion réformée à Sacramento.

Daniel fit bien les choses : il acheta et envoya un trousseau très cossu à sa fiancée, qui l'accepta et remercia son futur mari par une lettre des plus cordiales.

A quelques jours de là, un soir, vers quatre heures de l'après-midi, une jeune fille, venant de Grass Valley, entra dans le *store* du *gorcer* pour y acheter des provisions destinées à son père — un chercheur d'or enrichi — et à sa mère qui tenait un *barroom* — autrement dit un café — à Grass Valley.

Miss Jenny Barton', disons-le tout de suite, était un beau brin de fille, grande de taille, blonde comme les blés, ayant un profil grec, des yeux bleus et une désinvolture de houri.

La voir et l'aimer fut l'affaire d'une seconde pour l'inflammable Daniel Marsh. Sans se rappeler qu'il avait juré sa foi — style d'opéra-comique — à la belle veuve Elisa Fuller, il demanda à la visiteuse le nom de sa famille, l'endroit de sa résidence, et sollicita la permission de rendre à miss Jenny Barton sa visite dans le plus bref délai.

La jeune fille rougit — elle avait compris — et accorda la demande de Daniel Marsh. Comment eût-elle pu résister à tant de galanterie ?

Le lendemain de l'apparition de miss Fuller dans sa boutique, Daniel Marsh, après avoir installé son commis en son lieu et place en lui faisant toutes les recommandations nécessaires pour la vente et les approvisionnements, monta à cheval et s'en alla vers Gras Valley à l'amble de sa bête, sans plus songer à mistress Elisa Fuller que si elle n'eût jamais été sur son chemin.

Il n'avait pas même pris la précaution de lui écrire un petit billet d'adieu. Toutes ses pensées s'étaient envolées vers l'ange aimé qui, comme le clou du proverbe, avait chassé l'autre clou de son cœur.

Le pays qu'il traversait était assez désert : de loin en loin il apercevait quelques habitations toujours élevées le long d'un ruisseau quelconque. Il suivait une route qui avait dû être fort belle du temps des missionnaires, mais qui, à l'heure actuelle, lui parut très défoncée, eu égard au nombre infini de charrettes qui la parcouraient et à l'absence de cantonniers pour l'entretenir.

Entre onze heure et une heures de l'après-midi, il fit halte afin de laisser passer la chaleur et faire reposer son bidet. Vers la tombée de la nuit il parvint à Grass Valley, et on lui indiqua la ferme des Barton, située sur les déclivités d'une montagne très pittoresque sur le bord du *Feather river*.

Miss Jenny ne s'attendait pas — nous devons l'avouer — à voir arriver tout de suite le Yankee timide qui lui avait fait une déclaration en due forme; mais elle était si certaine de son succès qu'elle ne fut pas, après tout plus étonnée qu'elle ne paraissait l'être, de l'arrivée de ce prétendant à sa main.

Daniel Marsh n'y alla pas par quatre chemins. Dés qu'il eut été présenté par la jeune fille aux auteurs de ses jours, il leur adressa en due forme une demande en mariage, leur expliquant sa situation pécuniaire et les chances de bonheur moral et positif qu'il offrait à leur fille unique.

On allait souper à la ferme Barton, Marsh fut convié à prendre sa part du repas de famille; il accepta — naturellement — et avant que l'on eût apporté les pipes et le tabac, toutes les questions étaient posées et répondues : le Yankee épouserait Jenny Barton dans la quinzaine, par devant le révérend Samiel Thornton , ministre résidant à Grass Valley depuis un an, et où il avait fait élever une très belle église baptisée par ses soins du titre pompeux de *Sabbath church*, — « Eglise du dimanche ».

Daniel March resta quatre jours à Grass Valley, du matin au soir avec sa fiancée; puis il songea à retourner à Sacramento, où les besoins de son négoce le rappelaient.

— A bientôt chère Jenny, dit-il à sa future.

— J'y compte bien, ami, répliqua celle-ci, et on se sépara avec force poignées de main.

A peine rentré chez lui, le bel Yankee qui écoutait le compte-rendu de son « alter ego » sur les opérations et transactions commerciales qui s'étaient passées dans le magasin pendant son absence, vit entrer Elisa Fuller dans le cabinet où il se tenait devant son bureau et ses livres.

— Ah! c'est vous, monsieur Marsh ! D'où venez-vous ? que signifie une pareille absence, sans m'avoir prévenue ?

— Mais, madame, je ne comprends pas...

— Madame? que signifie cette froideur ? Ah! vous ne comprenez pas qu'on n'abandonne pas ainsi une personne qui va bientôt devenir votre femme, et à qui l'on doit compte de sa conduite.

— Cette façon d'agir, ces reproches immérités, qui me donnent un aperçu d'un caractère irascible, madame, m'ouvrent définitivement les yeux. Je craindrais d'avoir en vous une femme colère, inquisitrice. J'aime mieux renoncer aux projets que j'avais formés. Je vous rends votre liberté, madame.

— C'est-à-dire que vous m'avez remplacée, misérable, et que vous m'avez donné une rivale. Malheur à elle, si je la découvre!

Et, sans ajouter un seul mot, mistress Elisa Fuller sortit du magasin et rentra chez elle.

Daniel Marsh eut d'abord peur des menaces de son ex-fiancée; mais peu à peu, le courage reprenant le dessus, il se dit qu'une femme n'était pas à craindre, et qu'il saurait bien, en temps voulu, se débarrasser de ses importunités.

Après avoir donné une semaine à ses occupations, le volage Yankee — dont les lettres à Grass Valley se suivaient chaque jour, annonçant à sa belle Jenny sa prochaine arrivée avec les cadeaux de noces — prit un matin le chemin qui conduisait près de ses chères amours.

Lancé sur la route qui conduit à Grass Valley, il se croyait seul ; mais, hélas! le malheureux était suivi. Cachée dans une carriole de chercheur d'or , que conduisait un nègre inconnu à Daniel Marsh, Elisa Fuller suivait son infidèle, à un kilomètre de distance. C'est à peine si Daniel Marsh s'était retourné deux fois pour regarder en arrière, et il n'avait vu âme qui vive sur la route.

Quand il arriva à Grass Valley, il alla droit à la taverne du « Gold block » y laissa sa monture et se dirigea vers la ferme des Barton.

Il était à peine installé depuis une heure près de Jenny et de ses parents qui lui faisaient fête, qu'une ombre parut sur le seuil de la maison.

Les Barton ne connaissaient point la personne qui se présentait ainsi inopinément ; mais Marsh poussa un cri de terreur :

— Elisa Fuller !

— Que veut cette femme? vous la connaissez donc ? s'écria la fille du e rmier.

Daniel baissa la tète sans répondre.

— Parlez ! parlez !

— C'est moi qui vais vous donner le mot de l'énigme, répliqua la veuve d'une voix sinistre. J'étais la fiancée de ce bellâtre : il vous a vu sans doute et vous à préférée à moi. Je n'entends point de cette oreille. Cet homme est à moi : je le veux et j'entends ne pas le céder à une autre.

—J'en suis fâchée, madame, objecta miss Barton, mais je crois avoir plus de droits que vous à la main de M. Marsh. Il m'aime et je veux qu'il soit mon mari devant Dieu et devant les hommes.

— Cela ne sera pas.

— C'est ce qui vous trompe.

Et la belle Jenny Barton, d'un geste de reine, montra la porte à la veuve en lui disant :

— Sortez!

— Je refuse de m'en aller.

— Je vous l'ordonne.

— Ne me touchez pas, malheureuse !

— Malheureuse vous-même !

Et, d'un geste violent, Jenny jeta mistress Fuller hors de la demeure paternelle.

— Vous me rendrez raison de cette insulte ! hurla cette dernière.

— Quand vous voudrez , riposta la jeune fille.

Une heure après, deux dames de Grass Valley se présentaient à la ferme des Barton et demandaient à parler à miss Jenny.

— Que me voulez-vous ? répondit celle-ci.

— Nous venons vous demander raison de l'insulte que vous avez faite à mistress Fuller. Notre *amie* veut se battre en duel avec vous, et nous sommes ici pour régler les conditions du combat.

Les parents avaient ouvert de grands yeux à ces paroles insensées : Marsh s'était approché et se récriait contre de pareilles prétentions.

— Laissez-moi maîtresse de mon honneur, répliqua Jenny. Mistress Fuller veut se battre, soit. J'accepte. Demain, dans la forêt de sapins, à huit heures du matin, je me trouverai la carabine en main à l'entrée du côté sud. Que mistress Fuller se présente par le chemin qui aboutit au nord : un coup de feu tiré en l'air me préviendra de sa présence. Je lui répondrai de la même façon, et alors que chacune de nous ait bien soin de se cacher en cherchant son adversaire. Si je la vois la première, je ne la manquerai pas.

— Mais ce que vous voulez faire est sauvage, dit le fiancé à sa bien-aimée.

— Nous nous opposons,... ajoutèrent le fermier Barton et sa femme.

— Tout ce que vous me direz sera inutile fit Jenny. Je n'entends pas céder Daniel à une mistress Fuller.

Nous n'ajouterons plus que quelques mots pour terminer cette histoire véridique.

Le lendemain matin les deux rivales, accompagnées chacune de deux amies, témoins de l'affaire d'honneur, se rendirent à l'endroit désigné et accepté.

Les deux coups de feu furent tirés et l'on rechargea les carabines à balles.

Et la chasse commença. Les jupons retroussés de manière à pouvoir se glisser à travers les buissons et les rochers, Jenny Barton et Elisa Fuller avançaient avec les plus grandes précautions, inspectant du regard chaque point de l'horizon devant elles.

Cette recherche dura plus de trois quarts d'heure. A la fin un coup de fusil se fit entendre, un seul.

C'était celui de la fille du fermier, qui fumait encore quand on arriva près d'elle.

La vindicative jeune fille avait frappé en pleine poitrine sa rivale de Sacramento. Mais une fois sa vengeance satisfaite, elle était revenue aux meilleurs sentiments de la femme, et, à genoux près de celle qui allait mourir, elle lui prodiguait les soins les plus dévoués.

Daniel Marsh se tenait à quelques pas de là, terrifié par ce spectacle inattendu, inespéré. Les Barton n'osaient pas avancer.

A la fin cependant, les quatre témoins vinrent sur le lieu du dénouement de ce combat sans pareil.

— Quel malheur ! s'écria l'une des femmes du côté de mistress Fuller.

— Quels regrets ! répliquèrent les partenaires de miss Barton.

Celle qui allait mourir fit signe à Marsh d'approcher, et le Yankee obéit machinalement à cette injonction.

De ses mains défaillantes Elisa prit le bras de son volage fiancé, cause de sa mort. Elle le plaça sur celui de Jenny Barton et on l'entendit murmurer ces mots :

— Soyez heureux ! adieu !

Elle était morte...

Le mariage de Daniel Marsh et de Jenny Barton a été célébré, mais il est à craindre que le spectre de la veuve de Sacramento ne se lève souvent entre le mari et la femme.

UNE FÊTE CHEZ UN RAJAH

Ce qui suit est le récit d'un voyageur français de nos amis, qui nous a décrit la façon dont il fut reçu par un riche nabab à Tanjore, récit qui nous offre quelques curieux détails de mœurs et de coutumes.

« Le rajah de Tanjore nous traita avec toute sorte d'attentions et nous donna une hospitalité de nabab. Nous étions arrivés l'après-midi, à l'heure où il venait d'achever sa sieste, et nous le trouvâmes debout à l'entrée de son palais, avec son frère aîné et son interprète, accompagné du plus jeune de ses enfants et de sa favorite.

« Le gracieux rajah nous introduisit dans sa splendide habitation, où une fête somptueuse fut organisée pour le soir même en notre honneur.

« Notre hôte avait environ trente-cinq ans, une taille imposante, des manières remarquablement polies, une grande aisance, et ne montrait nul embarras dans sa personne. Comme beaucoup d'individus de sa nation, il s'était passionné pour le luxe et avait un train de prince. Lorsque nous arrivâmes à sa soirée, on nous introduisit dans un salon orné, sur presque tous les panneaux, de belles glaces de fabrique anglaise, richement encadrées d'or. Ces glaces tenaient toute la hauteur de l'appartement, dont elles répétaient les proportions à l'infini.

« C'est assez l'usage des riches princes de l'Inde de faire parade de leur opulence et de dépenser des sommes énormes pour l'ameublement et la décoration de leurs maisons. Et cependant on y trouve plus de luxe que de commodité.

« Le salon ne tarda pas à se remplir d'une foule de personnes invitées. Après qu'on eut fini la série des embrassades et des aspersions d'eau de rose; après qu'on eut bu, à petites gorgées, un breuvage agréablement acidulé. — que l'on peut comparer à notre limonade, — toute, la compagnie s'étendit sur de petits tapis de Perse parsemés des plus jolis dessins, placés par dessus des nattes de jonc d'une éclatante blancheur et du plus fin tissu. Les musiciens ouvrirent la fête et, pendant une demi-heure, nous autres Anglais, nous trouvâmes que nous étions condamnés à subir une vraie musique d'enfer.

« Quand cet échantillon de la musique orientale eut cessé d'étourdir nos oreilles, nous vîmes entrer par une porte un Indien portant un grand tapis de coton blanc qui fut déroulé par lui à la hauteur de son front. Il s'avança ainsi jusqu'à la moitié du salon, et nous aperçûmes alors un second Indien qui tenait l'autre extrémité. Derrière ce rideau primitif s'étaient glissées les bayadères — *nautch girls* — et les autres danseurs qui se cachaient, tandis que le *guru* — lisez le comique de la troupe — récitait, en chantant et en dansant, le prologue de la représentation qui.allait être offerte au rajah et à ses invités.

« A la fin le rideau tomba et forma une sorte de tapis sous les pieds de deux bayadéres, offrant à nos yeux étonnés une physionomie très régulière, des traits gracieux, des yeux étincelants et des costumes couverts de clinquant et de pierreries. Elles portaient des pantalons de soie de couleur écarlate, un peu claire. Ces pantalons, froncés autour de la cheville, laissaient voir deux cercles d'or et de perles enchâssées, auxquels étaient appendus de petits grelots d'argent qui rendaient, à chaque mouvement des danseuses, un son doux et assez agréable. Leur taille était bien prise et serrée dans une sorte de jaquette de soie or et noir qui descendait jusqu'au dessous de la poitrine. Là commençait une jupe d'étoffe légère retombant au dessous des genoux; un voile de gaze était jeté sur leurs épaules et venait se croiser sur le sein. Les bayadéres tirent, en dansant, un parti fort habile de ce voile. Les bijoux que portaient ces femmes étaient, nous dit-on, d'une valeur considérable; leur cou était orné de plaques d'or et d'un collier de perles et or curieusement ciselé. D'énormes boucles d'oreilles encadraient leurs joues, et sur leur front nous remarquâmes des sortes de cloches d'or fin, ornées de chaque côté d'oiseaux de même métal.

« Bien que ces *nautch girls* soient fort méprisées, le rajah et les Européens des Grandes-Indes. ne donnent jamais une grande fête sans en engager quelques-unes pour l'amusement de leur société. J'ajouterai, dit voyageur auquel nous empruntons ce récit, que ces danseuses, appelées devant une compagnie choisie, se gardent avec soin de blesser les convenances. Leurs danses, quoi qu'on en ait dit, sont bien plus décentes que celles que l'on applaudit sur les théâtres de l'Europe.

« Du reste, les fêtes de ce genre ne se distinguent pas par leur variété. L'assemblée, étendue sur des tapis, s'était formée par groupes qui jasaient avec une incroyable énergie de gestes, regardaient les danseuses et les encourageaient par des applaudissements si frénétiques qu'ils couvraient le bruit des flûtes, des cithares et des tambourins à l'aide desquels le rajah avait voulu compléter les plaisirs de la soirée.

« Ce qui nous parut très extraordinaire dans la danse trémoussée des *nautch girls*, c'étaient les remuements serpentins de l'énorme tresse qui ornait leur tête. Nous voulûmes savoir si tous ces cheveux appartenaient à ces bayadères et l'une d'elles, sur la demande du rajah, enleva tous les ornements qui les retenaient liés ensemble ; d'un mouvement rapide, elle secoua la tête et se trouva cachée par un voile épais, brillant comme le jais.

« Et la danse recommença de plus belle. Les deux *nautch girls*, excitées par deux danseurs, l'un orné d'une tiare élevée, l'autre le front ceint d'un turban de gaze, sautaient, s'accroupissaient, se relevaient ; on eût dit des fous échappés des Petites-Maisons. Et la musique continuait toujours : la scène était éclairée par une douzaine de torches tenues par des serviteurs qui mêlaient leurs voix discordantes aux « mélodies » des musiciens indous.

« Un des intermèdes de ces danses fut tenu par trois personnages soi-disant comiques — et qui devaient l'être en effet, car leurs lazzis faisaient pouffer de rire leurs auditeurs qui comprenaient la langue dans laquelle ils s'exprimaient. — L'un était un vieillard qui représentait un « mendiant ». Il portait une longue barbe et un chapeau pointu dont l'extrémité retombait en dedans. Qu'on se figure un bonnet de coton raide comme s'il était empesé, un court bâton arrondi d'une main, un rouleau de l'autre. — Vient ensuite une femme tenant dans ses bras un bébé en bois et une bouteille en guise de biberon. Une écharpe passée en sautoir et un vaste caleçon recouvraient cette saltimbanque. Le troisième personnage était un « fou », le crâne recouvert d'un turban, les hanches abritées par des caleçons de toile. Pour nous autres Européens, les déhanchements de ces trois clowns n'avaient rien de bien comique, mais enfin cela avait une couleur locale très caractéristique.

« La soirée fut terminée par un ballet général, pendant lequel les bayadères occupaient le premier plan.

« Cédant aux instances bienveillantes de notre hôte, nous acceptâmes l'invitation qu'il nous fit de l'accompagner le lendemain à une chasse au sanglier. Cette partie de plaisir n'offrit que les incidents accoutumés d'une pareille excursion cynégétique. Lorsqu'elle fut terminée, les chasseurs se retirèrent sous une tente dressée au bord de la rivière, et on leur servit rôtie l'échine d'un marcassin qui avait été mis à mort par le rajah. A l'extrémité de la table, on posa la hure de l'animal garnie de ses défenses et ayant dans sa gueule une grosse orange ornée d'une guirlande de fenouil.

« Tout disciple de Mahomet qu'il était, le rajah n'hésita pas à manger de ce gibier et à boire d'excellent vin de Champagne, et cela en présence de ses serviteurs qui, même le croyant en faute, n'auraient par osé lui en faire la remarque. Au reste, il ne paraissait pas très convaincu des dogmes de sa religion et ne négligeait aucune occasion de se donner les coudées franches. Dans cette fête gastronomique, le rajah de Tanjore s'abandonna si bien au plaisir de la table qu'il fut obligé de laisser son cheval et de monter dans un palanquin que quatre serviteurs robustes emportèrent sur leurs épaules.

« Ainsi finit la fête du rajah. Le lendemain, nous prenions congé de lui pour continuer notre voyage. »

UN ROI DE L'EXTRÊME ORIENT

Ce qui suit est le récit d'un Anglais nouvellement arrivée de l'Inde où il a été témoin d'un fait tellement excentrique que nous l'avons spécialement réservé pour nos lecteurs. « J'avis été présenté au ministre relevant de la cour de..... qui me demanda si je voulais faire connaissance avec le roi du pays.

« — C'est un original, me dit-il ; quoiqu'il appartienne à la religion de Mahomet et qu'il lui soit défendu de s'enivrer et de faire ceci ou cela, ce bon souverain n'en vit pas moins à sa guise et après s'être livré à des folies qui n'ont pas de nom, on le voit souvent vider une, deux, trois, souvent quatre bouteilles de Moët et Chandon, et se griser comme... un figurant de *l'Assommoir*. Tout porte à croire que d'ici à peu de temps, ce roitelet mourra d'une attaque de *delirium tremens*.

« — Mais, objectai-je, n'a-t-on rien fait pour empêcher cet homme de se livrer à la boisson ?

« — Tous les moyens possibles ont été tentés, mais Abbdallah est incorrigible. Le pire est que, quand il est ivre, notre homme devient méchant. On a bien la précaution de lui faire déposer avant qu'il ait bu, toutes les armes qu'il a sur lui. Mais cela ne suffit pas. Il se rue souvent sur ceux qui l'entourent, et à coups de yatagan et de kric, parvient à tuer ceux qui se trouvent à sa portée. C'est ainsi, que l'autre semaine, sans rime, ni raison, il a tranché la tête à son premier ministre, qui voulait l'empêcher de tomber à bras raccourci sur un esclave, lequel avait versé une goutte de vin sur la main de son maître irascible.

« — Mais, c'est un homme très dangereux : un fou qu'il faudra mettre aux petites maisons, dans le sombre *asylum* de Calcutta.

« — Notre gouvernement y songe, mais cela n'est pas facile : la brute se tient sur ses gardes. Après tout ce que je vous ai dit, voulez-vous toujours que je vous présente à lui.

« — Parbleu ! plus que jamais ! Cette créature anormale m'étonne, je veux étudier son caractère.

« Le lendemain du jour où cette conversation avait eu lieu, j'accompagnai notre ministre à la cour du souverain de... et, suivant les usages, je m'inclinai jusqu'à terre et ne me relevai que lorsque ce monarque m'appela par mon nom.

« Je relevai la tête et vis devant moi un homme jeune encore, ayant les yeux enfoncés, bistrés, signes d'une vie de désordre.

« Son costume richissime, couvert de diamants et de pierreries précieuses, était étincelant. Son visage était assez laid et il était fort maigre. Il causa en anglais avec moi et demanda si je voulais entrer à son service.

« Après tout ce que m'avait raconté mon ministre, pareille idée ne m'était pas venue. Je dis cependant au roi que cela dépendrait des fonctions qu'il voudrait m'offrir.

« — Logez de suite dans mon château, si vous le voulez bien, répondit-il, je vous donnerai 8,000 mohurs d'or par an.

« — J'accepte, répondis-je au monarque.

« En parlant ainsi, je pensais que je pourrais peut-être rendre service à ce malheureux et en même temps au gouvernement qui voyait d'un mauvais œil les désordres de la cour de...

« J'entrai le jour même en fonctions sous l'ordre de *mon* souverain, on m'installa dans le palais de mon prédécesseur, qui était mort d'une pleurésie, et dès le lendemain le roi de... m'envoyait des ordres pour organiser une battue au tigre dans les jungles.

« J'avais déjà chassé ce terrible carnassier et pus me tirer avec honneur de cette expédition cynégétique dans les environs d'un bois, retraite ordinaire des tigres du pays. Le soir de cette chasse, nous rentrions à la ville de... avec quatre tigres mâles et une femelle.

« Le jour suivant, on me prévint que le roi recevait ses parents et ses amis à sa table et qu'il resterait enfermé dans son palais, n'admettant auprès de sa personne que deux de ses ministres et quelques esclaves pour le servir.

« Je m'étais retiré dans mon appartement situé dans les ailes du palais, attendant que la journée fut écoulée pour pouvoir aller me promener hors de la ville, lorsque tout à coup mon oreille fut frappée par une bruyante détonation accompagnée d'une seconde. Je mis aussitôt le nez à la fenêtre et je vis un spectacle que je n'oublierai jamais.

« Dans la cour intérieure du palais royal, couraient çà et là des femmes, des enfants, des vieillards, des jeunes hommes, tous parents du roi, qui sans aucune cause étaient devenus le point de mire de leur chef de famille, lequel tirait sur eux à balles, avec un fusil Remington.

« Debout près d'un balcon où se trouvaient à ses côtés ses deux ministres et les esclaves porteurs de balais de crin pour chasser les mouches, le roi, moitié ivre, buvant toujours de l'eau-de-vie mêlée à du champagne pour en augmenter la force, chargeait son fusil, tirait dans la cour, avalait une coupe de vin alcoolisé et recommençait ce jeu sans écouter les plaintes et les doléances des survivants éperdus, suppliants, ne comprenant rien à une pareille réception.

« — Qu'ils meurent! qu'ils disparaissent, ces cupides héritiers de mon trône et de ma fortune! s'écriait le fou de plus en plus furieux.

« Et les coups de feu retentissaient de plus belle, et les victimes tombaient lourdement sur le sol.

« Enfin sur vingt-trois personnes vivantes le matin, qui étaient venues comme invitées à une fête, il ne restait plus qu'un jeune homme que j'appris depuis être le frère du roi.

« Celui-ci était un Apollon pour la forme, un Adonis pour la beauté du visage. Des cheveux d'un noir d'ébène, des yeux brillants comme des escarboucles, un port sans pareil, une élégance exquise, tel était l'aspect du dernier survivant de la famille.

« — Fais-moi grâce de la vie, dit-il à son frère, et je partirai demain pour la France à bord d'un navire où j'ai des amis.

« — J'accepte, répliqua le souverain, mais à une condition, c'est que tu va prendre cette arme et que tu atteindras au vol une pièce d'or que je jetterai en l'air.

« — Soit!

« — Mais, je te préviens que si tu manques le but, je te ferai trancher la tête.

« — C'est convenu.

« — Tiens! voilà mon remington. Y es-tu? Attention.

« Le roi jeta en effet une pièce d'or, mais, au même instant, il tomba mortellement atteint en pleine poitrine.

« Son frère au lieu de viser la pièce de monnaie, avait retourné son arme contre le bourreau de tous les siens.

« — Tu ne feras plus de mal à personne, lâche et méchant chien, dit-il à celui qui était le fils du même père que lui.

« Les ministres et les esclaves se prosternèrent à genoux en demandant grâce au nouveau monarque. Quant à moi je me présentai le lendemain à la réception du nouvel élu pour... prendre congé de lui.

« Je m'étais dit que malgré les apparences, celui-ci pourrait, dans un jour donné, devenir aussi cruel que l'avait été son frère et tirer sur ses fonctionnaires ; et, comme le bon La Fontaine, j'ajoutais *in petto* ;

> Adieu donc, fi du plaisir
> Que la crainte peut corrompre ! »

UNE QUADRUPLE EXÉCUTION A L'ILE MAURICE

Il y a deux ans bientôt, pendant un séjour que je fis à la ville de Port-Louis (île Maurice), j'eus l'occasion d'assister à une quadruple exécution capitale.

Nous étions à la mi-septembre, et je devais repartir pour l'Europe au commencement de la nouvelle année. Voulant profiter des quelques beaux jours qui nous restaient encore avant d'entrer dans la saison d'hivernage ou des pluies, j'avais fait tous mes préparatifs pour un voyage d'excursion dans l'intérieur de l'île, en débutant par un pèlerinage au tombeau de Paul et Virginie. Lorsque j'annonçai à mon domestique indien que nous devions nous mettre en route le lendemain au petit jour, au lieu de la joie que je croyais lui causer par cette nouvelle, il la reçut avec des signes manifestes de désespoir. Avec la volubilité de parole et cette prodigalité de gestes démonstratifs particulières à sa race, Moutousami m'annonça que ce jour-là même, vers les quatre heures du matin, le bourreau devait pendre quatre condamnés à mort, dont un nègre et trois Indiens. Il ne pouvait manquer « *ce grand spectacle* », qu'on n'avait pas eu dans la colonie depuis plus de cinquante « *bananes* » (années), et où toute la ville s'était donné rendez-vous.

J'eus bientôt vérifié l'exactitude du dire de mon Indien ; je n'hésitai pas à remettre mon départ au surlendemain, en me promettant de suivre du premier acte jusqu'à son terrible dénouement le lugubre drame qui allait se dérouler dans cette cité, véritable Babel moderne.

Car Port-Louis renferme dans ses murs tous les échantillons de la race humaine ; la population, sans parler des créoles, se compose d'Européens de toutes les nations, aussi bien que d'Américains du Sud et du

Nord, de Chinois et de Japonais, de Malais et d'Australiens; les Arabes du golfe Persique et de la côte africaine y commercent avec les Indiens de toutes castes et les nègres de toute provenance. Et il n'est point de mélange entre toutes les parties de cette population qui conservent les unes et les autres leurs costumes, leur religion, leurs mœurs, et leur langue, voire même leur mode de nourriture, bien qu'elles vivent courbées sous une seule et même législation, *la législation coloniale.*

La capitale de l'ancienne Ile-de-France, où le commerce s'est donné rendez-vous de tous les points de l'univers, grâce à sa situation géographique et à son vaste port, est restée, malgré le percement de l'isthme de Suez, la clef de la mer des Indes.

C'est cette population si hétérogène, n'ayant d'autre lien que l'intérêt commerciale, que le spectacle d'une quadruple exécution devait rassembler dans un pêle-mêle inimaginable.

J'allais assister à la confusion des langues au pied d'un échafaud. Et quelle diversité dans les sentiments dont cette foule serait agitée ! Il se pouvait faire que dans ces quatres condamnés à mort, se trouvât un Indien payant de sa vie l'observance et l'application de sa loi religieuse. Que devaient penser et faire des coreligionnaires en faveur de celui qui allait mourir, frappé par une loi qu'ils se refusaient à reconnaître?...

Je n'avais jamais assisté à une exécution capitale en France, où l'emploi de la guillotine diminue les charges de l'exécuteur des hautes œuvres, en même temps qu'il épargne au condamné, en abrégeant les préparatifs, l'horrible supplice de l'attente. Ici, la machine remplace l'homme pour ainsi dire. Il n'en est pas de même de la pendaison, où le bourreau est obligé de tout faire, ainsi que je l'ai vu pratiquer dans cette circonstance. Lorsque le condamné est arrivé sur l'échafaud, il lui lie les mains, les bras et les jambes, le dispose sur la trappe, lui rabat un capuchon sur le visage avant de lui assujettir la corde au cou. Presque toujours il se suspend après les pieds du supplicié, afin de provoquer la mort qui se fait attendre.

Le bourreau avait cette fois à procéder à quatre pendaisons simultanées; et l'on ne pouvait songer sans angoisse à la situation horrible de ces misérables pendant la durée de tous ces préparatifs qui devaient, à mon sens, exiger un quart d'heure au moins

J'en fus détrompé, comme on va le voir.

Vers minuit, je me dirigeai vers la prison située au centre de la ville, dont je croyais trouver les abords déjà occupés par la foule. Il n'y avait âme qui vive, et les rues de la cité étaient complètement désertes ; je ne recontrais sur mon parcours que des policemen qui, de temps à autre jetaient à travers le silence de la nuit, la note stridente de leurs sifflets.

La nuit était superbe: une de ces nuits des régions tropicales où l'atmosphère, d'une extrême transparence, est inondée de clarté. La lune dans son plein répandait dans l'espace une lumière très vive, en suivant sa route à travers un ciel sans nuages et constellé de millions d'étoiles, scintillant sur un fond d'azur. Une petite brise de terre tout imprégnée de senteurs de la montagne balançait, en soufflant vers la mer, les hautes cimes des arbres, à travers lesquels se dessinaient les toits grisâtres des coquettes maisons de la ville, enfermées dans leurs bosquets de verdure.

J'étais arrivé, tout en marchant sans me soucier du temps ni de la direction, sur la place de la Cathédrale dont les deux hautes tours de pierres se profilaient dans l'espace en s'élançant d'un massif de feuillage. L'horloge marquait deux heures.

Je descendis vers le port. Les navires, pressés les uns contre les autres, s'y balançaient mollement sur une nappe d'eau immobile, et semblaient participer du sommeil de la cité... Je m'assis au bord de l'eau, et me laissai gagner par une sorte de douce rêverie, mêlée de tristesse.

Vers les 3 heures et demie, je me joignis à quelques groupes d'hommes et de femmes qui montaient vers la prison. — La ville s'éveillait; les rues se peuplaient. — La geôle se trouve dans une rue étroite, bordée de l'autre côté par de hautes maisons ; celle-ci était déjà envahie par des Indiens vêtus de *caprars* (1) blancs ou bariolés, tombant sur des pantalons mauresques de même couleur. Ils causaient entre eux, gravement et à voix basse. La foule, qui grossissait à chaque instant, fut bientôt composée des gens de toutes les nations.

Des Chinois avec leur costume de percale bleue bouffant, et leurs grands chapeaux de Panama donnant passage à leur longue tresse de cheveux; des Arabes vêtus de leurs longs gilets blancs, ornés de festons de laine ou de fils d'or, et coiffés de larges turbans artistement enroulés autour de la tête; des femmes indiennes, à demi couvertes de leurs pagnes; des Malgaches aux cheveux tressés en mille petites tresses, des nègres plus ou moins vêtus, des créoles de la colonie, des Anglais raides et compassés, des Français, etc., etc.

Sous les rayons blanchissants de la lune, toute cette foule bigarrée présentait un aspect des plus pittoresques, impossible à rendre. Bon nombre d'Indiens, accroupis sur le bord des trottoirs, fumaient silencieusement dans leurs gourgoures (pipes indiennes) dont on pouvait suivre les petites spirales de fumée bleue, voltigeant dans l'air.

A quatre heures précises, les portes de la prison s'ouvrirent et donnèrent passage à un piquet de gardes au costume bleu foncé, armés de fusils chargés.

C'était l'escorte d'honneur de cette Majesté qui s'appelle la mort.

____

(1) Sorte de Burnous.

Les policemen, le bâton de la reine à la main, nous rangèrent aussitôt sur les trottoirs.

La demie de quatre heures sonna; il y eut comme un mouvement de tressaillement dans toute cette foule, qui devint tout à coup silencieuse. On entendait un bruit sonore de roues, venant de l'intérieur de la prison. — Deux charrettes débouchèrent de la grande porte de la geôle pendant qu'une cloche sonnait lentement le glas funèbre.

Trois des condamnés se trouvaient dans la première charrette; deux prêtres catholiques les assistaient. Le quatrième, mahométan, occupait seul la seconde charrette avec un prêtre musulman, tout habillé de vert, couleur de deuil chez les disciples du Prophète. A la suite de deux ou trois commandements brefs donnés en anglais, le piquet des gardes se referma autour des deux tombereaux, et le lugubre cortège se mit en marche.

Le lieu du supplice, voisin du grand cimetière de Port-Louis, était assez éloigné; on dut presque traverser la ville, en suivant des rues tortueuses. Au passage du cortège, devant les casernes, le soldat anglais qui montait la garde à la porte, présenta les armes. Ce simple et suprême hommage rendu par un homme à ces hommes qui allaient mourir me fit tressaillir. Les condamnés ne s'en aperçurent pas.

Nous arrivions; déjà l'on apercevait, derrière de hautes murailles blanches, les croix des mausolées du cimetière et le bruit du clapotement des vagues sur le rivage arrivait jusqu'à nous, en se mariant au sifflement plaintif et monotone des arbres sous lesquels nous venions d'entrer. A la sortie de la ville, la foule qui n'avait cessé d'augmenter tout le long de notre parcours, s'éparpilla de tous côtés, coupant à travers les taillis pour arriver au plus vite. Nous étions sur le lieu de l'exécution. L'échafaud était dressé sur les bords de la mer, dans une place assez vaste, adossée à un rideau d'arbres gigantesques. Il avait été construit la veille même, et se composait d'une simple plate-forme en bois, élevée à un mètre cinquante au dessus du sol.

Cette plate-forme portait deux poteaux en bois noirci sur lesquels reposait la barre transversale d'où pendaient quatre cordes. Ces cordes en fibres d'aloès n'étaient pas plus grosses que le pouce. Le plancher de la plate-forme formait une trappe à bascule qu'un levrier en fer faisait mouvoir.

Lorsque les condamnés arrivèrent au pied de l'échafaud, les dernières étoiles disparaissaient du ciel; l'horizon et la mer s'empourpraient, le jour naissait. Ils avaient devant eux les quatre cordes qui, légèrement agitées par la brise de mer, se balançaient dans le vide. L'Indien mahométan eut un frémissement; ses yeux s'injectèrent de sang, et l'on vit une légère écume couler des coins de ses lèvres. Les trois autres condamnés baisaient avec transport les crucifix que leur présentaient les prêtres catholiques. Ils descendirent tous avec courage des charrettes, et montèrent avec fermeté les marches de l'échafaud. Sur la plate-forme, les trois ministres religieux, à la vue de toute la foule leur donnèrent le suprême baiser, et descendirent. Les prêtres catholiques s'agenouillèrent sur une des marches de l'échafaud, le front courbé vers la terre; quant au mahométan, il vint se perdre dans la foule et disparut. Les condamnés se retournèrent alors vers le peuple et nous envoyèrent des *salams* (saluts) de la main. Il y eut un moment de terrible angoisse. Debout et immobiles, sur cette plate-forme ces malheureux, tournés sur le rivage, attendaient, frôlés par les cordes qui se balançaient au dessus de leurs têtes. A ce moment, le soleil sortant du sein des flots inondait de sa lumière les espaces infinis qu'ils avaient devant eux : la mer et le ciel !

Un petit homme trapu apparut sur l'échafaud : il était entièrement vêtu de noir, la tête recouverte d'un capuchon également noir ayant des ouvertures à l'endroit des yeux. C'était le bourreau... Il rangea les condamnés sous leurs cordes respectives, leur lia les poignets, les bras et les jambes et, en un clin d'œil, leur enveloppa la tête d'un capuchon noir. Il leur passa ensuite la corde autour du cou en assujettissant, d'un coup sec, le nœud sur l'artère carotide gauche, puis il disparut. L'instant d'après, les quatre corps secoués par des soubresauts nerveux, se balançaient dans l'espace. Trente secondes plus tard, tout était fini... les convulsions avaient cessé d'agiter les suppliciés. Le bourreau qui était descendu à terre en s'accrochant à l'un des condamnés, se suspendit successivement aux jambes de chacun d'eux en imprimant au corps un brusque mouvement, pour achever la strangulation.

Quelques minutes après, deux médecins montaient sur l'échafaud et constataient la mort ; les cordes furent alors coupées par le bourreau, et l'on entendit les corps tomber, avec un bruit sourd, dans des cercueils de sapin qu'on cloua immédiatement. Les cercueils, chargés sur un bateau, furent transportés dans une île voisine, au cimetière des suppliciés.

Deux heures plus tard, des ouvriers démolissaient l'échafaud qu'ils avaient monté la veille, et le bois en fut brûlé sur place.

J'étais resté, toute la journée, sous le coup de la pénible impression que j'avais rapportée de cet horrible spectacle. Dans la soirée, je fis une promenade sur les bords de la mer avec l'espoir de changer ainsi le cours de mes esprits. J'atteignis bientôt, sans m'en douter, les murs du cimetière, qui longent le rivage. Je ne fus pas peu surpris d'y voir adossée une case bâtie à la façon indienne, elle était entourée d'une légère clôture en bois. Je m'approchai de cette maisonnette solitaire qui semblait habitée; un homme travaillait, en effet, à un tout petit jardin, dont le terrain était en bordure du rivage. C'était un Indien d'une cinquantaine d'années environ, trapu, au regard intelligent mais désespéré. Je l'interrogeai. « — Vous m'avez peut-être vu *officier* (sic) ce matin, me dit-il. Je suis le bourreau. Ma demeure, qu'un jour ou l'autre la mer emportera a été celle de mes prédécesseurs. Nous sommes logés par le gouvernement qui nous paye 30 piastres par mois (150 francs). Je suis un condamné gracié. Je n'ai pas le droit de sortir d'ici, sinon le jour où, chaque mois, je vais toucher ma paie. Je dois rapporter de la ville, en même temps, toutes mes provisions. Je ne dois pas y séjourner plus de trois heures. Vous le voyez, je vis ici retranché du monde ; personne ne m'approche ; je suis un sujet de répulsion pour les blancs aussi bien que pour les noirs de la colonie. Vous êtes un étranger ; sans cela, vous n'auriez pas pris ce chemin... »

A trois mille lieues de l'Europe, j'avais rencontré le *lépreux de la cité d'Aoste.*

UNE PARTIE DE CHASSE AU BŒUF SAUVAGE

Tout le monde se fait chasseur dans nos colonies de l'Atlantique, pendant l'hivernage qui commence en août pour finir en octobre, et s'annonce régulièrement par des bourrasques du sud-ouest (prononcez sur-ouât) et des pluies torrentielles. C'est l'époque où les oiseaux de marais, qui résident pendant la belle saison au milieu des grands lacs de l'Amérique du Nord, émigrent par bandes nombreuses pour aller chercher, sous un ciel plus tempéré, la nourriture qui va leur manquer dans les régions boréales. On voit alors des myriades de canards, de pluviers, de courlis, de palmipèdes et d'échassiers de toute espèce, prendre leur vol par dessus les immensités de l'océan et faire une étape de quelques heures aux terres tropicales qui se trouvent sur leur route.

Dès la première apparition de ces émigrants, les plages les plus désertes de la Martinique se peuplent, comme par enchantement, de chasseurs aux nuances les plus variées entre le blanc et le noir, armés qui d'un élégant fusil à deux coups, qui d'une vieille carabine à silex, un autre d'un tromblon à la gueule évasée et détonnant comme une pièce de quatre. La pluie tombe par torrents, mais chacun reste ferme à son poste, le doigt sur la gachette et prêt à faire feu sur tout ce qui vole, fût-ce un oiseau-mouche. Malheur alors au pluvier, égaré loin de sa bande, qui s'aventure sur cette plage inhospitalière, trente, quarante coups de fusil le saluent sur son passage, et s'il tombe sous ce feu de file, sa carcasse en lambeaux devient l'objet d'une lutte acharnée entre ses bourreaux.

Il faut pour que la chasse soit fructueuse, que le vent se soit maintenu au sud-ouest, pendant les premières heures de la matinée. On voit alors arriver du large, à tire d'ailes, des nuées de pluviers dorés dont les rangs pressés obscurcissent l'air, et qui se déploient en longues spirales pour s'abattre sur le sol que la pluie a transformé en marécage, et qui leur offre à la fois la picorée et le repos.

C'est l'heure du triomphe pour les chasseurs émérites, pour ceux qu'une longue expérience a mis au courant des allures des pluviers ; leurs décharges, savamment calculées opèrent de larges éclaircies dans les rangs qui se resserrent aussitôt, et bientôt le sol se trouve jonché de morts et de mourants ; mais l'œuvre de destruction ne s'arrête pas pour cela, et c'est la nuit qui seule met fin à ce massacre des innocents.

Cette chasse aux oiseaux de passage ne dure guère au delà de six semaines. Il existe pourtant du gibier à demeure sur le territoire de la Martinique. Ce sont des compagnies de perdrix au plumage fauve, de la grosseur de nos bartavelles, et une espèce de petite caille, aux ailes quadrillées de bleu, et aux pattes roses improprement appelée ortolan. Mais cette chasse est remplie de dangers, à cause des serpents venimeux qui infestent l'île et dont la morsure est fréquemment mortelle. Cette espèce de serpent connue sous le nom de fer-de-lance (*botrops lancleous*) n'existe que dans deux des Antilles du vent, la Martinique et Sainte-Lucie, où l'on a fait jusqu'à présent de vaines tentatives pour les détruire.

En dehors de ces diverses chasses auxquelles, en dépit de ma profonde horreur des serpents, j'ai souvent pris part pendant les quelques années que j'ai passées à la Martinique, il en est une tout exceptionnelle qui m'a laissé de gais souvenirs, c'est celle de bœufs et de moutons sauvages à la pointe de la Caravelle.

On se demandera sans doute comment de si gros animaux peuvent se trouver à l'état sauvage dans une île qui n'a pas plus de trente-six lieues de tour. Les traditions locales ne sont pas d'accord sur ce fait. Les unes supposent qu'ils sont le produit des premiers échantillons de leur race qui ont été introduits dans la colonie par MM. d'Esnambuc et Duparquet, ses fondateurs, et que, relégués dans la presqu'île de la Caravelle, d'un accès difficile, pendant la longue période de nos guerres contre les Anglais, il y ont recouvré leurs instincts d'indépendance et de liberté ; les autres prétendent, au contraire, qu'ils se sont réfugiés dans ces vastes solitudes à la suite d'un cataclysme volcanique et qu'on les y a abandonnés. Ces bœufs sont de petite taille, mais trapus, d'un pelage multicolore, et d'humeur agressive. Quant aux moutons, qui ne diffèrent de ceux de l'Europe que par leur toison qui ressemble plus à du poil qu'à de la laine, ils sont farouches et agiles comme des kanguroos.

Trois chasseurs d'élite, MM. Ludovic L***, de Sainte-Marie, Balin d'A***, du Gros-Morne, et le comte de M***, du Lamentin, s'étaient associés pour une partie de chasse à la pointe de la Caravelle. Ils voulurent bien m'inviter pour compléter un quatuor, et à minuit, par un beau clair de lune, nous nous embarquions à bord d'un petit cutter appartenant à M. L***, et complétement approvisionné en vue de cette expédition ; tout l'équipage se composait de six esclaves de l'habitation L***, excellents matelots et chasseurs au besoin.

A cinq heures du matin, nous jetions l'ancre à la pointe nord-ouest de la Caravelle, dans une crique frangée par une côte à pic. Le youyou, suspendu en porte-manteau à l'arrière du petit navire, nous transporta deux par deux à terre, où nous rejoignirent bientôt cinq de nos hommes chargés de provisions de bouche. Le sixième, qui remplissait les fonctions de contre-maître, resta à bord, chargé de la garde du bâtiment.

A peine débarqués nous nous mîmes en route ; il fallut pour commencer, gravir une falaise escarpée, aux dépens de nos pantalons qui se trouvèrent fort avariés de cette ascension, mais heureusement nous avions pour chef de file M. Balin, qui connaissait tous les mystères de cette terre inconnue, et après un quart d'heure d'efforts et de glissades, nous prîmes pied sur le plateau de la falaise.

M. Balin d'A***, que je ne saurais mieux comparer à cause de sa haute taille, de ses membres secs et nerveux, qu'au célèbre Bas-de-Cuir de Cooper, se maintenait toujours en tête de notre petite caravane ; quant à moi, je restai invariablement à la queue, très préoccupé je l'avoue, des reptiles qui pouvaient être embusqués sur notre passage, l'œil rivé aux touffes d'herbes, l'oreille à l'affût du moindre bruissement dans les feuilles sèches, et prêts à sauter hors des rangs à la première apparition d'un animal rampant, quel qu'il fût.

Nous suivîmes d'abord le lit desséché d'un torrent dont les berges se cachaient sous une épaisse frondaison. Au sortir de là, il fallut encore franchir une nouvelle arête de rochers, et enfin nous atteignîmes la plaine. Le premier objet sur lequel s'arrêtèrent nos regards, était un *ajoupa*, hutte en bambou dont une partie de la couverture en feuilles de palmiers s'était effondrée sous les attaques du vent et de la pluie.

— Voici l'hôtel, s'écria M. d'A***, que chacun prépare ses armes et décroche le *mabouya* (boire un coup de rhum) ; allons, garçons, ajouta-t-il, en s'adressant aux nègres qui nous suivaient, rincez-vous la gorge avec une goutte de tafia, et nettoyez-moi cette salle à manger, nous en aurons bientôt besoin. *Si tini bête là dans ou pas laissé yo, ou-tan* (s'il y a quelque bête là-dedans, ne la laissez pas, entendez-vous).

Ces messieurs se mirent aussitôt à l'œuvre ; la toiture fut relevée tant bien que mal, et il ne se trouva rien de nature à gêner notre prise de possession.

Avant que cette opération fut terminée, nous nous étions déjà remis en route. M. d'A***, qu'aucun obstacle ne semblait rebuter, nous faisait passer par des sentiers impossibles, qu'il devinait plus qu'il ne les voyait, et nous le suivions sans nous plaindre, tout en maugréant en *a parte* contre son inaltérable gaîté que les difficultés de la route semblaient encore augmenter.

Il fallut pourtant s'arrêter devant un épais fourré de lianes enchevêtrées de ronces qu'il était vraiment impossible de traverser sans y laisser jusqu'au dernier lambeau de nos vêtements. Le comte de M*** chargé d'embonpoint, bien que jeune encore, en parut fort aise, car il poussa un soupir d'hippopotame, et s'arrêta brusquement, comme s'il eût pris racine en terre ; de mon côté, je profitai de ce moment de repos pour essuyer mon front trempé de sueur, et m'éventer de mon panama, car le soleil s'élevait déjà au dessus de l'horizon.

Dans ce moment arrivèrent les nègres que nous avions laissés en arrière. Sur l'ordre de M. d'A*** ils se mirent à saper à coups de coutelas la barrière qui nous faisait obstacle. Au delà, les grands arbres étaient plus espacés et d'épaisses touffes de bambdoux, dont la base était de la grosseur du corps d'un enfant perçaient de leurs flèches aiguës les hautes cimes des ébéniers et des *mahoganis* (acajous).

— Nous voilà presque arrivés, nous dit M. d'A*** d'une voix contenue, les savanes noyées sont à cent pas de nous, et il faut, si nous voulons surprendre l'ennemi, nous en approcher avec le moins de bruit possible. Vous, continua-t-il, en s'adressant à moi, suivez cette pente à droite, mon domestique John vous servira d'éclaireur, M*** n'a qu'à marcher droit devant lui. Quant à Ludovic et à moi, nous allons obliquer par la gauche. Le sifflement du courlis, deux fois répété vous annoncera que nous sommes à notre poste et alors vous déboucherez dans la savane, mais surtout ne tirez pas avant le signal, lors même que vous vous trouveriez en présence d'un bœuf endormi, vous feriez manquer notre chasse. En route donc ; silence absolu et attention !

Je fis ce qui m'était enjoint, marchant toutefois, bien que précédé par John, avec une certaine lenteur, autant par cette maudite appréhension des serpents qui ne m'avait pas quitté un seul instant, que dans l'espoir de prendre un bœuf au moment où il s'y attendrait le moins.

— Hé ! me fit tout à coup mon guide, auquel j'avais recommandé de ne pas trop se presser, et dont j'emboitais méthodiquement le pas. *Mi là mouché!* Je regardai de tous côtés, je n'aperçus ni savane, ni bœuf. *Ou pas voi donc!* répéta-t-il, en me montrant du doigt, le pied d'un cactus épineux à sept ou huit pas de nous. Mes regards suivirent la direction de son doigt, et je dus devenir affreusement pâle, car ils venaient de s'arrêter sur un énorme serpent jaune, roulé en spirale et dont la tête plate et triangulaire était dressée comme un phare.

— *Ou pas tini peur,* me dit John en riant de l'effroi que trahissait ma contenance, *moi va tué li* ; et en même temps il lui lança une petite pierre qui l'atteignit. Dérangé dans son poste d'observation, le reptile développ rapidement ses anneaux pour se sauver ; mais John lui coupa les reins d'un coup de coutelas.

Dans ce moment retentit un coup de fusil, puis un second, presqu'aussitôt suivi d'un sourd beuglement : *Gn'un Bœuf!* s'écria mon guide, et sans plus s'occuper du serpent qui se tordait dans une dernière convulsion, que de moi-même qui n'étais pas encore revenu de mon émotion, il courut en avant, et je m'élançai sur ses traces, sans plus penser aux reptiles que s'il n'en eût jamais existé.

Quelques minutes après, nous débouchions à l'entrée d'une immense savane couverte d'ajoncs, et parsemée çà et là de petites oasis, semblables à des îlots. Quatre ou cinq bœufs ou vaches, de diverses couleurs et la queue horizontale galopaient dans toutes les directions en faisant jaillir l'eau sous leurs pieds agiles.

J'y fis à peine attention, car de fréquents appels, entremêlés de cris d'angoisse retentissaient sur ma gauche. Je me dirigeai en courant du côté de la voix, tout en pataugeant jusqu'aux genoux dans une boue liquide, et je finis par distinguer à une centaine de pas de distance, un homme aux prises avec un taureau noir. Ce dernier semblait avoir le dessus, car l'homme, dont je n'apercevais que les jambes battant l'air, était caché derrière une anfractuosité de la berge et le taureau toujours beuglant, l'assaillait à coup de cornes et de pieds. Il n'y avait pas à hésiter, et déjà j'épaulais mon fusil, lorsque quatre coups de feu partirent presque simultanément du côté opposé de la savane. Quelques secondes après, le taureau s'affaiblissait lourdement aux pieds de son adversaire.

Le comte de M*** était encore étendu sur le dos, lorsque nous arrivâmes tous auprès de lui. Il fallut nos efforts réunis pour le remettre debout. Mais ce ne fut qu'au bout de quelques minutes qu'il parvint à parler. « Diable de bête ! » fut son premier mot.

— Vous sentez-vous blessé ? lui demandâmes-nous avec anxiété.

— Blessé, non, Dieu merci, mais moulu comme si tout un escadron de cavalerie m'avait passé sur le corps.

— Vous verrez que ce ne sera rien ou peu s'en faut, nous dit d'A*** qui avait remède à tout. Un punch au rhum, bien chaud, pour commencer ; après cela une énergique friction au tafia, c'est tout ce qu'il lui faut, et demain matin, je vous le garantis aussi solide que moi.

Nous insistâmes néanmoins, malgré les assurances d'A***, pour que M. de M*** fût dépouillé de ses vêtements, afin de nous rendre compte de son état. Tout se bornait heureusement à quelques ecchymoses et à de nombreuses contusions. De M*** avait eu de la chance. Voici d'ailleurs comment il nous raconta le soir son engagement avec le taureau. Arrivé le premier sur la lisière de la savane, il s'était trouvé en présence d'un magnifique ruminant tout occupé à paître au milieu des roseaux et à distance raisonnable. L'occasion était des plus tentantes et la réflexion lui vint tout naturellement que, ses compagnons de chasse devant être encore éloignés, il pourrait bien prendre à sa bête fantaisie de déguerpir au lieu de les attendre. Cette judicieuse considération l'avait même tellement frappé, qu'il s'était dépêché de lui lâcher ses deux coups de fusil avec la conviction qu'il allait l'abattre. Mais il en fut tout autrement ; le taureau, bien que grièvement blessé, avait fait face à son adversaire désarmé, et après l'avoir renversé du premier choc, l'aurait selon toute probabilité achevé à coup de cornes et de pieds, si ce dernier n'était heureusement tombé dans un trou qui l'avait en partie préservé.

M. de M*** était hors d'état de regagner à pied l'ajoupa, nous décidâmes en conséquence qu'il y serait transporté sur un brancard fabriqué à l'aide de lianes. Trois de nos hommes furent chargés de ce soin, et nous retournâmes avec eux pour les seconder en route. Quant à M. d'A***, il resta avec les deux autres pour les faire dépecer le taureau, et en faire enlever les parties les plus délicates, en nous annonçant qu'il ne reviendrait pas sans nous faire une agréable surprise.

De retour à l'ajoupa, M. de M*** fut étendu sur un lit de feuilles sèches et après que nous lui eûmes administré la fameuse panacée interne et externe de M. d'A***, il fut pris d'un sommeil si calme et si profond que nous nous trouvâmes complétement rassurés sur les suites de son accident.

Nous déjeunâmes avec les provisions transportées par le cutter, et vers les trois heures de l'après-midi, nous vîmes arriver M d'A*** suivi de ses trois hommes portant sur une claie les dépouilles opimes du taureau. Il s'était lui-même chargé d'un mouton qu'il jeta à nos pieds. « Voici une maudite bête, nous dit-il, qui a failli me faire rompre le cou au fond d'un précipice où il a fallu aller la ramasser ; il avait en effet le visage et les mains sillonnés d'écorchures et son pantalon en lannières.

— Maintenant il est temps de préparer le dîner, ajouta-t-il, nous avons largement de quoi vivre et autant vaut passer la nuit ici qu'à bord du cutter. Je prétends d'ailleurs vous faire manger un plat de caraïbe de ma façon. — Holà, John, Magloire, Hector, en route, mes garçons, prenez nos fusils, ayez-en bien soin, et pendant que ces autres drôles vont préparer la rôtissoire, tâchez de nous rapporter le plus de grives et de tourterelles que vous pourrez ; et surtout n'épargnez pas les crabiers, ils ne gâteront pas la sauce.

Vers les six heures, un peu avant le coucher du soleil, ces messieurs étaient de retour avec une charge de gibier emplumé. Pendant leur absence, leurs compagnons avaient creusé devant la porte de l'ajoupa un trou, dont le fond et les parois furent garnis de grosses pierres. On y alluma un grand feu, et lorsque les pierres furent devenues presque rouges, on étendit dans le trou le mouton enveloppé de sa peau, et le ventre farci d'oiseaux plumés et vidés. M. d'A*** y fit ajouter force oranges, citrons et épices; puis l'on recouvrit le tout d'une chappe de pierres sur laquelle fut allumé un énorme bûcher

Deux heures après, la tombe fut ouverte, le mouton exhumé, et je le déclare hautement, jamais chair ne me parut plus délicate et plus aromatique que celle des oiseaux cuits à l'étuvée dans cette marmite d'un nouveau genre. Pour ne pas déranger notre malade qui continuait à dormir d'un profond sommeil, nous nous étions décidés à dîner à la façon des boucaniers, en plein air; mais avant même qu'aucun de nous eût eu le temps d'en porter un premier morceau à la bouche, une voix forte et caverneuse se fit entendre du fond de l'ajoupa en prononçant distinctement ces paroles :

— Holà! oseriez-vous bien dîner sans moi?

C'était le second appel de cette journée, mais combien il était différent de l'autre. Nous y accourûmes pourtant comme au premier, et nous entraînâmes cet excellent M*** vers notre festin improvisé où il mangea comme quatre.

Nos hommes d'équipage se régalaient de leur côté, accroupis sur le gazon, à une vingtaine de pas de nous ; on leur avait abandonné quelques oiseaux et la marmite qui avait servi à leur cuisson, c'est à dire le mouton tout entier, de plus, une dame-jeanne de tafia qu'ils se repassaient mutuellement, et à laquelle chacun d'eux à son tour donnait une longue accolade.

Lorsque la nuit fut venue, bien que la lune nous éclairât de ses plus joyeux reflets, John, qui remplissait les fonctions de majordome dans la maison L***, alluma autour de nous des torches de résine soutenues par des pieux, et demanda gravement à son maître s'il était temps de servir le café, et, sur sa réponse affirmative, il nous versa un moka parfumé qu'il accompagna d'une carafe de rhum de la Grenade, brillant à travers le cristal comme un rayon de topaze, et des paquets de *longs-bouts*, cigares fabriqués avec le tabac du pays.

Nous nous trouvions dans cet état de bien-être et de béatitude qui suit ordinairement une journée d'émotions et de fatigues, lorsqu'une fois rentré au gîte, on a pu donner pleine satisfaction à son appétit et à sa paresse.

— Eh bien, mon jeune ami, me dit d'A*** qui, pendant le dîner, m'avait vu avec une certaine satisfaction faire honneur à son plat caraïbe, comment vous trouvez-vous de notre promenade?

— Pas trop mal, lui répondis-je, malgré mon regret de n'avoir pas eu l'occasion de tirer un seul coup de fusil.

— C'est un petit malheur dont il faut vous consoler, répliqua-t-il d'un ton un peu narquois. Vous êtes bon tireur, je n'en disconviens pas, car nous vous avons vu à l'œuvre; mais lorsqu'on a une balle au lieu de menu plomb dans le fusil, il faut avoir l'œil exercé et des muscles à toute épreuve être pour sûr d'atteindre le but. Vous avez donc bien fait de ne pas tirer au moment où M*** était en dispute avec son taureau, car nous nous trouvions, Ludovic et moi, en droite ligne avec vous. Montarieux, à votre place n'eût pas hésité, et Dieu sait ce qu'il en serait advenu !

— Je vous tiens quitte de la comparaison, lui répondis-je un peu piqué. Montarieux est trop connu pour sa maladresse pour que j'aie la moindre prétention de lui faire concurrence.

— C'est justement pour ce motif que nous avons préféré votre compagnie à la sienne, Montarieux s'était offert pour être notre quatrième, et je lui ai répondu que la place était déjà prise par vous. Ai-je bien fait ?

Je ne pus m'empêcher de rire ; on était tellement habitué au despotisme de ce brave d'A*** dans toute question cynégétique, qu'il eût été aussi ridicule qu'inutile d'en faire l'objet d'une discussion.

— A la bonne heure, me dit-il en me tendant sa main large et dure comme un battoir, vous êtes un brave garçon ; je bois à votre santé et même à celle de ce fou de Montarieux, qui a failli vous faire noyer m'at-on dit.

— Je suis forcé de le reconnaître.

— Nous avons donc eu raison, convenez-en, de refuser sa participation. Avec lui, nous ne serions jamais revenus avec nos membres intacts, tandis qu'avec vous... enfin, n'en parlons plus.

Ce Montarieux était un jeune homme de vingt-quatre à vingt-cinq ans, originaire du Périgord, qu'un simple caprice, sans idée préconçue, et l'indépendance qu'il devait à un petit patrimoine, avaient conduit à la Martinique. Si la bonté naturelle de son caractère loyal le faisaient aimer de tout le monde, sa fougue et son opiniâtreté le rendaient en revanche insupportable à ses meilleurs amis. Tout ce qu'il touchait se brisait entre ses mains, et la fatalité le poursuivait impitoyablement dans ses entreprises les mieux conçues :

A peine arrivé à Saint-Pierre, Montarieux qui s'ennuyait à ne rien faire, surtout en voyant tout le monde occupé, fonda une maison de commerce pour la vente des sucres et des cafés, et ses affaires ayant l'air de prospérer, il y épousa une jeune créole de bonne maison, mais sans fortune. Tout alla bien d'abord, car il adorait sa femme et en était adoré, mais sa mauvaise étoile ne l'avait pas abandonné. Un soir qu'il avait obtenu de sa femme, dont il n'aimait pas à se séparer même pour quelques instants, qu'elle l'accompagnât dans une promenade à pied hors de la ville, malgré le danger qu'offrait une pareille excursion après le coucher du soleil, elle y fut mordue par un serpent qu'il eut la chance de tuer d'un coup de canne, mais deux jours après elle expirait dans d'atroces douleurs.

Montarieux fut au désespoir de cette perte, et le séjour de Saint-Pierre lui devint tellement odieux qu'il se décida à liquider sa maison de commerce, opération qu'il n'accomplit pas sans subir des sacrifices considérables, après quoi il solda ses créanciers et essaya de se faire payer par ses débiteurs ; mais là il éprouva de sérieuses dificultés.

Un de ces débiteurs se montra même si mal disposé que Montarieux, qui n'est pas endurant, lui fit une de ces insultes que le sang peut seul effacer.

Le duel eut lieu dans une savane, à quelques pas de la ville ; Montarieux essuya bravement le feu des deux pistolets de son adversaire sans user du droit qu'il avait de tirer en même temps, et lui dit d'une voix parfaitement calme :

— Monsieur, votre vie est à moi, mais je vous la laisse pour m'acquitter d'une insulte que je regrette sincèrement. C'est à vous, maintenant, à vous acquitter de votre dette ; sans cela, nous recommencerons, et soyez assuré que je ne vous manquerai pas. En parlant ainsi, Montarieux déchargea ses deux pistolets, non en l'air, comme cela se pratique en pareil cas, mais à droite et à gauche, ce qui fit qu'il cassa la mâchoire à l'un de ses propres témoins, au moment même où ce dernier applaudissait de toutes ses forces à son acte de générosité.

En quittant Saint-Pierre, qui lui rappelait de si douloureux souvenirs, Montarieux vint avec les débris de sa fortune, s'établir à Sainte-Marie où résidait une de ses parentes, propriétaire d'une importante habitation sucrière. Cette bourgade, dont la principale rue, abritée par une falaise, s'étend le long de la mer, est en majeure partie habitée par des hommes de couleur, qui vivent des produits de la pêche, et dont on voit les pirogues rangées à sec sur la grève. La rade de Sainte-Marie forme un immense hémicycle divisé en deux segments par la réunion des deux îlots accorés de récifs et de roches sous-marines.

L'installation d'un négociant blanc achetant et vendant du sucre et du café par boucauts, de l'huile et du tafia par barils et des boîtes de sardines entières, fut regardée comme un grand honneur par la population de Sainte-Marie, dont les commerçants, jusqu'alors n'avaient débité ces mêmes articles qu'au détail et par petites fractions.

Montarieux jouissait, au milieu de cette population agreste, d'une existence indépendante et entourée de considération, et comme ses jours de chômage étaient fréquents, vu la rareté des clients, il employait ses loisirs à courir par champs et par bois, le fusil sur l'épaule, sans se préoccuper des serpents par lesquels il ne fut jamais mordu, ce qui était vraiment phénomal ; mais un jour qu'il avait grimpé au haut d'un arbre pour s'emparer d'un *manicou*, espèce de petit oppossum à queue prenante, la branche sur laquelle il était debout se cassa sous ses pieds, et il retomba d'une hauteur de cinq à six mètres sur le tronc d'une fougère, sur lequel il resta empalé. Un autre en serait mort, mais, moins de trois semaines après Montarieux avait repris ses habitudes vagabondes s'il ne lui comme fût rien arrivé.

Une autre fois il fut mordu au nez par son propre chien, auquel un vétérinaire avait reconnu tous les symptômes de la rage. Montarieux, au lieu de faire appeler un médecin, se contenta de faire rougir à blanc une pointe de fer dans le fourneau de sa cuisine et en cautérisa le trou fait par la dent du chien.

Tous les chasseurs du bourg et des environs, qui se livraient à la chasse pendant la saison d'hivernage, s'éloignaient de lui dès qu'ils le voyaient apparaître, et cela depuis qu'il avait éborgné son propre domestique en tirant sur un pluvier.

On me permettra de finir cette longue liste des méfaits involontaires de cet excellent Montarieux par le récit du danger auquel j'échappai par miracle et qu'il avait provoqué par son imprudence habituelle.

Pour varier ses plaisirs, Montarieux s'était passé la fantaisie coûteuse d'une jolie embarcation à demi pontée et très bonne voilière. Une aprés-midi, il vint me trouver, et me dit :

— Ludovic se dispose à faire une promenade en mer sur son cutter ; j'ai envie de lui damer le pion à la course ; voulez-vous venir avec moi ?

— Je ne dirais pas non, si j'étais aussi sûr de vous que de votre canot.

— Douteriez-vous, mon cher compatriote, que je sache manier mon embarcation ? Je la fais tourner, virer tout aussi bien qu'un écolier fait tourner sa toupie, et il n'y a pas un seul pêcheur dans le bourg qui soit en état d'enfiler la passe comme moi.

Cette passe était un intervalle de trois à quatre mètres entre une double ligne de récifs presqu'à fleur d'eau, contre lesquels la vague, un moment refoulée, revenait avec une double fureur, et qu'elle franchissait sous l'irrésistible impulsion des flots accourant du large.

— Vous m'assurez donc contre tout accident de mer, car je tiens à me baigner à mes heures et dans des endroits où les requins n'osent pas s'aventurer ?

— Je vous garantis de tout, sans en excepter les requins. Venez donc, nous ferons battre la chamade à ce bon Ludovic, qui est trop fier de son cutter.

Je finis par céder à l'insistance de Montarieux, qui partit aussitôt pour faire ses préparatifs d'appareillage.

En portant mes regards sur la mer, dont la nappe immense s'étendait comme une glace sans fin jusqu'aux limites de l'horizon, j'apercevais à ma gauche, se profilant sur le promontoire du *Carpentier*, le gracieux cutter de Ludovic, dont l'équipage dégageait les agrés, et à ma droite, en tête de la ligne de pirogues, l'humble canot de Montarieux, avec son bâton de foc, gros comme un manche de balai. Il était trois heures, et il avait été convenu que nous serions de retour avant six. Le ciel était pur comme aux plus beaux jours, et la brise douce et régulière comme le souffle de l'enfant qui dort.

Je fus bientôt au bas de la côte. Montarieux venait de dresser son mât encore enveloppé dans sa voile. Son petit nègre borgne était assis à la

. proue, prêt à larger le foc au premier signal de son maître. Nous appareil-
lâmes aussitôt, et, comme il s'y était engagé, Montarieux enfila très adroitement la passe entre les récifs.

Ludovic avait également appareillé de l'autre côté de la rade.

A peine notre canot eût-il doublé les deux îlots, que la brise gonfla ses
voiles, et aussitôt il sembla voler à la surface de l'élément humide. En
moins de vingt minutes nous avions atteint le cutter, sur l'arrière duquel
se tenaient debout Ludovic et quelques-uns de ses amis. Ces messieurs
nous saluèrent d'un coup de chapeau au moment où nous nous trouvâmes presque bord à bord ; mais lorsque nous les eûmes dépassés de
quelques longueurs, Montarieux ne put résister au besoin de célébrer
son triomphe, en frappant à grands coups d'épuisette sur son bordage,
comme le font les nègres lorsqu'il y a une lutte de vitesse entre leurs
canots. Au lieu de paraître mortifiés de cette fanfaronnade, Ludovic et
ses amis, qui venaient de se porter sur l'avant du cutter, se mirent à
nous applaudir des deux mains.

Il fallait voir la satisfaction qui brillait dans les regards de Montarieux : il n'eût pas, en ce moment, échangé son canot contre une frégate.

Le soleil se rapprochait insensiblement de l'horizon, lorsque nous
vîmes le cutter virer de bord pour gagner son mouillage. Nous fîmes
aussitôt la même manœuvre, mais avec moins de succès que notre
adversaire, auquel sa grande voile, son foc et sa brigantine, permettaient
de courir de longues bordées en serrant le vent au plus près, tandis que,
penchés sur le flanc, tantôt d'un bord, tantôt de l'autre, nous avions
toutes les peines du monde à lutter contre la brise, qui commençait à
fraîchir. Montarieux était exaspéré, et sa mauvaise humeur, qui s'exha-
lait en formidables interjections, ne se calma un peu que lorsque nous
nous retrouvâmes par le travers des îlots. Quant au cutter naguère si
dédaigné, nous l'avions vu en passant à son mouillage ordinaire, avec
toutes ses voiles serrées.

— Attention à la manœuvre, dis-je à Montarieux, nous sommes à
l'entrée de la passe, car je vois les brisants à tribord.

— Soyez tranquille, me dit-il, je connais mon affaire.

A peine avait-il prononcé ces paroles, que j'entendis un bruit sourd
derrière moi. Je tournai la tête : c'était une vague frangée d'écume qui
nous surplombait comme une avalanche. Au même instant, le canot
reçut un choc terrible, et je me retrouvai tout à coup dans l'eau à moitié
asphyxié et barbotant comme un canard dans le cataclysme d'une trombe.
Comment me retrouvai-je, quelques secondes après, étendu à plat
sur le sable fin du rivage, c'est ce que je n'ai jamais pu m'expliquer.
Heureusement des pêcheurs se trouvèrent là, qui me redressèrent sur
mes pieds et me ramenèrent à mon logis.

Montarieux et son nègre n'avaient pas été moins heureux que moi, bien que ce dernier eût été ramassé avec une épaule démise. Quant au canot, qui avait perdu son gouvernail et sa mâture, il était revenu, tout seul et la quille en l'air, se piquer dans la grève.

— Eh bien, me dit Montarieux, qui vint me voir le lendemain parfaitement gaillard (j'étais encore au lit), les avons-nous battus, vent arrière ? Ah ! si j'avais eu comme eux une brigantine, ou même un simple tapecul, nous les aurions encore gagnés malgré le vent debout. Mais soyez tranquille (c'était son mot), je me suis déjà mis en mesure, et la prochaine fois, nous les battrons à plate couture.

— Vous les battrez tout seul, mon cher Montarieux, car la leçon d'hier m'a suffi ; je vous engage seulement à mieux étudier la passe avant de recommencer votre essai.

— Ah ! la passe ; c'est vrai, je n'y pensais plus ; vous avez été un peu mouillé et nous aussi ; cet imbécile d'Ajax (c'était le nom de son domestique) a même l'épaule légèrement foulée ; cela vient uniquement de ce que j'avais mis la barre dessus au lieu de la mettre dessous : tout le monde peut se tromper, mais à présent on ne m'y prendra plus.

Ce fut là toute la consolation que Montarieux trouva à me débiter.

— Dieu vous entende ! lui répondis-je, mais ne comptez plus sur moi pour vous accompagner en mer. C'est un parti pris dont rien n'est capable de me faire dévier.

Tel était Montarieux, et l'on ne s'étonnera plus de la persistance qu'on mettait à l'éviter : aussi les nègres l'avaient surnommé Béqué *pas chance* (le blanc qui n'a pas de chance). Qu'on me pardonne cette digression qui est nécessaire à la suite de mon récit, et je reviens à notre plantureux festin qui venait de finir.

L'heure du repos était venue, et nous allâmes nous étendre sur l'épaisse couche de feuilles de fougères et de sassafras dont nos domestiques avaient eu le soin de joncher le sol de l'ajoupa ; quelques heures après, réveillés seulement par les premiers rayons du soleil, nous reprîmes le chemin que nous avions déjà parcouru pour regagner le bord du cutter.

— Si nous faisions escale à la Trinité pour déjeuner, nous dit Ludovic au moment où nous mettions à la voile. Les frères Fonteneau, qui sont mes commettants, nous feront bon accueil, et d'ailleurs, nous sommes en mesure de payer notre écot avec un filet de bœuf.

Nous nous rangeâmes volontiers à cette proposition.

La Trinité est un grand bourg, ou, pour mieux dire, une petite ville d'une certaine importance. Son port est vaste et sûr. C'est le rendez-vous ordinaire des bâtiments américains venant des bancs de Terre-Neuve, et des navires nantais chargés de farines et de conserves alimentaires. Cette ville possède en outre une garnison empruntée au régiment d'infanterie de marine, dont l'état-major réside à Fort-de-France, et des administrations de la marine et de la douane.

La réception de MM. Fonteneau fut des plus gracieuses, et, après un

confortable déjeuner, nous fûmes faire un tour en ville pour aller serrer
la main à quelques personnes de connaissance. La première que nous
rencontrâmes à l'angle d'une rue était Montarieux.

— Tiens, vous voilà ! nous dit-il d'un ton de bonne humeur, et
votre chasse ? Vous êtes revenus bredouille, n'est-ce pas ? Avouez-le
franchement. Ah ! si vous m'aviez pris avec vous, quelle montagne de
bœufs et de moutons n'aurions-nous pas rapportée ; de quoi nourrir le
bourg de Sainte-Marie pendant tout une semaine ! Aussi quelle singulière manie de ne vouloir jamais être que quatre pour cette expédition,
tandis qu'à cinq nous nous serions si bien amusés ?

Montarieux avait débité cette longue tirade tout d'une haleine, puis il
continua, en m'arrêtant par le bras :

— Je suis ici avec mon canot, et j'emmène à Sainte-Marie Clariss, un
brave homme de mon pays, qui vient de vendre son fonds de boucherie et
se dispose à repartir pour la France, où il a laissé sa femme et ses jeunes
enfants dans un état voisin de la misère. Les douze mille francs qu'il emporte avec lui sont une véritable fortune pour ce petit ménage. Laissez-là
le cutter et venez avec nous. Ce bon Clariss vous parlera de sa famille, de
ses projets d'établissement ; cela vous intéressera.

— Et la passe ?... répondis-je.

— Oh ! la passe : soyez tranquille, je la connais si bien maintenant que
je l'enfilerais par la nuit la plus noire et les yeux fermés.

— Vous m'en disiez tout autant le jour où vous m'avez fait prendre un
bain forcé ; mais, sans mettre en doute votre expérience, je ne puis
décemment abandonner mes compagnons pour aller avec vous. Ce sera
donc pour une autre fois, si le cœur m'en dit.

Montarieux m'exprima ses regrets, et nous nous séparâmes.

Il pouvait être quatre heures lorsque le cutter remit à la voile, et à
cinq, nous débarquions, frais et dispos, à Sainte-Marie. Avant de nous
quitter, Ludovic exigea que j'allasse dîner avec ses amis et lui sur son
habitation, située à deux portées de fusil du bourg, et je rentrai chez moi
pour faire mes ablutions et changer de vêtements.

Un peu avant six heures, au moment où je me disposais à monter à
cheval pour me rendre chez Ludovic, des cris poussés par les domestiques de la maison me firent accourir sur la terrasse où ils s'étaient rassemblés et de l'extrémité de laquelle on dominait toute la rade ; un émouvant spectacle m'y attendait.

Au milieu des récifs, par dessus lesquels déferlait en ce moment une
vague monstrueuse, apparaissaient deux têtes humaines, rapprochées
l'une de l'autre, et qu'une nouvelle vague faisait disparaître l'instant
d'après. Trois ou quatre pirogues s'étaient déjà détachées de la grève
pour porter secours aux naufragés, que l'on n'apercevait déjà plus, lorsqu'un des pêcheurs se baissa vivement et saisit un corps inerte que ses
compagnons parvinrent à attirer dans leur embarcation. C'était Monta-

7

rieux, sans connaissance, mais encore vivant. Quant au malheureux Clariss, toutes les recherches pour le retrouver furent inutiles. Le jeune nègre de Montarieux fut le seul qui atteignit la terre sain et sauf; obstinément accroché à une caisse qui faisait partie du chargement du canot, le flot l'avait tout doucement porté jusqu'au rivage.

Montarieux, suivant son habitude, fut promptement rétabli; mais cette dernière catastrophe avait profondément modifié son humeur insouciante et fougueuse. Il ne songeait plus qu'à retourner dans le Périgord; et, pour se débarrasser plus promptement des liens qui le retenaient à Sainte-Marie, il fit vendre ses marchandises à l'encan et donna son canot, échoué, comme la première fois, sans trop d'avaries, sur la plage, aux pêcheurs qui lui avaient sauvé la vie.

CHASSES AUX BISONS

Le bison, communément appelé buffalo, est l'animal le plus remarquable de l'Amérique du Nord. Sa taille énorme, sa force prodigieuse, l'habitude qu'il a de se réunir en troupeaux innombrables, les pays qu'il fréquente, la valeur de sa chair et de sa peau, ressources inestimables pour le voyageur, aussi bien que pour les tribus indiennes, la manière de le chasser et de le prendre, tout concourt à faire du bison un animal précieux et digne d'intérêt.

C'est d'ailleurs le plus grand des ruminants originaires d'Amérique; son poids dépasse même celui du renne, dont la taille est cependant au moins égale à la sienne. La tête énorme, le front large et triangulaire, la bosse conique qu'il porte sur ses épaules, les yeux petits mais vifs et perçants, les cornes courtes et noires, en forme de croissant, la crinière épaisse, qui lui couvre le cou et le devant du corps, la petitesse comparative du train de derrière, la queue courte et garnie à l'extrémité d'une touffe de poils, tels sont les détails particuliers et les traits caractéristiques de cet animal.

Le bison est d'un brun foncé, tirant sur le noir: on en voit quelquefois d'une couleur brûlée, ou brun verdâtre, mais cela dépend de la saison.

La chair du bison est succulente et délicieuse: elle est d'une qualité aussi bonne, sinon supérieure à celle du bœuf le mieux nourri. On peut la comparer à la viande de nos boucheries, rehaussée d'un fumet de gibier.

Les bisons se trouvent encore sur une immense partie du territoire américain, bien que de nos jours ce ne soit pas comme par le passé. Les chasseurs, aussi bien que la marche de la civilisation, ont peu à peu empiété sur les contrées où ils régnaient en maîtres, et maintenant leur territoire est borné d'une part à l'ouest par les montagnes Rocheuses, de l'autre à l'est par le Mississipi, vers la source de ce fleuve. Il faut s'avancer bien au milieu des prairies pour découvrir les traces de l'énorme quadrupède.

Au Texas, le bison parcourt tout le pays, mais il devient plus rare au Mexique.

La chasse aux bisons, est, parmi les tribus des Peaux-Rouges, une occupation plutôt qu'un amusement. Ceux qui la font par plaisir sont en bien petit nombre, car pour jouir de ce sport unique il faut entreprendre un voyage de plusieurs centaines de milles, au risque d'être scalpé par les Peaux-Rouges, et c'est là un danger que l'on court très souvent.

Le véritable chasseur de profession, le trappeur de race blanche et les Indiens poursuivent sans relâche les troupeaux de bisons et en éclaircissent les rangs à coups de lances, de flèches et de carabines. Cette chasse ne se fait pas sans péril : on y risque fort souvent de perdre la vie et on raconte bien des accidents funestes arrivés aux chasseurs qui se livrent à la poursuite de ces animaux. L'allure du bison est, en apparence, lourde et disgracieuse. Il roule de côté et d'autre, comme un navire ballotté par les vagues au milieu de l'Océan ; et cependant cette allure, si elle n'égale pas tout à fait en vitesse le galop d'un cheval, est beaucoup trop rapide pour permettre à un homme à pied d'atteindre l'animal qu'il poursuit. Le coureur le plus agile, s'il ne rencontre pas un arbre, ou quelque autre lieu de refuge, est à peu près sûr d'être écrasé sous ses pieds.

Voici un récit très exact d'une chasse aux bisons dans les prairies du Kansas, par une dizaine d'Européens et une tribu de Pawnies :

« A quelques milles de notre campement, nous découvrîmes un chemin tracé par les bisons Cette route traversait à angle droit le sentier que nous suivions alors.

« — Je crois qu'il doit y avoir là plus de deux mille têtes de bisons, fit notre guide, le chef de la tribu, des taureaux, des vaches, des veaux, et de jeunes bêtes d'un an. De sorte que nous n'aurions qu'à choisir la viande qui nous conviendra le mieux : bœuf, veau, à notre fantaisie.

« Les traces que nous examinions sur le sol étaient en si grand nombre qu'on sentait bien que les détails donnés par le chef indien devaient être d'une parfaite exactitude.

« Nous nous mîmes donc en route sur la piste des bisons, animés des plus vives espérances.

« A peine avions-nous fait quelque cent pas qu'une scène singulière s'offrit à nos yeux. Nous nous trouvions au faîte d'une colline et nous sondions du regard la vallée peu profonde que traversait le sentier des bisons. Du fond de ce vallon s'élevait constamment un nuage de poussière, nuage d'abord si intense que nos yeux ne pouvaient parvenir à le percer. Mais au bout de quelques instants nous aperçûmes un loup qui fit deux ou trois tours hors du cercle et s'y rejeta de nouveau. Celui-ci fut suivi par un autre, puis par un troisième. Ils avaient tous la gueule ouverte, les yeux étincelants. D'après leurs hurlement incessants, nous jugions bien qu'ils étaient engagés dans une lutte terrible qu'ils se livraient entre eux, ou qui était dirigée contre un ennemi d'une autre espèce que la leur.

« Deux guerriers, sur l'ordre du chef, s'élancèrent à cheval dans la direction de ce champ de bataille. Nous les suivîmes de même allure. Nous tombâmes en plein dans le combat et nous pûmes distinguer l'objet qui avait été attaqué par les loups. C'était un bison de taille monstrueuse, qui paraissait très vieux ; son sang coulait en abondance de ses naseaux et de ses lèvres et, malgré ses blessures, malgré sa caducité, la vaillante bête avait réussi à mettre sept loups hors de combat.

« Nous eûmes pitié de la pauvre bête et d'un avis commun on mit fin à ses souffrances en lui envoyant une balle dans la tête. Elle tomba bientôt à terre, les quatre pieds en l'air.

« La dépouille de l'animal fut vite enlevée ; quant à la chair, elle fu jugée trop dure pour servir à nos repas : on l'abandonna aux loups et aux vautours.

« Le lendemain, nous aperçûmes un immense troupeau de bisons dans un vallon qui était formé par un *canon*, autrement dit un entonnoir terminé d'un côté par une montagne dont les flancs étaient coupés à pic de l'autre côté de la pente douce. Le plan de nos alliés les Peaux-Rouges fut vite tracé. Il s'agissait de faire remonter les pentes de la montagne au gros gibier que nous chassions, de façon à ce que toute la harde poussée par nos chevaux allât se précipiter de l'autre côté du *canon* dans le vide et se briser sur le revers de la montagne.

« Le point le plus difficile n'était pas d'arriver à réussir au dernier moment, mais bien de cerner les bisons sans les effaroucher. Pour y parvenir, nos Indiens se revêtirent de la peau des loups qu'ils avaient recueillie, et, une fois déguisés de la sorte, s'avancèrent à quatre pattes, comme eussent pu le faire ces carnassiers. De temps en temps on les entendait pousser des cris rauques, de façon à imiter la voix des « coyotes ». Puis ils harcelèrent les bisons et les amenèrent à se grouper comme le fait un bataillon carré de soldats pour se garder de l'attaque.

« A mesure que les Peaux-Rouges, habillés en loups, gagnaient du terrain, les bisons reculaient et remontaient vers la cime du précipice.

« Ce fut le moment choisi par le chef des Indiens pour donner le signal.

Il se précipita en avant; ses cavaliers le suivaient en demi-cercle et ils parvinrent ainsi à vingt mètres des animaux qui, pris d'une terreur panique, se jetèrent en avant et remontèrent jusqu'au sommet.

« Tout à coup un bruit terrible se fit entendre, toute la bande, à vingt ou vingt cinq exceptions près, trouva le vide sous ses pieds, et cet amas de bêtes vivantes tomba au fond d'un ravin où les unes écrasèrent les autres. Cette boucherie nous parut à nous autres Européens, aussi inutile que cruelle. Mais les Indiens n'étaient point de notre avis. Ils trouvaient dans cette chasse une ample provision de robes de bisons, de chair à conserver pour faire du *Tijou* et enfin de langues pour fumer et pour vendre aux *échangeurs* des Etats-Unis.

« On fit le tour du ravin et au fur et à mesure qu'on enlevait les morts et les blessés on étalait ceux-ci sur le sol et on achevait les autres à coups de carabine et de revolver. Lorsque tous ceux qui se trouvaient dans le fond de ce trou furent retirés, il y avait cent quarante-sept bisons assommés ou tués, ce qui fit une ample provision de fourrures et de viande à dessécher.

« Je n'exagèrerai rien en disant que le fond du précipice était plein d'un ruisseau de sang. »

Après la description de cette chasse, je crois qu'on peut tirer l'échelle.

Toutefois j'achèverai cet article par la narration d'une course en plein désert américain qui s'est passée il y a deux ans sur les rails du *Continental Pacific Railway* allant de Saint-Louis à San Francisco, à travers les prairies et les montagnes Rocheuses.

Le convoi, parti le 27 juillet 1878, était parvenu sans encombre au milieu de sa route, lorsque, au détour d'une courbe tracée le long d'un rocher, le conducteur du train aperçut sur les rails une bande de bisons, couchée et semblant conplétement au repos.

La première chose que fit l'*ingineer* américain fut de stopper et de prévenir les voyageurs de ce qui se passait. Généralement on ne se met pas en route pour la Californie sans emporter des armes : aussi sur cent dix-neuf voyageurs qui composaient le convoi, soixante et tant avaient-ils avec eux des rifles et des revolvers.

Les charger, les amorcer, tout cela se fit en un clin d'œil, puis on courut aux plates-formes. Du haut de ce promontoire, il était facile de dominer la position. Aussi chacun se trouva-t-il à son poste, prêt à faire feu des deux côtes, au moment où le troupeau de bisons passerait devant la machine.

Le chef de la harde d'animaux s'étant levé avait poussé un beuglement terrible, et à cet appel tous les autres bisons s'étaient hissés sur leurs pieds.

On eût pu croire qu'ils allaient faire volte-face et fuir au plus vite loin de la voie ferrée. Mais quel ne fut pas l'étonnement de tous les voyageurs

chasseurs en voyant la bande entière s'élancer sur la machine, tête baissée, comme eût pu le faire un taureau qui attaquerait un ennemi!

Le spectacle était nouveau, unique dans son genre. Le chauffeur était à
son poste, les mains sur la clef du piston. Quand il vit toute la troupe
engagée dans cette mêlée sans pareille, il lâcha le sifflet et l'on put entendre, au milieu des beuglements de terreur et du bruit de la machine qui
grondait, une sorte de détonation de mitrailleuse produite par les coups
de feu des voyageurs.

Les animaux avaient pris la fuite, affolés de terreur; mais trois d'entre
eux, devenus furieux par les mouvements des roues, s'acharnaient
contre le fer et enchevêtraient leurs cornes dans les rayons des roues.

Au moment où l'on stoppa, le dernier bison roulait par terre, atteint
d'une balle en pleine poitrine.

On ramassa les morts, il y en avait neuf, et le convoi rentra à San-
Francisco, cinq jours après, avec une cargaison de venaison qui fit prime
dans la capitale de l'or et des parvenus.

CHASSE AUX CONDORS

Il y a deux siècles, le nom de « condor » n'éveillait à l'esprit que des
idées parfaitement indécises. Il représentait à la pensée un oiseau légen-
daire, quelque chose de géant, d'énorme, d'impossible, comme le sont
les kracken et les serpents de mer.

Certains voyageurs avaient décrit ces oiseaux comme ayant des ailes
d'une longueur de vingt pieds et des serres si puissantes qu'ils pouvaient enlever un bœuf de la plaine sur les plus hautes montagnes des
Andes.

Notre naturaliste Buffon, lui-même, s'était laissé séduire par les charmants attraits du merveilleux et il avait composé son condor de traits
empruntés aux plus gros oiseaux de la création. Des récits plus exacts,
tracés par des voyageurs à l'imagination calme, au sentiment véridique,
ont fait justice de ces fables et le condor a perdu ses proportions colossales, tout en demeurant dans la famille des carnassiers à plumes le roi
des Andes, soit par sa force, soit par sa haute stature et sa taille démesurée.

Le condor, classé parmi les vautours, présente, lorsqu'il a les ailes déployées, une envergure qui varie de deux à trois mètres. Sa longueur, de la tête à l'extrémité de la queue, est d'un mètre et quart et sa grosseur dépasse celle de tous les autres oiseaux de proie.

Sa tête et une partie de son cou sont dénudées et; comme chez les vautours, une peau rugueuse, de couleur violacée, forme une sorte de crête au sommet de la tête. Elle est flasque et sillonnée de rides profondes sur le cou, le long duquel elle retombe, couvre la face de ce géant des airs, laquelle est dépourvue de toute espèce de plumes. Quelques touffes d'un poil rare, très court, d'une teinte rougeâtre, se montre çà et là sur les joues et derrière la tête. Cette partie aride et nue, d'apparence désagréable et qui semble parfaitement disposée pour fouiller les cadavres, est nettement terminée par un bourrelet au dessus du cou, collier formé d'un duvet épais, soyeux et d'une blancheur de neige d'autant plus éclatante, qu'elle contraste avec le plumage du reste du corps, dont la teinte est uniformément d'un beau noir bleuâtre, excepté seulement aux ailes, où certaines plumes assument une teinte qui perle. Le bec du condor, droit, robuste, et crochu à l'extrémité de la mandibule supérieure, est noirâtre à sa base et jaune dans le reste de sa longueur. Les ongles des serres, longs d'un pouce, sont recourbés et noirs Enfin, l'œil gris et irisé, d'une forme ovale, est environné de cils.

Ces proportions, ces formes, ces couleurs sont celles d'un condor qui a atteint son entier développement. Lorsque ces oiseaux sont jeunes, avant de prendre le plumage de l'adolescence, ils sont recouverts d'un duvet très long, très fin, cotonneux et blanchâtre, qui double presque leur grosseur apparente ; mais leur première couverture est brune et ne devient apparente qu'à la seconde mué.

Comme la plupart des oiseaux, la femelle ne ressemble point au mâle. Si d'une part elle est plus grosse, de l'autre elle est privée de la crête et les couvertures des ailes sont brunâtres.

La contenance de ces oiseaux est loin d'avoir la fierté de l'aigle. Leur tête renfrognée et brave leur donne un air sombre et triste, et leur corps n'offre à la vue qu'une masse courte, épaisse, courbée sous de grandes ailes entr'ouvertes et à demi pendantes. Mais lorsque ces ailes sont déployées, les condors regagnent par l'élégance de leur vol tout ce que la nature leur a refusé dans l'attitude du repos. On voit alors les condors planer avec noblesse et majesté dans l'espace immense, s'élevant bien plus haut que la cime des pics les plus escarpés des Andes ou des Grandes-Cordillières qui traversent l'Amérique du Sud dans toute sa longueur, depuis l'isthme de Panama, jusqu'en Patagonie et au cap Horn.

Rien n'est plus majestueux qu'un condor qui se balance dans l'espace sur ses ailes, et le voyageur se plaît à contempler cette masse emplumée qui justifie jusqu'à un certain point l'axiome : plus lourd que l'air.

Les condors ne descendent guère dans les plaines que lorsque la nourriture leur manque sur les montagnes. Ce n'est donc qu'accidentellement qu'ils s'abaissent au dessous des points où finissent les neiges qui couronnent les Andes, c'est-à-dire pour chasser ; car bien qu'ils se nourrissent de cadavres et de charognes, comme les autres vautours, ils ne dédaignent pas de s'attaquer à de jeunes animaux incapables de se défendre et dont ils viennent facilement à bout. C'est même ce seul motif qui engage les Chiliens et les Péruviens à leur déclarer la guerre pour se débarrasser de ces déprédateurs audacieux. Lorsqu'il est pressé par la faim, le condor abaisse son vol et vient se mettre en observation sur une pointe de rocher suspendue au milieu des plaines. De là par une puissance étonnante du regard, il parcourt les étages inférieurs de la montagne et les vastes prairies et cherche une proie à dévorer. Quelquefois, dans les moments de disette, les condors se rassemblent pour attaquer en commun de plus gros quadrupèdes, des bœufs, des chevaux qui, pour se défendre, n'ont qu'un seul moyen : la fuite.

Mais les condors les ont vite rejoints, et, à coups de bec, à l'aide de leurs serres et des battements de leurs ailes, ils parviennent bien vite à abattre une de leurs victimes qu'ils dépècent et dévorent sur place, en s'en partageant les lambeaux.

Quelle qu'ait été la victoire, le condor n'en n'est pas moins très mal organisé pour l'attaque des animaux en vie. Ses pattes, quoique très grosses, ne lui permettent pas de déchirer facilement la chair dure et encore palpitante, et ses griffes, plutôt droites que courbes, ne se terminent pas en pointes aiguës et crochues, comme celles des faucons et de tous les oiseaux de proie. La raison de ce vice de construction, à ce point de vue, c'est que la Providence a donné pour mission aux condors et aux vautours, à la famille desquels les condors appartiennent, de déblayer le sol de toutes les immondices cadavériques dont la corruption pourrait engendrer des émanations pestilentielles et vicier l'air de façon à porter atteinte à la santé de l'homme et des quadrupèdes.

C'est pour ce motif que les vautours de l'espèce *Cathartes*, — l'*Urubu* de l'Amérique du Sud, — sont protégés par les habitants de plusieurs villes de l'Amérique et entre autres ceux de La Vera-Cruz et de Lima, et qu'ils se tiennent gravement sur le toit des maisons, attendant qu'on jette dans la rue quelques immondices, qu'ils se hâtent de dévorer sur place, sans s'inquiéter de l'approche des passants et du mouvement des voitures. Ces vautours ont acquis cette grande familiarité, grâce à la protection, déjà très ancienne, qui leur est accordée par les ordonnances de police, condamnant à une très forte amende quiconque ose les maltraiter.

On raconte que les condors se réunissent quelquefois en bandes et agissent de concert, lorsqu'ils aperçoivent des moutons paissant dans la plaine, qu'ils s'abattent alors à quelque distance du troupeau, se distribuent des postes, de manière à former une ligne circulaire ; puis ils marchent en sautillant et en frappant à grand bruit l'air de leurs ailes. Les moutons effrayés se pressent, se rapprochent les uns des autres ; lorsqu'ils forment une masse qui ne peut plus se mouvoir, ni fuir, ni se défendre, les condors s'élèvent et se rabattent immédiatement. Un affreux carnage commence alors, qui se termine par la mort certaine de toutes les bêtes du troupeau.

Les préjudices que les condors font éprouver, tous les ans, aux grands *hacienderos* du Chili, du Pérou, et de toute la ligne des Andes et des Cordillères, sont tels que les propriétaires leur ont déclaré une guerre à outrance. C'est même un des exercices favoris des peuples qui habitent au pied des montagnes de l'Amérique du Sud.

Rien n'est plus facile que de tuer ces oiseaux à coups de fusil chargé de chevrotines ; mais de cette façon, on ne détruit qu'un seul individu, et encore faut-il parvenir jusqu'à lui, ce qui est assez difficile. Les propriétaires des *haciendas* préfèrent donc attaquer les déprédateurs de leurs propriétés en masse, afin d'en détruire le plus grand nombre possible.

Dans ce but, ils emploient les moyens suivants :

Connaissant la grande difficulté que les condors ont pour prendre leur vol, sans avoir couru pendant une vingtaine de pas, surtout lorsqu'ils sont repus, les chasseurs de l'Amérique du Sud se sont imaginés d'entourer d'une clôture, dans un endroit solitaire et éloigné des habitations, un petit espace de terrain. Ils plantent des troncs d'arbres les uns près des autres et les entrelacent de branches d'arbres, ne laissant qu'une porte d'entrée ou de sortie. Dans cette enceinte on dépose le cadavre d'un cheval destiné à servir d'amorce.

Bientôt, grâce à la vue perçante des condors et à leur prodigieux odorat, on voit ces oiseaux arriver en grand nombre. Suivant leur coutume, ils se dirigent vers l'animal mort en décrivant dans leur vol, et à de très grandes hauteurs, des cercles qui se resserrent peu à peu en forme de spirale.

Les premiers venus vont se percher sur les rochers voisins pour observer les environs, et finissent par s'approcher de la clôture, mais toujours avec une certaine défiance, ce qui désespère le plus patient chasseur.

Après mille détours et contre-vols, les oiseaux de proie se décident enfin à franchir la palissade par la porte réservée, et, fondant sur le cadavre, ils s'empressent de satisfaire leur voracité, jetant après chaque coup de bec un regard oblique autour d'eux.

Plusieurs autres condors viennent ensuite, à leur tour, prendre part à cette curée, et c'est seulement lorsque le nombre est assez grand, quand ces oiseaux, gorgés de viande, alourdis, titubants, peuvent à peine se mouvoir, que des hommes cachés dans les broussailles du voisinage se dirigent en courant dans cette enceinte et les tuent à peu près tous avec les gros bâtons dont ils sont armés.

D'autres s'emparent des condors à l'aide de *lassos*, ces longues lanières de cuir terminées par des boules de plomb, que les chasseurs de l'Amérique du Sud jettent avec la plus grande dextérité, au repos ou à la course, soit à pied, soit à cheval.

Telle est la manière dont les chasseurs détruisent au Chili, au Pérou et dans toute l'étendue des pays de montagnes, ces grands oiseaux de proie. Un historien, nommé Molina, raconte que ces chasseurs se couvrent de la peau d'un animal de façon à tromper les condors, et qu'ils les attirent ainsi de façon à pouvoir les attraper par les pattes. Je ne crois pas à la possibilité d'une pareille chasse.

La guerre faite aux condors est non seulement très utile, mais encore une source de plaisir pour les paysans des Andes et des Cordillères.

Un grand nombre d'entre eux se montrent très orgueilleux de pouvoir exhiber leur adresse à se servir du lasso. On en a vu qui étaient assez adroits pour attraper des oiseaux qui volaient en l'air. C'est du reste avec ce même lasso qu'ils s'emparent des animaux domestiques dispersés en toute liberté dans les vastes domaines des haciendas américaines.

Une autre méthode pour chasser les condors est l'empoisonnement. Elle rappelle la manière dont les enfants dans nos campagnes prennent les corbeaux au moyen de la noix vomique. On enferme dans les corps de l'animal exposé pour appât des substances vénéneuses, au moyen desquelles le condor tombe dans une inertie léthargique, et pendant de sommeil on peut s'emparer de cet oiseau de rapine sans recourir au lasso.

UNE CHASSE A L'OURS

J'extrais le récit suivant d'une lettre qui m'a été tout dernièrement adressée.

« Nous nous trouvions dans les *gaults* de Holman, sur la rivière de Schlangé, dans une étroite vallée des Alpes scandinaves, au 70° degré de latitude. Mon ami le Lapon était venu nous retrouver avec Finck, le tueur d'ours, et nous grimpâmes un matin dans la montagne pour trouver un énorme animal qui nous avait été indiqué par les habitants. Notre hôte, qui s'appelait Nortrüm, nous avait accompagnés ; nous étions quatre, armés de fusils. Mes compagnons portaient deux couteaux en acier de Suède à la ceinture : un sur le côté droit, un autre sur le côté gauche. Quant à moi, je possédais un poignard d'une trempe à toute épreuve.

« Les nuages gris qui couraient dans la montagne au moment de notre départ se dissipèrent et nous avançâmes vers notre but presque en droite ligne, par des sentiers abrupts. Au bout de deux heures de marche, je m'arrêtai harassé ; mes compagnons, accoutumés à ces ascensions, ne paraissaient pas même essoufflés. Nortrüm, détachant d'un bouleau une bande d'écorce, la tourna adroitement en forme de corne et me la présenta remplie d'eau glacée. Cette boisson ranima mes forces, et nous continuâmes à monter, après avoir ataché en cet endroit les deux rennes qui nous avaient amenés.

« Nous avions dépassé la zone des épicéas, et les rochers qui se dressaient devant nous étaient nus et arides. Le froid devenait de plus en plus vif ; au dessous de nous, un épais brouillard cachait à nos yeux la vallée qui semblait une rivière de glace. Sur nos têtes une forêt de roches aux formes bouleversées, des bandes de neige et le ciel bleu. Aucun bruit, si ce n'est celui de quelques pierres qui s'écroulaient sous nos pieds et tombaient au fond de l'abîme, et parfois le bruit sourd d'une chute d'eau qui remontait jusqu'à nous. Quel spectacle ! nous nous trouvions dans les domaines de la vieille nature, et nous approchions de la demeure présumée des ours.

« Finck, qui nous conduisait s'arrêta, et nous imitâmes son exemple. Il se débarrassa de son épaisse blouse en *waldmel* et ne conserva que sa veste de peau, ce que fit également son camarade ; puis il se mit à ramper comme un serpent sur les rochers, et, au bout d'une demi-heure, il revint annoncer qu'il avait vu par corps l'animal, ou plutôt l'anachorète solitaire à quatre pattes.

« Nous étions à peine éloignés de quatre cents pas de l'animal, mais l'escarpement nous empêchait de voir ce qui se passait et d'entendre les nombreux hourras poussés par les traqueurs. Le froid nous faisait grelotter, moi particulièrement, et le silence le plus grand régnait autour de nous.

« Nous allions courir un danger de mort — l'un de nous du moins — et aucune gloire ne pouvait nous en revenir, car nul ne connaîtrait les détails de notre fin. Jouer notre vie contre la peau d'un ours ! En vérité, notre existence ne valait-elle pas mieux ?

« Ce n'était plus l'heure des réflexions : il s'agissait d'agir ou de reculer. L'endroit dans lequel nous nous trouvions présentait une surface de quinze à vingt mètres de circonférence. C'était cet emplacement que Finck avait choisi pour amener le monstre à combattre avec lui. Nortrüm et son ami le Lapon devaient, au premier grognement, s'élancer à droite ou à gauche sur les escarpements du défilé et rester tranquilles pour que l'ours, en nous éventant, ne s'inquiéta pas outre mesure. Finck avait reçu la consigne de se placer derrière moi au premier signal. Je m'avançai donc seul avec précaution, dans la direction de la caverne.

« Lorsque j'arrivai au coude qui formait le défilé, j'aperçus à vingt ou trente pas, à l'entrée d'un trou de quatre ou cinq pieds d'ouverture, une forme sombre qui me parut vague d'abord, mais dans laquelle je reconnus vite celle de notre ours. Il était posé à la façon d'un sphinx, le corps à moitié sorti de la caverne, la tête en avant, les oreilles aux écoutes. Evidemment la bête nous avait éventés depuis longtemps, car on sait que l'ours est doué d'un odorat très subtil. Je m'arrêtai immobile. L'ours ne bougea pas : seulement, à la place des yeux que je n'avais pas encore aperçus, je vis deux points lumineux, phosphorescents, qui grandissaient toujours. Je subissais en ce moment comme une fascination, mon regard se perdait. Ce fut un éclair. Le sentiment de ma position me revint et je fis un pas. Les oreilles de l'ours s'agitèrent, un frémissement passa sur tout le corps du monstre, un léger grondement se fit entendre : c'était son dernier avertissement, sa dernière menace.

« Je fis machinalement le mouvement d'épauler mon fusil. L'ours s'était dressé, il marchait sur moi. Je jetai un cri ; je le vis debout ; il avait plus de cinq pieds ; le poil de sa tête était hérissé, ses yeux, rouges comme du plomb fondu, brillaient comme deux bougies allumées ; il soufflait, ses dents claquaient de fureur et produisaient un bruit féroce : c'était un spectacle hideux à voir.

« J'avais instinctivement reculé, et, d'autre part, je voulais amener l'animal à l'endroit choisi par Finck. Mais il avait franchi promptement l'espace qui nous séparait. Je craignis d'être surpris par lui, aussi je me hâtai de lui envoyer un coup de feu à quatre pas. Deux coups de carabine avaient appuyé mon attaque.

J'entendis un grognement terrible, suivi au même instant d'un cri humain. L'ours tenait l'intrépide Finck serré contre sa poitrine. Le combat se livrait, malheureusement dans un défilé trop hérissé de pointes rocailleuses pour que l'homme ne fut pas promptement meurtri. Le Lapon avait saisi son ennemi par le cou et le tenait embrassé. Dans cette position l'animal ne pouvait le mordre, mais il le serrait et cherchait à le broyer entre ses bras.

« L'intrépide Lapon avait lâché son couteau en se roulant avec l'ours sur un rocher hérissé d'aspérités, et, comme il avait été blessé à la main, il se voyait dans l'impossibilité de tirer son second couteau de sa gaîne. Je trouvais la lutte interminable. Nortrüm pensait comme moi, et je le vis bientôt dégaîner et se laisser glisser entre les deux lutteurs. Le Lapon le suivait : c'est à ce moment-là que je m'aperçus que Finck était désarmé. Je compris alors pourquoi l'ours n'était pas mort, quoiqu'il perdit des flots de sang. Il grondait, il rugissait à faire dresser les cheveux sur la tête. Il n'y avait pas un instant à perdre. Finck pouvait mourir étouffé. Je tirai mon poignard et le lui mis à la main.

« Je reçus bien un coup de griffe ; mais deux secondes s'étaient à peine écoulées, qu'un hourra formidable annonça l'hallali. L'ours râlait ; ses yeux sortaient de leurs orbites ; sa gueule ensanglantée nous menaçait bien encore, mais il n'y avait plus rien à craindre.

« Quelques instants après il était mort.

« Finck était couvert de sang. Il avait les jambes labourées par des coups de griffes. Je lui offris une gourde pleine de rhum, et on alla chercher de l'eau pour laver ses blessures. Nortrüm, en qualité de médecin, déclara, après examen, que des compresses d'eau glacée et des frictions faites avec de la graisse d'ours suffiraient pour guérir notre brave compagnon avant la fin de la semaine.

« Quoique blessé et condamné au repos, Finck voulut *servir* la bête lui-même. Il lui coupa le pied droit afin de ne pas perdre la prime offerte par l'Etat. Le reste de l'opération ne demanda pas beaucoup de temps, et on chargea la peau et les meilleurs morceaux de l'animal sur les deux rennes que l'on était allé chercher. Une de mes balles s'était logée à deux pouces du cœur, l'autre à gauche. Les deux autres coups de feu avaient portés dans le cou et dans les épaules. Aucune de ces blessures n'était mortelle.

« Tout naturellement je voulus manger de cet ours, mais soit que cette viande exige un assaisonnement que je ne pouvais lui donner, soit que j'éprouvasse une répugnance inexplicable, je la trouvai coriace et de trop haut goût. On eût dit du sanglier arrosé avec de l'huile de noix. Ce qui n'empêche pas que les jambons d'ours gelés soit très appréciés par les Suédois, et le reste de la chair un véritable régal pour les Lapons. La graisse sert à plusieurs usages. Fraîche, elle remplace le beurre de renne ; fondue, elle tient lieu d'huile de poisson ; on l'emploie également avec succès contre certaines douleurs.

Nous fîmes encore plusieurs chasses dans lesquelles on employa la lance au lieu du couteau. Une fois pendant ces excursions à travers les montagnes, j'eus l'occasion de tirer l'animal, par surprise, à vingt ou vingt-cinq pas. La balle lui laboura les côtes. L'ours me fixa alors une seconde, fit sept ou huit pas au trot, se leva sur ses pieds de derrière et se dirigea vers moi, en poussant des grognements féroces et en exprimant sa colère par cet épouvantable grincement de dents qui fait frissonner ceux qui l'entendent.

« Nous étions toujours tous quatre réunis. Finck passa encore devant moi et, à l'aide d'une longue lance de trois mètres, armée d'un fer très pointu fort solidement emmanché, il frappa violemment l'ours en pleine poitrine. Le fer pénétra très profondément dans les chairs. L'animal, fou de rage, se démenait et s'enferrait de plus en plus.

« Pendant ce temps-là, le Lapon, maintenait toujours sa lance avec une surprenante adresse, afin qu'elle ne se rompît pas. J'ajouterai, du reste que le bois de la hampe est choisi tout particulièrement, et que rarement il se brise en deux.

« Cette bataille dura dix minutes environ. A la fin l'ours s'abattit et nous le vîmes rouler sur lui-même pendant quelques instants. Il lançait des flammes par les yeux et du sang par la gueule. Tout à coup il poussa un grognement inexprimable, se raidit et tout fut fini.

Les Lapons ont encore un singulier moyen, très ingénieux du reste, pour se procurer de la chair d'ours. Lorsqu'ils ont vu par corps un de ces animaux et qu'ils ont pu juger sa taille, ils creusent, à la hauteur convenable, un trou dans le tronc d'un vieux arbre et le remplissent de miel. Puis ils suspendent aux branches supérieures de l'arbre une poutre dont l'extrémité cache l'ouverture du trou. Ils ont soin d'arranger cette poutre de façon à ce qu'elle fasse un mouvement de balancier.

« L'ours, très friand de miel, comme on le sait, se dresse sur ses pattes pour lécher la substance saccharine. Mais, pour arriver à ses fins, il lui faut écarter le balancier, lequel, en retombant le frappe à la tête, partie du corps très sensible chez cet animal.

« Telle est la gourmandise de l'ours, qu'il ne se lasse pas d'écarter ce terrible balancier par lequel, à la longue, il est étourdi à ce point qu'il tombe au pied de l'arbre où le plus souvent, il meurt, assassiné par lui-même sans le vouloir.

« Tous les ours que j'ai vu en Norwège et en Suède étaient plus ou moins bruns. Il y en a de très noirs du côté de Trondjou.

« Du reste, dans les régions où nous avions chassé ces animaux, ils sont plus frugivores et herbivores que carnassiers ; ils n'attaquent jamais l'homme, à moins d'être blessés ou provoqués par lui. Dans ce cas la rencontre entre les deux ennemis devient un combat à mort. Toute fuite est impossible, et malheur au chasseur qui cherche ce moyen de salut.

« J'ai entendu faire par un Anglais, lors de mon retour de Hambourg à Paris, ce portrait assez exact de l'ours de Suède :

« — C'était un parfait gentleman : si vô passez à côté de loui, il vô regardait pas ; si vô insultez loui, alors il boxait vô, oh yes ! »

POURCHASSÉ PAR UN BISON

En m'embarquant à bord de mon budgerow, près de Calcutta, pour me rendre à Berhampore, où je devais rejoindre mon régiment, je proclamai sans hésiter la supériorité de ce moyen de transport sur tous les véhicules beaucoup moins luxueux de la vieille Europe.

Il est vrai que cette manière de voyager n'est pas fort expéditive, car je m'attendais à rester huit jours en route pour accomplir un trajet qui, une chaise de poste aidant, m'eût pris à peine vingt-quatre heures. Mais, d'autre part, ma superbe embarcation m'offrait un salon confortable assez vaste pour contenir huit personnes à table, une charmante chambre à coucher, et, au dessus de ces pièces, un tillac — autrement dit une espèce de belvédère — où j'étais à même, le soir, de m'asseoir au frais pour savourer mon houkah.

Les rives du fleuve que je remontais déployaient à mes regards un panorama pittoresque et varié. Je pouvais m'abandonner à mes contemplations poétiques sans courir le risque d'être incommodé par des odeurs de cuisine ou par la présence gênante de domestiques inutiles; car mes gens occupaient un bateau à part qui nous suivait à une distance respectueuse. En un mot, j'étais enchanté de mon sort, et je réfléchissais, — non sans un léger sentiment d'orgueil — qu'un simple enseigne au service de l'honorable compagnie des marchands de thé, est un personnage bien plus important qu'un officier du même grade au service de Sa Majesté, lequel a, certes, besoin d'une imagination très fertile en expédients pour parvenir à faire une figure quelque peu décente.

Deux de mes amis cantonnés à Berhampore, m'accompagnèrent jusqu'à ce « lieu enchanteur, » où nous n'arrivâmes que fort tard. Il nous avait donc fallu douze heures pour faire quinze milles ; mais jamais journée ne s'était écoulée plus agréablement pour moi, et mon enthousiasme n'avait pas encore baissé d'un degré.

Parvenus à notre destination, nous descendîmes à terre, et, traversant le parc de l'hôtel du gouvernement, nous pénétrâmes sous une tente où devait avoir lieu un grand « nautch. » Bientôt, en effet, nous eûmes l'indicible bonne fortune de voir plusieurs jeunes négresses demi-nues tordre leur corps en tous sens, en sautant sur un pied et en tenant un bras levé au dessus de leur tête. L'odeur insupportable d'éther, de roses et d'huile de cajeput, que j'étais contraint de respirer, me donna une si violente migraine, accompagnée de maux de cœur, que je m'empressai de battre en retraite, — au grand étonnement de mes amis, qui étaient au comble de l'extase et qui s'efforçaient en vain de s'expliquer comment je pouvais ne pas être enthousiasmé par les contorsions d'une Vénus d'ébène.

Je ne fus pas tout à fait aussi charmé de la journée du lendemain. Nous commencions à ne plus apercevoir d'habitations ; le pays était plat et horriblement monotone ; nos dandies (1) étaient forcés, à chaque instants, de se mettre à l'eau pour dégager notre barque engravée ; ils nous halaient plus souvent qu'ils ne ramaient, et c'était alors que nous marchions le plus vite. De plus, le rayonnement de l'eau blessait mes yeux, les maringouins m'attaquaient avec plus d'acharnement que jamais, et. par conséquent, j'étais beaucoup moins satisfait de toutes choses, y compris même le talent de mon cuisinier. Aussi me couchai-je de fort bonne heure.

L'inconvénient de se mettre trop tôt au lit, c'est qu'on s'éveille aussi beaucoup trop tôt le lendemain. Il était à peine quatre heures du matin quand le sommeil m'avait dit un adieu définitif ; aussi me repentis-je cordialement de mon coup de tête de la veille ; mais, comme cela ne servait à rien, je pris le parti de me lever, en dépit de la longueur terrible de la journée que j'avais en perspective.

La barque était encore amarrée et ne devait se remettre en marche qu'au bout d'une heure. C'était seulement à huit heures que j'avais l'habitude de déjeuner ; jusque-là, que faire ? Comment passer mon temps ?

Tandis que j'étais en train de délibérer sur cette importante affaire, mes regards s'arrêtèrent sur mon fusil de chasse qui reposait dans un coin, ce fut pour moi une inspiration lumineuse.

La matinée était fraîche, le pays environnant promettait d'être giboyeux ; je me décidai donc à chasser pendant une couple d'heures. En conséquence, je pris avec moi un de nos Kitmutgars et un porteur muni d'un vaste parasol, pour le cas où la chaleur serait par trop brûlante, et je me mis en campagne après avoir donné des ordres pour que mon budgerow m'attendit à un certain point du rivage éloigné d'environ un mille et demi.

Mon expédition fut loin d'être heureuse ; j'eus à peine l'occasion de tirer deux ou trois coups de fusil, et, après avoir battu inutilement le pays pendant une heure, je me décidai, en désespoir de cause, à regagner ma barque. Je venais de pénétrer dans un vaste champ où j'avais aperçu de loin plusieurs animaux en train de paître, lorsque tout à coup, un *taureau-brahmine* s'élança sur moi avec fureur. Quoique moins gros que les taureaux d'Europe, les bisons sont beaucoup plus féroces et beaucoup plus agiles, partant plus redoutables. Les Indiens les vénèrent comme des animaux sacrés ; leur donner la mort n'est rien moins qu'un crime,

____
(1) Bateliers indiens.

etl a loi punit même quiconque en blesse un sans une extrême nécessité.

Sachant que ceux qui se hasardent à les combattre s'en tirent rarement la vie sauve, j'avoue que je ne vis pas sans effroi mon ennemi me courir sus, la tête baissée. Cependant, comme mon Kitmutgar portait un second fusil et que nous étions d'ailleurs trois contre un, je me fit un point d'honneur de ne pas lâcher pied. Ajustant donc à loisir le bison, j'attendis qu'il se rapprochât de moi et je fis feu d'un de mes deux canons que j'avais chargés à balle. L'animal fut atteint à l'épaule, et, s'arrêtant brusquement, resta quelques secondes comme pétrifié. Je me retournai pour chercher du regard l'Indien chargé de mon second fusil, mais, hélas ! il avait pris la fuite. En me voyant tirer sur la bête sacrée, il avait, sans hésiter, jeté loin de loin de lui son arme, après quoi il avait détalé de toute la vitesse de ses jambes.

Avant que j'eusse eu le loisir de faire face de nouveau à mon adversaire, celui-ci s'était déjà remis de son ébahissement, et revenait au combat avec plus d'acharnement que jamais. Ses naseaux étaient dilatés par la rage et la souffrance ; l'écume ruisselait de sa bouche, tandis qu'il secouait la tête d'un air de menace, et, se battant les flancs de sa queue, il faisait voler la terre sous ses pas. Je n'avais pas le temps de recharger mon arme ni de réfléchir à ce qu'il me restait à faire, comme mon Kitmutgar, je me débarrassai de mon fusil, et mettant toutes mes espérances de salut dans l'agilité de mes jambes, je m'enfuis vers le lieu où devait m'attendre mon budgerow. Je n'osais pas me retourner, mais j'entendais le furieux animal gagner à chaque instant sur moi ; il n'était déjà plus qu'à une douzaine de pas lorsque mon chapeau s'envola : ce fut à cette circonstance triviale que je dus la vie.

Le bison, s'arrêta brusquement, se précipita sur mon pauvre feutre qu'il foula aux pieds jusqu'à le mettre en lambeaux. S'apercevant cependant que ce n'était qu'un objet inanimé, il se remit de plus belle à me poursuivre. Il y avait environ cent pas de distance entre nous ; je n'ai pas besoin de dire que je faisais des bonds désespérés ; mais, malgré tous mes efforts, mon adversaire ne s'en rapprochait pas moins de moi avec une effrayante rapidité.

Enfin, je doublai la pointe du rivage au delà de laquelle je m'attendais à trouver mon bateau. Il n'était point arrivé. Je parcourus du regard la vaste étendue du fleuve ; pas un vaisseau, pas une barque en vue ! Je me tournai de tous côtés ; je ne vis aucun être vivant, excepté le taureau écumant de rage qui arrivait sur moi avec une impétuosité toujours croissante. Je commençais déjà à être épuisé de fatigue ; ma dernière espérance s'était évanouie ! Jamais je n'oublierai l'angoisse que j'éprouvai en ce moment... la décrire serait une chose impossible.

Je ne vis qu'un parti à prendre et il n'était guère moins dangereux que ma position actuelle ; toutefois si, en m'y arrêtant, je n'avais pas beaucoup plus de chance de salut, la mort dont j'étais menacé ne se présentait pas sous des couleurs aussi atroces. Je ne savais pas nager, le fleuve était profond et rapide, de plus, rempli d'alligators. Il y avait mille à parier contre un que je serais ou noyé, ou dévoré mais c'était encore moins douloureux que d'être foulé aux pieds et déchiré à coups de corne par un taureau. Je recommandai mon âme à Dieu, et je m'élançai dans le fleuve; j'allai à fond comme une masse de plomb, mais, avant de disparaître, je crus entendre un bruit sourd se mêler au gloussement des flots. Je remontai à la surface, et à peine avais-je la tête au dessus de l'eau que je me sentis saisi par le bras ; au bout de quelques secondes, je me trouvai étendu au fond d'un bateau ; j'étais sauvé ; j'en étais quitte pour un bain quelque peu involontaire.

Le budgerow s'était engravé sur un banc de sable, et l'équipage, incapable de le dégager, avait envoyé un léger canot au lieu du rendez-vous. Il venait précisément de tourner la pointe de la petite baie au moment où je plongeais dans le fleuve, et j'avais été ainsi presque miraculeusement arraché à une mort certaine.

A peine revenu à moi, je tournai mes regards du côté du formidable bison. Il allait et venait sur la rive, à demi disposé, en apparence, à me poursuivre au milieu de l'eau. Le sang coulait à flots de sa blessure, et il était évidemment frappé à mort ; mais sa fureur, au lieu de se calmer, n'avait fait que redoubler, il creusait la terre de ses sabots, faisait voler les pierres sous ses cornes, et s'enveloppait d'un nuage de poussière.

Je ne crois pas avoir jamais éprouvé de satisfaction plus vive et plus profonde que celle que je ressentis en remontant à bord de mon budgerow. L'effroi m'avait enlevé l'appétit et j'en étais d'autant plus navré, que je tenais à passer pour un homme d'intrépidité aux yeux de mes gens. Je n'entendis plus parler des deux domestiques qui avaient pris la fuite. Quand ma barque passa en face de l'endroit où j'avais laissé mon fougueux ennemi, je le vis gisant à terre dans les dernières convulsions de l'agonie... J'ordonnai à un des hommes de mon équipage d'aller à la recherche de mes fusils ; il les retrouva tous deux, mais assez endommagés par la secousse qu'ils avaient reçue. La nuit, je ne dormis que d'un sommeil agité, et je commençai à ne être trop partisan des voyages par eau.

Le lendemain matin, je fus éveillé par un colloque fort animé et fort bruyant entre les gens de mon équipage et une foule d'Indiens réunis sur le rivage.

Je remontai sur le pont où j'aperçus presque toute la population d'un village, assemblée au bord de l'eau et accompagnée de ses gardes provinciaux, c'est-à-dire d'une brigade de prétendus soldats à demi nus, sans souliers, et armés de boucliers et de sabres rouillés. J'eus assez de peine à me rendre compte de ce dont il s'agissait; enfin je compris que c'était moi qui avais mis tout le monde en émoi. Les Indiens étaient d'abord horriblement irrités de ce que j'avais osé tuer un bison sacré ; et en second lieu, le propriétaire de ma victime exigeait que je lui en payasse la valeur ; et, finalement, on refusait avec énergie de permettre à mes gens de démarrer mon budgerow tant que je n'aurais pas délié les cordons de ma bourse. Une déclaration de guerre, — eussé-je été sûr de la victoire, — m'eût occasionné beaucoup trop d'ennuis, et je me décidai philosophiquement à payer la somme exigée ; ce que je fis, en effet, mais de fort mauvaise grâce, et non sans maudire le pays où l'on était rançonné pour avoir failli être éventré.

Pendant toute la journée, je fus condamné à voir à chaque instant, des corps morts flottant à vau-l'eau sur le fleuve. De temps en temps notre bateau recevait une forte secousse, et, en me penchant pour en reconnaître la cause, j'apercevais des cadavres si dégoûtants, si mutilés par les oiseaux de proie, et tellement décomposés, que je détournais la tête avec horreur. Je trouvai deux scorpions dans ma cabine, et un de mes dandies se cassa la jambe. Jamais journée n'avait été plus désagréable pour moi ; par dessus le marché, j'oubliai, la nuit de tirer mes rideaux de gaze, et les maringouins firent de tout mon corps une vaste plaie.

Le lendemain matin, comme j'étais assis sur le pont, aspirant la fumée de mon houkah à l'ombre de mon parasol, j'aperçus, à une courte distance, un canard sauvage qui nageait auprès d'un vaste lit de roseaux. Je me fis apporter mon fusil, et je me disposais à faire feu, lorsque je découvris que le susdit canard était tout simplement un canard empaillé, qu'un Indien, caché au milieu des roseaux, promenait sur le fleuve pour attirer les canards vivants. Comme le chasseur n'avait pas d'armes, je fus fort curieux de savoir comment il s'y prendrait pour s'emparer du gibier qu'il parviendrait à tromper. Je n'eus pas le plaisir de voir un échantillon de son habileté, mais l'énigme me fut bientôt expliquée par mes gens.

Dès qu'une bande de canards sauvages s'abat sur le fleuve, le chasseur s'empresse de se coiffer d'une calebasse ou d'un gros pot en terre ; puis, entrant dans l'eau bien au dessus de l'endroit où nage le gibier, il s'en rapproche sans bruit à la nage, ou plutôt en se faisant flotter. Les canards, ne voyant que le pot ou la calebasse, ne se défient de rien et laissent, sans bouger, arriver au milieu de leur bataillon le rusé Indien, qui saisit, l'un après l'autre, par les pattes, tout ceux qu'il peut empoigner, leur fait faire le plongeon et les attache à sa ceinture, continuant ainsi à recruter des provisions pour son garde-manger jusqu'à ce qu'une imprudence ou un malheur trahisse la ruse.

A la nuit tombante, j'allai me promener sur le rivage qui était nu et sablonneux ; et, comme il y avait un village dans le voisinage, je flânai à mon aise sans m'inquiéter des bisons ou autres animaux sauvages.

Chemin faisant, je ramassai plusieurs têtes de mort qui gisaient sur le sol ; tandis que j'en examinais une, j'appris d'un Indien que les sutures du crâne d'un homme n'étaient rien moins que sa destinée écrite par le doigt de Dieu avant son départ du pays des esprits pour ce monde. Mon cordon de soulier s'étant dénoué, j'avisai une grande pièce de bois à quelques pas de moi, et je m'en approchai dans le but d'y appuyer mon pied pour refaire le nœud détaché. Mais tout à coup la poutre se mit à remuer et s'enfuit vers le fleuve où elle plongea. C'était un immense alligator que j'avais troublé dans sa sieste : un monstre contre lequel j'aurais été incapable de me défendre s'il eût eu l'idée de m'attaquer. Mon sang se glaça dans mes veines, et je regagnai à la hâte mon budgerow, jurant bien de ne plus sortir, sous aucun prétexte, jusqu'à mon arrivée à Berhampore.

Je me disposais à me mettre au lit, quand j'aperçus une vive lumière sur la rive ; je montai sur le pont, et je vis qu'elle provenait d'un bûcher sur lequel les Indiens brûlaient un cadavre. Aussitôt j'ordonnai à mon équipage de démarrer le budgerow et de remonter le fleuve jusqu'à un mille plus haut ; mais là encore m'attendait le même spectacle, et force fut de me résigner à ma destinée. Plus tard, je fus à même de remarquer qu'il était presque impossible de passer la nuit dans le voisinage du village sans être témoin de semblables cérémonies.

Le lendemain soir, mon maître batelier prit beaucoup plus de précautions qu'à l'ordinaire pour choisir notre lieu d'amarrage. A mes questions il répondit que la moindre erreur de sa part pourrait nous être très fatale, vu que nous étions précisément arrivés à l'époque de la révolution de la lune où devait passer un *boa*.

Quoique assez alarmé de cette nouvelle, je ne fus pas fâché de me trouver à même d'observer un de ces étranges phénomènes. Je dois informer mes lecteurs qu'un *boa* est une vague terrible, de trois à quatre mètres de haut, qui, à des époques fixes, descend le fleuve en longeant une de ses rives, le traverse à certains endroits, et suit toujours si exactement la même direction qu'un dandie habile n'est jamais en peine de s'en garer. Comme l'avait prédit mon bon Indien, le boa arriva vers dix heures, et à plusieurs milles à l'avance nous pûmes entendre la vague redoutable descendre le fleuve comme un immense serpent, renversant tout devant elle. Malheureusement notre pilote avait amarré le bateau un peu trop près d'un point où elle passait d'une rive à l'autre ; de telle sorte que nous reçûmes de la vague un coup de queue qui fit faire un saut de côté à notre embarcation et la jeta tout à fait sur le flanc.

Je tombai lourdement, et ma tête heurta si violemment le plancher que je restai quelque temps sans connaissance.

Le lendemain matin, j'arrivai enfin à Berhampore, radicalement guéri de mon amour pour le fleuve et pour les budgerows...

HISTOIRES DE TIGRES

Si les tigres du Bengale ont une réputation de férocité qui a fait le tour du monde, leurs congénères de l'indo-Chine ne leur cèdent en rien, ni sous le rapport du nombre, ni sous celui de la taille et de la cruauté. Ces carnassiers archi-dangereux abondent dans la forêt de Laos, située sur les confins du Mei-Long, et longeant, vers le sud, l'empire d'Annam. On trouve là ces tigres royaux dont les zébrures se prolongent autour du corps, d'une façon régulière et dont les dimensions varient de 1 mètre 20 à 1 mètres 30 de hauteur. Ces tigres sont les plus beaux animaux de la création. La nature leur a donné des qualités physiques fort remarquables, une agilité unique, une adresse et une vigueur sans égales.

On sait qu'en Cochinchine les troupeaux de bestiaux, parqués aux champs, sont entourés de palissades très hautes et cependant on y voit bien souvent pénétrer un tigre venant y chercher un buffle qu'il emporte ainsi qu'un chat le ferait d'une souris. On comprend d'après cela quelle doit être la force de ces animaux.

Les Cochinchinois souffrent naturellement de ce dangereux voisinage, car les tigres quittent les montagnes pour émigrer, par couples isolés, en se dirigeant de tous côtés vers les pays cultivés. Ils se cantonnent avec audace dans les environs des villages, surtout près de ceux où la population est la plus agglomérée, et leur présence répand la terreur, car ils dévorent à belles dents tout ce qui leur tombe sous la patte, êtres humains, animaux de toutes sortes. On dirait qu'ils considèrent la population placée près de leur tanière comme un troupeau destiné par la Providence pour faire les frais de leurs repas.

Or, comme les habitants du pays n'ont à leur disposition ni balles explosibles, ni fusils à longue portée, il leur est impossible de se défendre autrement qu'en tendant des pièges à leurs terribles ennemis.

Si ces derniers sont assez rusés pour éviter toutes les embûches et si — comme tel est souvent le cas — le gouverneur refuse de participer à la défense de ses administrés, ces infortunés demeurent impuissants à protéger leur vie, celle de leurs femmes et de leurs enfants, et ils se voient condamnés, soit à vivre dans les angoisses incessantes, soit à émigrer vers des lieux moins dangereux.

Un grand nombre de villages, actuellement en ruines, ont été désertés par suite de la présence des tigres. Il est donc bien facile de concevoir que les Annamites redoutent les tigres plus encore que les Japonais. Il est bon de remarquer, toutefois, que cette appréhension et cette terreur s'allient dans leur esprit à une superstition respectueuse.

Pour ces bonnes gens, les tigres sont l'emblème de la force. Les Annamites s'imaginent que ces animaux possèdent une intelligence presque humaine et qu'ils sont doués du don surnaturel de dévastation.

Ils n'osent parler d'eux qu'en employant des termes de la plus haute déférence, et ce respect est porté à un point si extraordinaire, qu'ils s'adressent à un tigre qui se montre à eux, — à une certaine distance bien entendu — comme ils le feraient à un mandarin.

Ainsi, en langue annamite, tous les noms de bêtes, — y compris ceux des femmes, — ce qui n'est pas de la dernière galanterie, — sont précédés de la particule *com*.

Un chien est un *com tcho*, — un chat un *com meo*, — un poisson, *com ca* — une jeune fille, *com gaï*; madame Marie: *com Marie*, etc., etc.

Le tigre devrait donc être le *com cenop*, mais cette qualification ne suffit point: on l'appelle *Ong Cenop*, ce qui signifie Monseigneur le Tigre.

Sur les parois exterieures de toutes les habitations, le voyageur aperçoit placardés contre les murailles, ou sur les pilliers qui supportent les toits, de beaux carrés de papier teintés d'écarlate, couverts d'une écriture noire et fort lisible qui exprime des sentences ou des pièces de poésies adressées aux tigres dévorants.

Nous en choisissons une, par hasard, entre mille, — car il y en a peu qui se ressemblent.

« O Monseigneur le Tigre, roi des animaux dé la création, ton domaine « s'étend partout où les rayons du soleil éclairent la terre. Tu es le rival « de la Divinité ; nous le reconnaissons. Aussi, daigne passer devant cette « maison, sans y faire le moindre mal : il n'y a ici que des amis et des « admirateurs de ta puissance. »

Comme on le pense bien, ces placards sont cloués dans les places les plus apparentes du logis, afin que le titre de Monseigneur puisse *être lu* par les *tigres qui passent*.

Naturellement, cette superstition a engendré des superstitions de toute nature. C'est ainsi que les Annamites déclarent que les os de tigre broyés et pilés dans un mortier et bouillis ensuite dans l'eau, constituent une tisane incomparable, propre à renouveler la force du sang, à donner de la force aux vieillards et à guérir toutes les maladies. C'est — à les entendre — une pommade universelle ; aussi ces débris calcinés et passés au tamis se vendent-ils au poids de l'or.

Les dents, les griffes de ces animaux carnassiers, sont, à leur tour, des talismans précieux, et ceux qui ont la bonne chance de s'en procurer les font sertir dans de l'argent pour les porter, comme des bijoux, appendus à leur cou et se mettre, dès lors, à l'abri de toutes les maladies.

D'autre part, quiconque s'est procuré un tigre apprivoisé est, bien réellement, par ce seul fait, à l'abri de l'assassinat, du vol et de toute insulte. Personne n'oserait désormais toucher à un poil de sa barbe, à un de ses cheveux, le molester, ou même dire du mal de lui, car tous sont persuadés que le tigre fidèle devinerait ce qui se passe ou ce qui se dit, et tirerait bientôt vengeance des ennemis de celui qui est son maître.

Il serait trop long d'énumérer ici les croyances relatives au tigre et propagées chez les Annamites. Parmi celles qui sont les plus répandues, nous décrirons celle-ci :

On fait une incision longitudinale dans une jeune tige de bambou et l'on y introduit un poil de la moustache que l'on a arraché un ou deux jours auparavant à la lèvre d'un tigre. On referme aussitôt l'incision de l'arbuste à l'aide d'une ligature, de telle façon que le bambou puisse fleurir et continuer à pousser. Or, bientôt, ce poil se change en un ver, qu'on appelle *com cenop*, qui vit et grossit dans le cœur du bambou.

Lorsque après quelques mois, on coupe l'arbuste et qu'on recueille soigneusement la défécation du ver, on obtient — selon la croyance des Cochinchinois — un poison d'une telle force, qu'il suffit d'en verser une portion infinitésimale dans un verre d'eau pour que l'homme qui boit ce mélange soit immédialement foudroyé, sans qu'il reste la moindre trace de cet empoisonnement.

Les Annamites sont tellement persuadés de l'exactitude de cette métamorphose qu'elle figure dans le code de leur législation.

Aussi, y a-t-il un article de leur loi, qui enjoint à tous les chasseurs de tigres, sous les peines les plus sévères, de brûler les moustaches de tous les carnassiers qu'ils mettent à mort. En conséquence, aussitôt qu'un tigre est mort, les autorités du canton se réunissent afin de constater que la moustache de l'animal est intacte, et ils la font griller sous leurs yeux. Cela fait, on dresse procès-verbal de ce qui vient de se passer, afin que nul n'en ignore.

Malgré le respect professé par les Cochinchinois pour les félins dangereux qui ravagent leur pays, ils n'en mettent pas moins en pratique tous les moyens possibles pour s'emparer d'eux et s'en débarrasser. Si, d'une part, ils adressent aux tigres des discours remplis de flatteries, des prières incessantes, ils n'en combinent pas moins des mesures ingénieuses pour les capturer et les tuer sans merci. Dans ce but, ils lui tendent des embûches, consistant, pour la plupart du temps, en de vastes fosses d'une grande profondeur, qu'ils recouvrent d'un léger plancher, caché à tous les yeux par de légères tranches de gazon.

Ces travaux sont, d'ordinaire, faits d'un seul coup, au moment où le soleil darde ses rayons sur la terre, de telle façon que le tigre, qui sommeille toujours à cet instant de la journée, ne s'aperçoit de rien. Lorsque la nuit est venue, on attache au milieu de ce plancher factice un chien ou un porc, dont les cris doivent infailliblement attirer le félin.

Aussitôt que la bête se précipite sur l'appât vivant, l'édifice fragile s'écroule, et il tombe au fond de la fosse.

Si ce piège est impraticable dans le pays infesté par les tigres, les Annamites construisent en secret, à l'aide de troncs de cocotiers assemblés avec soin, une cage géante de vingt ou trente mètres cubes, dans laquelle ils pratiquent une porte glissant dans une rainure, du haut en bas, laquelle reste accrochée dans sa partie supérieure par une sorte de quatre-chiffre.

On transporte, en plein midi cette cage dans un fourré, au milieu du territoire fréquenté par les tigres, on dresse le piège et l'on place à l'intérieur de cette prison future de l'animal, un chien ou un cochon solidement amarrés par une patte.

D'autre part, les Annamites ont eu soin de passer dans l'intérieur de la cage un câble solide, assemblé en forme de nœud coulant, et qui reste suspendu au sommet du plafond, tandis que les extrémités ressortent de chaque côté.

Dès que le tigre a pénétré dans la cage, les efforts qu'il fait pour dévorer le porc ou le chien font tomber la clavette et la porte est brusment fermée. Son Altesse seigneuriale, le *Ong Cenop* est capturé et le plus important est fait.

Il faut maintenant le mettre à mort ce qui n'est point aussi facile qu'on pourrait le supposer, car, d'une part, les armes à feu sont peu nombreuses en Cochinchine, et, de l'autre, les bêtes ayant la vie fort dure, les chasseurs sont contraints à s'ingénier afin de l'étrangler, en faisant couler autour de son cou le nœud de la corde.

Il est facile de comprendre que le félin ne se laisse pas faire sans se défendre. Il se livre à des bonds vertigineux qui rendent l'opération fort incertaine, et, pour arriver au but désiré, de longues heures s'écoulent trop lentement au gré des chasseurs.

D'autres fois, on organise une battue, comme cela se pratique dans tous les pays du monde. Les Européens, particulièrement, sont les instigateurs de ces chasses; mais il leur arrive souvent malheur, par défaut de précautions.

C'est ainsi que, l'an dernier, un brave jeune homme de Calcutta, appartenant à l'une des premières familles anglaises, fut emporté par un tigre, aussi facilement que l'eut été un poulet, et alla rouler avec l'animal féroce au fond d'un rocher, où l'un et l'autre perdirent la vie.

Il arrive très souvent aussi que les tigres flairent le danger et évitent les pièges qu'on leur tend. Il devient alors indispensable aux habitants du pays d'organiser une battue générale à laquelle président les mandarins qui sont les préfets de la province.

Ceux-ci ont mandé tous les soldats de leurs districts et tous les hommes valides qui, au nombre de plusieurs milliers, sont armés de tam-tam, de gongs, de tambours, de crécelles, de trompes et de flûtes sonores.

Quand le moment est venu, tous ces musiciens se mettent en marche de façon à former un immense cercle autour de l'endroit inspecté à l'avance, où sont rembuchés les tigres faisant leur sieste.

Sur un signal donné, l'attaque commence : c'est un concert ou plutôt un charivari infernal, épouvantable, dont aucune description ne peut donner une idée.

Surpris au milieu de leur sommeil, les félins, étourdis également par ces mélodies inattendues sont saisis par de folles terreurs. On les voit restant en place, tremblants, ne sachant quel parti prendre. Ils ont l'oreille basse, se sentant comme paralysés, ne songeant ni à fuir, ni à se défendre. On peut alors impunément s'approcher d'eux pour les tuer, soit à coup de fusil ou de pistolet, soit encore à coup de zagaies.

Il arrive quelquefois qu'un ou plusieurs tigres réussissent à rompre la barrière vivante et à s'échapper. Ils fuient alors vers les montagnes, aussi vite que leurs jambes d'acier leur permettent de le faire et on ne les revoit plus dans les pays habités.

Ils ont gardé la mémoire du mauvais tour qu'on leur a joué, et ces *ong cenops* sont les plus dangereux de l'espèce.

LE CIMETIÈRE DE SERAJEWO

Rien ne ressemble moins à un cimetière européen qu'une nécropole turque. Si dans les contrées civilisées l'asile ultime des morts est entouré de murailles, divisé en quartiers tous séparés les uns des autres par des allées portant chacune un nom qui les désigne aux parents et aux amis en quête d'une tombe où ils vont prier et pleurer ceux qui ne sont plus ; par contre, le cimetière musulman est ouvert à tous les passants et exposé aux déprédations des hommes, des chacals et des hyènes.

Çà et là s'élèvent des mausolées d'architecture uniforme, quatre piliers soutenant un toit surmonté d'une coupole... La maçonnerie est retenue par quatre barres de fer et une quadruple barrière de bois est posée entre les ogives pour empêcher qu'on ne s'introduise sur ces dalles sous lesquelles repose le cadavre enseveli.

Jusque-là tout est bien. Ces cénotaphes réguliers sont ceux des gens riches, tandis que le commun des martyrs se contente d'un trou dans la terre, d'une pierre tumulaire et d'un cippe, au sommet duquel est sculpté un turban ou un fez.

Mais ce qui n'est plus aussi compréhensible, c'est l'abandon dans lequel les malheureux laissent leurs parents et amis, quand ils leur ont rendu les derniers devoirs. Il suffit de pénétrer dans un cimetière turc pour être convaincu de la vérité de notre assertion. Par une cause ou par une autre ces cippes, autrefois plantés au dessus de la tombe d'une personne enterrée, sont rejetés à droite, à gauche, en arrière, en avant, souvent même déracinés et couchés sur le sol, au milieu des herbes incultes. C'est le chaos, c'est l'abandon le plus complet.

On dirait autant de *menhirs* sur une côte de la lande bretonne. Une pierre s'accote sur une autre, un turban de granit ou de marbre gît brisé sur le sol. Cet effondrement général rappelle la mort et la poétise en quelque sorte, car elle rappelle aux passants que tout est poussière et que tout retourne en poussière.

Le cimetière de Serajewo est situé sur le sommet d'une colline, à un kilomètre de la côte. Çà et là, dans les déchirures de la roche, ont été creusées les sépultures des morts, dans les pierres, dans la terre, dans les fissures de la montagne ; on a rapporté, au fur et à mesure des inhumations, de la terre pour en couvrir les cerceuils, mais la pluie et les orages ont arraché peu à peu les palissades, tandis que le vent emportait les piquets retenant les cippes et formant coin dans le granit, si bien que tout est sens dessus dessous, dispersé, bouleversé, déplacé. C'est à peine si cette nécropole date de cent ans, et on croirait que trois ou quatre siècles, si ce n'est davantage, ont passé par là.

L'herbe, les ronces, ont envahi le terrain, et servent de refuge aux chacals, qui cherchent toujours un lambeau de chair pourrie à dévorer. C'est à peine si une vingtaine de sépultures, ou à peu près, sont encore debout dans toute la nécropole de Serajewo. Naturellement ce sont les plus nouvelles. Mais encore quelques années, et elles auront assumé l'aspect de leurs devancières.

UNE CHASSE AUX LIONS

Il ne faut pas s'imaginer que le lion soit un animal que l'on ne rencontre qu'en Afrique. Ce roi des forêts est également un félin asiatique, et il en est de fort nombreux dans les bois de Gheer, situés dans la partie de l'Inde dénommée comme péninsule de Kat, Tyar. Ces lions se trouvaient autrefois en quantité dans le cœur du pays, à Guserat, et dans le voisinage de Run, autrement dit du désert de Cutch, aussi bien que dans toute la province de Kattiwas. Mais dans ces deux derniers districts, les cultivateurs et les chasseurs sont parvenus à chasser ces carnassiers qui se sont réfugiés dans les bois de Gheer.

Cette splendide forêt dont l'étendue est de soixante milles de long sur trente de large, se compose d'une succession de collines et de ravins couverts d'arbres touffus et de broussailles, au milieu desquelles serpentent divers cours d'eau de plus ou moins d'importance.

Les tigres ont fait place aux lions, et il est très rare que l'un de ces animaux ait assez d'audace pour se mesurer avec le roi des félins, qui peut ainsi vaguer, boire et manger à son plaisir, à sa soif et à sa faim, s'endormir ensuite et se reposer, sans être troublé, à moins que l'homme, le plus grand ennemi de sa race, ne songe à l'attaquer.

Les lions du Gheer se nourrissent généralement d'animaux qu'ils enlèvent aux troupeaux qui paissent dans les gras pâturages, et se reposent à l'abri des grands arbres longeant les fleuves et les rivières.

A vrai dire la proie est plus facile à conquérir que s'il s'agissait de ces cerfs « nilgauts » ou de gazelles.

Dès que sa proie a été portée bas et dévorée, le lion du Gheer, à l'exemple de tous les animaux carnassiers, s'étend paresseusement sous les saules pleureurs ou bien à l'ombre des cyprès nains qui couvrent le lit des torrents desséchés. On le trouve également à l'abri sous les banians, et c'est dans ces circonstances qu'il est facile d'arriver jusqu'à lui et de le mettre à mort.

Dans ce dernier cas, voici comment les Indiens opèrent autour et dans la forêt de Gheer. Tout d'abord ils ont suivi les pas de l'animal jusqu'à sa tanière, c'est-à-dire au milieu de son fort, et, pour les aider à réussir dans cette recherche, ils emploient des « puggies » (lisez les traqueurs) ayant de l'expérience, qui se chargent de placer les chasseurs dans les bonnes places d'où il leur sera possible de bien voir, mais où ils seront cachés à tous les yeux. Cela fait, il procèdent au rabat, lequel se pratique dans l'Inde comme partout ailleurs.

Voici encore un second moyen également employé par les sporstmen asiatiques. Ils conduisent le chasseur et deux personnes qui doivent l'aider vers un arbre bien venu, aux branches formant la fourche, sur lesquelles il sera loisible à ce dernier et à ses aides, de se hisser de façon à voir tout ce qui se passe autour d'eux. A une portée de fusil, les Indiens ont attaché par la patte une chèvre, un veau, ou bien un jeune bison, au milieu d'une pelouse entièrement privée d'arbustes. Bientôt le lion, attiré par les cris des appâts en vie, s'approche de l'animal, et par conséquent de l'homme à l'affût qui peut tirer à son aise, traîtreusement, sans courir le moindre risque.

Afin de réussir dans cette chasse, il est important de profiter d'un très beau clair de lune ; mais il arrive souvent que le lion se montre avant le coucher du soleil. Comme généralement les chasseurs savent qu'il est fort difficile de frapper à mort le lion du premier coup, ils ont soin d'attendre que leur « gibier » soit à courte portée, car ces animaux, aussi bien que ceux d'Afrique, deviennent d'autant plus furieux qu'ils ont été blessés et que leur fureur a redoublé par la douleur qu'ils éprouvent. D'ordinaire, c'est à la maladresse qu'il faut attribuer tous les accidents de ces chasses émouvantes.

Un voyageur récemment arrivé de l'Inde, nous a raconté un incident des plus dramatiques, dont il avait été le héros au mois de décembre dernier.

Deux de ses amis et lui, se trouvant à Guzerat, dans la propriété du rajah de Moraï, richissime propriétaire de terres du pays, apprirent un matin à déjeuner qu'on avait vu un lion de la plus belle venue caracoler dans le bois voisin de la demeure hospitalière.

Il fut immédiatement décidé que l'on irait traquer l'animal et le mettre à mort, si faire se pouvait. Les préparatifs étaient promptement terminés et l'on allait se mettre en route, quand l'un des deux amis de notre compatriote fit une chute sur l'escalier de la maison, et déclara ne plus pouvoir marcher. Le second prétexta une indisposition passagère pour s'attarder, en déclarant toutefois qu'il allait doubler le pas pour rejoindre son compagnon valide, mais — disons-le tout de suite — il se garda bien d'en rien faire ; sa première ardeur s'était éclipsée et la crainte du danger avait fait le reste.

Voilà donc M. Noblet — c'est le nom de celui de qui nous tenons l'histoire que nous racontons ici — en route avec six Indiens attachés au rajah, armés de haches et de cimeterres, et dont deux portaient deux carabines chargées de balles coniques. M. Noblet, lui, s'était emparé d'un excellent fusil de Lepage, à deux coups, avec lequel il devait ouvrir le feu. Dans le cas où il n'atteindrait pas l'animal du premier coup, il aurait recours aux rifles que lui tendraient les deux Indiens.

Lorsque M. Noblet eut compris qu'il n'avait pas à compter sur l'ami retardataire, il hésita un instant, mais la gloriole s'en mêlant, il releva la tête et hâta le pas. Le guide — celui qui avait aperçu le lion — passait en avant, et conduisait avec audace ses camarades et l'étranger vers le coin du bois où la bête féroce prenait son repos.

C'était un bosquet touffu sur le versant d'un monticule, aux flancs duquel étaient cramponnés quelques vieux arbres en partie dépourvus de feuilles.

D'après la tactique ordinaire, M. Noblet alla se poster sur le contre-bas de ce mamelon, tandis que quatre Indiens se chargèrent de contourner le buisson, d'y jeter des pierres et de se replier vers M. Noblet, qui se tiendrait à son poste, assisté par ses deux « porte-arquebuses ».

A peine la battue était-elle commencée que notre compatriote entendit un rugissement formidable. Avant d'avoir vu l'animal, il l'avait entendu et put se tenir sur ses gardes. Il ne tarda pas à voir accourir les quatre rabatteurs qui avaient pris peur et venaient se mettre sous sa protection.

Tout à coup, devant lui, au sommet de la colline, le lion se montra, la queue droite, les yeux en feu, la crinière hérissée.

M. Noblet avait épaulé son arme, et, prompt comme l'éclair, avec un sang-froid qu'on se plaît à deviner chez lui, quand on le voit pour la première fois, il pressa la détente.

Le coup partit et la balle alla crever l'œil du lion. Ce fut à cette heureuse chance que M. Noblet dut son salut, car la capsule de son second coup rata, et il fallut se retourner pour prendre des mains de son premier porte-arquebuse, la carabine que cet imbécile ne tenait pas armée.

Bref, notre compatriote eut assez de courage pour prendre son temps, tandis que le lion roulait sur lui-même, et, pour choisir une place au défaut de l'épaule, si bien que la bête, frappée d'une main sûre, poussa un dernier rugissement et tomba morte, sans avoir même égratigné un de ses adversaires.

Lorsque M. Noblet rentra chez le rajah, ses deux amis avaient repris le chemin de Calcutta, rappelés, disaient-ils, par des affaires qui ne souffraient pas de retard. Ce qui est plus vrai, c'est qu'ils n'avaient pas osé soutenir les regards de leur compatriote.

UNE PENDAISON A NEW-YORK

« N'est pas pendu qui veut, » dit un proverbe américain, mais il serait plus juste de dire : « N'est pas pendu qui le mérite. »

Il n'est pas un de mes lecteurs qui ne sache comment on procède pour le supplice de la pendaison. Il faut, comme pour un civet de lièvre, non pas un lièvre, d'abord, mais un condamné à mort, puis une potence ; pour la sauce, on a la corde, et l'échelle est l'assaisonnement. Ainsi l'on parvient à façonner l'horrible plat que le bourreau sert à l'avidité du public.

Pour parler plus sérieusement, si la pendaison n'est plus de *mode* parmi nous, elle existe encore, dans plusieurs pays, en Angleterre et aux États-Unis entre autres.

Dans ces deux pays, les exécutions ne se font pas en public, mais bien dans l'intérieur des prisons. Je n'ai jamais vu pendre à Londres, mais j'ai eu l'épouvantable *chance* d'assister à une pendaison à New-York, et je vais en raconter les péripéties à la fin de cet article.

New-York a pour prison une énorme et massive construction de pierre qui, à l'extérieur, ressemble à un vaste monument du temps des Pharaons et des Aménophis. Qu'on se figure un temple égyptien ayant huit tours carrées, dont quatre aux angles et quatre dans les milieux. Du côté ouest s'ouvre la grande porte ferrée, qui sert d'accès dans la geôle monumentale. Le bâtiment central est divisé en quadrilatère par de vastes cours qui communiquent avec ce bâtiment à l'aide de ponts de bois jetés entre les deux parois, comme qui dirait entre deux fenêtres. Du côté nord, un de ces ponts de bois est surmonté par une poutre solide, scellée dans les deux murailles, au milieu de laquelle est vissé un énorme piton de fer destiné à recevoir la corde.

Ce pont et cette poutre servent à la pendaison des criminels condamnés á mort.

Et voici la façon dont on opère pour ces exécutions :

Le malheureux qui va rendre compte à Dieu des fautes qu'il a commises sur la terre pénètre sur le pont, appuyé sur le bras du ministre protestant ou du prêtre catholique requis pour le réconcilier avec le Seigneur ; il est revêtu d'une robe blanche en coton, et porte sur la tête une cagoule de même étoffe. Ses mains sont liées derrière le dos.

. Derrière lui marche le shérif, — un magistrat des plus considérés dans la ville, — qui lit la sentence de mort décrétée contre le coupable, rabat sur ses yeux la cagoule de cotonnade, et lui passe le nœud coulant au cou, tandis qu'un des geôliers de la prison amarre solidement les pieds du condamné à mort.

— *Go in peace* (allez en paix !) ! dit alors le shérif à ce dernier.

Et sur ces paroles tout le monde se retire, les uns d'un côté, les autres de l'autre du pont de bois, qui, aussitôt vide, tombe à six mètres plus bas dans une rainure, laissant le condamné suspendu en l'air, la colonne vertébrale cassée et gigotant dans l'espace.

La cagoule de coton a pour destination d'empêcher de voir les convulsions horribles de la face du malheureux.

Tout est fini. La justice des hommes a été satisfaite : celle du ciel commence.

Une heure après avoir été pendu, le corps du supplicié est décroché, on le couche dans une bière en sapin et on le conduit dans un tombereau peint en noir, à Blackwells-Island, où il est enseveli dans un trou creusé dans ce rocher-cimetière.

Nous avons dit en commençant cet article que « n'était pas pendu qui le voulait ». Nous allons raconter ici deux exemples qui sont de la plus scrupuleuse vérité, et qui donnent l'idée la plus exacte des mœurs américaines.

Un homme est mort, il y a deux ans, rue Lemercier, à Batignolles, qui avait eu sa célébrité criminelle à New-York et mérité grandement le supplice de la corde. Cet homme, échappé par miracle à la justice de son pays, était venu se faire oublier dans notre grande ville. Il se nommait Charles Colt et était frère de l'inventeur du pistolet-revolver qui porte ce nom dans les annales de l'arquebusterie.

En 1847, il vivait à New-York, sur la route de Herlem, dans une maison de bois, entourée d'un jardin et éloignée de toute habitation. Il demeurait là en compagnie d'une femme plus âgée que lui, qu'il avait épousée pour l'argent qu'elle possédait et avec laquelle il se querellait souvent.

Un jour, dans un mouvement de colère, Colt assomma sa femme d'un coup de massue appliqué sur la tempe.

En présence de ce cadavre, le malheureux ne songea qu'à le faire disparaître au plus tôt. Une pensée infernale lui traversa l'esprit. Il coupa le corps de la morte en morceaux, les enfouit dans une caisse en les salant, très fortement, puis il transporta le funèbre colis sur un camion à bord d'un navire en partance pour la Nouvelle-Orléans.

Colt avait eu le soin, d'une part, de garder la tête de sa victime, qu'il avait enterrée dans le jardin de la maison; d'autre part, il avait donné une fausse adresse à la Nouvelle-Orléans, en dissimulant son nom comme expéditeur.

Parvenue à destination, la caisse ne put être remise, puisque l'adresse était fausse. On la renvoya à New-York où, ayant été ouverte, le cadavre se montra aux yeux épouvantés des ouvriers chargés de ce soin. La justice, à force d'enquêtes, grâce à un signe particulier (une touffe de poils sur le bas du cou, près de l'épaule droite), arriva à découvrir le coupable. La tête enterrée fut retrouvée dans le jardin; bref, Colt fut condamné à être pendu. Il va sans dire que la famille du malheureux Colt fit toutes les démarches possibles pour le faire gracier. On n'obtint pas même un sursis.

La veille du jour où Colt allait être exécuté, le feu se déclara dans l'intérieur des Tombes, et les pompiers survinrent aussitôt pour éteindre l'incendie.

Un de ces *firemen* gagné par la famille de Colt, apporta au condamné un costume de pompier à l'aide duquel celui-ci, dont la cellule avait été ouverte par un geôlier également acheté, disparut au milieu de la foul grâce au tumulte et au bouleversement que le feu avait produits dans la prison.

Lorsqu'on s'apperçut de la fuite de Colt, il était trop tard. L'assassin avait quitté New-York et s'était perdu dans les déserts américains. Il se rendit ainsi, d'étape en étape, dans l'Utah, à San-Francisco, au Mexique ét, de là, en France, où il vécut ignoré, à Paris, sous le nom de Charles Kavannagh, qui était celui de sa mère.

Avant de mourir, Colt qui était protestant, fit mander le pasteur et, en sa présence, devant un témoin, — un de ses voisins, — de qui nous tenons ces détails, — leur révéla la vérité sur sa vie et sur son identité.

De ce criminel échappé à la pendaison, je passe au second : une femme qui l'échappa belle, grâce à l'audace de son avocat. C'est encore là un trait des mœurs américaines qui mérite de trouver place dans ce récit.

Une femme nommée Mirhen Salomon, de Broocklyn, — avait empoisonné son mari au moyen d'un gâteau assaisonné du plus infernal poison. L'homme était mort dans les deux heures qui avaient suivi l'absorption de la part de gâteau qui lui était réservée.

Le coroner ayant reconnu la présence du poison dans l'estomac et les intestins de la victime, la femme fut empoisonnée, et le jour du jugement arriva à la *Court of sessions* du City-Hall.

L'avocat chargé de défendre cette malheureuse — Me Van Armand, de Chicago — plaida la non-culpabilité de sa cliente, déclarant que le gâteau n'était pas empoisonné et qu'il allait en donner les preuves. La pièce de conviction se trouvait devant les yeux du jury. Me Van Armand se le fit apporter, et là, devant les juges, devant le public, prit un morceau de ce gâteau et l'avala sans sourciller, avant qu'on eût pu l'empêcher de commettre un pareille imprudence.

Au milieu de l'étonnement général, la porte de côté de la salle d'audience s'ouvrit ; un homme apportait à Me Armand une dépêche qui lui annonçait la mort subite de son père.

Van Armand pria le président des assises de lui donner quelques minutes de répit pour se remettre de cette émotion et pour répondre à sa famille de Chicago.

Il sortit pendant dix minutes et revint bientôt continuer sa plaidoirie. Lorsqu'elle fut achevée, il s'assit tranquillement, attendant le résultat de l'examen du jury.

Tous les assistants s'attendaient à voir l'avocat se tordre bientôt dans les convulsions, grâce à la violence du poison. Mais Van Armand ne sourcilla pas un instant. Les jurés prolongeaient la rédaction de leur sentence. Bref, après une heure, Van Armand ne manifestant aucun symptôme d'empoisonnement, le verdict du jury fut lu... il acquittait l'empoisonneuse.

Que s'était-il donc passé ? Van Armand avait gagné deux médecins qui lui avaient apporté dans la chambre attenante aux assises un contrepoison irrésistible. Pendant qu'il allait répondre à la fausse dépêche qu'on lui avait remise, il avait avalé la drogue préservatrice et était revenu s'asseoir à sa place.

Il fut bien un peu malade des suites de cette aventure, mais du moins il n'avait pas faibli et nul ne s'était aperçu du malaise qu'il éprouvait.

Lui aussi avait arraché un coupable à la *pendaison*. La femme Salomon était acquittée, et elle se hâta de se rendre en Australie où elle vit peut-être encore.

En 1848, je revenais du Mexique à bord d'un navire de guerre, le *Washington*, qui me rapatriait de Galveston où j'avais été très grièvement malade de la fièvre jaune, contractée à la Vera-Cruz où cependant je n'avais passé que cinq heures. A bord du steamer se trouvait un officier très taciturne, qui semblait méditer quelque mauvais coup. Telle était l'opinion des passagers, — la mienne entre autres, — et celle de tous les matelots, qui ne comprenaient rien à la sauvagerie de James Connor.

C'est à peine si cet hypocondre desserrait les dents pour commander les manœuvres, et encore il se servait plus souvent du sifflet que de sa voix.

Un jour, vers deux heures de l'après-midi, nous étions assis sur la dunette, fumant ces purs havanes que le capitaine du *Washington* nous avait offerts, quand nous vîmes l'officier Connor sortir de l'habitacle et poursuivre un matelot qui fuyait devant lui.

— Help! help! criait ce dernier couvert de sang.

James Connor terrassa le malheureux d'un coup de sabre et lui traversa la poitrine. Un second matelot qui vint au secours de son camarade fut également massacré, et le furieux, qui menaçait tout le monde ne p u être terrassé et garrotté qu'après avoir fait subir à sept ou huit personnes des blessures plus ou moins graves.

Était-il fou? Non. Il déclara que depuis longtemps il méditait l'assassinat qu'il avait commis, le matelot tué par lui l'ayant insulté un jour à la Vera-Cruz, dans un lieu écarté, sans témoins, de telle façon qu'il était impossible de le faire passer devant une cour martiale.

Le marin tué par James Connor ne pouvait pas répondre à une pareille accusation, si bien que l'officier fut mis aux fers et dégradé. Quand le navire arriva au port, James Connor fut livré aux autorités criminelles et passa devant la cour d'assises, où, malgré les efforts de son avocat, — un des plus habiles du barreau de New-York, — il fut condamné à être pendu.

C'est en vain que la famille du criminel fit des démarches auprès de qui de droit, du président des États-Unis même, — pour obtenir la commutation de peine. Tout fut inutile.

Le jour de l'exécution fut désigné au 7 décembre, à dix heures du matin.

J'avais été cité comme témoin dans cette déplorable affaire. Mon opinion, semblable à celle de trois ou quatre autres passagers, du *Washington*, était que James Connor avait été atteint d'une *monomanie rubescente*, qui l'avait poussé au meurtre ; mais comme on le voit, mon avis n'avait pas été trouvé bon. James Connor allait mourir.

Le malheureux fit appeler un ministre protestant, qui reçut sa confession ; il déclara qu'il reconnaissait juste la sentence des juges et du jury, et se confessa publiquement devant les geôliers, exprimant à haute voix le repentir de son crime.

J'avais sollicité et obtenu la permission de voir l'exécution de ce malheureux, et le shérif m'avait fait placer au premier rang, en face du pont de bois sur lequel le dénouement fatal allait être joué.

Je vois encore cette scène, à l'heure où j'écris ces lignes, comme si elle se passait devant mes yeux.

La fenêtre-porte de droite, en face du public, s'ouvrit à dix heures sonnant au beffroi des Tombes. Le condamné sortit le premier, drapé dans sa robe blanche. Le ministre protestant le soutenait par la taille et lui adressait des paroles de consolation.

— *It is time* (il est temps), dit le shérif à haute voix, et il lut à James Connor la sentence qui ordonnait sa pendaison, tandis que le geôlier lui *ligottait* les jambes.

Le ministre et le geôlier s'étaient retirés vers la fenêtre gauche, tandis que le shérif passait le nœud coulant autour de la tête du patient, dont le visage était blanc comme du linge.

— *Go with God* ! s'écria le shérif en rétrogradant vers la fenêtre droite avec célérité.

Et à peine était-il rentré à l'intérieur que le pont tombait entre ses rainures de fer. James Connor était suspendu à la poutrelle, gigotant, jouant des jambes.

Ah ! quel spectacle ! Il a bien souvent hanté mes rêves. L'agonie, paraît-il, dura plus de dix minutes. Je m'étais évanoui de peur, et il me fut impossible de sortir des Tombes sans le secours d'un de mes confrères en journalisme qui me donna le bras jusqu'au *bar room* le plus voisin, pour me réconforter avec un verre de brandy.

Et il y a des gens, cependant, qui paieraient cher pour jouir ! ! ! d'un pareil spectacle ! Horreur !

LES DÉTERREURS DE CADAVRES

Si, nouveau débarqué, l'on parcourt les rues d'une ville des Etats-Unis, quelle qu'elle soit, les yeux sont tout à coup péniblement frappés par la vue d'un magasin où se trouvent étalés, les uns à côté des autres, par échelle de gradation, de luxe et de valeur, des cercueils de toutes les formes, de toutes les essences de bois, et, par conséquent, de tous les prix.

Les marchands de cette denrée, unique dans son genre, sont certains que, pour eux, le commerce procède toujours du même élan. Que le soleil se mire dans le lustre de leur marchandise ou que la pluie fouette à torrents les vitres de leur devanture, ils sont toujours assurés que leurs concitoyens y feront leur emplette, et chacun d'eux s'évertue à offrir aux regards des passants ce qu'il y a de plus attrayant, sans doute pour inspirer la pensée d'en faire usage.

Les fournisseurs de la mort de l'Amérique du Nord spéculent sur la coquetterie qui pourra présider à la toilette d'un cadavre dans son dernier lit d'acajou, et ils envahissent la voie publique de leurs exhibitions jovialement funèbres.

— Voyez, gentlemen et ladies, disent-ils, voici des cercueils pour tous les goûts, pour toutes les bourses : cercueils en bois de rose, en tuya, en oranger, en fer, en fonte, à haute pression atmosphérique, doublés de moire ou de satin, ornés de clous dorés ou argentés, de plaques de métal, recouverts de drap noir. Admirez ce charmant oreiller gonflé de plumes d'eider ! Comme votre tête y reposera douillettement ! Oh ! l'on n'a rien oublié et l'on peut mourir tranquille ; sous la vitre qui recouvrira le masque livide du cadavre, on fera disparaître la pâleur à l'aide d'une couche de vermillon, on adoucira les qualités bleuâtres des yeux sans regard au moyen d'une teinte de blanc d'Espagne ; on nouera artistement votre cravate de satin blanc, et les amateurs du genre admireront le talent ingénieux des nécrophores humains qui sont parvenus à dissimuler l'empreinte solennelle de la mort sous les apparences les plus folâtres de la vie.

Pendant mon séjour aux Etats-Unis, j'avais pris domicile dans une maison très confortable, au coin de Houston-street et de Broadway, dont la distribution intérieure m'avait plu, aussi bien que le voisinage et les facilités de la vie qui se trouvaient à ma portée : marchands de toute sorte, cafés, tavernes, fournitures de bouche, tout se trouvait réuni au *Vol du chapon*.

Un seul magasin restait fermé, à gauche de mes fenêtres donnant du rez-de-chaussée dans la rue. Certain matin, en ouvrant mes persiennes pour humer l'air frais, quel ne fut pas mon étonnement en apercevant une belle enseigne appendue au dessus de la boutique et offrant, en lettres blanches sur un fond noir, ces mots cabalistiques :

DIXON

Conffins' maker, sexton and undertaker
Fabricant de cercueils, fossoyeur et ensevelisseur.

M. Dixon, le nouvel emménagé, rangeait son magasin en compagnie de deux grandes et belles filles qu'il appelait mes enfants et d'une servante irlandaise, qui, toutes trois, l'aidaient à placer contre les parois de la muraille des cercueils de différentes tailles et d'un luxe gradué, du travail le plus complet, à des planches de sapin clouées ensemble.

Maître Dixon me parut être un individu morose, triste et pensif, et d'un caractère fort en harmonie avec le métier qu'il exerçait. Je l'entendis gronder ses filles lorsqu'il les trouvait inoccupées.

Le lendemain matin, je voulus savoir qu'elles étaient les mœurs de mes voisins. Grâce à un petit cabinet qui ouvrait et prenait l'air sur une cour intérieure, d'où l'on apercevait les fenêtres de la cuisine, — salle à manger du *sexton*, — je pus entendre celui-ci se plaindre des dégâts occasionnés par la pluie au dernier convoi qu'il avait présidé et auquel il avait fourni les accessoires, tels que manteaux, crêpes, chapeaux, etc., etc. Mais il espérait se rattraper à l'enterrement de Henry Clay que l'on disait être fort malade en ce moment-là.

Dixon en parlant de ses affaires avait l'air lugubre, et je dois avouer que j'étais fortement impressionné de son discours funèbre.

J'allais me retirer de mon observatoire lorsque j'entendis trois coups frappés à la porte d'une façon maçonnique et discrète.

— Qui est là ? demanda le marchand de cercueils. Ah ! je sais : entrez !

Je vis alors pénétrer dans la petite pièce un docteur de New-York que je connaissais intimement et qui fit à Dixon un signe que celui-ci comprit aussitôt.

— Laissez-nous seuls, monsieur et moi, fit celui-ci en s'adressant à ses deux filles qui se retirèrent aussitôt.

— Eh bien ! docteur Quaquenbush, dit le *sexton* au visiteur, que puis-je pour vous ?

— Je vais vous le dire, mon brave homme. J'ai besoin d'un sujet.

— Oh ! c'est devenu bien difficile, répliqua le fossoyeur. Les gardiens de Greenwood et de Potter's field sont très vigilants, ils ont reçu les ordres les plus sévères des autorités municipales, et je crains bien de ne pouvoir pas faire ce que vous me demandez.

— Bah ! je suis sûr que vous réussirez et vous savez que je paie bien.

— Sans doute ! mais...

Sur ces paroles, le docteur Quaquenbush baissa la voix et parla à Dixon la bouche contre son oreille, si bien que je ne pus pas comprendre ce que disaient les deux interlocuteurs. Puis le docteur Quaquenbush frappa sur l'épaule du *sexton*, lui adressa un *All right* ! auquel celui-ci répliqua par une autre locution pareille, et les deux hommes sortirent pour traverser la boutique, l'un pour s'en aller, l'autre pour lui faire compagnie jusqu'à la porte.

Le lendemain je m'aperçus à un certain mouvement dans la maison de Dixon qu'un événement avait lieu chez mon voisin. En appliquant les yeux à mon *judas*, je vis l'une des deux filles en pleurs qui disait à la servante irlandaise.

— Pauvre Clara ! quelle maladie l'a donc terrassée ?

— Qui sait, mademoiselle ? le choléra peut-être.

Le choléra ! Cette épidémie avait en effet fait son apparition à Philadelphie et y avait produit une terreur telle que la moitié de la ville s'était enfuie. Quelques habitants de la *Cité des amis* n'étaient-ils pas venus à New-York et n'avaient-ils pas apportés le germe du mal ?

L'après-midi de ce même jour, en rentrant chez moi, je trouvai la boutique de Dixon fermée. Un écriteau sur la porte faisait savoir aux passants que miss Clara Dixon était morte subitement.

Je demandai à quelques voisins s'ils savaient ce qui s'était passé ; on me répondit d'une façon évasive et le jour suivant, à l'aube, le convoi de la fille du fossoyeur se mettait en route pour le cimetière de Greenwood à Long-Island.

Au retour de cet enterrement, je pus voir, toujours par le même moyen, la famille en larmes procéder à l'épuration et à l'assainissement de la chambre où la malheureuse Clara avait rendu le dernier soupir.

D'ordinaire on ne se livrait pas à des fumigations aussi nombreuses dans la chambre d'un mort : on n'employait pas des irrigations d'eau de chaux, de chlorure, d'ammoniaque... Toutes ces ablutions me donnèrent à réfléchir. Le choléra n'aurait-il pas fait invasion à New-York ?

Les journaux de la ville m'apprirent plus tôt que je ne le pensais la réalisation des craintes que j'avais conçues.

Dans le *Sun* où je pus lire l'affreuse nouvelle, je jetai les yeux sur un paragraphe qui me fit frémir d'horreur. Il était ainsi conçu :

« Depuis longtemps les déterreurs de cadavres n'avaient pas fait parler d'eux. La plus grande surveillance était établie dans les diverses nécropoles de notre ville ; mais hier soir le gardien de Greenwood ayant été retenu chez lui par la maladie subite de sa femme atteinte du choléra se vit forcé d'abandonner ses heures de faction. Dans la nuit, sa femme était emportée par le terrible fléau qui commence à sévir sur notre ville. Ce matin, à l'aube, un de ses collègues de la section du nord du cimetière accourut à la maison de Marvin et lui apprit que deux tombes avaient été violées et que les cadavres — ceux de deux jeunes filles — avaient été emportés. Malgré son chagrin récent, Marvin suivit son confrère et tous deux se dirigèrent vers l'allée n° 34 où se trouvaient la sépulture de la famille Robertson et celle du *sexton* Dixon, presque contiguës l'une à l'autre. Les deux caveaux étaient ouverts, et l'on apercevait sur le rebord du chemin deux cercueils éventrés et vides. L'un était celui de miss Louisa Robertson, décédée l'avant-veille et l'autre celui de la fille du fossoyeur, qui avait été inhumée hier après midi. On se perd en conjectures sur l'enlèvement infâme de ces deux corps humains et l'on accuse ouvertement les voleurs de sépultures qui sont trop nombreux dans notre ville impériale. »

En effet Dixon, malgré la douleur qu'il éprouvait, malgré le respect qu'il aurait dû avoir pour la mort, lui qui venant d'être si cruellement frappé par elle dans sa famille, n'avait pas oublié la promesse qu'il avait faite au docteur Quaquenbush. C'est lui qui avait fourni le cercueil à la famille Robertson et c'est lui qui, suivi de deux nègres qui l'aidaient quelquefois dans sa tâche funèbre, à Greenwood aussi bien qu'à Potter's field, avait volé le cadavre de miss Louisa Robertson.

Voilà comment les faits s'étaient passés et c'est de l'un des moricauds, arrêté quelques jours plus tard par la police pour un vol commis à Staten-Island que l'on apprit les détails de cette aventure, aussi bien que ceux de l'enlèvement du corps de mis Clara Dixon, opéré à deux heures d'intervalle de celui de la fille des Robertson.

— Nous étions partis, dit le nègre au juge qui l'interrogeait, par une nuit noire, et Dixon, Jack et moi, nous avions sauté par dessus le mur du cimetière, hors de Broocklyn. Dixon savait que la femme du gardien Marvin était malade et il avait deviné que celui-ci manquait sa garde. En effet rien ne vint nous déranger et nous arrivâmes sans encombre devant la tombe récemment fermée de miss Robertson. Dixon, qui connaissait les moyens de s'introduire dans le caveau, prit un trousseau de fausses clefs dans sa poche, en essaya quelques-unes et finit par trouver la bonne. Une fois dans la chapelle, à l'aide d'un levier, nous descellâmes la pierre tombale, puis Jack descendit dans le caveau, enroula une corde autour du cercueil de miss Robertson et nous le soulevâmes hors de l'enceinte. La pauvre créature nous apparut — quand le couvercle du cercueil fut dévissé — belle comme elle l'était quand elle se promenait de son vivant dans les rues de New-York. Mais, hélas ! elle était froide comme du marbre, morte et bien morte ! Dixon, Jack et moi, après l'avoir dépouillée de ses vêtements funèbres, sauf de sa chemise, nous fîmes glisser le corps dans un sac de toile et laissant là la chapelle ouverte, le cercueil vide, nous nous enfuîmes le plus vite possible pour sortir du cimetière et pour gagner un coin de la baie où nous attendait une embarcation destinée à éviter les gardes des *ferry boats* et les hommes de la douane. En effet, notre bateau de pêche ne pouvait pas faire naître de soupçons sur le genre de travail que nous opérions.

« Dès que nous eûmes placé notre funèbre butin en lieu sûr, Dixon me dit :

« — Tu feras bien de retourner à New-York par le *ferry boat* : notre canot ne peut pas porter plus de trois personnes ; il pourrait s'enfoncer dans l'eau. »

« J'obéis à cette injonction et je vis mon camarade et le *sexton* s'éloigner et disparaître dans la brume, emportant le cadavre acheté par le docteur.

« Au moment où je me retournais pour remonter vers Broocklyn, j'aperçus par terre quelque chose qui brillait. Je me baissai et je trouvai sous ma main le trousseau de clefs de Dixon.

« C'est alors qu'une pensée infernale me vint à l'esprit. Un docteur du haut de la ville, M. Legrand, m'avait depuis longtemps demandé un cadavre et je me dis que celui de la fille du fossoyeur ferait bien son affaire. Serais-je assez fort pour réussir tout seul ? Je l'ignorais, mais du moins j'essaierais l'entreprise.

« Je remontai donc vers le cimetière et sautai de nouveau par dessus le mur comme nous l'avions déjà fait une heure auparavant. Parvenu près du caveau des Dixon, je cherchai à ouvrir la porte, qui, à mon grand étonnement était tout contre : on avait oublié de la clore sérieusement.

« Soulever la pierre tombale, descendre dans la case de miss Dixon, arracher le couvercle du cercueil et tirer le cadavre hors de sa dernière demeure, tout cela fut l'affaire d'environ vingt minutes. Le plus difficile était à faire. Il s'agissait d'emporter le cadavre et je n'avais rien pour l'envelopper.

« En me baissant par terre, je palpai une sorte de couverture de laine que je jetai hors du trou. Cet objet, par chance, était de couleur sombre. Je trouvai également une corde ; j'étais favorisé au delà de mes désirs.

« J'avais déposé le cadavre sur le rebord du caveau et je me disposais à l'empaqueter de façon à dissimuler la nature de mon fardeau, quand j'entendis pousser un soupir à mes côtés. Immédiatement je fis un bond en arrière. Ce même bruit se renouvela et je voulu savoir quelle en était la cause. Horreur ! la fille de Dixon n'était pas morte : on l'avait ensevelie atteinte de catalepsie. Ma position était des plus perplexes.

« — Morris, me dit-elle enfin de sa voix la plus douce, comment se fait-il que vous soyez ici ? »

Je balbutiai ce qui me passa par la tête et elle ajouta :

« — Je vous dois la vie, mon brave garçon : aidez-moi à regagner la maison de mon père.

« — Mais vous ne pouvez pas marcher ? objectai-je.

« — J'essaierai ; nous irons doucement.

« — Couvrez-vous avec cette serpillère, » dis-je à la ressuscitée.

« C'est ce qu'elle fit, et comme elle était revêtue de sa robe, qu'elle portait des souliers, suivant l'usage américain, nous pûmes traverser les allées, et arriver vers le mur d'enceinte. Je l'aidai à traverser de l'autre côté et nous nous dirigeâmes vers la baie.

« Le hasard me fit trouver sur le rivage un pêcheur qui allait prendre la mer. Je lui proposai moyennant finances de me conduire jusqu'au *warf* de Houston-street, et il consentit à ce que je lui demandais.

« Une fois là, il aida ma compagne à sortir du batelet et nous souhaita bonne nuit comme on l'eût fait à deux fiancés rentrant honnêtement chez eux.

« Miss Dixon me remercia une fois encore de tout son cœur du service que je lui avais rendu, sans me demander cependant par quel hasard je me trouvais dans le cimetière à cette heure de la nuit.

« Nous avancions péniblement, lorsque tout à coup la jeune fille chancela et tomba sur le pavé. Je crus qu'elle succombait à la fatigue, aux émotions ; je lui frappai dans les mains, j'allai chercher de l'eau à une fontaine voisine pour lui rafraîchir le visage. Aucun de ces moyens ne parut réussir.

« Je me sentais très mal à l'aise. A ce moment un cab passa dans la rue. Je hélai le cocher et le priai de m'aider à transporter chez elle une dame de mes connaissances qui venait de se trouver mal.

« Le cabman obéit. Que devais-je faire ? J'allais conduire chez le docteur Legrand le cadavre réellement cadavre de Clara Dixon.

« Ce qui fut dit fut fait. Guidé par mes ordres, le cabman s'arrêta devant la porte du praticien. Comme cela était convenu, je sonnai à la porte trois fois par trois fois. Le docteur lui-même vint m'ouvrir et, sur un mot que je lui glissai à l'oreille, joua parfaitement la comédie. Il avait enfin son sujet. »

Tel fut le récit de Morris, récit qui me fut communiqué par le juge lui-même. Il fut condamné à la fois pour vol et pour violation de sépulture par la *Court of Session* de New-York et fut envoyé à Sing-Sing, les galères du fleuve Hudson.

Dixon le père continue toujours son commerce.

LA GARROTTE

En 1847, à l'époque où les États-Unis déclarèrent la guerre à leurs voisins du Mexique, je fus envoyé, en qualité de reporter, à la suite des armées américaines, pour rendre compte de l'expédition des généraux Taylor et Scott, expédition combinée qui devait prendre l'ennemi des deux côtés à la fois, pour mieux venir à bout des troupes du président Santa-Anna.

Les chefs de notre corps avaient traversé le Rio-Grande et, descendant à travers les *cerros*, les *vueltas* et les *canons* du pays, étaient arrivés en vue du lac de Texicoco, près de la lagune d'Ayalla. A notre droite, l'*Ixtuccihualt* (la Femme de neige) nous éblouissait par l'éclat de sa réverbération, quoique le pic fût à quatre lieues de nous, et pourtant, grâce à la pureté de l'atmosphère, on eût dit qu'on pouvait le toucher de la main.

Nous apercevions également, sur la même ligne, le *Popocatepelt*, la plus haute cime du Mexique et le volcan le plus élégant du globe, élevant à près de dix-huit mille pieds sa tête orgueilleuse.

Au bas de ces deux rois de la Cordillère s'étendait la magnifique plaine d'Amecameca, semée de vertes moissons, et çà et là surgissaient, rompant la monotonie des lignes, ces pitons extraordinaires, produits volcaniques à la tête couronnée de sapins, isolés dans la plaine de Mexico.

Devant nous s'étendait le *Penon*, la grande chaussée qu'il faut traverser pour arriver à Mexico dont les murailles blanchissaient au soleil, dont les dômes étincelaient à nos yeux.

Au dessus, par delà la cité, nos regards se perdaient sur les coteaux où s'épanouissaient San-Agostina, San-Angel et Tucubaya. Un peu plus sur la gauche, le clocher de *Nuestra Senora de la Guadalupe* se détachait sur le fond noir de la montagne. Un panorama splendide, un miroitement incroyable, une richesse de lignes inouïe, et, par dessus nos têtes, un soleil éclatant, jetant à profusion des teintes à désespérer un peintre... En un mot, c'était une débauche de couleur qui éblouissait l'œil et ravissait l'âme. Ajoutez à cela que nous étions arrivés et que la paix était signée de la veille.

La nuit survint et bientôt l'on n'entendit dans notre camp que les pas des sentinelles qui, de temps à autre, poussaient leur cri de ralliement : *Who's there ? — Friend ! — All right !*

Le lendemain de ce jour mémorable, — le 27 août 1847, — le soleil se leva radieux comme la veille, et l'armée se mit en marche pour faire son entrée à Mexico.

Mais, hélas ! nous descendions, et nos illusions de la veille disparaissaient les unes après les autres ; les couleurs s'effaçaient, le mirage s'évanouissait.

Au lieu de la plaine fertile, des lacs délicieux chargés de *chinampas* fleuris (îles flottantes), nous traversions une plaine brûlée et stérile : le paysage devenait morne et triste. A chaque pas en avant, la féerie disparaissait. Le lac lui-même n'était qu'un marais fangeux, aux exhalaisons fétides, couvert de myriades de mouches empoisonnées.

Bref, l'entrée de Mexico n'était que celle d'un bouge, et rien ne nous faisait présager la grande ville. Les rues sales, les maisons basses, le peuple déguenillé, tout nous désenchantait au fur et à mesure que nous pénétrions dans Mexico.

Toutefois, lorsque nous débouchâmes sur la place d'Armes, bordée d'un côté par le palais du gouvernement, de l'autre par la cathédrale, nous devinâmes une capitale.

Notre premier soin, à mon camarade de lit et à moi, — quand il nous fut possible de sortir des rangs et de jouir de notre liberté, — fut de nous rendre à l'ancien palais d'Iturbide (1) qui fut empereur du Mexique avant la fondation de la République et, plus tard, l'avénement de Maximilien. Ce palais, devenu un hôtel-caravansérail, abrite les voyageurs sous ses lambris dorés.

Le lendemain, Thibald (c'était le nom de mon ami) et moi, nous avions fait toilette et nous allions prendre les ordres de l'état-major du général Scott.

Quoique la paix fût faite, nos chefs redoutaient quelque coup de Jarnac dans le genre des Vêpres siciliennes. Les Mexicains passaient et passent encore avec juste raison pour une nation traîtresse et de mauvaise foi : il fallait donc prendre toutes ses précautions pour ne point risquer la vie des officiers et des soldats.

Ceux-ci étaient consignés dans les divers campements où ils avaient trouvé l'abri et le confortable. Lorsqu'ils sortaient de ces casernes, c'était toujours par escouades de dix.

Quant aux officiers, défense expresse leur était faite de se risquer le soir hors de la place, dans les rues de la ville, après le soleil couché.

Les raisons données de vive voix à nos camarades qui nous les expliquèrent au *Café national*, c'est que deux de nos amis, dont l'un était le

____

(1) Un des fils de l'empereur Iturbide est mort il y a deux ans à Paris. Il avait longtemps tenu une taverne de marchand de vin à Courbevoie, et l'on voyait dans cet établissement le descendant des Incas offrir à boire et à manger à ses consommateurs, sans vergogne pour le nom qu'il portait.

cousin du général Taylor, avaient été attirés dans un rendez-vous galant, la veille au soir, une heure après notre arrivée à Mexico, et avaient été traîtreusement assassinés.

En vain le général avait-il fait fouiller, de la cave au grenier, la maison où l'on avait trouvé les cadavres de nos pauvres amis, on n'avait rien trouvé de compromettant. Le logis ne contenait pas même de meubles ; il semblait abandonné, et les voisins déclaraient sous serment que depuis dix ans la *casa Moralès* n'avaient jamais été ouverte. Les herbes poussaient drues et serrées dans le jardin rempli de branches mortes et de plantes parasites. On eût dit un cimetière dévasté. Seul un *reboso* de soie, indice, du passage d'une femme, avait été trouvé sur un banc de pierre de la *huerta*, à un mètre des cadavres du capitaine Thirtle et du major Andrès, frappés tous deux d'un coup de poignard en pleine poitrine.

Ce meurtre avait jeté la consternation dans l'armée américaine. Les alguazils et le corrégidor — chef de la police — de Mexico, mandés auprès des généraux commandants, avaient protesté de leur impuissance à modérer les passions de leurs compatriotes. Nous étions persuadés qu'ils en savaient plus long qu'ils ne voulaient l'avouer. Mais que faire contre des gens qui certainement n'eussent pas dévoilé à leurs vainqueurs les noms de ceux qui servaient si bien leur haine contre les envahisseurs de leur patrie ?

Lorsque l'on eut rendu les derniers devoirs à nos infortunés camarades, les ordres de nos généraux furent strictement observés : nous passâmes trois semaines en corps, ne sortant des casernements qu'en nombre pour visiter la ville, et toujours armés jusques aux dents. Notre vie se traînait de l'*hôtel Iturbide* au *café National* et *vice versa*, lorsque nous ne faisions pas quelque excursion hors du centre général, jusques aux *barrios* (faubourgs) de la ville.

Une après-midi du mois de septembre, nous étions dix officiers étendus dans des fauteuils à bascule à côté des tables de notre hôtel, devant la façade, abrités par une *tendida* de toile, buvant à petites gorgées des boissons glacées à la mode du pays et fumant des panatellas exquis, lorsque nos regards furent atirés par une *tapada* (1) assez pittoresquement costumée qui passait et repassait devant notre *posada* et cherchait à attirer notre attention, et particulièrement la mienne.

A la fin, intrigué par ces évolutions, je me levai et je m'avançai vers l'inconnue.

— *Que quiere usted ?* lui dis-je en espagnol.

— Une dame de grande famille, me dit-elle, désire vous entretenir ce

(1) On appelle ainsi une femme qui se cache le bas du visage avec un fichu de dentelle ou un foulard à la mode turque..... et mexicaine.

soir en particulier, et je suis chargée par elle de vous remettre son adresse.

— Il m'est impossible, répliquai-je de me trouver à ce rendez-vous. Les ordres du général Scott sont formels.

— Bah! le senor *caballero* a peur, sans doute?

— Peur! Peuh! un Français ne tremble jamais.

— Sa Seigneurie réfléchira. Ce soir, à neuf heures, à la *huerta Moralès*. Silence et discrétion!

La *huerta Moralès*! Mais c'était dans ce jardin même que nos amis avaient été assassinés, il y avait à peine quinze jours!

Je revins sous la tente rendre compte à mes camarades de la conversation échangée avec la *tapada*, et notre avis unanime fut qu'il fallait prévenir notre général en chef.

Je me rendis au quartier et je fis part au chef de l'armée américaine de la proposition qui m'avait été faite.

— Eh bien! *my bloody Frenchman*, — un terme d'amitié du général Scott — avez-vous peur, hein!

— Peur! répondis-je en haussant les épaules, comme je l'avais fait à la *tapada*.

— Si vous voulez nous rendre un vrai service, vous irez à la *casa Moralès*. Soyez armé de deux revolvers et ne craignez rien. A peine serez-vous entré dans la *huerta* que vous serez protégé. Comment? Cela me regarde. Ce soir, nous aurons retrouvé les assassins de Thirtle et d'Andrès! Malheur à eux! je ferai un exemple terrible. Rentrez chez vous, pour vous occuper de vos préparatifs. Surtout, pas un mot à vos amis. Vous leur direz que je vous ai défendu de sortir et que vous êtes aux arrêts. Dès que la nuit sera venue, vous revêtirez vos habits civils et vous vous envelopperez dans un manteau, puis vous vous dirigerez vers le rendez-vous donné.

— Il suffit, général: vos ordres seront exécutés de point en point. A la garde de Dieu!

— Et à la mienne!

Je pris congé et j'obéis ponctuellement aux injonctions de ce bon général, que j'aimais comme s'il eût été mon père.

Pour abréger ce récit, je dirai qu'à neuf heures précises je frappais à la porte de la *huerta Moralès*.

Deux secondes après, l'huis s'entr'ouvrait et je me trouvais en présence de la *tapada*.

— *Muy bien, senor*, dit-elle. Silence! Suivez-moi!

Je la laissai fermer la porte au verrou, puis elle se dirigea vers une charmille de jasmins et de gardénias en fleurs dont les émanations embaumaient l'atmosphère.

Sous cette charmille se trouvait assise une senora admirablement

belle, qui m'adressa la parole dans un français plus ou moins compréhensible.

Je lui répondis avec la plus parfaite politesse et je portai la main à mes
lèvres.

Au même instant, je vis se dresser à quatre mètres devant moi trois
leperos armés de coutelas, qui se disposaient à me faire un mauvais parti.

Plus rapide que la pensée, mes mains s'étaient emparées des deux
revolvers que je portais dans les poches de mon caban, et je fis feu réso-
lûment sur le premier des trois assassins, qui tomba sur le coup. Le
second, atteint par mon arme, lâcha son couteau et prononça un *caramba*
formidable en fuyant du côté de la *casa Moralès*.

Quant au troisième, ils s'avançait vers moi et allait se ruer en avant,
lorsqu'un nouveau venu l'étreignit fortement par derrière, tandis qu'il
me criait de ne pas tirer.

En effet, ce *deus ex machina* n'était rien autre qu'un colosse américain,
appartenant à la maison du général Scott. Morse — tel était le nom de ce
géant — était doué d'une force surhumaine. Par les ordres de son maître, il avait enrôlé deux autres camarades de l'armée connus par leur
audace et leur amour des aventures, et ils avaient été envoyés sur mes
pas, avec mission de ne pas me perdre de vue, de franchir la muraille
de la *huerta* et de se rendre compte de ce qui allait s'y passer.

— Il faut, leur avait dit notre général, que vous preniez vivants le ou
les assassins que vous rencontrerez là-bas.

Ils avaient réussi. J'avais échappé comme par miracle à l'attaque des
complices de la senora inconnue.

Je reviens à celle-ci.

A peine avais-je compris que le troisième meurtrier était solidement
baillonné que je m'étais retourné pour savoir ce qu'était devenue la
belle Mexicaine.

Elle avait disparu. Par quel moyen? Nous ne pûmes le deviner. Cette
sirène infernale, qui attirait vers un guet-apens les pauvres officiers de
notre armée, devait s'être ménagé une sortie: nous découvrîmes en effet,
vers un angle de la *huerta*, une sorte de tour au moyen duquel on pouvait — en pressant un ressort — se trouver en un instant porté dans une
ruelle déserte, qui aboutissait à la route de Puebla.

Les deux Mexicains et le cadavre de leur complice furent entraînés au
quartier général, et l'on fit prévenir le corrégidor.

Celui-ci arriva en toute hâte, mais on remarqua qu'il fit la grimace
lorsqu'il vit et comprit pour quelle affaire il avait été mandé.

— Ces deux misérables ont été surpris en flagrant délit de meurtre, lui
dit le général Scott; la loi martiale les condamne à mort. Mais avant de
les livrer au bourreau, il faut, je le veux, que vous obteniez d'eux l'aveu
de leur crime et le nom, l'adresse de leurs complices, les deux femmes
disparues.

Le corrégidor inclina la tête et procéda à l'interrogatoire des deux bandits.

Tout d'abord les scélérats refusèrent de faire le moindre aveu ; mais, poussé par le magistrat mexicain, l'un d'eux déclara qu'il allait parler.

Il déclara qu'une conspiration, dont il n'était que le bras, avait été organisée par les soins du président Santa-Anna, et que le chef connu était un nommé Antonio Cespedès. Tous les affiliés — dont le nombre était de deux cents au moins — avaient juré sur le Christ de se dévouer à la sainte cause pour la délivrance de leur pays.

— Quelle est la senora qui sert de sirène à ces rendez-vous meurtriers ? demanda le général Scott.

Après de grandes hésitations, le bandit consentit à la nommer :

— Dona Fernandina Capilla, la fille du riche *haciendero* Capilla de *Los Pueblos*.

— Je m'en étais douté ! murmura le corrégidor à voix basse. Où est-elle ?

— Je l'ignore ; peut-être à la *hacienda* de son père.

Le général Scott envoya un escadron de cavalerie à la ferme du senor Capilla, mais le logis était abandonné de la veille : les portes en demeuraient ouvertes, la maison restait vide.

Hieronimo Sanfé, le meurtrier garrotté par Morse, et son complice blessé par moi, nommé Jacomo Ora, furent condamnés au supplice infâme du *garrotte*. Puis on les mit *en chapelle* pour être exécutés le lendemain matin.

Le *garrotte* est tout simplement la strangulation primitive. On attache le patient solidement ficelé à un poteau placé au milieu d'une place publique. On le fait asseoir sur un banc adossé au poteau et on lui passe une corde autour du cou. Cette corde est entortillée à une sorte de tourniquet en bois de chêne, et le bourreau vire le chanvre jusqu'à ce que le patient soit bel et bien étranglé.

C'est horrible, mais c'est ainsi. La coutume du Mexique est là.

Le lendemain, à dix heures du matin, les tréteaux avaient été dressés sur la grande place de Mexico, vis-à-vis la cathédrale.

Les deux patients, soutenus chacun par un prêtre, furent amenés au pied de l'échafaud, et le bourreau — à son corps défendant, mais forcé d'agir par la présence de toute l'armée américaine rangée en bataille sur le lieu du supplice — fut bien forcé d'accomplir sa funèbre tâche.

J'assistais à cette exécution, et j'avoue que le spectacle horrible de ces faces tuméfiées, de ces langues pendantes, de ces contorsions atroces, resta longtemps gravé dans ma mémoire.

Mes amis Thirtle et Andrès étaient vengés !

UNE TERRIBLE AVENTURE

La tempête faisait rage au milieu d'une nuit des plus obscures. Le vent soufflait sans discontinuer. Le vêtement que je portais était transpercé par la pluie et mes grandes bottes remplies d'eau. Des éclairs incessants sillonnaient les nuages et les éclats du tonnerre se répercutaient de montagne en montagne.

Ce bouleversement de la nature pouvait être grandiose, mais il était loin de sembler agréable à un pauvre voyageur errant à l'aventure dans un pays inconnu, ayant perdu son chemin et ne pouvant pas voir au delà des oreilles de sa monture.

La situation était réellement perplexe.

Je me trouvais en effet en plein Far-West, plus éloigné de l'océan Atlantique que je ne l'avais été jusqu'alors, dans mes lointaines pérégrinations.

Une affaire à conclure m'avait entraîné dans ces parages, et j'emportais avec moi une grosse somme que je devais remettre à quelqu'un dans le plus bref délai possible.

L'extrême désir que j'avais de remplir la mission dont je m'étais chargé m'avait entraîné à dépasser la station où j'aurais dû rester pour la nuit : j'avais cru qu'il me serait possible d'atteindre le relais suivant avant la chute du jour.

Mais la tempête était survenue, j'avais quitté la route sans m'en apercevoir et mon cheval buttait à chaque instant contre des troncs d'arbres abattus, s'enfonçant ensuite dans la boue jusqu'aux genoux : il m'était impossible de diriger la pauvre bête que j'avais abandonnée à son instinct, pour me tirer d'embarras.

La pluie continuait à choir par torrents : on eût dit que l'eau devait arracher la terre fangeuse jusqu'à ce qu'elle eût rencontré le tuf ou le rocher.

Je me sentais transpercé jusqu'aux os, et plus mon cheval avançait, plus il enfonçait dans le bourbier. A un moment donné, le bon animal s'arrêta net et refusa de faire un pas de plus.

J'eus beau lui enfoncer les éperons dans les côtes, j'eus vainement recours à l'usage du fouet, l'animal se raidissait, je le sentais trembler entre mes jambes, en proie à la plus grande terreur.

Je me vis donc obligé de mettre pied à terre pour le conduire par la bride.

Quelle ne fut pas ma surprise, lorsque je mis la main sur la tête de mon cheval, de m'apercevoir qu'il la reposait contre une muraille. J'étendis de nouveau le bras et je me réjouis intérieurement en touchant la paroi d'une hutte faite avec des troncs de bois superposés.

— Enfin ! voici un abri ! me dis-je à part moi. C'est plus que je ne mérite pour avoir fait la folie de m'aventurer plus loin que je n'aurais dû aller. Je vais fort probablement me coucher sans souper. Dieu sait pourtant si je serais puni, car je meurs de faim.

Je passai aussitôt les rênes de mon cheval dans mon bras droit et je contournai la cabane, en cherchant la porte d'entrée.

Parvenu à l'angle, j'aperçus enfin un jet de lumière à travers une fissure. Sans chercher à savoir qui se trouvait habiter cette demeure agreste, je m'avançai vers l'huis et je frappai plusieurs coups en demandant la permission d'entrer.

On ne me fit pas attendre : la porte s'ouvrit tout d'un coup et je me trouvai face à face devant un homme de haute taille et d'une maigreur surprenante.

Cet inconnu, fort mal vêtu, avait le chef recouvert d'un feutre à larges bords qu'il avait posé « à la crâne » sur un des côtés de sa tête. Un vaste manteau, troué en divers endroits, l'enveloppait des épaules jusqu'aux pieds. On devinait rien qu'à voir ce personnage qu'il était d'une force musculaire sans pareille.

De la main gauche il tenait l'épaisseur de la porte, prêt à la refermer si cela était nécessaire pour sa sûreté, et de la main droite il montrait la gueule d'un revolver système Colt, cet inséparable compagnon de tout pionnier américain.

De l'examen minutieux, quoique rapide, de la toilette du maître de la cabane, je passai à celui de son visage. J'avoue que jamais je n'avais vu des traits plus hideux. Ils étaient allongés et émaciés. Les joues saillantes, les yeux petits et brillants, le nez semblable au bec d'un aigle, un front bas et étroit et une bouche large, ornée de longues dents pareilles à des défenses de sanglier : tel était l'ensemble de ce *facies* peu fait pour rassurer un voyageur égaré. J'ajouterai, pour achever le portrait, que l'individu portait une sorte de royale qui lui couvrait tout le menton. Si ses lèvres et ses joues étaient rasées d'habitude, on voyait bien que l'acier n'avait pas fait son office depuis une semaine.

Après avoir jeté sur moi un regard sinistre et m'avoir examiné de la tête aux pieds, le maître de la cabane remit son revolver dans sa poche et me demanda, de cette voix nasillarde qui caractérise le Yankee :

— Eh bien ! que voulez-vous, étranger ?

— Ce que je veux ? Que diable ! cela se voit sans qu'on le demande. J'ai perdu mon chemin et je suis trempé « comme une soupe ».

— Ce n'est pas ma faute, répliqua le bourru personnage, qui avait fait un pas en arrière, comme s'il eût voulu refermer la porte.

— Je demande asile, m'écriai-je. Voyons, mon brave ! je suis à moitié noyé.

— En effet, on dirait que vous avez passé vos effets à la lessive, nasilla-t-il encore en montrant tous ses boutoirs, — une sorte de sourire.

— De grâce, mon cher monsieur, permettez-moi d'entrer, répliquai-je en étendant une main vers le feu qui brûlait dans l'âtre. Je vous prie de donner un peu de nourriture à mon cheval et de m'accorder l'hospitalité. Je suis prêt à payer ce qu'il faudra pour ce double service.

— C'est bien ! Il y a une écurie là, à votre droite, pour y remiser votre cheval, fit-il en m'indiquant l'endroit. Occupez-vous de ce soin vous-même, étranger ; puis vous reviendrez par ici me retrouver.

Il m'était impossible de reculer ; je fis ce que m'indiquait le personnage et, après avoir pourvu à la provende de ma bonne bête je refermai la porte de l'étable et, m'emparant de mon sac de voyage, je fis mon entrée dans la cabane. Certes, la demeure n'était pas des plus confortables. Celui qui l'avait construite s'était contenté de superposer les uns sur les autres des troncs d'arbres et de boucher les interstices par de la boue pétrie avec de la paille hachée. En différents endroits cet enduit s'était détaché et le vent soufflait par les fissures.

Le sol était couvert d'une sorte de macadam grossier, et dans un angle de cette demeure primitive quatre grandes pierres plates, l'une servant de foyer, la plus grande de plaque de cheminée, les deux autres de côtés, formaient l'âtre dans lequel brûlait un feu de bois parfaitement entretenu, qui, malgré la fumée, me fit un plaisir extrême.

Mon hôte me sembla de prime abord tout à fait endormi devant le foyer. Sans trop m'occuper de lui, je me débarrassai de mon pardessus et de mon veston que j'étendis devant la flamme pour les sécher. Cela fait, je déposai par terre mon portemanteau, pour me servir d'oreiller afin de dormir, si je pouvais y parvenir.

— Eh bien ! étranger, fit tout à coup mon hôte, en me regardant avec fixité, vous pourriez être plus poli et me donner quelques nouvelles. Nous ne voyons pas souvent du monde par ici, et je ne veux pas perdre l'occasion d'apprendre ce qui se passe dans les pays civilisés.

— Excusez-moi, monsieur, je vous croyais endormi ; c'est pour cela que je me taisais, de crainte de troubler votre repos.

— Auriez-vous faim ? demanda-t-il.

— Oui, certes ! une faim de naufragé, répondis-je avec empressement.

— Dans ce cas, un morceau de bœuf salé ne vous paraîtra pas à dédaigner.

Et tout en parlant ainsi le pionnier plaça devant moi une assiette de

10

bois contenant la viande cuite ; il m'offrit même un morceau de pain dur.

— Vous ne pouviez pas me faire plus de plaisir, lui dis-je alors, en lui adressant un sourire en guise de remerciement.

— Je pense que vous avez également soif, ajouta le grand sauvage, après m'avoir vu dévorer le pain et la viande.

— Comme le Sahara, répondis-je.

— Je ne connais pas madame Sahara, fit mon hôte ; mais j'ai pour connaissance une certaine Polly qui boit comme un trou. Une machine à double pression n'est rien, comparée à Polly. Il lui faut plus de liquide pour se désaltérer qu'à un steamboat du Mississipi ; et lorsqu'elle est bien chauffée, elle est aussi dangereuse qu'un bateau à vapeur pour les explosions. Ah ! ah ! ah !

— Qu'avez-vous à me faire boire, mon cher hôte? lui dis-je.

— Du whisky de Bourbon. Voyons ! avalez-moi ça, et vous n'aurez plus froid.

Je ne me le fis pas dire deux fois. Je grelottais, quelle que fut la chaleur du foyer, et d'ailleurs je ne voulais pas me refroidir, prendre mal et me trouver dans l'impossibilité de continuer ma route.

Tandis que j'ingurgitais quelques lampées de ce chaleureux breuvage, mon compagnon s'était tu. Quant à moi, je réfléchissais à l'erreur fréquente des appréciations humaines.

— Voilà un homme, me disais-je *in petto*, dont l'aspect est repoussant. A première vue, on le prendrait pour un vrai bandit, capable de tout, hors de faire le bien. Je me suis cependant trompé. Non seulement il m'a offert l'hospitalité, mais encore il me donne à boire à ma soif. Allons ! allons ! je ne me fierai plus désormais aux apparences.

Tandis que je réfléchissais de la sorte, je m'arrangeai de façon à prendre du repos ; mais ce silence ne convenait pas à mon hôte. Je le vis qui allongeait ses grandes jambes, comme s'il avait l'intention de m'administrer un coup de pied.

— Le diable me garde, si vous n'êtes pas le plus paresseux de tous les farceurs que j'aie jamais rencontrés sur mon chemin. Voyons ? ne savez-vous donc rien ? n'avez-vous rien à m'apprendre ?

Cette interpellation me fit tressauter, mais je finis par sourire et je lui répondis :

— Je n'ai malheureusement rien à vous raconter. Je regrette fort de ne pas avoir l'imagination féconde d'un journaliste, j'inventerais alors quelque histoire pour vous distraire.

— Là ! là! mon brave camarade de lit; pas d'impatience, s'il vous plaît. M'est avis que vous êtes de Boston, car tous les gens originaires de cette ville sont des « gna-gna ». A quoi sert d'avoir avec soi un journal s'il ne contient rien d'intéressant? Supposons qu'il donne les détails d'un meurtre ou d'un vol qui ait eu lieu ; oh ! alors, cela captive votre attention ; mais en admettant que les faits soient inventés, du moment que vous ne connaissez par les individus nommés dans l'article, cela est fort indifférent, n'est-il pas vrai ?

Je n'avais pas à argumenter avec mon interlocuteur et je me serais d'autant moins hasardé à le faire, qu'il ne me semblait pas le moins du monde disposé à supporter la contradiction. Aussi je me contentai de répondre ceci :

— Oh ! vous avez parfaitement raison.

— Vous n'avez sans doute pas l'intention de dormir tout de suite, me dit le pionnier.

— Ma foi si, répliquai-je, car je suis très fatigué.

— Cependant, à mon avis, il n'est pas prudent de reposer dans ce pays, à moins d'avoir l'habitude de garder un de ses yeux ouverts.

— Mais ne sommes-nous pas en sûreté, en ce lieu ?

— Je ne dis pas cela. Seulement, comme vous êtes étranger dans ce pays, à ce que je crois, du moins...

— C'est l'exacte vérité.

— Je m'imagine que vous avez entendu parler de Silas Cass... et je dois vous dire qu'il hante ces parages...

— Silas Cass !

— En effet, j'avais ouï parler de ce bandit, l'un des plus audacieux, des plus féroces qui eussent jamais commis leurs déprédations dans les défrichements de l'Amérique. On disait — et ce n'était pas sans motifs — qu'il s'était rendu coupable de plus de meurtres et de vols qu'aucun criminel au monde. Seulement, le scélérat avait su toujours déjouer la justice humaine. Quoiqu'il y eût de graves soupçons sur son compte, il avait pu échapper à la punition qu'il méritait.

Plus je regardais la figure diabolique qui se trouvait devant mes yeux, plus je me convainquis que mon hôte était réellement l'infâme Silas Cass. Une sueur froide coula le long de mes tempes, et la peur me prit à la gorge.

Une expression diabolique s'était manifestée en même temps sur le visage de mon hôte, à mesure qu'il avait remarqué ce sentiment d'effroi que je n'avais pu réprimer. Ses yeux brillaient comme ceux d'un chat qui aurait fasciné un oiseau surpris par lui dans sa cage.

Je repris courage, cependant, et je pus répondre :

— J'ai bien entendu parler de ce Silas Cass, mais, à vous parler vrai, j'ajoute peu de créance à toutes les histoires qu'on raconte à son sujet. Il y a des gens qui n'ont pas de chance dans la vie, et je crois que Silas Cass a eu la mauvaise veine d'être injustement soupçonné. Jamais on n'a pu trouver de preuves contre lui, et aussi je préfère lui accorder le bénéfice d'un doute, et je crois qu'il est plus malheureux que coupable.

L'infâme brigand se mit à rire à gorge déployée, de ma crédulité sans doute. Il me tendit sa bouteille de whisky et m'engagea à boire.

Je portai donc la bouteille à mes lèvres, mais je fis semblant d'ingurgiter une grande lampée de liqueur, tandis que ma langue fut à peine mouillée.

— Vous êtes un drôle de particulier, s'écria le bandit. A propos, vous devez avoir une belle somme de dollars dans votre sac, qui me paraît fort lourd?

— Vous faites erreur : les pièces d'argent sont en petit nombre, et puis j'ai une histoire qui concerne l'argent que j'ai là.

— Fort bien ! répliqua Silas en me tendant le verre qui contenait le whisky. Mais buvez donc.

Je m'emparai de la bouteille et je la tins collée à mes lèvres si longtemps que le scélérat semblait craindre qu'elle ne fût entièrement vidée. Les yeux lui sortaient de la tête.

— Damnation ! quel buveur vous faites, dit-il.

— Ma foi ! je ne déteste pas cela, fis-je en donnant à ma voix les intonations d'un ivrogne. Mais je vais vous raconter l'histoire relative à mes dollars.

— Ah ! oui ! murmura Silas. Allons-y.

— Je vous dirai, ajoutai-je d'une voix enrouée par la boisson, que j'ai été honnête, autrefois.

— Ah ! autrefois, fit le bandit en ouvrant les yeux.

— Oui, répliquai-je, j'étais employé dans une des banques de New-York, en qualité de premier caissier; mais je me suis laissé entraîner à boire et à jouer et j'ai perdu tout ce que j'avais.

— Ah ! ah !

— Si bien qu'un jour j'ai vidé la caisse et que j'ai pris la poudre d'escampette.

— Et l'affaire était-elle bonne ? demanda Silas.

— Pas mauvaise, et pourtant... A propos, avez-vous par hasard un jeu de cartes, ici ?

— Ma foi, oui ! nous allons jouer au pocker, voulez-vous?

— Comme bon vous semblera.

Je sentis mon cœur battre plus à l'aise dans ma poitrine, lorsque Silas Cass tira de sa poche un paquet de cartes graisseuses, qu'il emmêla, tailla et distribua avec l'habileté prestidigitatrice d'un joueur consommé.

La canaille trichait à chaque coup et je perdais régulièrement; mais je n'en continuais pas moins à jouer, tout en maugréant contre ma malechance avec la voix d'un homme ivre, ce qui faisait rire mon partenaire.

Ce qui mit le brigand au comble de la joie, c'est quand il vit que je me disais ruiné: il alluma alors sa pipe et se mit à fumer.

Au lieu de lâcher des bouffées de tabac comme le font les fumeurs, Silas Cass aspirait et ouvrait la bouche, de façon à laisser sortir le nuage qui s'envolait en spirales et entourait sa tête comme d'une auréole.

Chaque fois qu'il gagnait, le bandit donnait une accolade à la bouteille de whisky et buvait à perdre haleine. Quand le contenant fut vide, il alla chercher une seconde bouteille qui se trouvait placée sur une planche au fond de la cabane.

Cette bouteille disparut comme la première ; mais, au lieu de s'enivrer, Silas Cass semblait être plus solide au fur et à mesure qu'il buvait.

Tout en ramassant mes dollars, le voleur consommé agitait ses jambes ; on eût dit qu'il voulait danser. C'était grotesque et sinistre à la fois.

Il chantonnait des refrains entrecoupés de propos d'un cynisme révoltant, et, ce qui rendait la situation plus terrible encore, c'est que l'orage redoublait au dehors. Les éclats de tonnerre ébranlaient la cabane qui nous servait d'abri, et les éclairs, à travers les fissures des troncs d'arbres, faisaient pâlir les flammes de notre foyer. J'en étais parfois aveuglé. On eût pu se croire en enfer, au milieu de tous les feux qui ardent les damnés.

— Vous avez encore perdu ! s'écria Silas, en ramassant les derniers dollars que j'avais devant moi. Quel remue-ménage là-haut, ajouta-t-il en levant sa main vers les poutres de la cabane, pour indiquer le ciel. M'est avis que les joueurs de boules du paradis se livrent à une partie de quilles infernales. Voyons ! à nous deux ! que jouons-nous encore ?

— Il ne me reste plus rien, murmurai-je.

— Bah ! je joue cinq dollars contre votre portemanteau.

Je savais qu'il lui appartiendrait de toute façon à un moment donné, aussi je consentis à la proposition. Il va sans dire que je perdis comme toujours.

Au moment où Silas se leva pour aller chercher une troisième bouteille de whisky, je me hâtai de griffonner quelques mots sur l'enveloppe d'une lettre, et je glissai cet écrit dans une des poches décousues de mon paletot.

Silas Cass ne s'était aperçu de rien. Il vint reprendre sa place et me força à continuer la partie : il me gagna mon cheval, mes vêtements, l'un après l'autre, et quand cela fut fini, lorsqu'il ne me resta plus rien, je me mis à gémir sur ma mauvaise fortune et à regretter d'avoir touché aux cartes.

Le coquin fieffé se plaisait à me voir ainsi me lamenter : il m'assurait que je pouvais refaire ma situation, car les banques ne manquaient pas aux Etats-Unis.

Après avoir écouté pendant un certain temps ces consolations ironiques, je déclarai que je mourais de sommeil et je m'étendis de mon long, mais de façon pourtant à ne pas perdre un seul des mouvements du bandit qui était mon hôte.

A peine eus-je fait entendre un semblant de ronflement que Silas se leva et tira son revolver de sa poche ; je l'entendis murmurer :

— De tous les imbéciles que j'ai trouvés sur mon chemin, celui-ci est le plus fort. Un voleur, lui, allons donc ! il déshonore la profession. Pourquoi lui casser la tête ? il ne peut pas me nuire. Il a perdu tout son argent au jeu, et d'ailleurs il ne dira rien, si les gens envoyés par la Banque s'emparent de sa personne. Cependant, ne serait-il pas plus sage...

Tout en parlant ainsi il avait dirigé le canon de son arme dans l'alignement de ma poitrine.

Jamais, tant que je vivrai, je n'oublierai ce moment là.

Je savais que le moindre mouvement serait le signal de ma mort. Je restai donc immobile, mais une sueur froide me faisait frissonner des pieds à la tête.

— Bah ! dit-il enfin entre ses dents, qu'il vive... J'ai à m'occuper de l'autre.

Sur ces paroles, il sortit de la cabane dont il referma soigneusement la porte. Je prêtai l'oreille et je l'entendis s'éloigner.

Quand j'eus compris qu'il était à une certaine distance, je me levai d'un seul bond. Ma première pensée fut de fuir au plus tôt ; mais, après y avoir songé, je me dis que ce serait aller au devant de la mort.

Je me plaçai contre la paroi et je regardai au dehors, par l'une des crevasses ouvertes entre les troncs d'arbres.

L'orage continuait à faire rage et, grâce à la multiplicité des éclairs, je pouvais voir à une certaine distance. Silas s'avançait du côté de la cabane, portant un fardeau pesant sur ses épaules.

Il fit halte sur le bord d'une mare qui se trouvait à dix pas de la cabane et jeta par terre la charge qui avait une forme allongée. Horreur ! c'était un cadavre !

Silas tira aussitôt quelques cordes de sa poche et les enroula autour d'une énorme pierre. Cela fait, il attacha les extrémités de ces cordes autour du cadavre et jeta le tout au beau milieu du trou rempli d'eau.

A ce moment, les éclairs se succédaient avec tant de rapidité, que je crus voir le visage de la victime se crisper, ses yeux se tourner vers le ciel, comme pour demander vengeance. La nappe d'eau rejaillit, le corps s'enfonça et disparut. Un instant après, la surface de la mare avait repris son immobilité.

L'épouvante m'avait cloué à ma place. Je pus à peine me traîner jusqu'à la place où je m'étais étendu devant le foyer. Un instant après, Silas Cass ouvrait la porte et revenait près de la cheminée.

Il se débarrassa alors de ses vêtements qui étaient de véritables loques, et les jeta dans un des coins de la hutte. Puis, avec un sang-froid imperturbable, il revêtit mes hardes. Quelques instants après, il sortit emportant ma valise et je ne tardai pas à entendre le galop de mon cheval qui l'entraînait au loin.

Endosser les haillons de ce bandit et m'élancer à sa poursuite, tout cela fut l'affaire d'un moment. Je courais à perdre haleine, mais quoique épuisé, essoufflé, et râlant, je ne cessais pas de courir. L'espoir de la vengeance soutenait mon courage. J'aperçus enfin la silhouette d'un cavalier au haut de la montagne.

C'était Silas Cass.

Jusqu'au matin, je le suivis de buisson en buisson, me tenant aussi près de lui que je le pouvais. Si j'avais eu un révolver, rien ne m'eût été plus facile que de priver la société du bandit qui avait si souvent mérité la mort.

J'aperçus enfin une troupe de cavaliers qui se dirigeait de mon côté, et tout aussitôt je bondis en avant et me mis à crier de toute mes forces :

— Arrêtez-le ! à l'assassin ! Arrêtez-le ! arrêtez-le !

Silas s'était retourné et, quand il m'eut vu courir après lui, il tira son révolver des fontes de mon cheval, visa et lâcha la détente. La balle siffla à mes oreilles, mais ne m'atteignit point.

Pendant que ceci se passait, les gens à cheval avaient entendu mes cris et se ruaient du côté de Silas qui hésita, pendant quelques instants, pour savoir s'il m'attaquerait ou s'il continuerait sa route. Lorsqu'il vit les cavaliers courir sur lui, le revolver au poing, il crut plus prudent de fuir à travers la plaine.

Mais le chef de la bande le mit aussitôt en joue et lui ordonna de s'arrêter.

— Voilà bien des affaires, s'écria Silas, et tout cela pour un sot qui a perdu son argent avec moi, en jouant au pocker.

— Arrêtez-le ! arrêtez-le ! cet homme m'a volé : l'argent qu'il a sur lui, les habits qu'il porte, le cheval qu'il monte, tout est à moi !

— Maudite vipère ! hurla Silas Cass. N'avez-vous pas perdu tout cela au jeu dans la cabane du Vallon ?

— Non ? vous avez triché comme un coquin. D'ailleurs, je somme ce gentleman de vous arrêter, car vous avez commis un assassinat. Je vous ai vu... oui, messieurs, je l'ai vu... jeter un cadavre dans la mare qui est près de la hutte. J'avais peur de subir la même destinée, et j'ai eu la précaution d'écrire sur l'enveloppe d'une lettre ces mots : *j'ai été volé et assassiné par Silas Cass.* Signé : *James Ansel.* Vous trouverez ce papier dans la poche gauche de mon paletot qui se trouve sur les épaules de cet homme, qui est bien réellement Silas Cass.

A peine avais-je prononcé ces paroles, que le bandit me visa avec son revolver et pressa la détente. Cette fois, le misérable avait visé juste. Je sentis la balle de son arme dans mon bras droit.

Mais, au même instant, l'un des cavaliers assénait sur le crâne de ce misérable un coup de crosse de fusil et il tombait lourdement par terre.

. . . .

Silas fut remis aux mains des autorités et fouillé des pieds à la tête. On trouva dans la poche indiquée le billet que j'avais écrit et glissé au fond de la doublure.

Le cadavre attaché à la pierre fut ensuite retiré du gouffre où le bandit l'avait jeté, en croyant faire ainsi disparaître son crime.

Les preuves que j'avais données furent convaincantes, et j'eus le plaisir de voir pendre quelques jours après le scélérat qui avait si longtemps jeté la consternation dans le pays qu'il avait choisi pour le théâtre de ses déprédations.

On me rendit la somme que je réclamais, mes vêtements et mon cheval, et je pus continuer ma route, en jurant qu'une autre fois je ne voudrais pas aller plus vite que les violons.

UNE NUIT TERRIBLE

C'était en octobre, il y a bien longtemps de cela, que mon ami Stephen Otto, passa une nuit terrible dont le récit qu'il me fit à cette époque est resté dans ma mémoire.

Otto était alors employé au télégraphe de Morse, dans un pauvre village du Canada, placé sur la ligne du chemin de fer de Grand-Frank.

Cette résidence de mon ami était loin d'être un lieu de plaisance, et l'on comptait dans ce petit endroit plus de brasseries, de salons où l'on jouait, et de tavernes borgnes, que de maisons honnêtes et de magasins respectables.

Depuis l'installation de mon ami Otto dans ce village de Nattanville, c'est-à-dire depuis un an, on avait arrêté un faussaire, deux assassins, et peu de jours se passaient sans que l'on assistât à quelque bataille entre les bandits qui avaient fait élection de domicile dans ces parages.

Et pourtant, dans ce pays peu désirable pour s'y établir, il y avait une école, et celle qui était placée en qualité d'institutrice à la tête de cet établissement était une charmante jeune fille, aux yeux bleus, aux cheveux blonds.

Mon ami Otto la vit, elle lui plut, et trois mois après miss Alice Halt consentait à se rendre avec lui à l'église voisine pour échanger son nom contre celui de l'homme qui lui consacrait sa vie.

Le mariage eut lieu au mois de juillet, et l'heureux couple s'installa dans un petit cottage, bâti à un quart de mille environ du bureau du télégraphe.

Stephen Otto n'avait personne pour le remplacer au cas où il eût voulu s'absenter ; aussi mon ami était-il obligé de rester toute la journée, et une grande partie de la soirée, dans son bureau, où sa femme lui apportait ses repas à des heures convenues.

La station du télégraphe était divisée en deux ; la première chambre contenait les appareils du système Morse, la seconde servait de salle à manger et il n'y avait qu'une porte s'ouvrant de la première pièce, et une fenêtre. Alice, la chère moitié de mon ami Otto, avait installé dans cet endroit une table de toilette, un miroir, un lavabo et quelques planches sur lesquelles se trouvaient placés les serviettes, les fourchettes, les couteaux, le sel, le poivre et des pots de cornichons destinés au repas de son mari. J'ajouterai que l'endroit dont je fais la description était situé au second étage d'une maisonnette en bois, isolée des autres maisons du village de Nattanville.

J'arrive maintenant aux événements qui s'accomplirent dans la nuit terrible du mois d'octobre 1847, auxquels prit part Alice Halt, la femme de mon ami.

Ce dernier se trouvait seul dans son bureau, vers sept heures et demie du soir, quand un des inspecteurs du télégraphe arriva en courant vers la station et, se précipitant dans l'intérieur de l'office, s'écria d'une voix émue :

— Très cher monsieur, vous êtes-vous promené, par hasard, aujourd'hui, du côté du grand talus ?

— Non ! répondit Otto.

— En ce cas, il est providentiel que j'y aie passé moi-même, car un énorme bloc de roche est tombé sur la voie et l'obstrue en entier du côté droit. L'obscurité sera très grande, cette nuit, et si le train de minuit passait là, sans être averti, une catastrophe épouvantable aurait lieu.

— En effet, il faut que le convoi s'arrête à Postville, et je vais envoyer immédiatement une dépêche à mon confrère, répliqua Otto.

— Vous ferez bien, et c'est pour cela que je suis venu ici, ajouta l'inspecteur. La seconde voie n'est point obstruée, donc le train qui remonte pourra passer sans obstacle, continua l'inspecteur.

— Très bien ! monsieur.

Stephen Otto accompagna son supérieur jusqu'à la porte et le suivit des yeux tandis qu'il descendait l'escalier. A peine celui-ci avait-il disparu au détour du chemin, que mistress Alice arriva apportant le dîner de son mari.

Les plats étaient chauds, l'agent du télégraphe avait faim, aussi se hâta-t-il de mettre le couvert pour prendre son repas, en se disant à part lui : « Bah ! j'ai le temps pour adresser ce message à Postville. »

Et il se mit à causer avec sa femme, qui lui demanda s'il avait eu beaucoup de tiavail dans la journée.

— Non, répliqua Otto ; la seule dépêche que j'aie eu à transmettre, etait adressée à John Martin.

— Juste ciel ! répliqua Alice, au plus grand coquin de tout le pays, et quel était ce message? que disait-il?

Ces seuls mots, ma chère: « Le train de minuit. »

— Rien de plus?

— Non. M. Hill, mon inspecteur, est venu me faire visite pour m'apprendre qu'une énorme pierre obstrue la voie à cent pas d'ici, au dessus du talus: aussi je vais arrêter le convoi de minuit qui s'arrêtera à Postville, jusqu'à demain matin, car, dès la première heure, on s'occupera de déblayer la route ferrée.

— La dépêche est-elle partie ? demanda Alice.

— Pas encore : j'ai tout le temps nécessaire pour cela. Le convoi qui remonte ne passe à Postville que vers onze heures et demie, et il est à peine huit heures. Tiens, chère amie, voilà l'horloge qui sonne les huit coups.

— Mon avis est qu'il faut vous hâter, Stephen, fit la jeune femme ; si quelque accident arrivait, vous seriez compromis. Voyons, mon ami, au travail ! Pendant que vous allez manœuvrer la machine électrique, moi je vais dans le cabinet à côté ranger ce qui s'y trouve ; dès que j'aurai fini ma besogne, je reviendrai m'asseoir près de vous et vous tenir compagnie. Nous retournerons ensemble à la maison à l'heure ordinaire.

En effet, Alice entra dans la petite pièce attenante au bureau, sans emporter de lumière; celles qui éclairaient le bureau étant suffisantes pour qu'elle y vît de l'autre côté.

Otto allait s'asseoir devant la machine télégraphique pour envoyer le message, lorsque, au même instant, la porte extérieure du bureau fut violemment ouverte et quatre bandits de la petite ville de Nattanville, bien connus pour tels dans le pays, pénétrèrent dans le bureau, ayant à leur tête le coquin nommé par Alice, John Martin.

Avant que l'employé du télégraphe eût eu le temps de se retourner, il fut jeté dans son fauteuil de bois, et John Martin, l'ajustant avec un revolver, lui dit brutalement :

— M. Hill est venu vous donner l'ordre d'arrêter le train de minuit. Nous ne voulons pas que vous envoyiez la dépêche. Le rocher placé sur la voie est là parce que nous voulons qu'il y soit. Le conducteur du convoi a cinquante mille dollars en or, confiés à ses soins, et il nous les faut. Comprenez-vous, monsieur Otto?

— Et pour vous emparer de cette somme vous risqueriez la vie de tous les voyageurs ? s'écria mon ami Otto.

— Bah ! que nous importe cela ! Voyons ! pas de bêtises? le cinquième de cette somme sera pour vous si vous n'envoyez pas la dépêche à Postville. Il y a déjà longtemps que nous attendions l'envoi de ces cinquante mille dollars.

Stephen Otto avait compris toute la machination infernale de ces bandits. Si le convoi arrivait sur cet obstacle placé par eux au milieu de la voie, il allait être mis en pièces, et les misérables pilleraient les espéces confiées au conducteur.

— Allons ! répéta Martin au pauvre Otto, décidez-vous et venez avec nous.

— Jamais ! jamais ! s'écria celui-ci d'une voix indignée.

— Tant pis pour vous, nous allons être forcés de vous ficeler comme un saucisson.

Stephen Otto tremblait pour la sûreté de sa pauvre femme et il eût voulu qu'elle fût bien loin de là. Si sa vie seule eût été en danger, il eût eu moins d'appréhensions; mais un espoir lui restait celui que sa chére Alice échapperait aux recherches de ses ennemis. On n'entendait pas remuer dans la petite chambre, et il se laissa lier les pieds et les mains par ces cinq hommes qui s'arrangèrent de façon qu'il ne pût se délivrer de ses entraves. Il fut, un moment, question de le bâillonner, mais les coquins y renoncèrent, car ils se dirent entre eux que ses cris ne seraient point entendus par les voisins, tous trop éloignés de la station pour percevoir le moindre bruit. La seule précaution qu'ils prirent fut de lui couvrir la bouche avec un mouchoir.

Cela fait, ils fermèrent à double tour la porte du petit cabinet, sans même y entrer, puis ils éteignirent les lumières et laissèrent Otto, en verrouillant son bureau dont ils emportèrent la clef.

Il se fit alors un profond silence. On n'entendait que le pas des hommes qui s'éloignaient et celui d'une sentinelle que ces bandits avaient laissée devant la station de télégraphe.

Stephen Otto chercha à se débarasser du mouchoir qui lui couvrait la bouche. A force de se frotter, le bâillon tomba autour de son cou. A ce moment même, il entendit un léger coup frappé à la porte du cabinet.

— Stephen ! disait Alice à son mari.

— Ah ! c'est toi ; parle bas, chérie. Il y a encore un de ces bandits qui est resté en sentinelle.

— Êtes-vous seul dans la salle ? ajouta Alice.

— Oui.

— Je vais me rendre à Postville. Il n'y a personne sous la fenêtre du cabinet ; je puis sortir et m'échapper par la fenêtre. J'ai trouvé cinq torchons fort solides ; je les ai noués les uns aux autres, et, pour faire la corde plus longue, j'ai coupé un de mes jupons en bandes, si bien que j'atteindrai le sol sans me blesser et sans faire de bruit. Il ne me reste plus qu'à fixer cette échelle factice au support de fer de la fenêtre. Une fois en bas, je courrai rapidement à la maison où je sellerai Sélim sur lequel je me rendrai au grand galop à Postville. N'ayez aucune crainte, mon cher mari, lorsque vous entendrez un chant de coq à dix pas d'ici, vous comprendrez que je suis en sûreté.

Mon ami Otto tressaillit de joie et d'orgueil en entendant Alice lui proposer d'accomplir un acte de courage héroïque. Il n'osa pas la dissuader d'agir.

— Que Dieu te protége et te conduise, chère âme ! lui dit-il.

Cinq minutes après cet entretien, Stephen Otto entendait le cri convenu. Alice était loin de l'atteinte des bandits.

La nuit était sombre, un orage menaçait à l'horizon, et autant que Stephen pouvait calculer juste, neuf heures allaient sonner. La distance entre Nattanville et Postville était d'une lieue et demie. Mais la route était bonne, et à moins d'événements imprévus, Alice arriverait à son but avant que l'ouragan se fût déchaîné.

L'horloge sonna neuf heures à l'église de Nattanville. A ce moment-là, des éclats de tonnerre précédés d'éclairs fulgurants annoncèrent à Stephen Otto que l'orage commençait à éclater. Le pauvre homme se désespérait en songeant à Alice qui se trouvait ainsi exposée aux inclémences de l'atmosphère.

Dix heures retentirent encore ; la pluie tombait par torrents, les appels de tonnerre se répétaient, les éclairs illuminaient l'horizon. Alice avait-elle réussi dans son plan de campagne ? Montée sur son bon cheval, la courageuse créature pressait-elle sa monture du talon ? oubliant toutes ses craintes, car, en diverses occasions, Stephen Otto avait été forcé de la rassurer quand il voyageait avec elle.

Enfin, le malheureux Otto entendit onze heures tinter à l'horloge. L'orage s'était calmé, et pourtant la nuit restait sombre : aucun bruit ne se faisait entendre ; rien n'était venu changer la terrible situation du pauvre employé du télégraphe, qui restait en proie à la plus épouvantable anxiété.

Que la dernière heure allait lui sembler longue ! Ah ! quand il aurait entendu sonner minuit, tout lui paraîtrait décidé, mais d'ici là le malheureux Otto allait souffrir une angoisse mortelle.

Enfin, un bruissement qui grandissait de minute en minute vint le tirer de cette torpeur Il percevait la trépidation du chemin de fer qui avançait du côté de la station de Nattanville. « Hélas ! se disait-il à part lui, voilà de pauvres employés, de malheureux voyageurs qui marchent à la mort sans s'en douter. » Et il songeait à sa femme qui était peut-être, comme lui prisonnière des voleurs de grand chemin, ou qui avait été arrêtée par eux sur la route de Postville. Peut-être même était-elle morte, terrassée par un coup de tonnerre. Pourquoi Otto lui avait-il permis de réaliser sa courageuse entreprise ?

Tout en énumérant ces pensées poignantes, Stephen Otto faisait des efforts inouïs, mais inutiles pour se délivrer de ses liens.

Enfin, il entendit le bruit du convoi qui s'avançait sur les rails, vis à vis de la station du télégraphe, et qui s'arrêta, — d'après le jugé, — à la pierre même qui obstruait la voie. Le pauvre employé crut entendre bientôt l'écrasement général et les cris des mourants sur ce Golgotha suprême.

Il n'en fut rien.

Otto se demandait ce que cela voulait dire, quand il lui sembla percevoir le bruit d'une clef qui tournait dans la serrure.

Il ne se trompait pas. En quelques secondes deux bras enlaçaient son cou. C'étaient ceux de sa chère Alice qui lui disait à l'oreille :

— On va venir vous délivrer, mon ami. Les bandits avaient laissé la clef dans la serrure, et j'ai pu entrer. Je n'avais pas osé le faire quand je suis partie, parce que l'homme que ces hardis malfaiteurs avaient laissé pour faire sentinelle se tenait au bas l'escalier. Je me suis donc mise à courir.

— Mais, chère Alice, es-tu donc allée à Postville ? lui dit Otto.

— Certainement.

— Au milieu de la tempête qui s'est déchaînée ?

— Oui ! Sélim paraissait comprendre la nécessité qu'il y avait à aller vite. Je m'étais revêtue de mon manteau à capuchon et quand je suis arrivée à Postville, je n'étais pas même mouillée. Grâce à Dieu, le convoi n'était pas arrivé.

— Mais alors comment se fait-il qu'il soit ici ?

— Ce n'est qu'une machine et un wagon dans lequel ont pris place le shérif et son aide, y compris vingt hommes armés jusqu'aux dents, qui avaient juré de s'emparer des coquins commandés par John Martin. Je m'étais jointe à eux et j'ai pu descendre avant le moment où la machine a stoppé près du talus. Je voulais, cher ami, me rendre ici bien vite, te délivrer et te dire ce qui s'était passé.

Tandis que mon ami Otto et sa femme causaient de la sorte, Alice avait dénoué le mouchoir qui serrait le cou du prisonnier, puis, malgré l'obscurité, elle avait réussi à dénouer les cordes qui paralysaient ses bras. Elle allait procéder à la délivrance complète, lorsque des voix nombreuses se firent entendre. On gravissait l'escalier ; quelques minutes après, l'intérieur du bureau du télégraphe était éclairé.

— Hourra ! s'écriaient quelques nouveaux venus. Nous avons pris les cinq coquins que commandait John Martin. Trois d'entre eux, y compris ce dernier, sont blessés dangereusement : mais tout a marché comme sur des roulettes. Nous voici, mon brave monsieur ; nous arrivons à votre secours.

En quelques secondes, Stephen Otto était sur pied et tous ceux qui l'entouraient voulurent lui toucher les mains pour le féliciter.

D'autre part leurs compliments s'adressaient à la femme courageuse qui avait donné de telles preuves d'assurance et de fermeté.

En résumé, les bandits furent envoyés en prison ; on les jugea et John Martin, ayant été convaincu d'autres crimes, les juges le condamnèrent à la prison perpétuelle.

Mon ami Stephen Otto et sa femme crurent devoir demander leur changement pour un poste plus civilisé. Mais avant leur départ, la Compagnie du chemin de fer les réunit dans un dîner à Postville, et après les hourras portés en leur honneur, les santés et les compliments d'usage, le président du comité offrit à Alice un service à thé en argent, à la souscription duquel avaient contribué tous les voyageurs du convoi, et le directeur du railroad, en témoignage de leur gratitude éternelle.

LE PONT MAUDIT DU NICARAGUA

Si, de nos jours, la ville de San-Francisco est aussi sûre à habiter que toute autre ville du monde, il n'en était pas de même en 1849, à l'époque où le hasard m'amena dans cette capitale de la Californie. Nous n'apprendrons rien à nos lecteurs en leur disant qu'il y a trente et quelques années la cité des bords du Pacifique surgissait de terre, comme le palais d'Aladin, grâce aux efforts incessants de la foule des chercheurs d'or qui se rendaient là, venant de tous les coins du monde. Or, dans ce nombre, la plupart étaient gens de sac et de corde, se souciant peu des lois et de leurs représentants.

Peu à peu cependant, l'ordre se fit dans cette société fort mêlée. Mais, au début, le vice et le crime marchaient la tête haute, luttant, sans vergogne, contre les gens honnêtes, et voilant les attentats les plus odieux, sous le masque de protection des citoyens.

Cet état de choses ne pouvait pas durer longtemps ; les gens de cœur ne voulurent pas subir plus longtemps les vexations arbitraires de ces bandits : ils organisèrent un comité de vigilance qui pratiquait la loi du

Lynch, et je dois dire que je faisais partie de cette association de légitime défense.

C'était juste, au point de vue du droit, mais c'était une folie relativement à ma sûreté personnelle, car je devais indubitablement me créer des ennemis. C'est ce qui m'arriva.

J'eus l'imprudence de songer à débarrasser la société d'une bande de coquins de la pire espèce, dont le chef se nommait Tom Blood, (ce qui en anglais signifiait Thomas le sanguinaire), qualification parfaitement exacte, car Tom passait, avec raison, pour un homme qui versait le sang pour le plaisir de commettre un mauvais coup et de se « divertir un brin. »

Notre comité de surveillance réussit à mettre la main sur quatre des plus hardis compagnons de Tom Blood, mais celui-ci éluda toutes nos recherches ; il prit la fuite, mais il savait parfaitement que j'étais un des plus ardents défenseurs de l'ordre, et que c'était moi qui l'avais empêché de travailler à son aise.

Avant de s'éloigner de San-Francisco, le hardi mécréant m'adressa une lettre autographe dans laquelle il avouait que, pour le moment, j'avais le dessus, mais qu'il espérait bien avoir un jour sa revanche. Toute cette prose était agrémentée de jurements et de malédictions qui eussent donné le frisson à tout autre qu'à un homme de ma trempe.

Peu de temps après cet événement, j'entrepris un voyage dans le Nicaragua où je fis la connaissance d'une famille espagnole de la plus haute *respectabilité*. Le père, avec qui je jouais aux échecs, m'estimait fort ; ses fils m'apprenaient chaque jour à « jouer du lasso », et leur sœur, une gracieuse jeune fille me prit un jour elle-même au filet, dans son genre, c'est-à-dire qu'elle s'empara de mon cœur. Je l'épousai un beau matin et je m'établis dans le pays. J'achetai du terrain, des moutons, des bœufs, et je me fis construire une *hacienda* au milieu d'un terrain que je défrichai, afin d'y faire des semences et des plantations utiles.

L'endroit en question était quelque peu solitaire, et je ne réfléchis qu'un peu plus tard au choix fâcheux que j'avais fait, car mon voisin le plus proche — un Espagnol — était devenu mon mortel ennemi. A vrai dire, il habitait à dix milles de distance. Ce qui avait causé cette inimitié, c'était la jalousie de mon succès, car j'étais parvenu à obtenir un domaine qu'il désirait, dont le terrain était très fertile. Ce domaine était situé sur les collines qui bordent le grand lac du Nicaragua, vers le sud, et mon voisin disait, à qui voulait l'entendre, que, si j'avais eu la bonne chance de l'emporter sur lui, c'était grâce à l'influence de mon beau-père, un des hommes les plus importants du territoire.

Don Enrico m'aimait en conséquence : cela se comprenait facilement, car j'étais le seul Européen qui se fût établi dans le canton ; mon mariage avait fait bien des jaloux à Granada.

Peu de temps ap.ès mon établissement, j'eus encore un autre sujet de terreur qui vint troubler ma vie. J'avais souvent occasion de me rendre à Greytown, pour vaquer à mes affaires. Dans une de ces excursions, j'entrai dans le café — le *bar* — d'un des principaux hôtels de la ville, et, à mon grand étonnement, je me trouvai face à face avec Tom Blood.

Mon premier mouvement fut de saisir le pistolet que je portais à ma ceinture, convaincu que Tom Blood allait faire feu sur moi. Mais il n'en fit rien.

Le maudit se contenta de sourire, c'est-à-dire qu'il m'adressa une grimace significative et déclara qu'il était heureux de me voir et de me retrouver.

— Je ne puis pas, me dit-il encore, vous payer la dette que j'ai contractée avec vous, mais ne craignez rien, je ne vous ferai pas attendre bien longtemps.

— Oh ! prenez votre temps, répondis-je. J'ai là un reçu tout prêt, quand il vous plaira.

J'avoue que j'éprouvai une certaine émotion. Je songeai à ma femme, à mon enfant. Q'allait-il advenir ? Le pays dans lequel je me trouvais était peu sûr, politiquement parlant, et Tom Blood avait embrassé le parti dans lequel se trouvait enrôlé mon voisin Enrico.

Deux jours après cette entrevue, un de mes beaux-frères m'apprit qu'il avait vu les deux coquins ensemble.

A trois jours d'intervalle, j'étais allé couper des arbres à une demi-lieue de mon logis et je rentrais le soir, chez moi, quand, à cent mètres de la *hacienda*, je vis accourir ma femme qui portait son enfant dans ses bras, en proie à une violente émotion.

Elle me raconta qu'un inconnu s'était présenté chez elle, en me demandant et en déclarant qu'il avait à me voir pour affaires. Elle l'avait fait entrer et lui avait offert à manger. Pendant que cet homme prenait son repas, ma pauvre femme, effrayée de ses allures, avait pris le prétexte pour s'absenter, d'avoir à vaquer à des arrangements dans la cuisine. Une fois dehors, elle avait été fort étonnée de ne plus trouver personne : aucun de ses serviteurs ne se trouvait ni là, ni dans l'écurie. Mieux encore, notre cheval avait disparu : il n'y avait que celui de cet inconnu qui était attaché à un piquet, devant la porte.

Il y avait certes bien de quoi s'alarmer, et ma femme n'avait pas cru devoir prendre d'autre parti que celui de venir à ma rencontre. Je commençai d'abord par croire qu'il y avait erreur, que cet homme venait réellement pour m'acheter des bestiaux, mais, cependant, la disparition de mon cheval me donnait à réfléchir. D'autre part, si je me me décidais à fuir, je laissais ma maison et tout ce que je possédais aux mains des bandits.

Je pris la résolution d'aller voir ce qu'il en était, et je dis à ma femme de me suivre. Mais, à peine avions-nous fait quelques pas que j'aperçus un homme qui nous épiait au milieu des arbres qui ombrageaient notre demeure. Je me hâtai de me jeter sous le taillis, en enjoignant à ma femme de me suivre et d'empêcher notre bébé de crier.

Quelques instants après deux individus passèrent devant nous dans le chemin, près du buisson où nous étions cachés. L'un disait à l'autre :

— Je sais qu'il est assez fort pour sauter sur notre ennemi, et je me fie à lui. Dès qu'il entendra notre coup de sifflet, il se ruera sur le Français et alors nous accourrons. Enfer et sang !

Le maudit qui parlait ainsi faisait allusion à ma personne, mais il s'exprimait en anglais, et ma femme comprenait peu cette langue, heureusement, car elle serait morte de frayeur.

Celui qui parlait de la sorte, Hélas ! c'était Tom Blood lui-même, cheminant avec un coquin de son espèce.

Les deux bandits s'éloignèrent.

Il n'y avait pas d'autre parti à prendre que celui de la fuite. Je me décidai à traverser la montagne en me dirigeant vers la cataracte, afin de descendre, de là, sur les bords du lac. Une fois à cet endroit, nous monterions en bateau, afin de nous rendre à Granada.

Il s'agissait donc seulement d'arriver au lac, pour être à l'abri de tout danger. Certainement les habitants de la plage ne pouvaient pas passer pour être mes meilleurs amis, mais enfin c'étaient d'honnêtes gens qui n'auraient pas permis que Tom Blood et ses acolytes commissent un crime. La distance à parcourir, de l'endroit où nous étions jusqu'au lac, était d'environ trente mètres, et encore fallait-il passer à travers bois et ravins. Pour moi, ce n'était rien, mais pour ma femme, c'était une fatigue insurmontable. N'importe, il fallait aller de l'avant.

La nuit se fit, nuit sombre, comme sous les tropiques ; mais, malgré l'obscurité, nous allions en avant en chassant des reptiles et des bêtes fauves, moins dangereux que l'homme sanguinaire, cet infernal Tom Blood, notre implacable ennemi.

Nous marchâmes ainsi pendant cinq heures ; le bois devenait moins épais, et nous entendions enfin le bruit de la cataracte. En effet, nous avancions le long des précipices et le danger seul que nous courrions était une excuse pour l'imprudence que nous commettions de marcher à l'aventure.

Je pris alors notre enfant dans mes bras et nous continuâmes notre route, jusqu'à une certaine grotte où ma pauvre femme put se reposer. Il me restait heureusement de quoi boire dans ma gourde de travail. Je n'avais pas mangé tout le dîner emporté dans les champs la veille, nous pûmes donc prendre un léger lunch, en attendant le crépuscule. A ce moment, notre cher bébé cria, car il avait froid, et je ne pus m'empêcher de tressaillir, par la crainte que j'avais d'être entendu par nos ennemis.

Enfin, la lueur de l'aube se montrant du côté de l'est, nous nous levâmes et nous reprîmes notre route qui nous amena près du pont élevé au dessus de la chute d'eau, construction rustique, solide, mais enfin suffisante pour ceux qui avaient à passer par là. Ce pont était divisé en deux parties, car il y avait une double chute d'eau, et la poutre du milieu s'appuyait sur un rocher de forme bizarre qui servait de contrefort aux pilotis et à la suspension qu'ils maintenaient en place.

Il n'y avait pas à s'en dédire. Il fallait passer par là, ou faire un détour de dix milles plus en aval.

La traversée de ce pont à moitié effondré était donc chose di_cile pour les nerfs d'une femme affolée, mais celle qui portait mon nom n'était pas une poule mouillée et c'est elle qui me dit : « En avant ! » sans la moindre hésitation.

— En avant ! répétai-je. J'entends les aboiements d'un limier.

En effet, en jetant les yeux vers le chemin que nous venions de parcourir, je découvris les bandits qui nous poursuivaient : ils étaient au nombre de douze, dont deux montés sur des chevaux.

— Emporte rapidement l'enfant, criai-je à ma femme. Traverse le pont, puis tu tourneras à gauche. Cela fait, tu suivras le sentier qui borde l'abîme et tu seras en sûreté.

Je vis, en effet, ma chère moitié s'avancer hardiment au dessus du pont, en prenant notre enfant sur sa poitrine. Je la suivis aussitôt, mais je m'arrêtai sur le rocher du milieu et je mis aussitôt à saper les pilotis du pont à grands coups de hache. J'hésite à croire que jamais bûcheron ait rempli sa tâche avec plus d'ardeur.

Pendant que je travaillais de la sorte, les bandits avançaient à grands pas, mais il était trop tard. J'avais si bien taillé de ci, de là, qu'à la fin le pont s'écroula et disparut dans le précipice, quelques minutes avant l'arrivée des sacripans qui voulaient ma mort, celle de ma femme et de notre enfant.

Ma femme fuyait, j'entendis même un coup de feu qui, par bonheur ne l'atteignit point. Au moment où j'allais la suivre je m'aperçus que j'avais sapé la partie du pont qui n'était pas la bonne pour sauver ma famille. Mes ennemis pouvaient faire le tour, et par conséquent arrêter notre fuite. Il n'y avait pas un moment à perdre. Je me hâtai de frapper à grands coups de hâche les pilotis de l'autre partie du pont. J'étais garanti dans ce travail par la chute d'eau qui empêchait les bandits de me voir. Mais, de temps à autre, les balles sifflèrent à mes oreilles, car les misérables se doutaient bien des efforts que je faisais pour leur couper le passage. Par bonheur, dans leur excitation, ils ne pouvaient tirer avec justesse.

Enfin, la seconde section du pont s'écroula avec grand fracas. J'étais sauvé et je courus vers ma chère femme qui se jeta à mon cou, en bénissant Dieu.

— Enfin, s'écria-t-elle. Merci Seigneur ! Merci ! Vous avez eu pitié de mon mari et de mon enfant !

Nous avançâmes alors en toute hâte, et, avant que le soleil fût monté au méridien, nous étions parvenus, sains et saufs à Granada. Il était temps car nous nous traînions sur la route et le limier avait presque franchi la distance.

Tom Blood n'avait pas pu accomplir ses sinistres projets, cette fois-là, et j'eus l'insigne plaisir de le voir pendre six mois plus tard.

Ma femme et moi ne revînmes point à notre hacienda ; nous avions peur, tous les deux, de nous retrouver exposés à de nouveaux dangers : aussi, je me décidai à vendre cette propriété pour retourner en Californie. C'est là que je travaillai plus sûrement à faire ma fortune.

C'était, du reste, ce que j'avais de mieux à faire, car je suis convaincu que, si j'avais jamais repris la vie de pionnier, je serais devenu la victime des bandits du pays.

LES BERGERS DU COLORADO

Le pays, que l'on nomme le Colorado, en Amérique, est une contrée importante qui se trouve à l'est de l'Utah, en dehors de la réunion des riviéres Grant et Green, qui forment, par leur jonction, le fleuve Colorado. C'est là que se trouvent les plus profondes et les plus curiéuses vallées – *Canons* — de tout ce territoire uni. Dans ce nombre est le *Quent Canon*, dans lequel on entre par le nord-ouest de l'Arisona, et dont l'étendue est de 270 milles. Les rochers qui s'élévent des deux côtés et forment parois ont, à certains endroits, 3,000 pieds de hauteur. L'eau court au fond de ce précipice avec une rapidité vertigineuse, se heurtant aux rochers, aux pierres brutes qui encombrent les rives et obstruent le lit du fleuve, si bien que ceux qui se risquent follement par là doivent s'estimer très heureux s'ils en sortent sains et saufs.

Pour se rendre au grand Canon, on passe par Kanab, vers le nord de la ligne de l'Arisona, le long de chemins assez bien entretenus, lesquels ont été tracés par les Mormons et dont l'étendue est de quatre cents milles.

On arrive ainsi à la vallée de Toroweap, située sur les hauteurs et on longe un précipice taillé dans une roche couleur de sang, dont l'altitude est de 3,000 pieds.

Du point où le touriste se trouve, il se dirige sur le plateau de Ray-Bal, le plus élevé de tous ceux scindés par le Canon. Mais, une fois parvenu sur ce promontoire sans pareil, on jouit d'une vue qui glace d'horreur celui qui la contemple, surtout quand l'orage s'est déchaîné; ce qui arrive vingt fois par mois. Dans ces moments-là le tonnerre ressemble à des coups d'obusier Krupp, les torrents se précipitent de la cime des monts, comme autant d'écluses ouvertes : c'est le Niagara par morceaux, tombant d'une hauteur quadruple, pour ne rien dire de trop.

Il est question d'établir un chemin de fer partant de la rive du lac Salé, lequel aboutirait aux établissements des pionniers demeurant vers le sud. Si jamais cette route se fait, — et elle se fera, — le touriste pourra aussi facilement visiter le grand Canon du Colorado qu'il lui est facile de parcourir le Central Rail road.

Dans ce pays lointain, on trouve deux centres de population : la ville de Colorado qui fut fondée après le passage du colonel Frémont dans le territoire, et les sources d'eaux minérales du Colorado, qui vont devenir un endroit très à la mode dans cette partie de la Californie.

Les prairies d'un vert émeraude qui entourent ces sources servent de pâturage à des troupeaux de moutons qui varient de 150 à 200,000 têtes de bétail et à des myriades de bœufs et de vaches.

Les aventuriers mexicains font quelquefois des incursions dans le Colorado ; mais, généralement, ils se voient repoussés par les colons de *El Quato*, qui sont les premiers bergers du monde. Le gouvernement américain a favorisé l'élevage du bétail en donnant à très bon marché, — trois dollars par are, — le sol de cette partie du terroir. Aussi, dès que le ranchero, nouvellement arrivé dans le Colorado, a pris possession du terrain concédé, il songe à se procurer des moutons et c'est à ses voisins qu'il s'adresse. On lui vend des mérinos qui ne coûtent pas très cher non plus, mais qui, bien entretenus et bien nourris, lui donneront promptement de bons bénéfices. L'important pour cela c'est d'avoir des hangars pour remiser le bétail, du foin coupé et mis en réserve pour parer aux éventualités de la saison hivernale, saison terrible dans le Colorado ; car elle se manifeste par des ouragans de neige qui ensevelissent souvent les bêtes et leur conducteur.

Dès que les sombres nuages chargés de neige commencent à s'ouvrir et à laisser tomber leur contenu dru et serré, aveuglant hommes et animaux, ces derniers se serrent les uns contre les autres et ne veulent plus avancer. Il ne reste au berger qu'une seule chance de salut, celle de s'abriter de son mieux près de son troupeau, d'attendre patiemment la fin de l'ouragan, qui dure bien souvent un jour et une nuit ; puis quand le ciel s'est rasséréné, de chercher à ramener son troupeau au bercail.

Non loin du Colorado-Springs se trouve un Canon, — un *Gulf*, comme l'appellent les gens du pays, qui le désignent sous l'appellation du Big-Corral, — au fond duquel plus de 1,200 brebis furent ensevelies, il y a deux ans, pour avoir voulu suivre avec obstination le bélier conducteur qui tomba dans un gouffre plein de neige, au fond duquel toutes s'entassèrent, y compris le berger lui-même, victime avec ses animaux du mirage de la neige.

Ces tourmentes de neige sont, en effet, la ruine des éleveurs du Colorado, et l'on cite dans le nombre de ces sinistres, celui qui eut lieu au mois de mars 1878, le plus épouvantable dont aient jamais été témoins les Canons du Colorado et de toute la Californie. On évalue à plus de 25,000 moutons ou brebis, le nombre de têtes de bétail qui périt en cette occasion. La neige avait douze pieds d'épaisseur, et les troupeaux périrent de faim et de froid après être restés trois semaines ensevelis sous ce linceul hyperboréen.

Les gens du pays prétendent que le mouton qui est ainsi sous la neige sait fort bien découvrir l'herbe et qu'il la broute sans plus s'occuper de la croûte qui le recouvre.

Depuis que les événements ont prouvé la nécessité de se prémunir contre de pareils désastres, on a élevé de nombreuses bergeries dans tous les coins du territoire et, aux premiers symptômes d'un orage suspendu en l'air, le berger ramène son troupeau dans la grange où il trouve le salut et la nourriture.

Vienne le mois de mai, la saison des « agnelées » et tout ira bien. On sépare alors toutes les mères de celles qui ne le sont pas, et le nombre des premières est toujours du double de celles qui n'ont pas eu de progéniture.

Au mois de juin, la « tonte » occupe tout ce monde d'escadrons américains et, cette opération finie, chacun d'eux fait son compte et toujours le bénéfice dépasse les espérances. Il y a peu d'exemples du contraire.

Il arrive quelquefois que la fatigue, ou la nourriture consistant en certaines herbes intoxicantes ou vénéneuses, force un troupeau entier à se coucher. Le conducteur croit alors ses brebis perdues, mais il n'en est rien ; témoin ce qui arriva à un berger, l'an dernier, qui se présenta dans un rancho en s'arrachant les cheveux, et en pleurant, tandis qu'il disait qu'il s'était vu forcé de laisser dans le Nyper-Canon 1,217 brebis ou moutons mourant d'une maladie inconnue.

Quelques bonnes âmes s'émurent d'un pareil malheur et suivirent le berger jusqu'à l'endroit indiqué, afin de porter secours à son troupeau, si c'était possible. Mais quand ils arrivèrent, tout était rentré dans l'ordre accoutumé : les brebis avaient recouvré la santé et broutaient comme devant , seulement les loups gris et les coyotes avaient pris leur part et soixante-dix bêtes avaient été dévorées par eux dans l'espace de six heures.

L'une des plus belles métairies du Colorado est, sans contredit celle M. Altserton. Hâtons-nous de dire que ce n'est pas par la construction qu'elle marque dans le pays, mais bien par le nombre des animaux dont le gentʰeman farmer est le propriétaire.

Le rancho, par lui-même, se compose de quatre pièces : l'une, celle qui sert d'entrée, est une salle de cinq mètres carrés, meublée d'une table, d'une cuisine en fonte avec four et trous pour les casseroles et les marmites, de chaises rustiques et de quelques patères en bois ou en cornes, destinées à recevoir les habits et les chapeaux du maître et de ses gens.

La seconde pièce est le garde-manger, rempli de provisions de toutes sortes, depuis le porc salé, le beurre et le biscuit — craker — jusqu'aux haricots, farines de maïs et autres *preserves* employées par les cuisiniers ou cuisinières du pays.

Enfin, les deux autres chambres, sont destinées au logis de nuit du maître et des employés du rancho.

L'accueil fait au touriste par ces pionniers du Colorado est toujours fort cordial, et M. Altserton se fait gloire de ne point mentir à la règle générale.

Le voyageur de qui nous tenons ces détails, nous raconta que M. Altserton, d'origine anglaise, avait servi dans l'armée et avait déserté pour se rendre en Amérique. Là, il avait également pris du service et avait fait la guerrre aux Indiens. Fatigué de ce genre de vie, le *ranchoman* s'était rendu aux mines où il avait fait le métier de « gambusino » pendant deux ans. Mais, enfin, ce coureur des bois avait préféré la vie de berger dont il se trouvait à merveille.

Dans les environs de la ferme de M. Altserton on va visiter celle de Bijou-Basin, où l'on montre avec orgueil 8,000 têtes de bétail dans les champs de la bergerie.

Là se trouvent groupés quelques maisons et un *store* où l'on vend des étoffes, des ustensiles de toutes sortes, de la bière et des liqueurs, rendez-vous de tous les « hacienderos » du voisinage. C'est là qu'on trouve les journaux — vieux de trois semaines bien souvent — venus de tous les coins du monde ; quelques-uns du Mexique. L'on cause affaires, politique, spéculation, industrie ; on bavarde sur celui-ci et sur celle-là, e l'on boit.

C'est à cette taverne de Bijou-Basin que notre voyageur entendit raconter l'histoire suivante qui mérite de trouver place dans ce recueil.

Un homme, nommé Thomas Moore, originaire d'Irlande avait quitté fort jeune son pays et s'était rendu à New-York à bord d'un navire, où il servait en qualité de cook (cuisinier) pour payer son passage.

La traversée fut assez longue et le capitaine du vaisseau de commerce, sur lequel Thomas Moore se trouvait, apprécia ses talents culinaires à ce point qu'il lui fit un pont d'or pour le garder près de lui. Thomas consentit à faire deux ou trois traversées de Cork à New-York et à la Nouvelle-Orléans ; il alla même une fois jusqu'à Valparaiso et à San-Francisco, mais une fois là, malgré toutes les instances de son capitaine, il refusa de réintégrer *l'Espérance* et resta dans le pays de l'or.

Ceci se passait en 1865. On venait de découvrir de nouveaux filons dans le Colorado, et les mineurs se portaient en foule du côté des mines. Thomas fit comme les autres ; il acheta une pelle, un tamis, un fusil, des munitions, et un bidet sur lequel il plaça le tout, y compris sa personne, et partit un beau matin pour se rendre dans les montagnes aurifères. Les premiers essais de l'Irlandais furent assez infructueux ; mais il avait d'amples ressources pour subvenir à sa nourriture, du gibier, du poisson qu'il accommodait comme s'il eût eu à fournir la table d'un prince : bref, il vivait.

Mais un jour, s'étant enfoncé dans un des Canons du Poroweap, il aperçut dans un trou de rochers quelque chose qui brillait, et s'étant avancé, il fallit tomber à la renverse en touchant un énorme filon d'or natif, de la plus grande pureté et de la grosseur du bras. Lorsqu'il se fut bien rendu compte de la réalité de sa découverte, Thomas Moore commença par entasser pierre sur pierre dans la fissure où se trouvait son trésor, puis il retourna vers sa cabane, charger sur son petit cheval tout ce qui lui appartenait et vint s'établir sur l'emplacement même du gisement qu'il comptait exploiter.

Il éleva une cabane au moyen de troncs d'arbres solides, et en fit une sorte de forteresse imprenable, de façon à défier les voleurs quand il aurait amassé son trésor. Du reste il ne commença à travailler que lorsqu'il se fut arrangé avec un banquier de Sacramento qui envoyait toutes les semaines chercher le résultat du travail et remettait un reçu en règle, de telle façon qu'au bout de six mois Thomas Moore se trouva riche de deux millions de dollars.

Tout autre que l'Irlandais eût cessé de travailler et se fût retiré dans son pays, pour jouir de l'existence et ne plus être exposé aux vicissitudes de la vie californienne, mais Thomas Moore avait des goûts simples ; sa seule ambition était de devenir un riche fermier et il se hâta de satisfaire ses goûts. Son premier soin fut d'acheter une grande partie du territoire, y compris le Canon dans lequel sa « mine » était placée. Cela fait, il fit venir de San-Francisco un architecte et des maçons qui lui bâtirent une superbe habitation, des granges, des écuries, des bergeries et d'autres constructions d'une grande importance.

— Où diable, Thomas Moore prend-il tout cet argent pour payer ses folies ? se disaient les gens du pays. Bien sûr il a trouvé une riche mine. On disait vrai ; mais nul ne pouvait croire que ce fut dans le Canon de Toroweap, car il avait été visité pierre par pierre, cinq ans avant la venue du cuisinier irlandais.

Un jour, lorsque tout fut prêt, Moore se rendit à Bijou-Basin et acheta, argent comptant, 4,000 brebis d'un seul coup. Il engagea en même temps les hommes qui devaient avoir soin de son troupeau : ces bergers étaient au nombre de vingt-deux.

Il avait également trouvé à Sacramento une femme dont les soins devaient être dévoués à l'entretien de la maison et une cuisinière pour préparer l'ordinaire.

Il ne manquait plus à Thomas Moore qu'une femme pour partager sa fortune. Or, il avait laissé dans son village une jeune fille qui lui avait promis de l'attendre et de lui garder sa foi. Un matin, après avoir tout mis en ordre chez lui, Thomas prit le chemin de fer du pacifique et se rendit à New-York d'où il continua sa route pour l'Europe. Nous abrégeons cette histoire en racontant en quelques mots son dénouement.

Thomas retrouva fidèle et confiante celle dont il voulait faire sa compagne. Il ne lui raconta pas la bonne chance qui avait favorisé ses travaux ; il lui dit seulement qu'il croyait devoir lui donner son nom à la condition qu'elle le suivrait en Californie, avec son père et sa mère qui vivaient encore.

Honor O'gherthy obéit aux vœux de son mari, et tout le monde se mit en route pour le Sacramento et le Colorado...

Quand on arriva à la ferme du canon de Toroweap, Thomas Moore dit à Honor :

— J'ai voulu te faire une surprise, ô ma bonne amie, tout ce qui est ici est à toi. Je suis archi-millionnaire. Tu as lu les contes de fées ? eh bien, mon rêve s'est réalisé et mes vœux sont accomplis. Soyons heureux et bénissons Dieu.

SUR LA GRAND'ROUTE DE SANTA-FÉ

Un très petit nombre d'Européens peuvent se flatter d'avoir parcouru la route qui conduit des Etats-Unis au cœur du Grand-Ouest.

Le premier homme civilisé qui franchit ce désert — trente cinq années après l'arrivée de Christophe Colomb sur le nouveau continent — se nommait Alva Nunez Cabeza de Vaca, et il mit neuf ans pour se rendre de la Floride — son point de départ, — à travers le Nouveau-Mexique, jusqu'au pays des Incas. Il arriva donc au Mexique en 1530, c'est-à-dire dix-huit ans après le débarquement des pèlerins anglais partis par le *M1y Flower*, sur les rives du Massachussets.

Les Espagnols avaient entendu parler des « sept cités de Cibola », et ils voulurent conquérir ce pays renommé. En 1539, un chef de l'Andalousie nommé Niza s'empara de Cibola, au nom de son maître et souverain. Il est donc certain que Santa-Fé a été fondée trois siècles avant Leadville.

D'après les documents conservés dans cette dernière ville, les Français avaient déjà trouvé le moyen, au commencement du siècle, de se frayer un passage à travers les déserts, jusqu'au rio Grande.

En 1804, un marchand de Koskaskia, nommé Morrisson, ayant été informé par quelques trappeurs de la vie plantureuse et extraconfortable que menaient les Espagnols au pays situé par delà le désert, dépêcha à ses frais un homme sur lequel il comptait, nommé la Lande, originaire d'une famille française du Canada, afin de savoir ce qu'il en était réellement. Or cet homme, soit qu'il eût été séduit par l'existence des gens chez qui il arriva, soit pour tout autre motif, oublia complètement la mission qu'il devait remplir et ne revint jamais auprès de celui dont il était le mandataire. L'histoire raconte même que le sieur la Lande, à qui Morrisson avait remis une somme d'argent importante, préféra garder tout plutôt que de rendre quelque chose.

Quatre autres explorateurs partis en 1812, emportant avec eux des marchandises furent faits prisonniers, se virent ruinés et ne purent qu'en 1821 rejoindre leurs pénates aux États-Unis.

La première caravane sérieuse sur ce chemin qui mesure huit cents milles de long, et où nul n'a encore songé à macadamiser la route, à élever des ponts et à endiguer les torrents, partit en 1822 des bords du Missouri. Les voyageurs s'avançaient à dos de mulets ou montés sur des chevaux. Ce ne fut qu'en 1824 que l'on employa les wagons, c'est-à-dire les chariots de transport, lesquels ne parvinrent qu'avec de très grandes difficultés à Santa-Fé. Mais, à dater de ce jour-là, on peut dire que le trafic commercial fut inauguré dans la capitale du nouveau Mexique. La première étape de ce grand voyage était Franklin. De là on se rendait à Indépendance, puis à Westport situé sur le Missouri et ensuite à travers la Prairie jusqu'à Santa-Fé. Partout, dans ce trajet lointain on se trouvait en contact avec des aventuriers plus ou moins honnêtes et quelquefois avec de véritables coquins qui attendaient le voyageur vers le coin du bois, pour le dévaliser, plutôt que pour lui indiquer la voie qu'il devait suivre.

Les chariots des voyageurs négociants étaient traînés d'ordinaire par des chevaux, des mulets et des bœufs. On emportait bien quelques provisions, mais généralement les pionniers se fiaient à la justesse de leurs « rifles » pour jeter à terre des buffles, alors en très grandes bandes sur les routes, des cerfs, des poules d'Inde et des faisans des bois. La pêche subvenait encore à ces repas aiguisés par l'appétit. On arrivait ainsi à Conneil-Grove, bâti sur un des bras du fleuve, puis de là à Neosko, à vingt milles au bord de Emporia. Ces convois de marchandises se composaient d'habitude de cent chariots environ, et la caravane obéissait à un chef sous les ordres duquel se trouvaient placés quatre lieutenants. Le soir, quand on parvenait au lieu de campement, et qu'on avait placé en rond tous ces chariots afin de se coucher dans le milieu de ce cercle, les sentinelles se rendaient à leur poste, et on les relevait toutes les deux heures, à cette fin d'éviter les surprises. Le jour venu l'on reprenait sa route à travers monts, vallées et marécages. Ces grands convois étaient toujours précédés d'éclaireurs chargés d'inspecter le chemin, d'indiquer le danger, d'ouvrir les passages, de construire au besoin des radeaux pour servir de bac quand il y avait quelque courant d'eau à traverser.

De la vallée de l'Arkansas, point de départ, jusqu'au Cimmaron Crossing, on comptait cent vingt milles ensuite jusqu'au Colorado Stell Line, et l'on marchait, l'on roulait, l'on chevauchait au milieu d'un désert de plus de cinquante milles encore jusqu'au point où s'élève de nos jours Fort-Union.

Il arrivait bien, trois ou quatre fois sur vingt, que les Indiens essayaient de surprendre ces envahisseurs de leur territoire, mais ils étaient toujours repoussés, et l'on a calculé que, dans l'espace de vingt années, on avait seulement perdu douze personnes dont plusieurs même étaient mortes de maladie.

Lorsque la caravane arrivait à un ou deux milles de Santa-Fé, le chef faisait prévenir le *gov*, c'est-à dire le gouverneur de la ville, afin qu'on permît à lui et aux siens l'entrée de la cité, et qu'on vînt à sa rencontre et à son aide, afin de pouvoir achever le voyage.

Une ou deux heures après cette halte préliminaire, la population entière — ou peu s'en faut — sortait de la ville en poussant des cris : *Los Americanos! Los carros! La Estrada de la caravana!* Les chevaux hennissaient, les habitants de Santa-Fé offraient la bienvenue aux voyageurs, les uns en les accompagnant, les autres saluant de la porte de leur maison. Il y avait bien, par ci par là, quelque *leperos* cherchant à butiner sans être pris, mais on se tenait sur ses gardes, et quand on était arrivé sur la place royale, l'on se mettait en rang de façon à établir une sorte de foire où les gens du pays et des environs accouraient pour acheter des cotonnades, du velours, des calicots et toute sorte d'objets de quincaillerie.

Les marchands faisaient d'énormes profits et un grand nombre, après une ou deux excursions des États-Unis à Santa-Fé, pouvaient dire : J'ai fait ma fortune.

En 1843, les Mexicains firent un semblant d'opposition à ces incursions des Yankees sur leur territoire, mais des négociations suivies rétablirent bientôt la bonne harmonie. On avait bien assassiné le gouverneur mexicain don Antonin Chavez, mais baste! la mort d'un homme ne tire pas à conséquence aux États-Unis : on passa l'éponge sur ce meurtre en 1848 en s'emparant de Santa-Fé.

Deux années plus tard, un membre pour le congrès se présentait dans cette ville à l'élection, et il se rendit à Washington afin de représenter le pays.

La route de Santa-Fé était ouverte et le chemin désormais bien tracé. L'on raconte qu'un jeune Canadien partit un matin de Santa-Fé pour se rendre à Indépendance et qu'il accomplit ce voyage en cinq jours et seize heures dans un petit wagon (lisez « break » de voyage, cabriolet) parcourant ainsi 150 verstes sans débrider autrement que pour faire arranger son cheval et lui donner un repos de deux ou trois heures.

En 1850, les Apaches et les Utahs réunis attaquèrent un caravane qui, malgré sa défense héroïque fut entièrement massacrée. Il y avait dans le nombre des voyageurs un M. White, sa femme et leur enfant, qui se battirent en désespérés. Le mari fut assassiné, tandis que la mère et l'enfant étaient faits prisonniers. Poursuivis par Kit Carson et une poignée de dragons américains, les Peaux-Rouges mirent à mort leurs captifs.

Le fort Leavenworth, qui s'élève sur les rives du Missouri entre Kansas City et Atchinson, date de 1827. Il était, à cette époque, le point extrême de la civilisation américaine, mais de nos jours il ne sert plus à protéger la frontière — bien reculée actuellement, — contre les incursions des Indiens.

Vingt ans plus tard — en 1847 — Kearney se rendit en Californie, tandis que Doniphan traversait le nouveau et le vieux Mexique, se battait à diverses reprises, s'emparait de Chihuahua et allait rejoindre l'armée américaine avant de rentrer à la Nouvelle-Orléans. Tandis que les Yankees battaient Santa-Anna, les aventuriers du Nord s'efforçaient de réduire les Peaux-Rouges.

C'est en 1879 que l'on a inauguré les trois routes aboutissant à San-Francisco, à Santa-Fé, à Saint-Louis et à Chicago. L'*Union Dépôt* est un coin important de ces routes : il s'élève sur les rives de la rivière Kom, ou Kansas : on parvint de là à Topaka, sur la route de Lawrence, ville assez importante bâtie en briques sur une hauteur.

Tout le long de cette voie importante on rencontre de magnifiques fermes, des hameaux ornés d'églises, d'écoles, de banques et peuplés par des Américains, des Écossais, des Allemands, des Maronites, des Russes : c'est une agglomération de tous les peuples du monde. Quant aux Indiens, ils ont disparu. Est-ce à dire qu'il n'y en a plus sur le sol de l'Amérique du Nord ? Non pas, mais ils sont rélégués, à cette heure, vers les limites du Mexique d'un côté ou de l'autre au dessus du pays du Mormon.

De 1830 à 1840, les Cheyennes attaquaient les passagers de la route de Santa-Fé, mais depuis lors ce sont des voleurs visages pâles qui les ont remplacés dans ce rôle de « gentilshommes de grandes routes. »

Ces nouveaux *desperados* ont avantageusement remplacé les pillards et les meurtriers à la peau couleur de brique. Les Mexicains eux-mêmes n'avaient pas cette habileté, cette désinvolture théâtrale des Jean Sbogars Yankees.

Voici un récit des plus exacts de l'arrestation d'un convoi opérée le 10 janvier 1879 par une troupe de coquins, le visage couvert de masques, embusqués à vingt-cinq milles de Santa-Fé.

Tous les hommes faisant partie de la caravane avaient été forcés de s'asseoir sur un tronc d'arbre abattu, étalé le long de la route, et tandis que l'un des *desperados* vidait leurs poches scrupuleusement, quelques autres tenaient sur eux les revolvers braqués, prêts à faire feu sur le premier qui aurait eu la volonté de se défendre. Seule, une vieille femme s'était assise vis-à-vis ses compagnons, atterrée, dévalisée, mais considérée par les bandits comme indigne d'être prise à considération. Lorsque la spoliation complète eut été accomplie, les hommes du convoi reçurent l'ordre de se remettre en route et de ne pas broncher. Du reste qu'auraient-ils pu faire ? on leur avait enlevé leurs armes et leurs munitions Lorsqu'ils parvinrent à la première station, il était trop tard pour se mettre à la poursuite des voleurs qui étaient rentrés dans leurs retraites.

La route dont nous expliquions la direction dans cet article passe par Campos Supply, Fort Ellias ; elle longe, vers le sud, le Canadian River, placé dans la « queue de la poêle » du Texas. Voici ensuite Fort Dodge dont la garnison brûle du désir de se mesurer avec les Indiens ; Lakin, le Colorado, Las Animas, Fort Lyon, sis prés de l'entrée du Purgatoire, dans l'Arkansas.

Rien n'est plus curieux qu'un voyage semblable, quand on n'a peur ni des Indiens ni des voleurs. Un voyageur nous a raconté avoir parcouru cette route, et il nous disait qu'un soir, par un beau clair de lune, il avait assisté à un bal improvisé dans une clairière où l'on s'était arrêté. Les femmes des pionniers se livraient à la danse avec autant d'entrain que si elles eussent été à Paris, à Londres ou à New-York dans une réception officielle. Le lendemain on alla visiter les ruines du fort Benton, qui mesurait 180 de longueur sur 135 de largeur.

Cette « défense » américaine a été érigée en 1847, à l'époque où les États-Unis envoyèrent leurs soldats au Mexique, sous les ordres des généraux Scott et Taylor.

Le long de cette voie américaine, on trouve ensuite la Hoonta (*la Junte*), confluent du Timpas à l'Arkansas, coulant dans un pays désert. A l'horizon voici le Spanish Peak, la cime neigeuse de Sangue di Cristo, qui s'élève à 80 miiles de Trinitad.

Ce village aux constructions de pisai qui sont toutes consacrées à la vente du mescal, sauf l'hôtel des États-Unis — quel hôtel ! — le National Bank, est bordé par le chemin de fer qui longe les rives du Purgatoire. Plus loin on trouve Fishers Peak, à l'est ; les montagnes Raton au sud, vers la courbe de la voie ferrée, et enfin le *Toll-road* — chemin du péage — appartenant à un nommé Uncle Dick Wooten, à qui chaque passant doit verser une rétribution plus ou moins forte, suivant l'importance de son transport. On parvient ainsi à Devils Gate et l'on soupe à Otero. Quant au coucher, il n'y faut pas songer : aussi va-t-on se reposer dans le bagage-train, comme on peut, en s'arrangeant chacun à sa guise.

Le lendemain matin l'on reprend son chemin à travers la vallée et aussi loin que la vue peut s'étendre, on aperçoit des troupeaux de moutons appartenant au richissisme fermier Maxwell Grant, qui possède un territoire évalué à un milion sept cents acres.

La route passe à Watson — près de Fort Union — et se dirige vers le sud, pour arriver au terminus qui est *Las Vegas* — *les Prairies* — dont la nouvelle ville contient des cafés, des salons de jeu, etc., et la vieille cité, les maisons à la mode du temps de Karney, la vieille église au clocher surmonté d'une croix. On trouve même dans cette ville ancienne un grand édifice à quatre étages, construit par un Mexicain qui avait pris son inspiration architecturale à Boston ou à New-York.

Lorsqu'on a suffisamment joui du repos à *Las Vegas*, on s'introduit dans la diligence qui se rend à Southern Overland Company. Il faut faire un grand détour pour se rendre de Las Vegas à Santa-Fé, et l'on traverse une forêt de cèdres et de pins à pignons. La poste aux chevaux se trouve à Tecolelo et, à un mille et demi de cet endroit on parvient à un point de la route où il faut mettre pied à terre et gravir une montée presque à pic qui rappelle celle du Mauch-Chunk. On a signalé maintes fois des arrestations dans ces parages.

La diligence continue sa rotation de Peeos à San-José, et les voyageurs vont dîner à Pajarito. Le soir on change de chevaux à Rock Corral et l'on arrive enfin à la *fonda* (l'auberge) de Santa-Fé.

En cet endroit de l'Amérique, l'air est pur et vif, aussi les voyageurs ont-ils gagné un appétit féroce qui exige un repas plantureux. Du reste la réception des hôteliers est toute cordiale : les marmitons eux-mêmes se sont placés sur le pas de la porte afin de souhaiter la bienvenue aux nouveaux arrivés. Mais tout cet enthousiasme est porté sur la carte, le lendemain matin.

La route d'Attebiason à Topeka et à Santa-Fé est tout à fait terminée. De cette ville, elle va se diriger vers la vallée du rio Grande, afin de rejoindre le Pacific Railway, et ces travaux seront terminés d'ici à un ou deux ans. C'est donc un grand acheminement vers le sillonnement des ponts et chaussées des États-Unis.

Le commerce a aussi grandement gagné à tous ces embellissements du pays, car autrefois un marchand payait 1 fr. 60 par livre pour fret, et de nos jours cette taxe est seulement de 15 à 25 centimes. Cette réduction n'a pas besoin de commentaires.

En somme ces Yankees ont le diable au corps, et l'on peut dire avec eux : Où le père a passé passera bien l'enfant.

<hr>

RONGÉ PAR LES ARAIGNÉES DE MER

Notre caravane de chasseurs s'était éloignée de l'habitation de la Sultane, entourée de la plus belle plantation de girofliers qui existe à la Guyane française. Nous cheminions depuis deux heures, après avoir fait de nombreuses haltes, soit pour nous rafraîchir, soit pour contempler le paysage réellement très pittoresque. Nous suivions une route très boisée d'un côté et bordée de l'autre par de vastes marécages qui s'étendaient au loin jusqu'au bord de la mer. Le temps était fort calme, et les herbes desséchées par le soleil n'étaient pas même agitées par une brise légère. On eût dit un linceul de toile bise jeté sur une immense étendue de terrain.

C'est sans doute à cause de cette ressemblance que les Espagnols ont donné aux plaines de l'Amérique du sud le nom de savane (*sabana*) qui veut dire « drap de lit ». Ces plaines « sabaniques » sont le refuge des caïmans, des boas et d'énormes crabes poilus que les habitants appellent des araignées.

La forêt vierge que nous longions était réellement splendide ; des lianes de toute espèce, des passiflores aux fleurs bleues pendaient deçà et delà en guirlandes élégantes ; de temps à autre le terrain était coupé par un ravin profond, dans lequel courait un ruisseau aux ondes claires et limpides. Plus loin les cris d'un agami rappelaient une couvée éparse, ou les piaulements des aras et des kakatoès se mêlaient à ces appels gutturaux.

Un des chasseurs qui faisait partie de notre petite escouade, s'adressant au maître de la Sultane, le remercia de l'avoir accompagné jusque-là.

— Vous vous êtes écarté de votre chemin, mon cher Ludovic, disait-il à notre hôte ; permettez-moi de vous faire mes adieux, j'approche du but de mon voyage ; je n'entends pas que vous alliez plus loin ; j'ai trop abusé de votre amitié, adieu ! au revoir ! Voici le sentier qui aboutit à la route sur laquelle est bâtie mon habitation, je le connais.

— Je ne veux pas que vous partiez seul, mon aimable et féal Charles : un de mes nègres va vous accompagner jusqu'à la Delphine.

— C'est inutile : ne vous privez pas d'un de vos hommes.

— Mais il portera votre carnier.

— Il est vide, et même fût-il plein, qu'il ne pèserait pas sur les épaules d'un chasseur. D'ailleurs, j'ai mes chiens avec moi qui me serviront de défense au besoin.

— Allons, fit notre créole, puisque vous le voulez, je n'insiste plus. Toutes mes amitiés et celles de ma femme à Mme Delpech. Nous irons bientôt vous rendre visite.

— Au revoir !

Les deux amis se serrèrent la main, et tandis que le maître de la Delphine se frayait une route à travers le fourré, mes amis et moi nous rebroussions chemin et nous suivions un sentier dans une direction opposée, de manière à retourner à la Sultane, en chassant sous bois.

Cependant notre hôte nous parut inquiet et nous le vîmes parler à un de ses esclaves qui, faisant un signe d'assentiment aux ordres qu'il recevait, disparut au milieu des lianes. C'est de lui que nous avons appris le récit qui va suivre.

M. Delpech, se voyant seul avec les deux chiens qui lui servaient de compagnons de chasse, s'en allait en sifflottant, lorsque tout à coup une gazelle du pays — un kariakou — bondit à quelques mètres en avant.

— Tayaut ! Tayaut ! s'écria-t-il, en excitant ses chiens à poursuivre ce léger animal, et en s'élançant lui-même à sa poursuite, afin de gagner les devants.

L'esclave du maître de la Sultane était arrivé à peu de distance de l'endroit où avait eu lieu cette conversation. Il chercha à retrouver le chasseur et le vit enfin au loin, dans un bas-fond à cinq portées de fusil de l'habitation appelée la Delphine.

— Mouché est chez lui, se dit le moricaud ; moi pouvoir retourner à la Sultane : et il fit volte-face, ne songeant plus à celui qu'il avait ordre d'accompagner jusqu'au seuil de sa demeure, sans cependant avoir l'air de le suivre.

À peine eut-il disparu que M. Delpech s'arrêta et prêta l'oreille pour entendre ses chiens qui aboyaient au loin. Tout à coup le silence se fit : il appela Minos et Faro, mais ni l'un ni l'autre ne répondirent. Puis il avança dans un sentier qu'il croyait devoir aboutir au chemin sur le bord duquel était bâtie la Delphine ; mais le malheureux tournait le dos à son habitation.

Il commença alors à comprendre l'imprudence qu'il avait commise. Le soleil descendait à l'horizon.

— Comment, se disait-il, pourrai-je me reconnaître dans ce fourré, enchevêtré de lianes et de roseaux ?

À chaque pas il se heurtait à des troncs d'arbres pourris ou renversés par l'orage.

— Je crains bien, murmurait-il de ne pas coucher ce soir chez moi !

Il voulut retourner sur ses pas ; mais plus il remuait, plus il se trouvait en désarroi, aveuglé par les ronces, perdu sous le hallier.

— Il faudra me résoudre à coucher à la belle étoile, fit-il ; j'ai eu bien tort de refuser l'offre de mon ami Ludovic.

Tout en parlant ainsi, M. Delpech se mit à chercher l'endroit le plus favorable où il pourrait passer la nuit. Il aperçut un vieil arbre creux dans lequel quelques plantes pendantes avaient poussé comme par enchantement et il se hâta de les arracher pour prendre leur place.

— Songeons à souper, ajouta-t-il *in petto* ; mais, hélas ! je n'ai pas voulu accepter l'agouti que m'offrait mon ami Ludovic : j'ai eu tort, comme pour le reste.

Au moment où il se disait tout cela, un kakaotès à huppe rose vint s'abattre sur une des branches d'un latanier. Un rapide coup de feu fit dégringoler l'oiseau jusqu'aux pieds du chasseur égaré.

— Allons ! je ne mourrai pas de faim, s'écria M. Delpech, qui se mit à plumer le beau kakaotès, comme il l'eût fait d'une caille ou d'une perdrix.

Quand cette opération fut terminée, le planteur en détresse chercha à allumer du feu ; il y parvint bientôt, et, à la lueur des brindilles de bois qui flambaient, il fit ample provision de branches mortes pour alimenter ce foyer, de façon à ce qu'il brûlât toute la nuit.

L'ombre s'était faite tout à coup, car, sous les tropiques, on passe instantanément de la clarté aux ténèbres. Il sembla alors à M. Delpech que la forêt se remplissait de bruits étranges. Chaque buisson, chaque trônc d'arbre devait cacher un jaguar, un serpent, un coyote, qui rugissaient en cherchant quelque chose à dévorer.

Pendant que tout ceci se passait dans l'imagination de M. Delpech, il avait fait rôtir son kakaotès à la pointe d'une gaule, au dessus du brasier, et il mangea tant bien que mal, de façon à ne pas avoir l'estomac creux.

Tout à coup — ce n'était plus une illusion — il entendit des hurlements à une très petite distance. C'était un puma qui avait flairé une proie humaine, et se demandait s'il fallait l'attaquer. M. Delpech crut devoir décharger son fusil au juger : blessa-t-il ou manqua-t-il le carnassier? Nul ne peut le dire: ce qu'il y a de certain, c'est qu'il mit la bête en fuite.

Une heure après, — le foyer étant bien garni de broussailles, — M. Delpech, plaçant son fusil entre ses jambes et son coutelas à la portée de sa main, crut pouvoir fermer les yeux en se recommandant à la Providence.

Quand le jour parut, le pauvre égaré se réveilla harassé, courbaturé. le visage et les mains boursouflés par la morsure des moustiques. Mais il avait bon courage; il renouvela les cartouches de son fusil, et, s'orientant le mieux qu'il le put, reprit sa route à travers bois.

— Je ne tarderai pas à rencontrer les savanes noyées qui bordent la mer, et, une fois là, je retrouverai la route qui aboutit à la Delphine.

Il se mit donc bravement en marche ; mais il n'est pas toujours aussi facile qu'on le pense de suivre une ligne droite, quand on ne peut pas voir en même temps le point d'où l'on part et celui où l'on va, surtout quand on rencontre à chaque pas de nouveaux obstacles imprévus: une masse de rochers, un fourré impénétrable et des ruisseaux à franchir.

M. Delpech, bientôt perdu dans sa direction première, errait au hasard, faisant mille détours, et quand midi eut sonné, il éprouva les angoisses de la faim.

Par malheur, les perroquets, les autres oiseaux de la forêt vierge dormaient sous les branches ; il aperçut cependant tout à coup, au détour d'un étroit sentier, un agouti qui fuyait, et lui décocha deux coups de fusil sans l'atteindre.

Au moment où il voulait recharger son arme, quelle ne fut pas sa consternation quand il chercha sa poche de chasse, dans laquelle ses cartouches étaient conservées. Elle avait été accrochée par quelque liane dans un passage difficile, et était restée appendue aux ronces, sans que M. Delpech s'en fût aperçu.

— Je suis perdu, se dit le malheureux. Comment pourrai-je me défen-
bre et pourvoir à ma nourriture?

Il s'abandonnait à ces tristes réflexions, quand il lui sembla voir quel
que chose remuer dans les herbes. Était-ce un animal nuisible? Il s'a-
vança avec précaution, et découvrit une tortue. C'était une trouvaille
providentielle: il lui restait trois allumettes, dont l'une lui servit à préparer un feu sur lequel il fit cuire la chélonée dans sa carapace.

. . . .

Huit jours après les aventures qui précèdent, M. Delpech n'avait pas
reparu à la Delphine. Sa femme éplorée avait envoyé un messager à la
plantation de son ami M. Ludovic, et celui-ci n'avait pas trouvé son
maître à la Sultane.

Un malheur était à pressentir : on organisa aussitôt une troupe
nombreuse composée des maîtres et de leurs esclaves, afin de chercher
le pauvre égaré.

Trois jours durant, tout le monde fouilla le bois sans rien trouver. On
n'avait pas laissé un coin de la fôret vierge inexploré: un des domestiques de M. Ludovic découvrit le premier foyer qui avait été allumé par
M. Delpech; de cet amas de cendres et de charbons éteints, on suivit les
traces, et l'on arriva à la seconde station du chasseur.

Un peu avant, un planteur qui longeait un sentier avait ramassé la
poche remplie de cartouches du malheureux que l'on ne retrouvait
plus.

Le quatrième jour, il fut décidé que l'on suivrait les méandres de la
savane et que l'on sonderait le marécage sur les parties laissées à sec par
les eaux de la mer.

Il était trois heures de l'après-midi quand Faro, le chien de M. Delpech,
qui suivait la troupe, errant à l'aventure, se mit à aboyer autour d'un
fourré de cannes d'où l'on vit sortir tout à coup d'énormes araignées de
mer qui fuyaient de tous les côtés. Quelques-uns de ces crustacés mesu-
raient un mètre de longueur, pattes comprises, et leur corps était gros
comme un énorme potiron. Un poil glabre couvrait leur carapace rougeâtre.

On entendit bientôt un chasseur pousser un cri d'horreur.

— Venez! venez! criait-il! il est là, le pauvre ami, rongé par les araignées de mer.

C'était en effet l'infortuné M. Delpech à peine reconnaissable: les habits
couverts de fange et déchirés, le visage déchiqueté, les mains et les cuis-
ses dévorées, son fusil vide gisait à quelques pas de son cadavre, et son
coutelas était planté dans la boue.

Que lui était-il arrivé? qui pouvait dire par quelle suite de terribles
aventures cet homme qu'on avait laissé joyeux, à quelques pas de sa
demeure, avait été entraîné si loin et était mort si misérablement?

Chacun se perdait en conjectures : avait-il était assassiné par quelques coureurs des bois, ou par des Indiens de la forêt ?

On procéda tout d'abord au transport de ces restes informes, et dans l'une des poches du veston de M. Delpech on trouva un portefeuille contenant un cahier sur lequel le pauvre mort avait inscrit, avant de tomber de fatigue et de mourir de faim et de soif, les péripéties de sa fuite en pleine savane.

Tout ce que nous avons raconté se trouve détaillé à l'aide d'un crayon sur le vélin humide. M. Delpech après avoir marqué sa sortie s'était avancé vers le marécage et s'y était de nouveau perdu, comme cela lui était arrivé dans la forêt vierge.

Puis ne pouvant plus se mouvoir, il avait écrit d'une façon à peine lisible les mots suivants, sur son calepin : « Adieu ! ma femme, mes enfants ! je ne vous verrai plus. Je vais mourir... Adieu. »

Pauvre M. Delpech.

La Delphine est à l'heure qu'il est en possession d'autres maîtres. La pauvre veuve est morte de douleur et ses enfants ont quitté la Guyane dont le séjour était trop pénible pour eux.

L'ATTAQUE DU COURRIER

Avant l'exploitation du chemin de fer du Pacifique, qui traverse le grand désert américain, les sierras et les Montagnes Rocheuses, pour conduire les voyageurs à San-Francisco, ce n'était pas chose facile que de se rendre de si loin aux rives de la mer bordant les côtes californiennes d'un côté et le Japon de l'autre.

Les plus hardis se réunissaient en caravanes, et, montés sur des chevaux solides, emportant avec eux leurs provisions, leurs tentes, leurs munitions, dans un ou deux chariots, se lançaient à l'aventure, se guidant seulement par la boussole pour diriger leur marche.

D'autres, plus douillets, ou bien désireux de s'éviter bien des fatigues, cherchaient à trouver une place dans le courrier qui partait de Saint-Louis toutes les semaines et emportait les lettres qu'il trouvait d'abord, à la porte de la ville, puis qu'il ramassait sur son chemin, en distribuant celles qu'il avait à remettre en passant.

Ce « courrier » était une vieille chaise de poste, qui avait dû servir pendant les guerres de la fin du siècle dernier, et dont la forme surannée rappelait le XVIII⁰ siècle. Sa forme rococo, son ventre énorme, la malle ou plutôt le coffre attaché par derrière par des courroies, et cadenassé, tout rappelait le véhicule que la plupart de nos lecteurs ont vu fonctionner et circuler sur le théâtre de la Gaîté, il y a quelques années, dans ce drame émouvant que l'on appelait *le Courrier de Lyon*. Sur le devant de la voiture, un siège servant au conducteur, homme d'énergie s'il en fut, qui conduisait les chevaux de relais, distribuait et recevait les paquets de lettres et qui, armé jusqu'aux dents, suivant l'expression vulgaire, était toujours prêt à se défendre contre les attaques des bandits qui peuplaient le Far-Westl ou les Indiens rebelles, qui ne valaient pas mieux que ces *Outlaws*.

En 1871, un de ces courriers, nommé Watkins, partit un matin du mois de septembre, de Saint-Louis, emmenant avec lui deux voyageurs, le premier, nommé Silas, jeune homme de dix-huit ans attaché à l'hydrographie du gouvernement, le second, qui s'appelait Thémistocle Marwyn, *attorney at law*, notaire qui, comme le disait autrefois Arnal dans un vaudeville très amusant, dont le titre nous échappe, *voyageait pour son agrément*.

La première partie du voyage fut très intéressante pour les deux camarades de route de Watkins, lequel se plaisait à raconter à ses *fellow companions* des faits personnels qui étaient survenus pendant ses divers voyages, qui leur nommait les sites pittoresques que l'on trouvait sur le parcours et qui, enfin, s'ingéniait à leur rendre les fatigues du voyage, les plus douces possibles.

Quand la nuit venait, les trois excursionnaires s'arrêtaient à certaines « *log cabins* » où étaient placés les relais : bien accueillis par les pionniers établis dans ces parages, qui leur offraient le meilleur repas possible. Et le lendemain, dès l'aube, ils remontaient dans leur voiture pour continuer leur route, qui leur offrait, à chaque pas, des étonnements nouveaux.

Le plus difficile de tous les incidents du voyage était celui de la traversée des courants d'eau. Si leur niveau était comme à l'ordinaire, dans l'état habituel, tout allait bien : Watkins connaissait les endroits où le lit de la rivière ou du fleuve était guéable, et le véhicule arrivait sans encombre sur l'autre bord. Mais si, par cette fatalité si fréquente dans le désert américain, la « creek » était gonflée par les pluies ou les orages terribles qui se répétent si souvent dans ces parages lointains, il fallait camper et attendre le bon vouloir du courant, qui disparaissait peu à peu, avec autant de rapidité qu'il était venu.

Certain soir, à l'entrée des passes, ou plutôt des canons des Montagnes

Rocheuses, la malle-poste s'arrêta pour passer la nuit dans une habitation importante, habitée par une famille de courageux Irlandais, qui avaient trouvé un site des plus réussis et s'en étaient emparés, pour prospérer et y faire fortune. Tout souriait à leurs désirs, tout était à la hauteur de leur ambition ; il n'y avait qu'un point noir dans leur horizon : la présence d'une troupe d'Indiens Soshones, cruels et audacieux, incivilisables et se refusant à tout traité de paix avec ceux qu'ils appelaient les envahisseurs du territoire de leurs pères.

Leur chef Tarry-a-a, un colosse pour la taille, un ours grizzly pour la forme, avait particulièrement voué une haine impérissable au père de la famille Macpherson à qui, certain jour, il avait demandé tout simplement sa fille en mariage.

Il va sans dire que Pat et Noémi avaient refusé, l'un de sacrifier son enfant, l'autre d'unir sa destinée à un sauvage qui lui offrait pour tout avantage une vie nomade, une affection brutale et des mauvais traitements quand il aurait cessé d'aimer celle dont il ambitionnait la main.

Pat Macpherson, après ce refus formel, s'était vu obligé d'entourer sa ferme d'une fortification semblable à celle de nos Vaubans modernes : sauts de loup, chevaux de frise, palissades, contrescarpes, tout avait été employé par le père de famille et ses deux fils, afin de rendre leur demeure imprenable et pour repousser les attaques de leurs ennemis.

A l'un des angles de l'habitation, lequel dominait le paysage, ils avaient bâti une sorte de tourelle qui servait de guérite à un veilleur, de telle façon que la ferme de Culloden pouvait défier toutes les attaques des Soshones. Chaque homme du défrichement, à tour de rôle, passait la nuit dans cette casemate et, au moindre soupçon de danger, donnait l'alarme à ceux qui dormaient.

Deux nuits avant celle où Watkins et ses camarades de route vinrent s'arrêter à Culloden, Henri Macpherson, qui passait la nuit dans la guérite, avait aperçu à cent mètres de la maison, des corps qui rampaient par terre et se dirigeaient vers la ferme.

Après avoir bien examiné ce qui l'étonnait et l'effrayait à la fois, Henry se convainquit qu'il n'avait nullement devant les yeux un troupeau de loups, mais bien une vingtaine d'Indiens qui suivant leur habitude, s'avançaient à la façon des serpents, s'imaginant ainsi mieux arriver à leur fin.

— Ces affreux Peaux-Rouges ne me savaient pas là, ajouta le fils de Pat en achevant son récit à ses hôtes. Dès que j'ai compris que j'avais affaire à ces damnés, j'ai donné le signal d'alarme. Mon père, mes deux frères et mes trois sœurs sont accourus tous armés, et nous avons pris chacun notre poste, attendant le moment favorable pour agir. Dès que le chef des maudits Soshones a donné le signal de l'attaque, nous nous sommes levés et, bien abrités par nos remparts, nous avons fait feu en visant chacun un Indien. Naturellement ceux-ci ont riposté, mais nul de nous n'a été blessé, tandis que nous leur avons tué sept hommes. La bataille a duré de deux heures du matin à l'aube.

— Et j'ajouterai, fit le vieux Pat, que l'infernal Tarry· a-a m'a crié, de sa voie gutturale, en s'éloignant :

— Nous nous reverrons ! et plus tôt que tu ne le penses, vieux Pat.

— J'avoue continua le brave homme, que cette menace ne m'effraya point; mais la présence de ce hardi coquin me chiffonne : elle interrompt les travaux de nos champs, car nous n'osons plus sortir de nos palissades à plus de deux ou trois portées de fusil Je ne pense pas qu'il soit bien prudent à vous, maître Watkins, d'emmener ces deux étrangers sur votre route : mieux encore, il est imprudent de vous éloigner. Les Soshones pourraient vous attaquer, et, comme ils sont plus nombreux, faire un mauvais parti aux gentlemen et à vous-même.

— Ne craignez rien, mon ami, répliqua le courrier, ces deux gentlemen et moi nous avons de bonnes armes et des munitions suffisantes pour anéantir une tribu de Peaux-Rouges, quels qu'ils soient, Comanches ou Soshones.

Le lendemain, dès la pointe du jour, Watkins attela les chevaux à la malle-poste et, après avoir dit adieu à ses amis Macpherson, les trois voyageurs se remirent en route.

Il était sept heures du matin quand la voiture pénétra dans le canon de Pacific-Spring. La route cahotante était libre, et nulle part on n'apercevait la moindre trace des ennemis des blancs. Les murs de pierre, qui se dressaient des deux côtés comme des parois géantes, se terminaient abruptement à l'entrée d'une vallée dont les abords étaient défendus par une forêt de sapins et d'arbres verts.

Au moment où la malle débouchait au milieu du bois, sept Indiens armés en guerre, pourvus de tomahawks, de lances et de haches, s'élancent, les uns à la tête des chevaux, les autres aux portières de la voiture en poussant des cris terribles qui répondaient à cette syllabe : Whooop, whooop, répétée sur tous les tons.

— Mort ! tue ! n'en manquez pas un, s'écria Watkins dès qu'il se vit ainsi entouré.

Et à coups de revolver il étendit par terre le plus audacieux de ces coquins, qui roula sur le sol dans les convulsions de l'agonie. Watkins s'était emparé du sac des dépêches et courait à pied en suivant les deux chevaux dételés sur lesquels MM. Silas et Marwyn étaient montés.

— Mort ! tue ! mort ! vociférait le courrier, qui à chaque coup, étendait un Indien par terre.

De leur côté, les deux voyageurs armés l'un d'un sabre, l'autre d'un colt à double détente, se démenaient comme deux diables, et leurs coups étaient des coups de maître.

Des sept Peaux-Rouges Soshones, un seul restait debout qui poursuivait les trois compagnons et tenait pied au chevaux.

— Il faut encore nous débarrasser de celui-là, fit Silas en s'adressan
à ses deux amis. Tant pis pour lui! puisqu'il veut mourrir il mourra.

Tout en parlant de la sorte le courageux hydrographe visa son ennemi
au front et lui fit sauter la cervelle.

— *Hell! and damnation!* eut encore le temps de s'écrier le moribond en
se débattant par terre.

— Mais! c'est un faux Indien! s'écria Watkins; je m'en étais douté.
Le maudit n'a pas les pommettes des joues saillantes comme les autres.
Voyez, ajouta-t-il, en posant sa main sur la figure du cadavre, il déteint.
Ah! je vois ce que c'est; cet homme est un de ces malheureux mis au
ban de la loi, qui, traqués, chassés de la société, se réfugient parmi les
Peaux-Rouges qui les acceptent et les prennent souvent pour chefs.

— Vous avez raison mon cher courrier, fit M. Marwyn qui, après
avoir fouillé le mort, retirait de l'une des poches de son vêtement un
portefeuille dans lequel il trouva des papiers propres à prouver l'identité
du bandit.

— En croirai-je mes yeux? s'écria-t-il enfin. C'est Bill Moore, le célèbre
meurtrier, condamné à être pendu par la dernière *court of session* de la
Virginie. J'étais un des jurés et je le reconnais à cette heure.

— Laissez là cette charogne, répliqua Watkins. Il faut nous hâter de
retourner à la ferme de Macpherson de crainte que le reste de la tribu des
Soshones ne nous tombe sur les bras.

— Vous avez raison, mon cher Watkins. En route!

Quelques heures après, les voyageurs arrivaient à leur destination, au
grand étonnement des fermiers qui ne comprenaient point ce retour
inopiné.

Dès qu'on leur eut donné toutes les explications sur l'événement, Pat
Macpherson s'écria :

— Savez-vous ce que je pense? Le dernier Peau-Rouge que vous avez
mis à mort, c'est Tarry-a-a! — J'en mettrais ma main au feu.

Le bon Irlandais ne s'était pas trompé. Le lendemain, lorsque les trois
voyageurs revinrent avec les fermiers, sur le lieu de la scène terrible
dont nous avons raconté les différents actes, ils retrouvèrent le cadavre,
qui fut reconnu pour celui de l'homme qui avait voulu devenir le gendre
de Macpherson.

Les Soshones, ayant perdu leur chef, s'étaient éloignés. On ne les
revit plus dans ces parages.

La malle-poste était intacte, si bien qu'en rattachant les traits, Watkins
put continuer sa route et emmener les deux voyageurs.

Trois jours après, les voyageurs arrivaient à San-Francisco.

PERDU DANS LA FORÊT VIERGE

Il faut avoir visité soi-même ces vastes amas de végétation luxuriante qui s'élèvent dans les contrées tropicales de l'Amérique du Sud, pour se faire une idée de ce que la nature peut produire de grandiose, de sublime, sous un climat torride et marécageux. Les forêts de cet éden végétal n'ont rien de pareil en Europe, et une forêt des tropiques est aussi peu ressemblante à une forêt d'Europe que l'est celle de Fontainebleau au parc Monceaux.

A la Guyane française, sur les bords du Marinon, petit ruisseau qui va se jeter dans l'Amazone, vivait, en 1867, un pauvre Français qui avait quitté l'Europe pour se rendre dans la colonie et y exercer sa profession de menuisier. Ses affaires n'ayant pas prospéré, il avait obtenu une concession de terrain sur les rives du Marinon et était allé s'y établir en compagnie de sa femme et de ses deux beaux-frères qui l'aidaient dans son défrichement.

Un matin Claude Perron quitta sa cabane et s'éloigna sa hache sur l'épaule. Il s'avança vers le marécage où il avait si souvent abattu des arbres pour y équarrir ces géants de la forêt qui fournissent le bois le plus précieux pour l'architecture navale.

Pendant la saison la plus propice à ce genre de travail, d'épais brouillards couvrent fréquemment la contrée, de telle sorte qu'il est difficile d'y voir à plus de trente à quarante pas. De quelque côté que l'on se tourne, les bois offrent d'ailleurs si peu de variété que chaque arbre ressemble à son voisin.

Quand le gazon n'a pas été brûlé, il monte si haut qu'un homme d'une taille ordinaire ne peut regarder qu'au dessus de sa tête.

Il est donc nécessaire de s'avancer avec une grande précaution, de peur de s'écarter, sans le savoir, du sentier mal tracé que l'on suit. Sans compter que l'on rencontre, pour augmenter la difficulté, des passages qui se croisent, et alors, à moins d'être parfaitement familiarisé avec les lieux, le meilleur moyen à prendre est de s'arrêter et d'attendre que le brouillard soit dissipé.

Dans de pareilles circonstances, les pionniers les plus habiles sont exposés à perdre leur route pendant quelque temps, et je me souviens moi-même avoir failli m'égarer en poursuivant dans une forêt d'Amérique, un quadrupède blessé qui m'avait attiré loin des chemins battus.

Claude Perron avait marché pendant plusieurs heures, lorsqu'il commença à s'apercevoir qu'il devait se trouver beaucoup plus loin que l'endroit où il travaillait d'ordinaire. A son grand effroi, au moment où le brouillard s'évanouissait, il vit le soleil à la hauteur du méridien, et il lui fut impossible de reconnaître un seul objet autour de lui.

Jeune, vigoureux et actif, il s'imagina qu'il avait marché plus vite qu'à l'ordinaire et dépassé l'emplacement où il voulait se rendre sur le bord du Marinon. Il tourna donc le dos au soleil et s'engagea dans une autre direction. Il marcha ainsi trois ou quatre heures et vit peu à peu le soleil descendre à l'horizon ; mais, autour de lui tout restait comme enveloppé d'un voile de mystère. Des arbres séculaires entre-croisaient leurs vastes rameaux sur sa tête. L'herbe touffue s'épaississait de tous les côtés : pas un être vivant ne se présentait sur son passage ; c'est à peine si ce malheureux entendait, de temps à autre le frou-frou d'un serpent qui fuyait à son approche, ou d'un agouti qu'il avait fait lever de son gîte. C'était comme le spectacle d'un songe monotone et triste de la terre d'oubli. Il errait lui-même comme une âme solitaire qui avait franchi le pays des fantômes, sans rencontrer un être de son espèce avec lequel il aurait pu converser.

La situation d'un homme perdu dans les bois est une des plus cruelles que l'on puisse imaginer. Pour s'en faire une idée, il faut en avoir subi les tristes épisodes. C'est ce qui arriva à Claude Perron.

Le soleil se couchait avec cet aspect rougeâtre qui pronostique l'extrême chaleur du lendemain. Peu à peu ses rayons s'éteignant derrière l'horizon, il ne laissa plus dans le ciel qu'un grand disque de feu.

Des myriades d'insectes remplirent aussitôt l'espace de leurs ailes bruissantes. Les énormes grenouilles du Marinon sortaient de l'eau fangeuse où elles s'étaient cachées pendant le jour ; les singes hurlaient dans les arbres, et les grands hérons de l'Amazone volaient en l'air en faisant entendre leurs accents lugubres.

Bientôt les bois retentirent des hululements des grands hiboux, les sifflements des grands serpents coupaient le silence par intervalles, et la brise qui se glissait à travers les colonnes des géants de la forêt, arrivait chargée de gouttes d'une rosée glaciale.

Claude Perron s'étendit sur la terre humide, renonçant à traîner plus loin son corps accablé de fatigue. La prière est toujours une consolation pour l'homme dans les circonstances difficiles ou dangereuses de la vie. Le malheureux s'adressa à Dieu et implora pour sa famille une nuit plus douce que celle qu'il allait passer lui-même. Il attendit avec une agitation fiévreuse que le sommeil fermât ses paupières.

Qu'elle fut longue cette nuit monotone et sans lune, et qu'elle ne fut pas son épouvante, quand, de l'abri qu'il s'était fait sous les branches de deux énormes bananiers, il vit se dresser devant lui un léopard, un énorme serpent, un puma et trois coyotes. Tous ces animaux se tenaient à distance, s'observant mutuellement comme pour s'élancer les uns sur les autres afin de garder la bonne place pour dévorer l'homme qu'ils convoitaient.

Par un bonheur providentiel Claude Perron ne dormait pas, et les quadrupèdes ennemis, aussi bien que le boa, le voyant sur ses gardes, la hache levée, prêt à se défendre, n'osèrent, ni les uns ni les autres, se ruer sur lui.

Avec l'aurore, le danger disparut. Le pauvre Claude Perron se releva, et, le cœur plein de tristesse, il reprit sa marche, espérant toujours passer ainsi près de quelque objet familier, quoique cependant il sût à peine ce qu'il faisait.

Lorsque le soleil parut à l'horizon, il fit un calcul au sujet des heures de jour qu'il avait devant lui et hâta le pas à travers les arbres. Hélas! ses espérances furent déçues. La journée s'écoula en efforts inutiles pour retrouver le chemin de son habitation, et quand les ombres de la nuit revinrent, sa terreur croissante, la fatigue, l'inquiétude, la faim et une faiblesse nerveuse, l'avaient réduit presque au désespoir.

On eût pu le voir à ce moment se frapper la poitrine et s'arracher les cheveux. En proie aux tortures de la faim, il se jeta sur le sol et se nourrit de racines qui croissaient à ses pieds.

Etait-il donc condamné à périr dans ce désert? Il avait parcouru plus de cinquante milles sans avoir rencontré un ruisseau pour étancher sa soif ou même adoucir la brûlante ardeur de ses lèvres desséchées et de ses yeux injectés de sang. Il se disait, avec raison, que s'il ne trouvait pas quelque gouttes d'eau, il devait se résigner à mourir, car sa hache était la seule arme qu'il possédât.

A chaque instant, dans le terrain où il passait, des wapitis et des agoutis s'élançaient devant lui : il ne pouvait en tirer aucun. Il était au milieu de l'abondance et ne pouvait se procurer même une bouchée d'aliment pour satisfaire son estomac vide.

De souffrance en souffrance, Claude Perron avait fini par perdre le souvenir.

Dieu, à la fin, eut pitié de lui et lui fit rencontrer une tortue. Il la regarda d'abord avec un étonnement sans pareil, et quoiqu'il se dît que s'il voulait suivre cette pauvre bête elle le conduirait à quelque source d'eau vive, la fin et la soif qu'il éprouvait ne lui permirent pas d'attendre pour dévorer la chair de la tortue et boire son sang.

D'un seul coup de hache il partagea l'animal en deux, et dix minutes après il ne restait plus que les deux morceaux d'écailles.

Claude Perron se sentit ranimé, ses forces lui revinrent et la confiance rentra dans son âme. Il se croyait comme certain de retrouver avant peu sa route et enfin sa maison, sa femme chérie et ses deux beaux-frères.

Le pauvre égaré grimpa dans les branches de l'arbre au pied duquel il avait pris son repas. Restauré par un bon sommeil, il reprit le lendemain sa marche fatiguante. Le soleil s'était levé radieux, et Claude Perron suivit la direction des ombres.

Il allait de nouveau s'abandonner au désespoir, quand il aperçut un raton accroupi dans l'herbe. Lever sa cognée et en frapper l'animal, ce fut l'affaire de deux secondes.

Ce qu'il avait fait de la tortue il le fit du raton, dont il dévora crue la première portion en un seul repas. Il reprit alors sa marche, et, à le voir marcher au hasard, on l'eût pris pour un de ces aveugles qui tâtonnent dans les corridors d'une prison dont ils ne connaissent point la porte.

Les jours succédèrent aux jours, les semaines aux semaines, et Claude Perron se nourrissait tantôt de choux palmistes, tantôt de grenouilles et de serpents. Tout ce qu'il mangeait dans son chemin lui paraissait exquis, et cependant il devenait de plus en plus maigre et exténué, car un certain moment arriva où il pouvait à peine se traîner.

Quarante jours, au compte de Claude Perron, s'étaient écoulés, lorsque cet infortuné atteignit les bords de la rivière. Ses vêtements étaient en lambeaux, sa cognée ébréchée, sa barbe et ses cheveux sales et horriblement mêlés. Son corps n'était plus qu'un squelette recouvert d'une peau parcheminée.

Il s'était étendu sur le sable pour mourir, lorsqu'au milieu des rêves confus de son imagination fiévreuse il crut entendre le bruit des rames d'une embarcation qui remontait le Marinon silencieux.

Il écouta, mais ce bruit, qui lui rendait l'espérance, mourut dans le lointain : ce n'était encore qu'un songe, la dernière illusion de l'espérance.

Il était peut-être au moment d'expirer, lorsque, tout à coup, un nouveau bruit de rames, bien réel cette fois, tira Claude Perron de sa léthargie. Il écoutait avec une telle avidité, que le vol d'une mouche eût à peine pu échapper à son oreille.

Bientôt ce bruit cadencé s'approcha, et Claude Perron entendit des voix humaines.

Le cœur de ce malheureux bondit de joie : il retrouva assez de force pour se relever. L'œil de Dieu vit ce pauvre homme agenouillé auprès de ce large fleuve qui brillait aux rayons du soleil et quelques moments après des yeux humains l'aperçurent également.

Claude Perron poussa un cri, et, un moment après, il vit au milieu du fleuve, à travers un cannier épais, un bateau conduit par six robustes rameurs et un timonier.

Le malheureux, perdu dans la forêt vierge, poussa un faible cri de joie et de crainte.

De crainte, car il ignorait si ceux qui s'avançaient étaient des amis ou des ennemis.

Les gens de l'embarcation l'avaient aperçu. Ils virèrent la proue vers le rivage et le cœur de Claude Perron précipitait ses pulsations. Sa vue se troublait, sa tète tournait, sa poitrine se gonflait haletante.

Le bateau atteignit les bords et le malheureux se trouvait au milieu de ses semblables.

Ceci n'est point une fiction; je n'ai raconté qu'un fait qui aurait pu être embelli sans doute par un romancier plus habile que moi. Le style de la vérité m'a paru plus simple. Je l'ai écrit d'après le récit même de Claude Perron que j'ai connu aux Etats-Unis, où il était revenu après ses aventures.

Sa femme, deux enfants qu'elle avait eu, se trouvaient avec le héros de cette aventure, et je n'oublierai jamais les larmes qu'ils versaient en écoutant pour la vingtième fois peut-être cette histoire touchante.

J'ajouterai que la distance entre l'habitation de Claude Perron et la forêt où il s'était perdu ne dépassait pas trois ou quatre kilomètres, tandis que le Marinon, à l'endroit où il fût retrouvé, se trouvait à trente-cinq kilomètres de là. En calculant sa marche à dix kilomètres par jour, on peut croire qu'il avait parcouru au moins cent cinquante kilomètres en tournant sur lui-même, car il avait fait mille circuits sans s'en douter.

Il avait fallu à Claude Perron toute la force de sa constitution et l'aide du ciel pour supporter une aussi longue et aussi pénible épreuve.

LES COMBATS DU FAR-WEST

Les combats dans le lointain Ouest américain continuent entre Peaux-Blanches et Peaux-Rouges Ces derniers ont, il y a peu de temps, assassiné sept ou huit chasseurs du Texas et les Etats-Unis ont voulu punir, sans retard, cet attentat qui, du reste, avait été provoqué.

Depuis le 29 septembre dernier, — date d'un combat sanglant contre les Indiens, on est sans nouvelles à Washington d'un détachement des troupes fédérales sous les ordres du capitaine Payne, lancé prématurément en véritable enfant perdu, contre les tribus coupables.

Jamais on ne se corrigera de la confiance mêlée de mépris qui met, à chaque instant, la civilisation — ne fût-elle que relative — à la merci des barbares.

Les Américains, arrêtés dans leur premier élan, se sont mis à compter leurs adversaires. La prudence a succédé à la fougue irréfléchie qui croit n'avoir qu'à se montrer pour emporter tous les obstacles.

Des troupes se concentrent dans le Colorado et, cette fois, les hostilités vont commencer sérieusement et méthodiquement.

Pour la plupart de nos lecteurs, cette levée de boucliers de pauvres sauvages contre la puissance de la grande fédération doit sembler peu de chose et, s'ils ont prêté la moindre attention à un fait insignifiant, quelques volées de canon ont paru devoir ranger promptement les rebelles dans le devoir. Le gouvernement de la MAISON BLANCHE n'en a pas jugé ainsi et il a reconnu que l'effectif de l'armée devait être augmenté pour mettre à la raison les Comanches, soutenus indubitablement par les Apaches.

Les Comanches occupent toute la partie ouest du Texas, de la Rivière Rouge au Rio Bravo del Morte et donnent la main aux Apaches à travers les défilés qui vont de la Sierra-Nevada à la Sierra-Guadalupe et à la Sierra-Madre. Ils ont un grand avantage sur les autres Indiens, celui d'avoir toujours repoussé les spiritueux et les boissons alcooliques.

Leur nation s'intitule avec orgueil la « Reine des Prairies ». Ils vivent sous la tente et manient la lance et l'arc avec une merveilleuse dextérité. Ils portent l'image du soleil appendue à leur cou, et deux croissants accrochés aux lobes de leurs oreilles. La même image de l'astre rayonnant est peinte sur leurs boucliers et au dessus de ce « couvre-corps » ils placent un petit sac contenant une pierre, laquelle, selon leur croyance, possède la vertu de les rendre invulnérables, et doit, dans un moment donné, leur rendre des services signalés.

Tous ces Indiens sont forts, athlétiques, mais ils deviennent corpulents à mesure qu'ils vieillissent. Ils portent une sorte de pantalon en cuir serré sur les jambes, une espèce de blouse de chasse, de la même « étoffe », et placent sur leurs têtes la dépouille des animaux tués par eux. C'est pourquoi tous ces sauvages ont un aspect formidable qui glace d'effroi les moins timorés.

Les Apaches errent du Rio Bravo del Morte au Rio Colorado del Occidente, et sont répandus jusque dans le nord-est du Mexique. On les trouve encore en très grand nombre dans la partie sud du Nouveau-Mexique et de l'Arizona.

Ils ont trouvé le moyen de se faire tellement redouter, que les territoires de la grande république américaine, ceux où la richesse abonde et dans lesquels on trouve des mines d'or et d'argent, de cuivre et de plomb sans nombre et d'un rendement énorme, restent abandonnés, moins faute de routes et de ressources agricoles et industrielles, que par suite de la présence de ces hôtes fâcheux, divisés en Hualpaïs, Yavopoïs, Toulahs, Pinels, Cazotueros, etc., etc.

Leur stature et leur couleur varient suivant les tribus. Mais tous sont bien pris dans leur taille, ils portent les cheveux longs et peu ou point de barbe.

Ils teignent leur figure; mais ce sont particulièrement les femmes qui se mettent du rouge ou plutôt de l'ocre sur le visage. Les chefs portent des coiffures de peau de daim, plus ou moins décorées de plumes, selon le rang qu'ils occupent dans leur tribu.

Leurs habitations temporaires se composent de misérables huttes couvertes de terre et d'herbes et munies d'une petite porte. Ils campent, pour la plupart du temps, au pied d'un arbre et couvrent les branches inférieures avec de l'herbe ou de grandes feuilles afin de se garantir de la pluie. Mais généralement ils vivent en plein air, sans le moindre abri.

Cette race de Peaux-Rouges mange avec gloutonnerie, lorsqu'elle trouve sur son passage des vivres en abondance. En revanche, ils savent endurer les privations avec une patience extraordinaire, et se contenter de quelques racines et d'une herbe des montagnes qu'ils mâchent pour apaiser leur soif.

La férocité de ces aborigènes est célèbre, et malgré toutes les tentatives faites pour introduire la civilisation parmi eux, ils entretiennent contre les blancs une haine mortelle, qui se traduit fréquemment par de sanglantes surprises et des pillages de chevaux et de bétail.

Les efforts des missionnaires eux-mêmes ont été impuissants à adoucir leurs mœurs, et, dès le siècle dernier, le zèle apostolique des propagateurs de la foi a valu le martyre a un grand nombre d'entre eux. On les voit parcourir sans cesse le pays par bandes, égorgeant les voyageurs et emmenant les femmes et les enfants en captivité.

Ils reconnaissent le Grand-Esprit « Manitou » qui, pour eux, est le Soleil. La vie future n'est, pour ces Peaux-Rouges, que la répétition de la vie actuelle. Ils comptent y chasser et s'y battre tout à leur aise, et ils sont malheureusement persuadés que leurs sorciers dirigent à leur gré les phénomènes de la nature, et qu'ils évoquent les âmes de leurs ancêtres.

Ces Comanches, ces Apaches sont d'une bravoure à toute épreuve; mais l'adversité les trouve indifférents et stoïques. Ils adorent leurs enfants, eux qui ne reculent devant aucune atrocité.

Leur personne, leur existence et leur actions sont empreintes de poésie romanesque et d'un grand sentiment religieux. Des esprits peuplent pour eux, la rivière, la plaine et la forêt; chaque feuille et chaque pierre ont des voix qui leur parlent à l'oreille. Tous s'en vont à travers les forêts et les sierras, sombres et farouches entraînant à leur suite leurs femmes esclaves.

Le travail leur paraît chose inutile : il est réservé aux *squaws*. Ce sentiment, froissé par de pauvres prêtres voulant commencer la régénération des sauvages par un labour quotidien, a été la cause de nombreux massacres et de la ruine des missions dans l'Amérique du Nord.

Les Peaux-Rouges, montés sur leurs chevaux capturés à l'état sauvage dans la Prairie, chassent les bisons, quand la guerre leur laisse des loisirs. Quoique maîtres émérites dans l'art de manier les arcs et les flèches, ils s'estiment les plus heureux des hommes lorsqu'ils peuvent se procurer un rifle, autrement dit une carabine. Les femmes sont victimes de cet orgueil, et n'ont pas la moindre autorité dans le ménage. Toute la besogne intérieure leur incombe ; l'homme les regarde planter les pieux qui doivent soutenir la tente, puiser de l'eau à la source, rapporter le bois de la forêt, arracher du sol les racines comestibles, recueillir les glands, faire la cuisine, confectionner les vêtements, sécher les chevelures scalpées, réparer la tente. Elles portent leurs enfants, lorsque la tribu se met en marche. En un mot, elles sont la chose du maître et n'ont qu'à obéir : lui, fume et joue avec ses camarades. Cette servitude constante rend ces femmes cruelles, et le prisonnier qu'on leur confie est destiné à une mort affreuse. Les tortures qu'elles lui infligent, les souffrances inouïes qu'il doit subir, sont telles, que notre plume se refuse à les détailler.

Ces *squaws* sont assez jolies quand elles sont jeunes, mais à vingt-cinq ans elles sont déjà hideuses. Leur costume consiste dans une longue chemise en peau de chevreuil tannée et ornée de frange de drap rouge, de fer-blanc et de perles. Quelques-unes portent une sorte de cuirasse, fabriquée avec des dents de sangliers et de bêtes fauves, qu'elles alignent sur leurs poitrine comme des brandebourgs.

Les Américains, dans l'intention de tenir en bride les Peaux-Rouges, ont construit , de distance en distance, et sur tous les points bons à défendre contre la déprédation, des forts qui sont à peine suffisants pour protéger la fortune et la vie des blancs établis sous la portée de leurs canons.

Les premiers cavaliers du monde, ces Apaches et ces Comanches passent comme une trombe sur le territoire occupé par les ennemis et, après y avoir semé la mort et l'incendie, s'envolent, véritables démons de la Prairie, en mettant d'incroyables distances entre eux et le châtiment. Ils ont traversé les canons des Montagnes-Rocheuses et sont à l'abri de toutes représailles.

En vain l'or étincelle-t-il à la surface de la terre, les plus hardis pionniers reculent même devant les périls et l'effroyable mort qui attendent ceux qui se courberaient pour le ramasser. L'Indien, qui dédaigne ce métal, le garde encore mieux que ne le font les jaguars. Les attaques contre les blancs sont faciles dans les Prairies où l'herbe monte à deux mètres de hauteur.

Nous devons ajouter que les Américains s'imposent peu aux Aborigènes. Ces Yankees, la chique à la bouche, faisant des copeaux avec leur couteau sur un morceau de bois de sapin, ne sont pas faits pour donner aux Indiens de la civilisation dont les avantages leur échappent.

Le mot harmonieux de *remoral*, qui est venu enrichir la langue anglaise pour exprimer le système de refoulement que les Américains entendent leur appliquer, n'a pas séduit les Indiens comanches et apaches et l'on raconte en riant le fait suivant qui s'est passé dans les Prairies.

Un chef comanche s'était amusé à donner des espérances de soumission pour sa tribu et pour lui aux commissaires que le gouvernement de Washington envoie, chaque année, dans les Prairies, pour inviter les Peaux-Rouges au *remoral*. Les braves gens, dans leur enthousiasme au sujet de ces adeptes sur lesquels ils allaient mettre la main et qui semblaient remplis de si bon vouloir, firent un rapport si beau et se démenèrent de telle façon, qu'on bâtit aussitôt pour le chef Indien et sa famille une maisonnette très confortable. L'année suivante, ces missionnaires yankees, sachant que leur voix avait été écoutée et leurs démarches couronnées de succès, revinrent, pressés de compléter leur œuvre et afin de caserner la tribu que l'exemple de son chef devait avoir mise sur la voie de la civilisation. Ils aperçurent enfin devant eux la maisonnette blanchie à la chaux, abritée par les rameaux des arbres verts. Ils se hâtèrent de mettre pied à terre et pénétrèrent dans la demeure que la grande nation avait offerte à l'heureux sauvage.

Quel ne fut pas leur étonnement en voyant établis dans les chambres, comme dans les box d'une écurie, deux superbes mustangs de la Prairie qui, ensevelis dans une abondante litière, regardaient les nouveaux arrivés comme des intrus.

Les commissaires du gouvernement faillirent avaler leur chique de fureur et de désappointement.

Ils sortirent en jurant à perdre haleine et trouvèrent à une portée de fusil de l'endroit en question le chef comanche, qui impassible, fumait son calumet, assis par terre, devant une hutte de branchages.

Connaissant les habitudes indiennes, ils s'approchèrent de lui et attendirent silencieusement que le Peau-Rouge eût fini de jeter sa fumée aux quatre vents du ciel.

Quand cela fut fait, il prévit les questions qu'il voyait se presser sur leurs lèvres et étendant son calumet vers la maison que les blancs lui avaient offerte en cadeau, il leur dit :

— *Casa grande*, bonne pour chevaux, mauvaise pour guerriers.

L'aversion de ces sauvages pour les habitations des gens civilisés est d'autant plus étonnante qu'ils rencontrent à chaque pas, dans les solitudes, des ruines considérables d'édifices bâtis de grandes pierres, bien façonnées, bien équarries et artistement taillées qui leur racontent le passé. Des Indiens voisins des Apaches et connu sous le nom de Moquis, construisent même encore des maisons de pierre. Leurs villages, composés d'un seul bâtiment commun à tous, sans ouverture exclusive, et où l'on n'accède qu'au moyen d'une échelle, sont placés au sommet de hauts plateaux entourés de canons, autrement dits de larges et profonds ravins.

Leur population intelligente, entièrement dissemblable des Peaux-Rouge du Nord-Ouest, représente-elle la race inconnue qui éleva dans ces lieux maintenant déserts ces vastes constructions, ces murailles massives, ces fortifications dont les traces sont évidentes ?

Il est hors de doute qu'il y a eu là, à une époque dont on ne peut se faire une idée, un peuple avancé dans les arts, que les Apaches et les Comanches ont à peu près détruit. Lorsque l'on parcourra librement les Prairies et que l'on sera parvenu à les défricher, d'autres ruines apparaîtront et l'on pourra en exhumer l'histoire des ancêtres probables des Moquis.

Aujourd'hui 50,000 Peaux-Rouges sont sur le « sentier de la guerre » pour défendre les contrées qui formaient leur territoire de chasse: le Texas, conquis en 1835; le Nouveau-Mexique, annexé en 1848, et l'Arizona, acheté en 1854 moyennant dix millions de dollars.

UNE CARAVANE D'EMIGRANTS

Les montagnes Rocheuses de l'Amérique du Nord ne sont pas autre chose que la continuation des Andes, aux pics sans pareils qui s'échelonnent sur toute la longueur des deux Amériques et coupent le globe en deux parties. Nulle part, du nord au sud de cette vaste chaîne de rocs escarpés, sous les différentes zones, au milieu desquelles elle s'élance vers le ciel, la nature n'est plus pittoresque et plus grandiose que vers les passes qui servent d'accès aux émigrants pour se rendre en Californie. C'est de cet endroit que le voyageur découvre à l'horizon la *sierra Nevada*, la *sierra de los Mientres* et la mer de Vermillon, le golfe des Perles, et les glaces azurées de la mer Russe. Puis, aussi loin que la vue peut s'étendre, il aperçoit les vapeurs qui s'élèvent au dessus de l'océan Pacifique.

Sur la pente qui s'étend vers l'est de ces montagnes, l'on aime à suivre du regard, comme les fils d'argent de la Vierge, les méandres sinueux et sans fin des rivières nombreuses qui bordent les prairies verdoyantes et où demeurent les Peaux-Rouges, Comanches, Pawnies, Soshones et Sioux.

A l'ouest les ruisseaux sont devenus torrents et leurs cascades hennissent au milieu des rochers, à travers les cavernes enfantées par le cataclysme du monde, jetant aux échos un bruit qui rivalise avec celui du tonnerre.

Au nord s'étend le désert appelé le grand bassin , bordé de toutes parts de pics ardus, couronnés de neiges éternelles, au centre duquel se trouvent enchassés des lacs mystérieux comblés peu à peu par des nuages de sables soulevés par le vent, mais reparaissant sur un autre point à mesure qu'un creux s'est formé à l'endroit où s'élevait jadis un monticule. C'est là que le mirage du désert révèle des illusions d'optique d'une splendeur surnaturelle, offrant à l'observateur étonné des images fantastiques et animées dont les pieds touchent le sol, et dont la tête atteint les nuages : une scène renouvelée des Titans, reproduite avec toute l'horreur requise pour être incompréhensible.

Là vivent, plus souvent en guerre qu'en bonne intelligence, les tribus des Apaches, des Utahs, des Walla-Wallas, des Snakes, et des féroces Piggers, poursuivant le gibier jusque dans les sommets les plus élevés qui recèlent dans leurs flancs des lacs glacés, des gouffres sans fond, des sentiers inexplorés dont les aigles seuls connaissent les situations et les dangers.

Cette nature indescriptible est, çà et là, enrichie de grandes colonnes basaltiques prenant tantôt la forme d'un vieux château démantelé, tantôt celle d'une tour crénelée, d'un obélisque ou d'un arc de triomphe. Le voyageur marche dans ce désert au milieu d'une série d'enchantements renouvelés à chaque pas, et le poëte voit ses rêves fantastiques réalisés et palpables.

Les montagnes Rocheuses sont souvent dévastées par des orages dont la violence est inconnue de ceux qui n'ont pas été témoins de ces bouleversements atmosphériques. Les éclats du tonnerre, les éclairs, les avalanches ou quelque chose d'insolite qui ne ressemble en rien aux convulsions de la nature auxquelles nous sommes accoutumés.

La foudre retentit plus longtemps, les éclairs se prolongent indéfiniment, les chutes de neige couvrent des vallées d'une si grande étendue qu'on les prendrait en Europe pour des plaines. Le vent y rugit avec fureur, balayant tout ce qui se trouve sur son passage, même ces rochers, souvent emportés par son souffle irrésistible.

Le pays que je décris n'est cependant pas désert : loin de là. La race blanche et la race couleur rouge s'en disputent la possession. Aussi loin que les élans et les bisons peuvent fouler le sol, aussi haut que s'élève l'abeille sauvage, et quelle que soit l'opposition des Peaux-

Rouges, des milliers d'Américains se sont fixés dans un lieu où leur seuls visiteurs sont les aigles et les vautours.

La misanthropie, l'avenir, l'amour, les désillusions ont amené cette horde hétérogène de commerçants, de pionniers, et de chasseurs au milieu de ces solitudes sublimes. Ce qu'il y a de fort singulier dans cette vie du désert, c'est qu'elle attire comme le vide, et que tous ceux qui en ont vécu n'ont jamais songé à retourner vers les centres habités autrement que pour y vaquer à des affaires indispensables à conclure, se hâtant, dès qu'elles étaient terminées, de retourner dans leur solitude adorée. Et cependant le sol est partout humecté de sang humain, semé d'ossements blanchis par les becs des oiseaux de proie et les dents des animaux carnassiers. Tout là parle de la mort. Le bruit des vents qui attriste le cœur, celui des torrents qui effraye l'imagination ; les gorges des montagnes, les rochers caractéristiques, les rivières même portent le nom de ceux qui ont été assassinés. Chaque nouvelle appellation est un baptême de mort. et, malgré cela, des recrues viennent sans cesse prendre la place de ceux qui ont péri sur la route ; l'air que l'on respire dans les montagnes est si enivrant !

Au premier aspect cette chaîne de montagnes paraît impraticable. L'aridité de sa base, les pics dont les pointes se perdent au milieu des nues semblent opposer une barrière insurmontable au flux de l'émigration. Quel est le grossier chariot qui pourra s'élever au dessus de ces murs cyclopéens, sur les créneaux desquels veillent pour en défendre le passage, des barbares avides de sang ? Quelque impossible que paraisse ce tour de force, il est chaque jour accompli, depuis un demi-siècle, par des émigrants dont le courage tient du prodige. Bien avant le voyage d'exploration du capitaine Frémont, en 1845, voyage dont les récits ont étonné le monde entier, des hommes et des femmes, les pieds nus et le corps couvert de haillons, avaient foulé le sable de la passe du sud des montagnes Rocheuses. Ni les ravins, ni les rivières, ni la mer ne peuvent entraver la marche d'une armée de pionniers américains. Les dangers, les privations, les fatigues incroyables encourus par ces avant-gardes de la civilisation, épouvantent bien un peu les cœurs les plus héroïques, mais rien n'a le pouvoir de refroidir l'ardeur, d'ébranler même le progrès d'un peuple qui n'admet pas dans son vocabulaire les mots *avoir peur* et *reculer*.

Le 4 juillet 1876, deux familles d'émigrants avaient dressé leurs tentes sur les bords d'une source appelée *Pacifique Spring*, que l'on rencontre sur le chemin conduisant du Missouri à l'Orégon et à la haute Californie... Ces pionniers avaient quitté Indépendance dont ils étaient éloignés d'environ onze cents milles. Le nombre des émigrants qui étaient partis avec eux était considérable, mais bientôt des querelles avaient éclaté, comme cela arrive fatalement dans une troupe sans chef ; une débandade s'était opérée dans toutes les directions, chaque parti prenant toujours pour boussole les vallées aurifères de la Californie.

Les deux familles qui figurent dans cette narration avaient résolu de se séparer de leurs compagnons de route dont l'aspect querelleur ne convenait pas à leurs habitudes placides. Pourvus de chariots solides, de nombreux mulets de transport et de bœufs pleins de vigueur qui se relayaient dans le courant de la journée pour porter le bagage, ces bons émigrants ne redoutaient point les périls de la route. Ils avaient donc pris les devants et étaient à ce point que j'ai nommé plus haut : *la source du Pacifique*, ainsi qualifiée parce que les eaux s'écoulent dans l'océan qui porte ce nom. De cette manière ils avaient évité les neiges qui tombent souvent dans les premiers jours d'automne sur les pics de la sierra Nevada, et ils s'étaient débarrassés d'une société plutôt dangereuse qu'utile, même pour se protéger contre les attaques des Indiens.

Les émigrants qui composaient ces deux familles ne se dissimulaient cependant pas que, plus ils avançaient, plus leur petit nombre était suffisant contre le péril qui les menaçait à chaque pas. Leur troupe n'était composée que de douze personnes dont quatre étaient des enfants trop jeunes pour se défendre et quatre autres des femmes. Il n'y avait donc que quatre hommes dont l'énergie, la prudence et le ferme vouloir ne devaient craindre aucun danger.

Les deux familles étaient déjà parvenues à plus de la moitié de leur route, et elles auraient franchi les douze cents mètres qui les séparaient des premiers établissements élevés sur les bords du Sacramento, sans les événements imprévus que je vais raconter.

Le jour allait finir : les émigrants, qui avaient dressé leurs tentes, attaché leurs animaux et allumé leurs feux préparaient le repas du soir, composé de viandes boucanées, qu'ils faisaient cuire au dehors d'un feu entretenu au moyen de fiente de bison. Tous se montraient joyeux et satisfaits ; ils plaisantaient entre eux, riaient, chantaient, comme devaient le faire autrefois les Israélites guidés par Moïse dans la terre promise.

Au coucher du soleil, une jeune fille, et un jeune garçon s'éloignèrent du camp et se dirigèrent vers un roc élevé qui dominait la route située sur la passe du sud. Du sommet de ce rocher, leurs yeux découvraient un paysage pittoresque dont la description faiblirait devant la réalité. Au loin, partout, à l'horizon, on apercevait des plaines immenses, des montagnes superposées éclairées par les feux du soleil couchant, noyées dans une teinte dorée de tous les prismes décevants de la terre californienne ; mais le point de vue le plus pittoresque de cette nature grandiose était, sans contredit, la passe elle-même : un immense arc de triomphe, formé de roches entassées les unes sur les autres, sous lequel dix chariots pouvaient passer de front sans difficulté !

Les deux jeunes gens gardaient le silence. L'un et l'autre s'abandonnaient aux émouvantes impressions que produisait sur leurs cœurs la sublimité de la nature. Les mains de la jeune fille étaient retenues par celles du jeune émigrant, et sa tête se reposait sur l'épaule de celui-ci. Leurs deux cœurs battaient, comme s'ils eussent été renfermés dans la même poitrine. Tous deux apercevaient le nom du Créateur de toutes choses gravé sur les rochers qui les entouraient. Quoique nés sur une plage lointaine, quoique vêtus de bure et de vêtements grossiers, ils avaient dans l'âme cette noblesse de sentiments qui relève la créature à quelque rang de la société qu'elle appartienne. Si le jeune émigrant était courageux au delà de toute expression, celle qui se trouvait auprès de lui possédait la beauté d'une madone. Leur affection mutuelle était donc une nécessité de leur jeune âge, aussi naturelle que le parfum des fleurs, ou la pousse des feuilles au mois de mai.

— Quel magnifique temple pour notre mariage ! murmura Henry à l'oreille de sa fiancée dont les yeux étaient fixés sur les tentes de toile blanche du campement. Entends-tu, ma bien-aimée, les clochettes de nos mulets et les voix sonores des petits enfants !

Emma — c'était le nom de la jeune fille — laissa tomber un tendre regard sur son interlocuteur ; un sourire s'épanouit sur ses lèvres, et une rougeur charmante vint teinter ses joues.

— Te rappelles-tu ta promesse ? ajouta Henry ; te souviens-tu qu'il y a un mois, quand nous étions encore sur les bords de la rivière Platt, tu m'as juré de devenir ma femme dès que nous aurions atteint la première fontaine dont les eaux s'écoulent du côté de la Californie. Cette source, près de laquelle nous avons campé, roule sur un lit de cailloux jusqu'à la rivière Verte, là-bas, à l'horizon ; elle prend alors le nom de Colorado et se jette dans le golfe des Perles.

Henry parlait encore lorsque sa fiancée lui fit remarquer dans la direction d'une roche basaltique plusieurs ombres qui se mouvaient lentement. Tous deux crurent d'abord que c'étaient des Indiens, mais leur appréhension se dissipa à mesure que les objets se rapprochaient. C'était, suivant toute probabilité, un troupeau de daims paissant tranquillement dans la prairie. Hélas ! les émigrants ignoraient que les Peaux-Rouges revêtent bien souvent des dépouilles d'animaux afin de mieux imiter les allures des quadrupèdes, dans le but de surprendre les voyageurs qui ignorent ces ruses particulières à la race indienne de l'Amérique du Nord.

Le crépuscule faisait graduellement place à la nuit quand les deux fiancés rentrèrent au camp. Leur mariage devait avoir lieu après le souper du soir. Le père d'Emma, ministre protestant, officiait comme chapelain, et la cérémonie empruntait sa seule solennité à la nature grandiose au milieu de laquelle elle avait lieu.

La lune, qui était en son plein, les étoiles, dont le ciel était constellé, éclairaient cette scène imposante dont le caractère était à la fois religieux et national. C'était là, en effet, un symbole digne d'être apprécié selon toute sa valeur, car si l'émigration est le moteur du progrès en Amérique, le mariage est dans ce pays l'élément suprême de l'émigration. Aussi un mariage parmi les émigrants, célébré à la passe des montagnes Rocheuses était-il un événement remarquable dans l'existence des deux familles.

La cérémonie était à peine terminée qu'une douzaine d'Indiens s'élancèrent au milieu du camp. Comme ils étaient entièrement nus et sans armes, leur irruption ne causa pas d'abord une très grande émotion. L'un d'eux, cherchant à se faire comprendre, annonça qu'ils appartenaient à la tribu des Utahs. Ils offraient à vendre une sorte de pain fait de graines de tournesol et de sauterelles mélangées en parties égales, pilées et grillées ensemble. Or, comme on le pense bien, cette nourriture trouva peu d'amateurs parmi les émigrants. Dans un très court espace de temps, les Peaux-Rouges furent rejoints par un plus grand nombre des leurs qui, tous nus et sans armes, paraissaient n'être animés par aucun sentiment hostile.

L'un d'eux cependant, qui ne ressemblait nullement à ses camarades, un colosse aux yeux farouches, à la barbe longue, aux cheveux tressés au dessus de la tête, s'avança soudain, un bâton à la main. Ses épaules étaient couvertes d'une peau de daim ; un pantalon et des mocassins complétaient son costume. A voir ses yeux gris, sa tournure sinistre, sa bouche grimaçante de cruauté, on devinait sur-le-champ que cet être sans nom était un blanc banni de la société et ayant cherché un refuge parmi les Peaux-Rouges. Ce misérable jeta un regard oblique sur les émigrants et les examina les uns après les autres, jusqu'à ce qu'enfin ses yeux s'arrêtèrent sur la nouvelle mariée. Un horrible sourire effleura alors ses lèvres.

A ce moment même, Emma, qui le reconnut, s'écria avec horreur :

— Ah ! c'est Bill Moore, le meurtrier de mon frère !

A ces mots, le faux Indien proféra le terrible *woop* d'attaque, signal convenu entre ses camarades et lui. Ceux-ci, pareils à des panthères affamées, s'élancèrent sur les émigrants, qui tous, malgré leur courageuse résistance, furent bientôt renversés, meurtris et à la discrétion de leurs ennemis. Le chef de ces hommes sans pitié commanda alors aux Utahs de s'emparer de tous les fusils des émigrants. Par ses ordres, les hommes furent liés avec des cordes, et l'on se prépara à partir en emmenant les femmes. Rien n'était plus émouvant à entendre que les gémissements de ces malheureuses opposant une résistance fort inutile à ceux qui les entraînaient et les cris des enfants violemment séparés de leurs mères.

Tout espoir semblait perdu, lorsque soudain on vit à la clarté des étoiles une troupe nombreuse d'Indiens à cheval arriver au grand galop dans la direction du camp. Leur chef était une jeune et belle femme vêtue d'habits de peaux de daims ornés de plumes, de broderies aux couleurs éclatantes et de plaques d'or. Elle était montée sur un magnifique cheval blanc qu'elle maniait avec une habileté sans pareille.

— Voilà les Soshones ! s'écrièrent à l'instant les Uthas, saisis d'une indicible terreur, fuyant dans toutes les directions et abandonnant leurs prisonniers, qu'une délivrance aussi inattendue remplissait d'étonnement.

L'un d'eux, cependant, ne laissa point échapper sa victime. Le bandit Bill Moore avait saisi entre ses bras le corps inanimé de la jeune Emma, et escaladant, avec la vélocité d'un chat sauvage, une éminence qui s'élevait à une petite distance du camp, il disparut bientôt avec son fardeau derrière les sinuosités du terrain.

A peine s'était-il éloigné que les libérateurs soshones envahissaient le camp et se hâtaient de couper les cordes dont étaient garrottés les malheureux émigrants. La noble et belle sauvage qui commandait les Indiens se fit comprendre à l'aide de signes et expliqua que celui qui commandait les Utahs était son mari. Le matin même, il était parti, sous le prétexte d'aller à la chasse, mais elle avait été informée par un des siens que le traître se disposait à enlever, vers le campement de la passe du Pacifique, une femme blanche qu'il avait aimée autrefois, avant de se réfugier chez les Indiens. Le hasard la lui avait fait retrouver quelques jours auparavant au milieu d'une troupe d'émigrants qui s'étaient reposés le long de la rivière des Eaux douces.

Henry fut le premier à comprendre le langage animé de la femme soshonne et il lui expliqua à son tour que son mari avait réussi dans son projet criminel, qu'il était parvenu à son but et qu'il fuyait en ce moment, entraînant Emma avec lui. Il supplia la jalouse Indienne de courir sus à Bill Moore et de lui permettre de l'accompagner.

Cette explication redoubla le courroux de l'épouse outragée, dont le cœur brûlait de jalousie et de désirs de vengeance. Par ses ordres, Henry obtint un cheval rapide, et comme il avait retrouvé sa carabine qui, par le plus grand des hasards, avait échappé aux yeux des Utahs, il changea la capsule afin d'être plus sûr de son coup, lors de sa rencontre avec le ravisseur d'Emma, et s'élança sur les traces de ce misérable, à la tête des Soshones et à côté de l'Indienne.

La troupe entière contourna la colline au sommet de laquelle Bill Moore avait disparu, et se trouva bientôt dans la prairie au milieu de laquelle on apercevait le géant lancé au galop. Devant lui une draperie blanche, la robe d'Emma, flottait au gré du vent.

La femme soshone poussa un cri de rage répercuté par les échos des montagnes Rocheuses, et la course recommença plus rapide et plus obstinée. Chaque élan des chevaux raccourcissait la distance qui séparait celui qui était poursuivi de ceux qui volaient sur ses traces. Cette chasse à l'homme se dirigeait du côté de la cour basaltique de Jacob, et lorsque le faux Indien parvint à sa base, ceux qui étaient lancés sur ses pas n'étaient séparés de lui que par un espace de cent mètres. Il paraissait impossible qu'il leur échappât. La structure du monolithe aux parois lisses comme celle d'une construction faite par la main des hommes, semblait inaccessible à tout être inanimé qui n'eût pas été muni d'ailes pour arriver à son sommet.

Cependant, au grand étonnement des Indiens, Bill Moore se jeta à bas de son cheval et, sans abandonner la pauvre Emma, il commença à gravir le paroi du roc. Il avait découvert un sentier étroit qui faisait saillie et par lequel il parvint bientôt au sommet de cette merveille de la nature.

Tous les Soshones, malgré les exortations de leur chef, paraissaient se refuser à tenter une ascension aussi périlleuse, Henry, lui seul, n'hésita pas. Saisissant sa carabine d'une main, il s'aida de l'autre pour s'accrocher aux interstices du rocher, et ce fut ainsi qu'il parvint au sommet.

Bill Moore, qui n'avait pu échapper à ceux qui le poursuivaient, résolut d'assassiner sa victime, mais comme, dans sa course haletante, il avait perdu ses armes, il s'efforça d'étrangler l'infortunée Emma. D'un seul bond Henry s'élança sur lui et, ne pouvant faire feu, ce fut avec la crosse de sa carabine qu'il brisa le crâne du misérable dont le cadavre bondit, retomba dans le vide et fut bientôt mutilé à la base de la tour basaltique.

Se jetant alors sur le corps inanimé de sa fiancée, le pauvre Henry craignit d'abord qu'elle fût morte. Sa bouche cherchait un reste de vie sur celle d'Emma, dont les lèvres bleuies, recouvertes d'une écume teintée de rose, étaient froides et desséchées. Mais lorsque la douce chaleur de la poitrine de celui dont elle était la bien-aimée eut pénétré ses sens engourdis, elle revint peu à peu à la vie; ses yeux se rouvrirent, et bientôt sa bouche murmura lentement ces paroles.

— Oh! mon ami! quel horrible rêve j'ai fait.

Nous ne suivrons pas plus loin les émigrants de la Source du Pacifique qui, escortés par la femme indienne et sa tribu, parvinrent sans encombre aux premières limites du territoire californien. Les deux familles vivent et prospèrent à l'heure qu'il est sur les bords de la rivière Feather. Emma est mère de deux charmants petits garçons qui promettent d'être bons et courageux comme leur père. Afin de perpétuer la mémoire de la délivrance miraculeuse de sa femme, Henry a élevé sur la pelouse qu'il a semée devant son habitation un monument fait avec des roches basaltiques, auxquelles il a donné la forme de l'échelle de Jacob, et sur la base on peut lire cette inscription :

4 JUILLET 1876.

LE GRAND CHEVAL BLANC DES PRAIRIES

La capture d'un cheval sauvage est un des exploits les plus enviés parmi les tribus des vastes prairies du lointain Ouest. C'est en effet des manades du désert américain que les chasseurs indiens tirent ordinairement leurs montures.

Les chevaux qui vivent sur ces vastes plaines vertes, situées par delà les dernières limites de la civilisation, — actuellement reculée au delà de l'Illinois, non loin des montagnes Rocheuses, et dans la direction de Santa-Fé, sont de différentes formes et de couleurs diverses ; c'est par leurs robes qu'on reconnaît leur origine. Certains ont l'aspect d'un cheval anglais et descendent probablement de ceux qui avaient été importés de la grande Bretagne à l'époque de l'invasion britannique : ils s'étaient indubitablement échappés et avaient fait souche. D'autres, d'une espèce plus petite, mais très vigoureuse, viennent sans doute de la race andalouse amenée sur le sol aztèque par les premiers colons espagnols, ou de celle que les soldats de Hernando de Soto transportèrent sur les rives du Mississipi.

Quoi qu'il en soit, de quelque pays que ces gracieux quadrupèdes proviennent, ils n'en sont pas moins un ornement pour les déserts de l'Amérique du Nord.

Par malheur, leur nombre, comme celui des bisons, diminue sur le vaste continent, et à l'heure actuelle c'est seulement sur les frontières du Mexique que l'on peut fructueusement se livrer à la chasse au lasso de ces animaux si utiles à l'homme.

Il existe une légende aux États-Unis qui mérite de trouver place dans notre recueil. Cette légende est celle du grand cheval blanc des Prairies. Depuis nombre d'années, tous ceux qui avaient parcouru les Saharas de l'Amérique du Nord avaient vu ou prétendaient avoir aperçu un quadrupède fantastique, blanc comme la neige, aux quatre sabots de même couleur, à la crinière plus albe que le marbre, dont la forme, irréprochable, les avait émerveillés.

Ce cheval, c'était le cheval fantôme enchanté du Far West, échappant à toutes les ruses dressées contre lui, déjouant toutes les surprises les mieux combinées. Il passait comme un ouragan : c'est à peine s'il touchait à terre.

Les Peaux-Rouges nous racontaient ces histoires d'une manière mystérieuse, sans permettre que l'on doutât de leurs paroles, quand, à la veillée, autour du foyer du bivouac, ils cédaient aux instances de voyayeurs aventurés dans leur compagnie, et célébraient ainsi l'histoire de leur sol natal.

C'est de la bouche de l'un d'eux que nous avons ouï l'histoire suivante qui, — si elle n'est pas tout à fait véridique, — doit au moins avoir un semblant d'authenticité.

A l'endroit où la Prairie n'est plus unie comme le désert africain ou la vaste Crau du département des Bouches-du-Rhône en France, se trouve le pays boisé, où l'on rencontre des bosquets d'arbres que l'on dirait dispersés par la main d'un artiste. Celui-là c'est le créateur universel, le grand Manitou, et c'est sur ce sol favorisé, l'Éden des Indiens que se plaisent les chevaux sauvages.

Il y avait en cet endroit, en 1820, ou environ, une manade de chevaux indomptés, au milieu de laquelle on apercevait, de très loin, un superbe animal, d'une blancheur immaculée, dont le poil ruisselait aux rayons du soleil, comme si c'eût été du satin.

Un matin, passant par ces parages, un chasseur pionnier, se trouva en présence d'une manade de ces animaux qui semblait vivre là, en parfaite harmonie, sans être troublés, sans connaître la crainte.

Daniel Fergusson, — tel était le nom que la renommée nous a transmis, — resta immobile, derrière un rocher, pendant une heure entière, se demandant par quels moyens il pourrait se rendre maître de l'un de ces chevaux et surtout du superbe animal blanc qui lui parut et qui était en effet le roi de tous ces quadrupèdes.

A lui seul, il ne fallait pas songer à mener pareille entreprise à bonne fin ; mais il était en bonne harmonie avec une tribu de Sioux qui vivaient du produit de leur pêche et de leur chasse, dans le voisinage de l'Éden en question, et il alla les consulter, afin de délibérer avec eux sur les chances qu'il y aurait à s'emparer de quelques-uns de ces chevaux sauvages.

Le chef de la tribu écouta son récit avec le plus grand intérêt, sans l'interrompre. Lorsque Daniel Fergusson eut terminé son discours par ces mots consacrés : « J'ai dit ! » — Moha-ti-Assah, le vieux guerrier Peau-Rouge lui répondit en ces termes :

« — Mon frère au visage pâle ignore probablement que le cheval blanc qu'il a vu défie toute embuche de la main des hommes. C'est en vain que nous lui avons, à plusieurs reprises, jeté le lasso ou lancé nos tomahawks dans les côtes ; le cheval fantôme s'est envolé et a disparu comme le flocon de fumée que je jette hors de ma bouche, après avoir aspiré le feu de mon calumet. Il est possible que nous nous emparions de quelques-uns des chevaux qui passent à côté de cette bête protégée par le Manitou, mais jamais aucun de nous ne parviendra à toucher la crinière du beau *white horse* du désert. J'ai dit. »

Daniel Fergusson, malgré ces paroles décourageantes, ne persista pas moins à tenter l'aventure. Son discours entraîna la majorité de la tribu, et l'on parvint à convaincre le chef qui donna des ordres pour que, dès le lendemain, on se rendît vers les lieux où le Yankee avait aperçu la manade convoitée.

Dès le point du jour, la tribu vaillante, c'est à-dire tous les guerriers sachant manier les armes à feu et les projectiles, se trouvaient à peu de distance du canton désigné par leur ami le visage pâle.

Le chef, Daniel Fergusson et trois autres Peaux-Rouges suivirent un sentier montueux et, du même endroit que celui d'où le Yankee avait aperçu la manade, ils jouirent de ce spectacle magnifique. Ils avaient devant eux, à cent mètres de distance, onze chevaux bai, six noirs et enfin l'insaisissable cheval blanc.

On tint conseil, et il fut décidé que l'on profiterait de l'occasion qui se présentait pour exécuter une grande manœuvre de chasse, qu'on appelle, parmi les tribus aborigènes, le *cercle* (ring) *des chevaux sauvages.*

En conséquence, tous les Indiens qui étaient pourvus de montures s'en allèrent au petit trop faire le tour de la vallée et se placèrent à une certaine distance les uns des autres, formant un cercle de deux ou trois milles de circonférence. Toute cette première partie de la manœuvre avait été opérée avec beaucoup de silence et avec de nombreuses précautions, car les chevaux sauvages sont, de tous les habitants des Prairies, les plus faciles à effaroucher, et ils sentent de très loin un chasseur sous le vent.

Dès que le cercle fut formé, deux chasseurs se lancèrent sur la manade sauvage qui se jeta aussitôt dans la direction opposée. Là elle trouva des Peaux-Rouges qui leur firent peur et l'obligèrent à retourner sur leurs pas. Les chevaux se mirent à tourner en rond, puis repoussés et chassés sur tous les points, galopant au milieu de ce cercle qui se resserrait de plus en plus. Bientôt, harassés, fourbus, ne sachant point ce qu'ils faisaient, ils offrirent pour la plupart prise aux coups de lasso des Peaux-Rouges, très habiles dans ce genre d'exercice.

Seul le cheval blanc et ses congénères à robe noire défiaient toutes les attaques. Daniel Fergusson s'était juré de prendre le superbe animal au manteau blanc ; il le poursuivait avec rage, monté sur un excellent mustang qui luttait de vitesse avec son rival insoumis.

Serré de près par le Yankee, le roi de la manade allait être pris au lasso, quand tout à coup, se retournant et adressant une épouvantable ruade à ses ennemis, bipède et quadrupède, il les envoya tous deux rouler sur les herbages de la Prairie.

Lorsque Daniel Fergusson se releva, cette vision palpable s'était évanouie. On entendait au loin les fuyards descendre la vallée avec un bruit de tonnerre, poursuivis par les Peaux-Rouges qui hurlaient comme des démons. Mais, à la fin, tout ce bruit cessa, les animaux disputés avaient disparu au milieu des passes de la montagne. Il n'en restait pas moins sept chevaux capturés auxquels on lia les jambes et à la bouche desquels on passa le mors de manière à les dompter.

Daniel Fergusson ne se consolait pas d'avoir manqué son coup. Il rentra au camp des Sioux, tout penaud, la tête basse, maudissant sa mauvaise chance.

Deux jours après cette chasse, d'où il revint bredouille, il quitta ses amis et leur annonça qu'il allait de nouveau se mettre en quête du beau cheval blanc des Praieries.

Moha-ti Assah lui représenta inutilement que c'était folie, que l'animal était le protégé du Manitou, le Yankee ne voulut rien entendre : il s'éloigna.

Huit jours entiers il erra de ci, de là, au milieu des méandres du désert. La nuit venue, il couchait où il pouvait, à l'abri d'une roche, au pied d'un arbre géant, dans le ravin d'un courant d'eau desséché, rêvant quand il ne dormait pas, quoique harassé de fatigue, à la bête qu'il voulait conquérir à tout prix.

Le neuvième jour, depuis son départ, au moment où le soleil déclinait à l'horizon, il revenait à pied d'une chasse aux dindons sauvages qu'il avait entreprise afin de satisfaire à ses goûts raffinés de gastronome, quand un spectacle imprévu, inouï, palpitant d'intérêt s'offrit à sa vue. C'est à peine s'il croyait à ce qu'il avait devant les yeux.

Le beau cheval blanc, le quadrupède fantôme impalpable était devant lui, enchaîné au tronc d'un arbre par les replis annulaires d'un énorme serpent qui cherchait à l'étouffer.

La première pensée de Daniel Fergusson fut de tuer le reptile à coups de fusil : mais il se dit que tout habile qu'il fût, il pouvait, en atteignant le monstre, perforer le cheval, ou, tout au moins, le blesser dangereusement.

Jetant alors sa carabine par terre, il tira son *bowie knife* de sa gaine et fondit sur le serpent auquel il asséna deux violents coups de pointe et de tranchant qui suffirent pour lui faire lâcher prise. Quelques autres entailles dirigées avec habileté achevèrent de dégager le cheval blanc, et le reptile tomba sur le sol, coupé en trois morceaux.

Le premier mouvement du cheval blanc fut de se secouer et de se disposer à fuir. Mais, au même instant, il poussa trois hennissements de joie et, se retournant du côté de son libérateur, il s'avança noblement vers lui et vint le lécher au visage.

On eût dit que l'instinct de sauvagerie était annihilé et que, vaincu par un sentiment jusqu'alors inconnu, il devinait que l'homme était plus fort que la bête.

Il se passa en ce moment une scène qui eût été admirablement comprise par le célèbre Carle Vernet, le roi des peintres des chevaux.

Le cheval blanc continuait à hennir et à lécher le Yankee, qui le flattait de la main et lui passait un licou dont l'animal ne cherchait pas à se débarrasser.

A un moment donné, Fergusson, saisissant la crinière de sa conquête, se lance sur sa croupe et pressa les flancs de son nouveau coursier, dont il dirigea le galop vers le camp des Sioux.

Il avait tout oublié dans la Prairie, son « mustang, » sa carabine, son sac de provisions, son manteau et ses munitions.

Toute la tribu était rassemblée au moment où le Yankee se présenta devant le wigwam du chef Moha-ti-Assah, monté sur le grand cheval blanc des Prairies.

Une acclamation triomphale, pareille à un bruit de tonnerre retentit aussitôt, poussée par plus de trois cents voix émerveillées.

— Manitou t'a protégé : c'est sa volonté qui a fait que la plus belle créature du monde est en ton pouvoir. Tu es notre chef : Je te remets, visage pâle, les insignes de mon commandement.

Daniel Fergusson refusa de prendre la place de son ami le sachem des Sioux. Il déclara qu'il se contentait de son butin invaluable.

Le cheval sans pareil était d'une docilité qui ne se démentait point. Seulement il ne permettait pas que ses congénères le devançassent quand on allait à la chasse, ou qu'on changeait de campement.

Un jour, Daniel Fergusson eut la pensée de quitter Moha-ti-Assah et ses frères. Il voulait retourner du côté des établissements des blancs et leur montrer sa riche capture.

C'est en vain que la tribu des Sioux et son chef voulurent le retenir auprès d'eux. Il partit.

Depuis cette époque, nul n'a plus eu de nouvelles de Daniel Fergusson. Les Américains ne l'ont point revu, et les Sioux attendent encore son retour.

Quant au cheval blanc, il a disparu dans les vastes déserts du lointain Ouest. On l'aperçoit encore de temps à autre vers les endroits les plus isolés, mais il paraît avoir repris toute sa sauvagerie et ne se laisse pas aborder.

Le mystère de cette légende n'a pas encore été expliqué.

UNE ILE QUI N'EXISTE PLUS

L'île de Saint-Brandan, une des Canaries, a toujours passé pour être un des mystérieux séjours de ce monde. Tous ceux qui se sont occupés de l'histoire des îles fortunées, pourraient, au besoin, certifier le nombre de prodiges attribués à ces terres fantastiques.

Bien souvent des expéditions ont été organisées dans le but d'explorer les rives de cet Éden inconnu, et des navires sont partis du port le plus proche pour aller aborder dans un des ports de Saint-Brandan. De loin, on apercevait des pics dorés par les rayons du soleil, et des caps qui s'avançaient au milieu des flots ombragés par une verdure luxuriante ; mais peu à peu, à mesure que l'on approchait, ce prisme trompeur s'évanouissait, le mirage s'évaporait et l'on n'avait plus devant soi que la plaine liquide et l'azur du ciel à l'horizon.

Les anciens cosmographes appelaient cette île Aphrosida, c'est-à-dire l' « *Inaccessible* ». Comme il avait toujours été impossible d'aborder à ses rivages, et que toutes les expéditions avaient échoué, on finit bientôt par considérer l'île de Saint-Brandan comme une illusion d'optique, et on la classa parmi les phénomènes incompréhensibles de la nature, tels que la *fata Morgana*, dans le détroit de Messine, et les oasis fantastiques du Sahara africain.

A notre avis, — et notre opinion est corroborée par différents traits de cosmographie qu'il est inutile de mentionner, — l'île de Saint-Brandan n'est point une terre imaginaire ; de temps à autre, grâce aux commotions souterraines du monde en ébullition, elle s'est montrée à la surface de la mer aux regards émerveillés des mortels favorisés du ciel. Du reste l'existence de cette île a été attestée d'une manière certaine par des historiens et des poètes du moyen âge. C'est là qu'était placé, — à n'en pas douter, — le fameux jardin des Hespérides, où mûrissaient les pommes d'or. C'est aussi là que la magicienne Armide, célébrée par les vers immortels du Tasse, cultivait son jardin enchanté, au milieu duquel vivait prisonnier, sous des chaînes de fleurs, le paladin chrétien Renaud, qui s'oubliait dans une honteuse servitude.

C'est aussi dans cette île que régnait l'enchanteur Cycorax, au moment où Prospero et sa jeune fille Miranda furent jetés sur les côtes — du moins à ce que raconte Shakspeare.

Comme on le voit, l'île de Saint-Brandan avait été, à diverses époques, occupée par des génies descendus des cieux, ou venus de la terre ou de la mer, pour y établir leur résidence.

N'est-ce pas là, peut être, que Neptune et Amphitrite, souverains détrônés et envoyés en exil, tenaient leur semblant de cour, débris de leur splendeur passée?

Tout porte à croire que leur char, habitué à glisser sur les plaines liquides de l'Océan, gît en ces lieux, remisé dans quelque caverne profonde battue par les flots irrités. Çà et là, sur les rochers, on pourrait apercevoir leurs tritons devenus poussifs, et les Néréides édentées, se chauffant au soleil sur le sable, comme un troupeau de veaux marins.

On dit, et je n'ose en croire mes oreilles, qu'à divers intervalles ces divinités déchues se souviennent de leur ancienne puissance et s'aventurent alors sur le miroir poli de l'azur liquide. On voit alors — est-ce bien vrai ? — se baigner tous ensemble Tritons et Néréides, tandis que l'un des Nestors de la troupe adresse ses plaintes aux échos, en soufflant à pleins poumons dans les spirales d'un énorme coquillage.

Là encore, sur cette plage mystérieuse, le « kraken » montre ses anneaux sinueux et sa tête formidable; là aussi le « serpent de mer » a fait élection de domicile et paraît de temps à autre aux yeux de ses nombreux admirateurs.

On assure même que le « vaisseau-spectre » vient à Saint-Brandan, de temps à autre, se ravitailler et radouber sa carcasse maudite. C'est là que, tous les mille ans, il laisse tomber l'ancre et cargue ses voiles silencieuses et immobiles.

A vrai dire, on pourrait retrouver dans ce lieu plus d'un vaisseau perdu dont les armateurs regrettent le naufrage, et dont les hommes d'équipage, — pareils à la Belle au bois dormant, — sont condamnés par... la mort à dormir au sein des grottes profondes.

N'est ce point à Saint-Brandan que gisent entassés les trésors immenses enfouis par le naufrage dans les abîmes de la mer? Un fait certain, c'est que des diamants, des rubis et des émeraudes brillent éparpillés sur le sable ; que des ballots remplis de soies orientales, de boîtes de perles et de couffins regorgeant des lingots d'or, obstruent le passage dans toutes les criques de la côte.

Dans la première partie du xv⁰ siècle, à l'époque où le prince Henri de Portugal, de glorieuse mémoire, illustrait son règne par d'importantes découvertes géographiques sur les côtes occidentales de l'Afrique, au moment où il n'était question dans le vieux monde que des « Eldorados » du nouveau continent et des îles de l'Océan sans bornes, un vieux pilote arriva certain matin à Lisbonne, et raconta à qui voulut l'entendre que, perdu sur la plaine liquide, il avait été poussé par une rafale vers des parages inconnus. Il dépeignait d'une manière toute fantastique une plage lointaine, peuplée de chrétiens et couverte de brillantes cités aux palais de marbre, de porphyre et de lapislazuli.

« Les habitants de cette contrée, disait-il, n'avaient jamais vu de vaisseau avant l'arrivée de celui à bord duquel je me trouvais: aussi, dès que notre navire eut abordé la côte, il fut entouré par une foule innombrable. J'appris de la bouche de l'un deux, — un des notables de l'endroit, — que tous ses compatriotes, et même lui, descendaient d'une colonie de chrétiens qui avaient fui l'Espagne à l'époque où cette contrée avait été conquise par les mahométans.

« Les gens qui me souhaitaient la bienvenue, s'informaient avec curiosité de la situation de la mère patrie, et ils témoignaient la plus grande douleur en apprenant que les Mores étaient toujours maîtres du royaume de Grenade. L'habitant qui portait la parole au nom des autres me proposa de me conduire à l'église de la ville, afin de me donner la preuve de l'orthodoxie de la religion de son pays; mais la crainte de tomber dans un piège et d'être retenu prisonnier me fit décliner cette invitation, et je remis à la voile quelques heures après, faisant route du côté du Portugal. Hélas! j'ai été sévèrement puni de mon manque de foi, ajoutait le vieux marin ; — une tempête furieuse assaillit mon navire une demi-heure après mon départ; l'île inconnue disparaissait à mes yeux dans l'obscurité, et le surlendemain, jeté à la mer par une vague furieuse, je voyais sombrer mon vaisseau avec tous les hommes de mon équipage. Moi seul, j'échappais au naufrage, et la mer me rejetait, brisé, anéanti, à moitié mort, sur les rochers de la côte du Portugal.»

Cet étrange récit causa un grand étonnement dans la ville de Lisbonne. Les savants du pays rappelaient avoir lu, dans certaines chroniques, qu'à l'époque de l'invasion des Mores en Espagne, au viiie siècle, lorsque le « croissant » avait détrôné la « croix » dans les églises chrétiennes converties en mosquées, sept évêques catholiques, à la tête d'un grand nombre de fidèles, avaient quitté la Péninsule et s'étaient embarqués sur des caravelles à rames, pour aller chercher, au milieu de l'Océan, quelque contrée éloignée où ils pussent, avec leurs ouailles, fonder une colonie et vivre en paix en pratiquant la foi orthodoxe.

La destinée de ces pieux pèlerins était jusqu'alors restée ensevelie dans un profond mystère, et peu à peu la tradition de cette sainte émigration avait disparu de la mémoire du peuple.

Le récit du marin échappé à la mort vint raviver le souvenir des vieillards qui connaissaient la tradition de la fuite des vraies croyants espagnols et de leurs sept évêques. Il n'y avait plus à en douter, l'île décrite par le pilote était le pays où la main de la Providence avait conduit les catholiques et leurs pasteurs.

Dès ce moment, il advint ce qui arrive toujours dans les circonstances anlogues : l'île aux brillantes cités, aux palais de marbre, etc... devint le texte de toutes les conversations, à la cour comme à la ville ; et l'on fit des prières dans toutes les églises du royaume pour que les descendants de ces saints exilés fussent enfin retrouvés et réunis aux nations connues de la chrétienté.

Parmi les seigneurs les plus zélés pour la découverte de l'île inconnue, on remarquait à la cour de Portugal un gentilhomme de haut rang, don Fernando de Ulmo, dont l'imagination romanesque ne rêvait que lointaines conquêtes. Don Fernando disposait, depuis quelques temps, d'une immense fortune que son père en mourant lui avait laissée en héritage, et l'excès de ses débordements en tout genre avait fait parler de lui dans toute l'étendue du royaume. Blasé sur des plaisirs faciles, le gentilhomme ne savait plus que faire pour se distraire, lorsque son attention se trouva éveillée par le récit propagé de la découverte du vieux marin.

L'île merveilleuse devint, le jour, l'objet unique de ses pensées, et, la nuit, celui de ses rêves. L'idée de retrouver ce pays enchanté s'empara de son esprit, à tel point qu'il ne songea presque plus à la passion qu'il avait conçue pour une des plus gracieuses jeunes filles de Lisbonne, à laquelle il était même fiancé.

A force de caresser ce songe prismatique, don Fernando s'en éprit au point de vouloir se mettre à la tête d'une expédition dont il ferait les frais. Il ne tarda pas à réaliser son projet. A ses yeux, la navigation ne pouvait être de longue durée, car, suivant les calculs du pilote naufragé, l'île vers laquelle tendaient ses vœux devait être à la hauteur des Canaries, qui, à l'époque où le nouveau monde n'était pas encore découvert, formaient les limites de la terre, sur l'océan Atlantique.

Avant de quitter le Portugal, don Fernando sollicita l'appui et les protections du roi Juan II dont il était le favori. Il n'éprouva donc pas de difficulté pour obtenir la commission désirée, car le roi favorisait les entreprises de découvertes plus que toute autre chose. Don Fernando fut nommé « adelantado », c'est-à-dire gouverneur militaire de toutes les contrées qu'il découvrirait. Le roi mit seulement pour réserve à ces conditions que tous les frais de l'expédition resteraient à la charge du gentilhomme, et qu'il payerait plus tard, à la couronne du Portugal, la dîme de tous les revenus.

Don Fernando fit tous ses préparatifs de départ avec toute l'ardeur d'un homme épris d'un projet romanesque. Il vendit les unes après les autres ses terres, ses propriétés seigneuriales, et en consacra le produit à l'achat de vaisseaux, d'armes à feu, de munitions et de vivres. Le domaine de ses ancêtres, un palais situé à Lisbonne, dans l'Almeada, fut aussi placé sous hypothèque.

D'ailleurs à quoi lui eût servi cette vieille construction, à lui qui convoitait un des palais dorés de l'île mystérieuse dont il devait être le gouverneur militaire ?

A l'époque où se passe notre histoire, tous les esprits rêveurs se tournaient du côte de l'Océan ; aussi, le projet de don Fernando fut-il vivement approuvé par les hommes aventureux de Lisbonne et du Portugal entier.

Les commerçants eux-mêmes prêtèrent une oreille attentive à ces songes brillants : pour eux l'île aux Sept-Cités devait être un pays avantageux au négoce. Les soudards se rangèrent avec entraînement sous la bannière de don Fernando, car avec lui ils espéraient pouvoir piller quelques-unes des villes inconnues ; les moines de la Péninsule s'associèrent à cette croisade qui promettait un accroissement aux domaines de l'Église.

Dans cette foule de gens intéressés, un seul homme avait l'audace de trouver le projet insensé ; il ne se gênait même point pour censurer hautement ceux qui n'étaient pas de cet avis. Cet homme était don Ramiro Alvarez, père de la belle Seraphita, fiancée de don Fernando. Il passait, avec juste raison, pour un vieillard positif, d'un naturel opposé à tout ce qui tenait du fantastique et hostile aux entreprises faites dans un but mercantile.

La relation d'une découverte pareille à celle de l'île aux Sept-Cités lui paraissait suspecte en tous points, et il regardait comme une extravagance, enfantée par un cerveau malade, le projet de départ de son futur gendre. Ce fut aussi avec la désolation dans le cœur qu'il vit don Fernando se défaire de ses propriétés réelles pour aller conquérir un territoire imaginaire ; et il se plaisait à appeler le jeune aventurier : « le gouverneur du pays des nuages ».

Don Ramiro n'avait jamais envisagé avec satisfaction l'union de sa fille chérie avec don Fernando, mais Seraphita, à force de supplications, avait obtenu de lui son consentement à son mariage avec celui qu'elle préférait. Et cependant le vieil hidalgo ne pouvait point trouver d'objection sérieuse contre le rêveur qui appartenait à la fine fleur de la chevalerie portugaise. Personne mieux que don Fernando ne savait disputer le prix de la joute ou du jeu de bague. Nul mieux que lui ne montrait plus de force et d'audace dans les combats de taureaux. Aucun poète ne savait écrire des madrigaux plus beaux que les siens en l'honneur des charmes d'une noble dame. Il n'y avait pas de chanteur qui sût, avec plus de brio, roucouler une « xacarilla » en s'accompagnant de la guitare : danser au son des castagnettes, en déployant une grâce charmante dans un fandango ou dans une jota. Ces qualités, grâce auxquelles il avait gagné le le cœur de doña Seraphita, paraissaient pourtant de nulle valeur aux yeux du père de la belle senora.

A vrai dire, cependant, les liens qui attachaient le jeune hidalgo à doña Seraphita faillirent d'abord faire échouer l'expédition ; car, en vrai chevalier, don Fernando se trouvait plongé dans une étrange perplexité, celle d'abandonner une femme adorée pour courir à des aventures dangereuses, ou bien de perdre pour jamais une occasion unique de s'immortaliser ! Comment trancher une aussi grande difficulté ? A force de cher-

cher une solution à ce dilemme, don Fernando trouva un mode d'arran-
gement aussi simple que facile : il pensa tout bonnement à épouser dona
Seraphita, après quoi, il ajournerait la continuation de ses félicités con-
jugales à son retour de l'expédition de l'île aux Sept-Cités.

Dès que l'ingénieux chevalier eut découvert ce mezzo-termine, il s'empressa d'en faire part à don Ramiro ; mais il avait compté sans son hôte ;
car, à peine le gentilhomme eut-il entendu parler de cette proposition,
qu'il entra dans une violente colère, en reprochant à son futur gendre de
se laisser duper par des vagabonds, par des inventeurs de projets chi-
mériques, et enfin de dissiper sa fortune à poursuivre un rêve insensé.

Don Fernando était trop décidé à ne pas écouter ce langage de la raison pour se rendre à des paroles aussi sages. Il se querella donc avec le
vieillard qui, de guerre lasse, l'appela fou et visionnaire, et lui défendit
d'une manière formelle de songer à sa fille, s'il n'abandonnait tout à fait
le projet insensé d'explorer une mer inconnue. Sans faire attention à cet
ostracisme matrimonial, le voyageur audacieux quitta le palais de don
Ramiro, en disant à part lui qu'à son retour on serait bien forcé de lui
rendre justice et d'avouer qu'il avait eu raison.

Tandis que le jeune homme s'éloignait, don Ramiro, dans la crainte
que sa fille, séduite par les promesses de son fiancé, ne consentît à le suivre... jusqu'à l'île aux Sept-Cités, pour partager un trône dans ce pays
inconnu, se rendit à l'appartement de la belle infante et s'efforça, par de
sages paroles, de la convaincre de la folie de don Fernando. Il insista surtout, en bon père, sur la nécessité urgente de rompre tout rapport avec
un visionnaire qui sacrifiait son bonheur à des chimères.

La pauvre enfant, en fille soumise, baissa la tête et acquiesça facilement aux ordres de son père, qui la serra sur son cœur avec une tendresse ineffable : tandis que de ses lèvres il embrassait son enfant, deux
larmes coulaient sur la duvet de ses joues. Et pourtant en quittant l'appartement de Seraphita, don Ramiro n'oublia pas de tourner la clef dans
la serrure, se disant à part soi que le meilleur moyen d'avoir une confiance pleine et entière était de tenir sa fille en chartre privée, jusqu'au
moment où l'homme à qui elle avait donné son cœur aurait mis à la voile
et quitté le port.

Si la porte était close, la fenêtre ne l'était pas, quoiqu'elle fût garnie de
barreaux de fer ouvragé, dans le style de tous ces balcons des maisons
portugaises qui les font ressembler à des volières aériennes. C'était là
que la rêveuse jeune fille cultivait ses fleurs et nourrissait ses oiseaux ;
c'était là que maintes fois elle avait passé la nuit au clair de la lune, grat-
tant les cordes de sa guitare, et répondant, de sa voix harmonieuse, aux
mélodies d'un rossignol infatigable, caché sous la feuillée d'un jardin
du voisinage. Du haut de ce balcon, la belle Seraphita entreprit une cor-
respondance télégraphique avec don Fernando qui venait causer ainsi

avec elle chaque nuit, car il consacrait ses journées à activer l'armement de ses vaisseaux et l'équipement de ses hommes.

L'heure sonna enfin pour le départ si longtemps annoncé. Tout était prêt selon les vœux de don Fernando. Deux caravelles de formes élégantes, aux mâts élancés, aux voiles blanches, se balançaient sur leurs ancres dans les eaux du Tage, prêtes à appareiller au lever du soleil. Vers le milieu de la nuit qui précéda cette aurore, le bel hidalgo profitant de l'obscurité, se glissa sous le balcon de sa bien-aimée pour lui faire ses adieux. Dona Seraphita s'abandonnait à une alarme sans pareille, tandis que le hardi voyageur était plein de courage, de confiance et d'espoir.

— Ce n'est qu'une absence de deux mois, lui disait-il, et je reviendrai triomphant. Votre père rougira alors de m'avoir montré une incrédulité aussi obstinée, et il s'empressera d'ouvrir sa maison à celui qui portera justement le titre de gouverneur de l'île aux Sept-Cités.

Fernando, se disait-elle, ne trouvera-t-il pas une jeune fille plus belle que moi dans le pays « des Sept-Cités » ?

Et, en réfléchissant de la sorte, Séraphita n'avait peut-être pas tort, car un des défauts de don Fernando était de céder, sans trop résister, aux charmes des beaux yeux d'une femme. Mais, à la première parole que lui adressa la jeune fille à ce sujet, il se récria bien fort et fit le serment le plus solennel pour assurer son amie de sa sincérité, prenant à témoin la lune et toutes les étoiles de la persévérance de ses sentiments. Mais Seraphita elle-même lui garderait-elle la foi jurée ? Un rival plus riche n'obtiendrait-il pas le consentement de son père et ne la conduirait-il pas volontairement à l'autel, tandis qu'il errerait sur les mers, exposé à tous les dangers ? En présence d'un pareil doute, Seraphita s'offensa d'abord ; puis, versant d'abondantes larmes, elle passa à travers les barreaux de sa prison aérienne une main blanche, un bras charmant, et jura, à son tour, en prenant à témoin le ciel et les astres, d'être toujours fidèle et constante. « Fernando connaissait peu son cœur, disait-elle, puisqu'il croyait la contrainte paternelle redoutable. Des années, des siècles s'écouleraient sans qu'elle l'oubliât. » Et, tirant de son doigt un anneau dans le chaton duquel était incrusté un cœur en rubis, elle le lui donna comme gage de sa constance et de ses affectueux sentiments.

Les deux fiancés se séparèrent enfin. L'aube blanchissait derrière les montagnes de l'horizon.

Au soleil levant, les deux caravelles sortaient des eaux du Tage et prenaient le large, cinglant dans la direction des Canaries, que l'on croyait, à l'époque où se passe ce récit, les dernières limites du monde connu.

Une semaine après ce départ, lorsqu'on eut dépassé les roches de Gibraltar, une furieuse tempête sépara les deux caravelles. Pendant plu-

sieurs jours consécutifs, celle que montait don Fernando se vit ballotée
à la merci des flots irrités. L'équipage avait perdu tout courage, la mort
paraissait inévitable, lorsque tout à coup, comme par enchantement, la
tempête s'apaisa, l'Océan retomba dans un calme tel que ses eaux
étaient planes et unies comme la surface d'un miroir. Les nuages dont
le ciel avait été obscurci se dissipèrent, et les navigateurs, qui avaient
failli être submergés, aperçurent dans le lointain une île escarpée, s'élevant d'une façon magique au milieu de la mer, et se dessinant peu à peu
très distinctement à leurs yeux hébahis. Il n'y avait pas à nier la réalité :
c'était bien une île, et les vagues mollement bercées par la brise qui
s'élevait, allaient mourir sur un rivage de sable et sur un lit d'algues
marines.

Le pilote de la caravelle consulta les cartes nautiques qu'il avait
emportées avec lui, sans y trouver un indice de l'île qu'on apercevait à l'horizon. A vrai dire, le brave homme avait perdu sa boussole, emporté par
un coup de vent pendant la tempête ; mais, selon ses calculs, il croyait
ne pas s'abuser en s'estimant proche des Canaries, quoiqu'il fût certain
que l'île devant laquelle il naviguait ne faisait pas partie du groupe connu de ces régions lointaines.

La caravelle entra bientôt dans les eaux du fleuve sur les bords duquel on apercevait une cité spendide, entourée de murailles, flanquée de
tours, et protégée par une citadelle bien fortifiée.

A peine avait-on jeté l'ancre, qu'une barque d'une forme élégante,
dirigée par seize rameurs, quitta le port de la ville et s'avança sur le fleuve
en cinglant sur la caravelle. Les hommes qui la montaient portaient un
costume de forme antique ; leur embarcation était dorée, et leurs rames
peintes du plus riche vermillon. Tout en ramant, ils chantaient une mélodie espagnole d'une grande originalité. Sous un dais de soie, à l'arrière
de cette barque, un beau chevalier, richement vêtu, se tenait assis sur
des coussins, tandis qu'au dessus de sa tête flottait un étendard orné
d'une croix.

Lorsque l'embarcation accosta la caravelle, le personnage monta à
bord. Le nouveau venu appartenait, à n'en pas douter, à la race espagnole ; ses moustaches, sa barbe divisée en deux, son teint basané, tout
trahissait une origine ibérienne. Ses bras étaient recouverts de gantelets,
et une belle épée de Tolède, à la coquille élégante, à la lame flexible,
pendait au côté gauche de son ceinturon. Cet hidalgo, à l'air noble et
déterminé, adressa une révérence à don Fernando ; et, levant le sombrero qui lui couvrait le chef et sur lequel se balançait une plume d'une
blancheur éblouissante, s'exprima en vieux langage castillan, et lui
apprit qu'il était le bienvenu dans l'île aux Sept-Cités.

Le fiancé de don Séraphita ne pouvait revenir de sa surprise. C'était
donc, à n'en pas douter, devant l'une des sept merveilleuses villes que sa
caravelle était à l'ancre ? Miracle incompréhensible ! la tempête l'avait

amené devant le pays à la recherche duquel il était parti. Rien n'était plus vrai ! Ce jour-là même, les habitants célébraient une fête en mémoire de la délivrance de leurs ancêtres de l'oppression des Mores. L'arrivée de la caravelle, dans une telle conjoncture, passa même pour un heureux présage : c'était l'accomplissement d'une prophétie annonçant qu'un jour viendrait où l'île serait réunie à la grande communauté chrétienne du continent. Le chevalier qui se trouvait en présence de don Fernando était un grand chambellan envoyé par l'alcade, pour inviter le chef de la caravelle à assister en personne aux fêtes de la capitale de l'île aux Sept-Cités.

Don Fernando pouvait à peine croire à la réalité de ce qui se passait devant lui. A la fin pourtant, il déclina son nom et fit connaître le but de son voyage. L'envoyé s'extasia sur l'accomplissement de la prophétie, et déclara au jeune aventurier que, du moment où ses lettres de créance seraient délivrées, on le reconnaîtrait en qualité d'adelantado des Sept-Cités.

Comme le jour baissait, le chambellan proposa à don Fernando de l'emmener avec lui, lui promettant de le ramener aussitôt qu'il le jugerait convenable.

Le pilote de don Fernando, vieux marin expérimenté, le tira à part et lui insinua le danger qu'il courait en se fiant à la parole d'un étranger.

— Qui sait, monseigneur, lui disait-il, où l'on va vous conduire ? Qui peut nous assurer que les habitants de ce pays sont affables et hospitaliers ?

Toutes ces paroles n'intimidèrent pas pas l'audacieux hidalgo : n'avait-il pas été le premier à croire à l'existence de cette île, alors que personne ne voulait ajouter foi au récit du marin ? Ne s'était-il pas mis à la recherche de cette contrée réputée fantastique, malgré tous ceux qui avaient voulu l'en dissuader ? Et à cette heure que la terre promise s'étalait devant ses yeux, renoncerait-il de la conquérir ?

« Non, se disait-il, une confiance inébranlable, tel est le moyen de réussir dans mon entreprise. »

Le bel hidalgo, ayant revêtu un costume splendide, s'empressa de descendre dans la barque, et s'assit à la place d'honneur que lui désigna le grand chambellan Tout aussitôt les rameurs reprirent leurs rames et continuèrent leur chant, en se dirigeant du côté de la terre. Bientôt on doubla un cap, sur le sommet duquel s'élevait une tour de construction espagnole, et quand on entra dans la rivière, la nuit était déjà venue. De distance en distance s'élevaient des tours pareilles à la première, du sommet desquelles la sentinelle criait aux gens de la barque la phrase consacrée :

— Qui va là ?

— L'adelantado des Sept-Cités, répondait-on.

Et la sentinelle ajoutait :

— Qu'il soit le bienvenu ! Passez, seigneur adelantado !

A l'entrée du port, la barque glissa devant une galère armée, de forme antique, sur le tillac de laquelle des soldats, porteurs d'arbalètes, veillaient à tour de rôle. La même demande et la même réponse furent échangées entre les rameurs et les gens de la galère.

A une petite distance, la barque du grand chambellan accosta une rampe de pierre placée devant l'escalier d'entrée du château-fort. Une sentinelle, couverte d'une armure, parut à une barbacane, répétant la question ordinaire :

— Qui va là ?

Et l'on répondit encore :

— L'adelantado des Sept-Cités.

— Qu'il soit le bienvenu, fit le soudard ; passez !

La porte s'ouvrit en criant sur ses gonds rouillés ; et don Fernando, précédé de son guide, pénétra dans la ville, à travers une haie de guerriers revêtus de fer et de peaux de bœuf tannées, armés d'arbalètes, de haches d'armes et de longues épées. Au détour d'une rue, les nouveaux venus rencontrèrent une procession organisée en l'honneur des sept évêques de leurs compagnons d'exil. Sur une place d'une vaste étendue brûlait un feu de joie, dans lequel le peuple jetait des mannequins habillés à la mode des Mores, comme pour se venger de ces ennemis abhorrés.

A vrai dire, tous ces habitants étaient revêtus de costumes d'un autre âge et avaient des visages d'un aspect fantastique. On eût dit une mascarade en retard de plusieurs siècles.

Les dames elles-mêmes, qui, du haut des balcons gothiques, tendus de splendides tapisseries, contemplaient les ébats de la foule, ressemblaient à des comparses d'un bal costumé. Tout, en un mot, hommes, femmes et choses, tout portait un cachet extraordinaire d'un autre âge, ce qui n'étonnait point trop don Fernando, puisque l'île aux Sept-Cités avait été séparée du reste du monde pendant plusieurs siècles. Ainsi les mœurs et les coutumes en vigueur étaient ce qu'elles devaient être : celles de l'Espagne gothique avant la conquête des Mores.

Parvenu devant le palais de l'alcade, le grand chambellan frappa à la porte, et l'huis s'ouvrit tout grand devant lui, aussitôt qu'il eut prononcé les paroles sacramentelles. Don Fernando suivit le guide officiel sur les marches d'un escalier de marbre, au sommet duquel se trouvait la salle des cérémonies.

C'était là que l'alcade et les principaux dignitaires de la ville attendaient leur hôte dans leurs costumes de gala qui rappelaient ceux que l'on trouve sur les monuments du moyen âge.

Le grand chambellan s'étant avancé au milieu de l'assemblée, proclama à haute voix le nom et les titres de l'étranger, en annonçant la nature de sa mission nouvelle qui produisit une surprise et une émotion inexprimables. Chacun reconnut l'accomplissement de la prophétie connue de toute la population.

Malgré la rigueur d'une étiquette et d'une courtoisie cérémonieuses, caractère distinctif des habitants, l'accueil fait à don Fernando fut des plus gracieux ; et lorsqu'il offrit de produire ses lettres de créance, on refusa courtoisement de l'entendre, car avant tout il fallait songer à la fête. Le lendemain, lorsque la caravelle de l'adelantado serait entrée dans le port, il pourrait alors présenter ses lettres de créance en la forme voulue, et entrer aussitôt en fonction en sa qualité de gouverneur des Sept-Cités.

L'alcade, prenant don Fernando par la main, le conduisit à travers un labyrinthe de salons et d'appartements interminables, meublés dans un style splendide, mais tout à fait passé de mode. L'aristocratie et la noblesse du pays attendaient le nouveau gouverneur, dans une salle toute tendue de tapisserie de haute lice. Et certes, les personnages, dames et chevaliers, tissés dans la trame des tapisseries, ressemblaient fort aux seigneurs et aux altesses qui se pressaient autour de l'adelantado. Le jeune aventurier contemplait ce spectacle dans une muette admiration, car pour lui ces costumes étaient la reproduction exacte de la fière aristocratie espagnole du temps de Rodrigue le Goth. Les réjouissances de la soirée ressemblaient fort au cérémonial d'autrefois , car tout, jusqu'à la danse, était compassé, grave et d'une austérité presque religieuse.

Il s'assit à côté de la fille de l'alcade, dans un banquet au service suranné et renouvelé d'une autre époque, dont le premier mets se composait d'un paon couvert de ses plumes et étalé sur un plat d'or. Tout autour de la table, don Fernando examinait à loisir un tableau vivant de têtes et de coiffures du plus étrange accoutrement ; mais ses yeux se reportaient comme par instinct sur le charmant visage de la fille de l'alcade, laquelle avait constamment sur les lèvres le plus gracieux sourire, et dans la voix l'accent le plus enchanteur.

Du reste, ajoutons, que la nouveauté du spectacle étalé devant les yeux de don Fernando exerçait sur lui un charme tout spécial, et qu'un vin généreux, versé à pleines rasades par des pages officieux, ajoutait l'ivresse de son bouquet à l'enchantement qu'il éprouvait.

A la fin de la soirée, don Fernando était épris des grâces de la belle infante. Tous les deux, abrités sous le store d'un balcon éclairé par les rayons de la lune, pareil à celui près duquel il avait fait ses adieux à la belle Seraphita, don Fernando chantait à voix basse une romance espagnole à la fille de l'alcade. Il invoquait l'astre des nuits en témoignage de sa sincérité ; mais au moment où il proférait ce serment, un rayon indiscret fit briller le diamant de la bague qu'il portait à son doigt.

— Senor adelantado, fit la belle Nina, je crois peu aux serments faits en prenant la lune à témoin : donnez-moi cette bague comme un gage de la sincérité de vos paroles.

Le galant chevalier ne put réprimer sa surprise, et avant d'avoir trouvé une réponse acceptable, la fille de l'alcade s'emparait du précieux anneau de dona Seraphita.

A peine ce larcin venait-il d'être commis, que le grand chambellan, s'approchant de don Fernando, lui annonça d'un air grave que la barque était prête pour le ramener à bord de sa caravelle. Sur les pas de ce dignitaire, on vit alors s'avancer l'alcade et les officiers du palais, qui prirent congé du puissant adelantado, et l'accompagnèrent en cérémonie jusque sur les degrés conduisant au fleuve, au bord duquel se balançait l'embarcation princière destinée au nouveau gouverneur.

Au moment où les bateliers laissaient tomber à l'eau leurs rames et commençaient à nager, la fille de l'alcade le suivit du regard jusqu'à ce que la barque eût disparu derrière la grande tour du promontoire.

Les rameurs avançaient lentement; ils avaient repris leurs chants monotones, et don Fernando, tout en cherchant des yeux sa caravelle, qui, selon lui, avait dû être entraînée au large par le flux et le reflux de la mer, ne put s'empêcher de succomber au sommeil. Bientôt il dormit profondément et tout ce qu'il avait vu depuis la veille se présenta devant lui dans le prisme d'un songe.

Tout à coup — toujours en rêve — l'ombre du grand chambellan de l'alcade des Sept-Cités se leva debout devant Fernando On eût dit que cet homme voulait l'étouffer sous son vaste sombrero, qu'il tenait d'une main et qu'il s'efforçait de placer sur sa tête comme un éteignoir sur une bougie allumée. Une voix railleuse prononça bientôt à son oreille ces paroles :

— Bonsoir, seigneur adelantado, bonsoir !

Et la vision disparut.

Combien de temps don Fernando resta-t-il dans cet état d'assoupissement? Nul ne saurait le dire. Lorsqu'il reprit ses sens, il se trouvait dans la cabine d'un navire inconnu, entouré de gens dont le visage lui était étranger. Il se frotta les yeux et regarda autour de lui avec égarement.

A ses premières interrogations, on répondit qu'il était à bord d'un navire portugais en destination pour Lisbonne. On l'avait rencontré en pleine mer, sur une épave, mort de froid et inanimé. La surprise et la perplexité de don Fernando augmentait à chaque parole de ses hôtes. Il récapitulait un à un tous les événements qui lui étaient arrivés dans l'île aux Sept-Cités, et se rappelait tout, jusqu'au moment où il s'était endormi en présence du sombrero gigantesque du grand chambellan.

Que lui était-il arrivé depuis cet instant? Qu'était devenue sa caravelle? Etait-ce sur un débris de ce navire qu'on l'avait trouvé? Aucun des hommes qui entouraient don Fernando ne put lui donner des renseignements exacts. Il conjura le capitaine de virer de bord et de le ramener à l'île des Sept-Cités, laquelle, selon lui, ne pouvait pas être très éloignée. En sa qualité d'adelantado du pays, il promettait de récompenser généreusement le service qu'on lui rendrait.

Le capitaine de navire portugais regardait ces paroles comme étant le résultat du délire, et, guidé par une louable sollicitude, il administra au pauvre hidalgo des remèdes d'une violence telle, que celui-ci, comprenant toute l'étendue de son malheur, jugea prudent de changer de conversation et de garder le silence pour ne pas être torturé.

Cinq jours après cet événement, le navire entrait dans les eaux du Tage et on jetait l'ancre dans le port de Lisbonne. Don Fernando s'élança sur le rivage et courut à la maison de sa famille. A peine eut-il soulevé le marteau, que la porte s'ouvrit par les soins d'un serviteur qui lui était et à qui il était inconnu.

— Depuis de nombreuses années, dit ce domestique à don Fernando, l'hôtel de la famille de Ulmo est inhabité.

Sans demander une autre explication, don Fernando chercha le palais de don Ramiro ; et en passant sous le balcon où il avait fait ses adieux à la belle Seraphita qui, — miracle extraordinaire ! — se trouvait là, au milieu de ses fleurs et de ses oiseaux, l'hidalgo poussa un cri et leva les mains vers la noble demoiselle ; mais celle-ci, l'apercevant, lui adressa un regard rempli d'indignation, et, se retirant vivement de la fenêtre avec une vivacité qui attestait le mépris inspiré par celui qui s'était montré traître à la foi jurée.

« Etait-il possible, se demandait don Fernando, que Seraphita eut entendu parler de sa trahison éphémère avec la belle senora de l'île des Sept-Cités ? Non ! il lui suffisait donc de s'expliquer pour dissiper tous les doutes. »

Sonner à la porte du palais, s'élancer dans les escaliers, tout cela fut l'affaire d'un instant. La belle Portugaise recula d'indignation à sa vue, et se réfugia près d'un jeune cavalier.

— Qu'est-ce à dire, senor ? fit celui-ci ; que signifie une pareille intrusion ?

— Et de quel droit me parlez-vous de la sorte ? répondit l'adelantado.

— Du droit que tout fiancé a de protéger celle qu'il aime ! répliqua l'hidalgo.

Don Fernando, à ces paroles, ne put réprimer sa surprise : il devint aussi pâle qu'un cadavre.

— O Seraphita ! Seraphita ! s'écria t-il avec désespoir, est-ce là la constance que vous m'avez jurée ?

— Seraphita ! Que voulez-vous dire, senor ? Si vous entendez parler de la demoiselle que voici, ajouta le jeune cavalier, vous vous trompez étrangement, car elle se nomme Mariquita.

— Erreur ! mesonge ! Mes yeux et mon cœur ne m'abusent point, s'écria don Fernando. N'est-ce pas là Seraphita Alvarez, l'original du portrait que voici, et qui, moins changeant qu'elle, me sourit toujours du haut du cadre dans lequel il est appendu?

— Santa Maria! reprit la jeune dame, cet homme est insensé, il parle de ma bisaïeule!

Comme on le pense bien, une explication eut lieu à la suite de la scène que nous venons de décrire, explication qui plongea l'infortuné adelantado dans un abîme de douleur.

Tout parlait à ses yeux et à son cœur, mais la réalité était là, et celle qu'il voyait près de lui assurait être la petite-fille de sa bien-aimée Seraphita.

Était il le jouet d'un songe? Éperdu, hors de lui, don Fernando s'élança hors de l'appartement, sortit de l'hôtel et se présenta dans les bureaux du ministre de la marine pour y faire un rapport de son expédition à l'île aux Sept-Cités, qu'il avait découverte d'une manière inattendue. Aucun de ceux à qui il s'adressait ne comprit ce qu'il voulait dire, et don Fernando eut beau assurer qu'il n'avait entrepris cette expédition qu'avec l'assentiment du roi de Portugal, des mains duquel il avait reçu une mission régulière en le nommant adelantado, il fallut, pour éclaircir ce dernier fait, compulser les livres du département de la marine.

De tous ceux qui écoutaient don Fernando, nul ne comprenait ce qu'il disait. A la fin pourtant, un vieillard, ancien employé du gouvernement, homme précieux par son érudition et ses souvenirs bibliographiques, se rappela avoir entendu un archiviste, qui l'avait précédé dans son emploi, raconter quelque chose ayant trait à l'affaire racontée et certifiée par don Fernando. Cette expédition projetée avait eu lieu sous le règne de Juan II, mort depuis un siècle. Néanmoins, pour tirer la chose au clair, on fouilla avec le plus grand soin les archives de Torre de Tombo, et on trouva, à force de recherches, le contrat passé entre la couronne et un certain don Fernando de Ulmo, le déclarant adelantado de la contrée à la découverte de laquelle il allait s'aventurer.

— Voilà la preuve écrite de la vérité de ce que j'avance, s'écria le navigateur d'un air triomphant. C'est moi qui suis don Fernando de Ulmo, adelantado de l'île aux Sept-Cités, aux termes du contrat!

A ces paroles, le vieil archiviste et tous ceux qui se trouvaient avec lui jetèrent un regard de pitié sur celui qu'ils prenaient pour un fou et lui tournèrent le dos. Chacun reprit tranquillement son travail, et don Fernando, se voyant ainsi dédaigné, se hâta de quitter l'hôtel de la marine.

Toutes ces déceptions avaient peu à peu dérangé les facultés du pauvre hidalgo, qui revint à pas lents dans le palais des Alvarez. Là, on le prit en pitié, et, pour tâcher de le convaincre de son hallucination, et ne pas lui laisser l'ombre d'un doute sur la mort de doña Seraphita, on le conduisit devant sa tombe. On lui montra l'image sculptée en marbre blanc de la noble matrone, qui reposait à côté de la statue d'un chevalier représenté avec son armure. Comme preuve à l'appui, le temps, ce grand destructeur, avait rendu fruste le marbre de ce monument, et tout contribuait à faire comprendre qu'il avait été élevé depuis près d'un siècle.

Le cœur de don Fernando s'émut d'indignation en se convainquant de l'inconstance de celle qu'il avait aimée.

L'infortuné de Ulmo, à force de penser, finit par comprendre que son absence avait duré tout un siècle, et que cette nuit passée à l'île aux Sept-Cités avait compté cent années. Il était donc étranger à cette ville natale, et dès lors il n'eut plus qu'un désir, celui de revoir l'île mystérieuse et la fille de l'alcade, dont le souvenir reparut à ses yeux à mesure que celui de dona Seraphita s'effaçait dans les ombres de la mort.

Si les ressources du hardi chevalier n'eussent pas été épuisées, il eût sur-le-champ repris la mer pour retourner aux attérages de l'île aux Sept-Cités. Vainement essaya-t-il de convaincre quelques riches armateurs ; on regardait sa proposition comme le rêve fiévreux d'un naufragé à qui l'Océan avait fait perdre la raison. Bientôt il devint le but des railleries universelles. Les enfants eux-mêmes, lorsqu'il passait dans la rue. avaient coutume de se moquer de l'adelantado des Sept-Cités. Bien convaincu de l'inutilité des efforts qu'il faisait dans la ville natale, don Fernando s'embarqua pour les Canaries avec l'espoir que, dans ces îles plus rapprochées du pays qu'il convoitait, il trouverait des gens habitués à une navigation aventureuse, et prêts à ouvrir un oreille attentive à ses récits fantastiques.

En effet, les marins des Canaries ajoutèrent foi aux paroles de don Fernando, car tous, sans exception, croyaient à l'existence de l'île aux Sept-Cités : et, peu de temps après son arrivée, il était connu dans toute la capitale des Canaries sous la dénomination de « l'homme qui avait visité Saint-Brandan ».

On apprit alors à don Fernado que cette île mystérieuse, cette merveille de l'Océan, apparaissait de temps à autre aux marins égarés sur les flots, pour disparaître un moment après. En mainte occasion, de hardis navigateurs s'étaient embarqués pour aller à la recherche de ce pays, mais toujours sans succès. On conduisit le noble Ulmo au cap de l'île Palma, du sommet duquel maintes fois on avait aperçu le pays de Saint-Brandan. Mais ce jour-là l'horizon était vide et la mer unie comme le lac d'un jardin.

Ces affirmations suffirent pour rendre un peu de calme à don Fernando : il lui était désormais démontré que l'île aux Sept-Cités existait réellement, et il finit par se convaincre que c'était grâce à une influence surnaturelle qu'il avait pris pour un siècle l'espace d'une nuit.

Quoiqu'il ne parvînt pas à convaincre aucun des habitants des Canaries à tenter une expédition de concert avec lui, don Fernando ne perdit pas courage. Bientôt le désir de renouveler ce voyage devint chez lui une idée fixe. Tous les matins, il se rendait sur le promontoire de Palma, dans l'espoir de découvrir les montagnes de Saint-Brandan, et, chaque soir, il rentrait chez lui désappointé; prêt à revenir le lendemain matin.

Un jour pourtant, on le trouva mort sur le rocher où il avait coutume de s'asseoir.

Le tombeau de don Fernando de Ulmo existe encore à Palma, et sur la pierre du mausolée, une statue représente le noble chevalier, la tête tournée vers la mer, comme s'il cherchait encore du regard l'île invisible de l'Atlantique.

PERTE DU « KURFURST »

(LE GRAND ÉLECTEUR)

DE LA FLOTTE ALLEMANDE

L'escadre allemande, composée des navires *la Prusse, le Roi Guillaume et le Grand Électeur*, avait quitté Williams-Haven, le 29 mai dernier, en route pour la Méditerranée. Elle était signalée en vue de Douvres, à huit heures quarante-cinq et à neuf heures cinquante.

Comme elle se trouvait à sept milles au sud-ouest de Folkstone, un abordage eut lieu entre le *Roi Guillaume* et le *Grand Électeur*, dans une manœuvre exécutée pour éviter une collision avec un navire marchand.

Le dernier de ces cuirassés sombra immédiatement, l'autre fut assez grièvement endommagé. Le garde-côte de Folkstone se porta immédiatement au secours des naufragés, et dès que la catastrophe fut connue, l'amirauté expédia au *Lord Warden* et à l'*Hercule*, à Portsmouth, l'ordre de se rendre à Folkstone à toute vapeur pour y organiser des secours.

Le remorqueur *Sampsony* fut également envoyé de Sherness.

Le nombre des victimes est évalué à trois cents, et on n'a sauvé que cent quatre-vingts personnes environ, parmi lesquelles l'amiral.

Le cuirassé perdu ne mit pas quatre minutes à couler à fond après la collision, et pendant qu'il sombrait une explosion se fit entendre, causée sans doute par l'introduction de l'eau dans les chaudières.

Aussitôt après avoir reçu la nouvelle de ce grand malheur, le comte de Werther en donna communication au prince héritier d'Allemagne, qui partit aussitôt pour Douvres par un train spécial.

Le *Grosser Kurfürst* (Grand Électeur) était construit sur le modèle du grand vaisseau anglais à tourelles *Monarch*. Sa longueur était de trois cent neuf pieds, sa largeur de cinquante-deux, et sa hauteur de trente-quatre, du pont à la quille. Il tirait tout chargé vingt-trois pieds d'eau. Son déplacement était d'environ 8,700 tonneaux, et la force effective de sa machine de 5,400 chevaux. Les machines à vapeur cylindriques qui mettaient en mouvement le navire étaient au nombre de trois, construites d'après les derniers perfectionnements. Elles avaient six chaudières à huit feux chacune, c'est-à-dire un total de trente-deux feux.

Ajoutons une petite chaudière qui mettait en action le cabestan et les deux machines des tourelles.

Le navire allemand atteignait une vitesse de 14 nœuds à l'heure. La coque en fer, d'une épaisseur de 31 centimètres, diminuait au milieu, en allant vers l'avant et vers l'arrière. La cuirasse de la casemate avait 21 centimètres, celle des tourelles 26 et 31 centimètres.

Au milieu du *Kurfürst*, une casemate cuirassée entourait les deux tours, qui s'élevaient à deux pieds au dessus du pont. Cette casemate était séparée de l'avant et de l'arrière du vaisseau par des parois transversales, protégées contre le vent et l'eau par une ceinture cuirassée qui descendait jusqu'au pont de la batterie.

Le pont — à l'exception d'une légère plate-forme entre les tours — était tout à fait plat, afin de laisser le plus large champ possible aux pièces d'artillerie qui se trouvaient dans les tours.

Celles du *Kurfürst* étaient armées de 26 canons de deux centimètres, nouveau modèle, et pouvaient être mises en mouvement soit par une machine à vapeur spéciale placée dans l'entrepont, soit à l'aide d'une manivelle. Outre les quatre pièces d'artillerie, il y avait encore à l'avant et sur le pont un canon de 17 centimètres.

Les soutes à poudre et à boulets, situées derrière et devant les chaudières, pouvaient être au besoin mises sous l'eau, sans rendre pour cela hors de service les munitions qui s'y trouvaient. L'intérieur était divisé en plusieurs compartiments étanches, afin d'obtenir une plus grande sécurité dans le cas où le navire aurait été disposé à sombrer.

Tel était ce géant maritime, semblant prêt à défier toutes les attaques des hommes et des lames, et pourtant il a fallu quelques secondes, une secousse, pour l'anéantir.

Tout semblait être allé à souhait jusqu'au matin, à cette date fatale du 29 mai. Les équipages faisaient l'exercice pour exécuter les manœuvres en vue desquelles l'escadre avait pris la mer. On faisait des évolutions de tout genre et, vers neuf heures, le signal avait été donné de faire vapeur en avant en ligne.

Le vaisseau amiral *Kœnig Wilhelm* tenait naturellement la tête, suivi par le *Grosser Kurfürst* ; le *Preussen* formait l'arrière-garde. On observa du rivage que, tandis que le *Grosser Kurfürst* n'était qu'à une demi-longueur de cable derrière le *Kœnig Wilhelm*, le *Preussen* était à une plus grande distance en arrière.

Voici qu'une barque norwégienne — dont on ignore le nom — passa devant la proue du vaisseau-amiral. Cette barque ne se dérangeait pas, et l'officier de quart du *Kœnig Wilhelm*, se souvenant de la règle qui veut que les navires à vapeur cèdent le pas aux navires à voile, donna l'ordre de serrer le gouvernail à bâbord. On ignore si ce signal fut donné au *Grosser Kurfürst*.

Quoi qu'il en soit, ce dernier continua sa course, et en moins d'une minute celui-ci lui entra dans le flanc avec son puissant éperon, à la ligne de flottaison.

La collision entre les deux navires ne dura pas plus d'une minute ; mais aussitôt qu'ils se furent séparés on s'aperçut de la gravité de l'accident. Le coup avait porté de manière à rendre les cloisons étanches inutiles, et l'eau pénétra dans le navire à grands flots. Les feux furent éteints en un instant, et quelques minutes plus tard le *Grosser Kurfürst* fit une embardée à tribord et s'enfonça.

Quant au *œnig Wilhelm*, qui fut fortement avarié, les cloisons étanches de l'avant étaient closes, mais cela n'empêcha pas l'eau d'entrer abondamment par les portes : on résolut de couvrir l'avant d'une voile. C'est dans cet état que le navire arriva à Portsmouth.

Le *Kœnig Wilhelm* est une frégate cuirassée qui a été construite à Londres et est un des plus grands cuirassés qui existent actuellement. Il était d'abord destiné à la Turquie, mais il fut ensuite acheté par la Prusse. Ce navire a une longueur de trois cent quarante-six pieds au niveau de l'eau et une largeur de cinquante-trois pieds et demi. La force colossale de sa machine lui donne une très grande vitesse. Le *Kœnig Wilhelm* est armé de 28 canons d'acier fondu provenant de l'usine Krupp, et sa cuirasse est des plus solides. Les plaques de fer massif dont il est recouvert ont, en effet, une épaisseur de huit pouces et reposent sur une garantie de bois de vingt-deux pouces d'épaisseur, placée ellemême sur une coupe de fer de deux pouces qui recouvre la carcasse du navire, composée de couches de fer on ne peut plus solides. Les batteries du *Kœnig Wilhelm* sont disposées de telle façon que le navire peut combattre même lorsque la mer est agitée.

Telle est la narration la plus fidèle, la plus exacte des événements qui se sont passés dans la Manche.

L'on s'est occupé très activement de retirer les cadavres des marins qui ont péri au moment de la collision des deux cuirassés allemands.

Le *Kurfü st* est enfoncé dans dix pieds de sable. Les mâts émergent de l'eau à la marée basse et les opérations du sauvetage ont été confiées au remorqueur anglais le *Triton*. Les plongeurs qui se trouvent à bord de ce bâtiment ont achevé leurs opérations à l'arrière. A l'avant, ils ont couru, un moment, les plus grands dangers. L'un d'eux s'est trouvé pris dans un filet destiné à ramasser les torpilles, et que l'amiral Batsch avait fait tendre à la proue quelques instants avant la collision, en donnant l'ordre du branle-bas de combat.

Les camarades du plongeur sont parvenus à le dégager ; ils ont tiré rapidement la sonnette d'alarme et ont été remontés à bord immédiatement.

Une fois hors de l'eau, les hommes du scaphandre ont raconté qu'ils avaient aperçu, à l'avant du *Kurfürst*, un spectacle effrayant : une cinquantaine d'hommes gisant pêle-mêle, accrochés aux mailles du filet à torpilles : c'étaient les cadavres des marins du vaisseau naufragé qui, au moment du sinistre, s'étaient jetés à la mer par l'avant du navire, lequel marchait alors avec une vitesse de dix nœuds à l'heure.

Ces malheureux avaient été enveloppés par le filet, et les meilleurs nageurs n'avaient pas pu échapper à la mort.

La commission qui s'est réunie à Kiel a examiné tous les documents relatifs à la catastrophe du *Kurfürts*, et l'on attend son rapport, qui permettra une enquête contre les personnes, s'il y a lieu.

Comme on le voit, le malheur poursuit l'escadre cuirassée allemande. Il y a un mois à peine, le *Frédéric-Charles*, autre frégate cuirassée, échouait, comme on le sait, conduite par un pilote danois, sur un récif dans le *Grand Bell*. Elle se fit un trou, et se trouve actuellement au port de Kiel pour subir de longues réparations.

Dans ces deux dernières années, le schooner *Frauenland* a été englouti par un cyclone dans les mers de Chine, et la corvette *l'Amazone* s'est perdue dans les mers du Nord. Ce dernier vaisseau servait d'école pour les jeunes marins.

Il paraît que tôt ou tard le bien mal acquis ne profite pas, au dire des gens de bien. Ce qui se passe à l'égard de la flotte allemande pourrait bien donner gain de cause à ce dicton populaire.

LES RATS DE NORWÈGE

Le navire *Cornélia*, un trois-mâts norwégien d'une excellente construction, chargé de bois de sapin en planches en destination de Madère, avait quitté le port de Christiania le 27 juillet dernier, avec vingt hommes d'équipage et quatre passagers, trois dames et un vieillard père de l'une d'elles. Les quatre personnes se rendaient à Madère, par ordre d'un médecin de Christiania qui avait recommandé à Mme veuve Hélio, fille du vieillard, d'aller passer un hiver sous le tropique pour y rétablir sa santé.

Deux parentes du mari défunt de Mme Hélio avaient demandé à accompagner la malade, et le père de cette dame, qui ne voulait point se séparer d'elle, avait résolu de s'expatrier à son tour. Qu'aurait-il fait tout seul dans son pays natal ?

Le capitaine norwégien, nommé Craften, était une espèce d'ours mal léché, peu sociable, préférant un verre de genièvre ou d'eau-de-vie française à la conversation des dames qu'il avait prises à son bord. Aussi le voyait-on à peine à table le soir dans le petit salon du gaillard d'arrière, — si l'on pouvait ainsi appeler un méchant trou orné de planches vernissées, contre lesquelles étaient accolés deux divans recouverts d'une étoffe rougeâtre et qu'éclairait une lampe fumeuse. Le vieux loup de mer se plaisait mieux dans la compagnie de son second, un autre sauvage, qui, lui, n'adressait jamais la parole aux passagers.

Les matelots ressemblaient fort à leurs chefs, si bien que la traversée paraissait devoir être fort monotone à la famille embarquée à bord du *Cornélia*.

Heureusement pour ces bonnes gens, la température était fort propice, l'atmosphère très pure, et ils pouvaient passer sur le pont la plus grande partie de leur journée : le soir ils se réunissaient après souper, sur le banc placé en avant de l'habitacle, sous lequel le timonier se tenait à l'abri, et ils devisaient ensemble de choses et d'autres, en contemplant le ciel et toutes ses harmonies.

N'oublions pas d'ajouter que Mme veuve Hélio était mère d'une gracieuse fillette âgée de trois ans, qui prenait ses ébats sur le pont sous la surveillance de ses parents.

Tout était nouveau pour les passagers, qui n'avaient jamais quitté leur pays, et chaque fois que le *Cornélia* longeait la côte, — soit sur la

Manche, soit de l'autre côté du cap Breton, en face des îles d'Ouessant, dans sa route pour Lisbonne et Madère, — ils examinaient, à l'aide de leur longue vue, les rives françaises, puis les rives espagnoles, et enfin les côtes du Portugal.

Une seule chose troublait quelquefois le sommeil des passagers. Ils entendaient certains bruits ressemblant à des grattements sur le parquet, et il leur arrivait parfois, en s'éveillant en sursaut, d'apercevoir, à la lueur de la lanterne qui éclairait le salon, autour duquel était ouvertes leurs cabines, un ou deux rats grignotant les restes de la table que le balai du domestique avait oublié d'enlever.

Certes rien de plus naturel que la présence de rongeurs à bord d'un navire. Quelles que soient les chasses incessantes qu'on fait à ces bêtes malfaisantes, il est rare qu'on parvienne à s'en débarrasser complètement sur toutes ces maisons flottantes qui sillonnent les mers.

Seulement, ce qui étonnait les passagers du *Cornélia*, c'était la grosseur des rats qui se trouvaient assez hardis pour venir leur faire visite. Les animaux de cette espèce que nous connaissons en France, voire même les rats d'égout, sont de grosseur moyenne, mais ceux de Norwège atteignent souvent la taille d'un lapin de garenne.

Il était évident que la race qui se trouvait à bord du navire était celle-là ; aussi Mme veuve Hélio et ses deux parentes — jeunes filles de vingt à vingt-deux ans, — éprouvaient-elles des terreurs sans pareilles, toutes les fois qu'un rat se montrait à leur vue.

— Capitaine, dit un matin Samuel Christoval, le vieillard passager, en s'adressant à Craften, nous avons dans notre chambre des rats énormes et vous nous obligeriez fort si vous employiez quelque moyen efficace pour nous en débarrasser : ces dames sont en proie à de violentes terreurs toutes les fois qu'un de ces animaux paraît devant elles.

— Je n'y puis rien, monsieur, répliqua brusquement celui-ci. J'ai trop peu de monde dans mon équipage pour occuper les matelots à la chasse aux rats. Si vous voyez ces animaux à portée, faites comme moi, monsieur, tuez-les à coups de bâton ou de talons de bottes et tout sera dit.

Sans vouloir écouter davantage son passager, le brutal lui avait tourné le dos.

Il fallait donc faire contre fortune bon cœur, c'est ce que fit Samuel Christoval qui, à deux ou trois reprises, réussit à assommer des rats qui se trouvaient à portée de sa canne.

Un jour les marins du *Cornélia* aperçurent un marsouin dans les eaux du navire. C'était une bonne aubaine pour le « mess » de l'équipage : avec la permission du capitaine, les marins descendirent la yole à la mer, et, après une course prolongée, l'un des hommes, très adroit harponneur, réussit à percer de part en part le squale, que l'on transporta à bord. Il pesait trois cents livres, et sa chair dépecée par tranches à grillades servit de régal à ces navigateurs, aussi bien qu'aux passagers de la chambre.

Le soir était venu, et les matelots, très peu soigneux avaient laissé sur le pont les restes du poisson géant, qui gisaient près du grand mât au pied du cabestan. Ce soir-là, l'atmosphère était fort obscure et faisait prévoir un orage, et c'est à peine si, de temps à autre, des éclairs, pendant la nuit, éclairaient la longueur du navire.

Samuel Christoval et une des deux parentes de sa fille se trouvaient seuls assis devant l'habitacle. La veuve, l'autre dame et l'enfant reposaient dans leur chambre.

— Ne voyez-vous rien près du cabestan ? demanda le vieillard à la jeune fille.

— Si fait, mon oncle, — quelque chose qui remue. Là, là, regardez !

Le vieillard se leva sur la pointe des pieds, avança de quelques pas et revint aussitôt en s'écriant :

— Les rats ! les rats ! il y en a plus de mille qui dévorent le marsouin Eh ! ohé ! le matelot ! arrivez, ou votre portion sera complétement mangée !

A cet appel, deux hommes de l'équipage se montrèrent à l'ouverture de l'entrepont, portant des lanternes et des balais ; mais, avant qu'ils eussent pu sortir par leur vomitoire, les rats avaient fui de tous côtés et il n'en restait plus un sur le pont.

Il n'y avait plus de marsouin : l'épine dorsale seule et la tête du poisson avaient été épargnées.

— Au diable les maudites bêtes ! s'écrièrent les deux matelots : ils ont mangé notre réserve de viande fraîche, Baste ! nous avons encore du « codfish » et du bœuf salé. C'est encore bon à mettre sous la dent. N'y pensons plus.

Et ils retournèrent vers leur cadre reprendre le sommeil interrompu.

Cette aventure avait donné à penser à Samuel Christoval ; mais il trouva inutile de porter encore ses doléances à la connaissance du capitaine.

D'ailleurs celui-ci avait bien « d'autres chiens à fouetter », comme il le disait dans ses moments de bonne humeur… après boire. La tempête menaçait à l'horizon : déjà les vagues moutonnaient avec force et le roulis accompagnait le tangage. Des paquets de mer assaillaient le *Cornélia*, qui semblait se dresser contre la tourmente.

Dans les cabines, les passagers s'étaient mis à prier. Ils demandaient à la Providence d'éloigner d'eux un sinistre qu'ils redoutaient depuis longtemps. Parmi les fracas sourds qui les épouvantaient, de grands cris venant du pont annonçaient la détresse. Un coup violent de tangage se fit sentir et les gonds du gouvernail cessèrent de crier.

Au même instant, un mouvement saccadé, des cris d'appel, des bruits de chaînes que l'on tirait ou que l'on décrochait se firent entendre. La voix du capitaine vociférait :

— Toutes les embarcations à la mer !

Mais la clameur de l'Océan avait empêché les passagers d'ouïr ces paroles. Le bruit seul, bruit horrible, incessant, de l'orage et de la tempête frappait leurs oreilles. Ils priaient toujours.

Pendant ce temps-là, voici ce qui s'était passé sur le pont du *Cornélia* :

Le capitaine, averti par son second et les gens de l'équipage, avait découvert une voie d'eau énorme dans la soute : c'est en vain que tout l'équipage réuni avait essayé de l'aveugler. Voyant tous leurs efforts inutiles, les matelots et le capitaine avaient résolu de se jeter dans les embarcations et de gagner la côte du Portugal que l'on apercevait à distance, s'il fallait en croire la lueur d'un phare à feux tournants placé à la gauche du navire en détresse.

Les infâmes n'avaient pas même songé à leurs passagers.

Le capitaine, trahissant l'honneur, s'était dit que les embarcations suffisaient à peine pour le porter lui et ses hommes.

— La Providence veillera sur eux, pensait-il en riant d'une façon sardonique.

Il ne savait pas si bien parler.

La famille de Samuel Christoval se trouvait seule, bien seule à bord du *Cornélia*.

A un moment donné, l'eau envahit la cabine et Mme Hélio, prenant son enfant sur sa poitrine, fut la première qui gravit l'escalier pour monter sur le pont. Elle fut aussitôt suivie par les deux jeunes filles et le vieillard et se placèrent à ses côtés.

Le jour commençait à poindre et l'on pouvait facilement percevoir tous les objets qui étaient placés à portée du rayon visuel.

Quelle ne fut pas la stupeur des passagers quand ils distinguèrent sur les planches du pont, au milieu des cordages enroulés, entre les cages à poules, de toutes parts, de tous côtés, des rats, d'énormes rats, dont le nombre augmentait au fur et à mesure que le navire s'enfonçait dans l'eau !

Les malheureux se voyaient perdus, bien perdus.

D'une part, la mer qui devait les ensevelir, de l'autre, — au cas où le *Cornélia*, dont le chargement, comme nous l'avons dit, se composait de planches de sapin, surnagerait, ne sombrerait pas, — les bataillons de rats qui, ne trouvant plus de nourriture à l'intérieur, se rueraient sur eux pour ne pas mourir de faim. Cette dernière mort n'était-elle pas plus affreuse encore que celle d'un ensevelissement au milieu des flots ?

Comme l'avait prévu Samuel Christoval, le *Cornélia* n'enfonçait plus. L'eau était arrivée à deux mètres au dessus de la flottaison et le navire se soutenait. Dans le lointain, on apercevait une côte assez élevée, mais aucune voile ne se montrait à l'horizon.

Il fallait se résigner à attendre des secours de la Providence, contre laquelle Craften avait blasphémé. Le vieillard aperçut, à deux mètres du banc où il se tenait alors avec sa famille, deux barillets abandonnés sans doute par l'équipage au moment où il se disposait à fuir. Des milliers de rats géants cherchaient à déchiqueter le bois pour arriver au contenu.

Samuel se précipita sur cette vermine, un anspect à la main, frappa, de ci, de là, et, écrasant des rats qui couvraient le pont de leur sang, il parvint à s'emparer des deux barillets qu'il ouvrit avec peine, et dans lesquels il trouva des biscuits et des jambons fumés. Il y avait là certainement des provisions suffisantes pour ne pas mourir de faim, mais l'eau douce manquait. Autre secret de la Providence : en se retournant du côté du gouvernail, Samuel Christoval découvrit une casque d'eau douce, amarrée entre la drisse de la roue.

Les passagers s'adressèrent à Dieu d'une voix unanime pour le remercier de ces secours inespérés. Il n'y avait plus qu'à attendre l'assistance des hommes : celle du ciel était là.

La journée fut longue : les rats avaient trouvé ce qu'il fallait pour assouvir leur appétit dévorant et ne songeaient pas à attaquer les passagers. Mais, quand vint la nuit, ils se montrèrent plus audacieux : il fallut veiller, et Samuel Christoval n'osa pas fermer les yeux jusqu'au jour. Le soleil levant lui permit de confier aux femmes le soin de faire sentinelle.

Cruelle journée ! et nuit plus terrible encore, parmi celles qui suivirent.

Le quatrième jour une nouvelle douleur vint frapper les passagers. L'enfant de Mme Hélio mourut. Ce fut une désolation générale. Lorsque les pleurs eurent fait place au désespoir, la pauvre veuve ensevelit son fils dans une toile à voile et plaça ces restes chéris sur le sommet de l'habitacle, comme un cénotaphe. Il va sans dire que nul de la famille ne songea à prendre son repas du soir, et d'ailleurs les provisions salées commençaient à écœurer chacun des malheureux ainsi abandonnés à la merci des flots.

Nulle voile ne se montrait à l'horizon.

La nuit vint, nuit épouvantable, car le vent soufflait avec force et la tempête sévissait. Quoi qu'il en fût, tous les passagers avaient cédé au sommeil, et lorsque l'aube parut ils dormaient encore.

Le réveil fut terrible. Horreur ! les rats avaient arraché à coups de dents le funèbre linceul qui enveloppait l'enfant mort, et ils n'avaient laissé que les os de cette dépouille chérie.

Les parents n'avaient plus devant eux qu'un squelette.

La pauvre mère tomba évanouie ; puis, malgré les soins des deux jeunes filles et du vieillard, elle se mit à délirer en appelant son enfant, et, au moment où on y pensait le moins, elle se dressa, et d'un bond se jeta à la mer...

Cinq jours d'angoisse, de souffrance et de terreur s'écoulèrent encore à bord du *Cornélia*. Les nuits se passaient dans des transes inexprimables, car l'audace et la voracité des rats augmentaient avec d'autant plus de rage que les vivres diminuaient. L'une des deux jeunes filles, la plus jeune, sucomba à son tour, et l'on vit le pauvre Samuel Christoval et la dernière survivante du naufrage, la tête inclinée sur la morte, attendant, implorant la Providence pour qu'elle mît fin à leur torture.

Les rats affamés se jetaient de temps à autre sur les deux infortunés qui les repoussaient faiblement à coups d'anspect. Mais le bataillon s'avançait plus serré, plus audacieux, et ils eussent succombé l'un et l'autre, si la Providence ne fût venue à leur secours.

Un navire vint à passer : le capitaine, voyant cette épave, voulut savoir ce qui était arrivé. Il envoya une embarcation à la reconnaissance, et cinq matelots qui montaient cette péniche ramenèrent bientôt les malheureux survivants du désastre du *Cornélia*.

Les restes de Mme Hélio furent ensevelis suivant les usages maritimes, avec les prières du capitaine et de tous les gens de son bord.

Le lendemain de cette heureuse délivrance, Samuel Christoval et la jeune fille attérissaient à Gibraltar.

Ils sont revenus à Christiania.

Le capitaine Craften a été dégradé pour avoir ainsi trahi les lois de l'humanité.

UN NAUFRAGE INCONNU

Dans le nombre de nos lecteurs, certains se rappelleront sans doute la disparition du navire le *Président*, qui fut un des premiers steamers se rendant d'Europe à New-York, et dont on n'entendit jamais plus parler.

L'Océan a ses mystères insondables ; mais tôt ou tard il arrive que la Providence dévoile les événements que l'on a cru devoir être cachés à tout jamais.

On s'était dit — au milieu de nombreuses hypothèses — que le *Président* avait dû sombrer entre deux vagues énormes, le poids de la machine ayant fait rompre par le milieu le navire qui était soutenu par les ots aux deux extrémités. Ne trouvant pas de point d'appui au centre, il s'était brisé aussitôt et avait disparu engoufré dans un abîme qui s'ouvrit sous lui.

Un pêcheur de Brest a trouvé dernièrement au milieu de ses filets une bouteille cachetée qui contenait le document suivant, fort détérioré par l'eau de mer, mais qui offrait encore aux yeux des phrases très intelligibles. Nous donnons ce document, tel qu'il nous est transmis, sans le moindre commentaire. Nos lecteurs décideront ce qu'ils voudront à ce sujet :

« A bord du Pré...ent...

« Mon cher frère An...,

« Nous allons mourir : une fatalité sans exemple nous a poursuivis depuis que nous avons quitté la terre.

« A... au sortir de la Manche, le vent à fraîchi ; notre pauvre navire, balloté par les vagues, entraîné par la tempête a défoncé. . . . . ours (*un de ses tambours, sans doute*). Le capitaine a voulu faire réparer le. . . . et, tandis qu'il donnait des ordres à cet effet, il a été emporté par . . . vagues, sans qu'on ait pu lui porter secours.

« Le second a pris le commandement, mais soit que cet homme fut inhabile, soit qu'il . . . . nous avons été emportés par le courant, sans que la machine pût fonctionner au gré du mécanicien. Cinq jours et cinq nuits, nous nous sommes trouvés en proie à la plus violente alternative de sauvetage et de mort et nous quittons le bord sans savoir si Dieu nous conduira vers quelque terre hospitalière . . . . fait eau de tous côtés ; on a mis les quatre embarcations à la mer, car il n'est plus possible de songer à sauver cette carcasse désemparée.

« Comme j'aurais mieux fait de suivre tes conseils et, au lieu de m'aventurer sur cette machine inconnue, de prendre passage à bord d'un voilier qui fût au moins arrivé sagement à destination, tandis que, pour vouloir aller trop vite, nous n'arriverons peut-être pas !

« Rien n'est plus terrible que de voir la désolation et le désespoir de toutes ces femmes, des enfants, des vieillards qui sont autour de moi. Chacun songe à empor.... . . . . mais le capitaine force la plupart de ceux qu'il emmène à abandonner la valise ou le sac de nuit qu'ils voulaient prendre à bord des chaloupes. Il s'agit de sauver des vies et non des richesses.

« Allons! adieu ou plutôt au revoir ! on m'appelle, je n'ai que le temps de . . . .

« Embrasse toute la famille, notre vieux père, ma sœur, ma cousine, tes enfants. . . . .

« A. . . .

« Ch. . . . . . . »

Ce document, très difficile à déchiffrer, a été fidèlement reproduit ; il prouverait que le *Président*, car c'est de lui infailliblement qu'il s'agit, aurait péri corps et biens au milieu de l'Atlantique.

La bouteille en question aura été le seul vestige de cette terrible catastrophe. Par malheur, les adieux de M. Ch……. ne peuvent point arriver. à leur destination, car qui pourrait dire qui était ce frère Ch… — Chârles ou tout autre nom ? Il faudrait avoir sous les yeux la liste complète des passagers du *Prés dent*, pour y trouver un vestige, un indice, et encore même nul ne pourrait dire s'il ne fait pas erreur.

A LA MER

Il ne faut pas s'imaginer que tout est couleur de rose dans un voyage de plaisance entrepris à bord d'un yacht bien pouté très élégamment aménagé et somptueusement meublé. Tout irait pour le mieux si l'on naviguait sur un fleuve, ou même sur un lac abrité contre les tempêtes et les vents contraires : mais une fois que l'on est lancé sur l'élément perfide qui peut dire ce qui arrivera au voyageur assez audacieux pour affronter Neptune et Borée ?

Il nous souvient d'une excursion que nous avions entreprise, il y a quelques années, à bord du yacht *Minna*, appartenant à un riche Américain dont nous avions fait et cultivé la connaissance à Paris, dans les salons de M. F. de Lesseps. Cet aimable compatriote de Washington était venu de Philadelphie, son pays natal, au Havre, à bord du joli « petit navire » qu'il avait fait construire sur le Delaware. Il nous vantait la bonne tenue de *M.nna* sur les flots de l'Atlantique et nous affirmait qu'*elle* se comportait comme une jeune miss bien élevée et ayant d'excellents principes.

Un soir de mai, en 1873, tandis que nous fumions un excellent bravas, au coin du feu, en sippant une tasse de souchon, M. Carpenter me proposa de l'accompagner au Havre où il allait voir son « bâtiment » et son équipage. Je n'avais rien de pressé à faire, j'acceptai.

Nous partîmes dans un de ces bons et confortables wagons de la Compagnie de l'Ouest où l'on ne sent pas les secousses de la traction rapide d'une machine emportée à toute vapeur. En trois heures et demie, nous entrions à la gare du chef-lieu de la Seine-Inférieure. Une voiture nous amenait bientôt sur le quai où se tenait ammarrée la *Minna* de M. Carpenter.

Je passerai sur la description de ce joli vaisseau de plaisance qui avait coûté 125,000 francs à son propriétaire.

Le capitaine du bord nous fit les honneurs du navire de son maître. Un excellent déjeuner était préparé à notre intention. Nous y prîmes une part active, et quand, après avoir décoiffé une bouteille de champagne, les cigares et le café nous furent présentés, M. Carpenter me proposa d'aller faire une promenade en mer.

— Nous irons à Trouville, me dit-il, et nous reviendrons ce soir.

J'acceptai, – fatale imprudence ! — La mer était calme comme un océan d'huile d'olive. La marée montait, nous pouvions sortir quand bon nous semblerait du port où se tiennent les vapeurs transocéaniques. A deux heures, nous nous trouvions vis-à-vis de Fracasti, et la *Minna* déployait sa voile, tandis que le chauffeur mettait en jeu la machine à vapeur.

Tout alla bien jusqu'à Trouville. Nous dînâmes aux *Roches Noires*. Nous allâmes voir ce qui se passait au casino, et à dix heures du soir nous nous rembarquions à bord du yacht.

Hélas ! le vent avait fraîchi ; la mer moutonnait, le roulis se faisait sentir et un vent d'amont nous empêchait de suivre la route que nous voulions parcourir. Enfin, lorsque nous eûmes atteint la pleine mer, la bourrasque se leva, qui devint bientôt une tempête. Je maudissais l'imprudence que j'avais eue, moi qui souffre toujours cruellement à la mer, d'avoir écouté les propositions de M. Carpenter. Mais il était trop tard.

La *Minna* fut obligée de céder aux efforts du vent déchaîné : la mer fut terrible, et quand le jour se leva, les vagues déferlaient avec rage sur le pont du yacht qui roulait sans savoir où Dieu le conduisait. Les matelots se tenaient cramponnés aux agrès ; l'eau ruisselait sur le pont et ébranlait les mâts.

M. Carpenter et moi, nous étions couchés, nous résignant à notre sort, mais maugréant contre la mauvaise chance.

A midi, le capitaine vint nous avertir que nous étions en vue de l'Angleterre. Il croyait que la côte était celle de l'île de Wight. Le brave homme ne s'était pas trompé. Grâce à ses efforts et à ceux de ses hommes, il nous fut possible d'entrer au port.

— Nous attendrons ici, me dit M. Carpenter, que le ciel se rassénère, et nous rentrerons au Havre.

Je le remerciai de cette offre, mais je préférai prendre le chemin de fer, traverser l'Angleterre, me rendre à Douvres et de là à Calais pour retourner à Paris, jurant, mais un peu tard, qu'on ne m'y prendrait plus à m'égarer sur les flots en compagnie de *Minna* ou de tout autre yacht, à quelque nationalité qu'il appartint.

J'ai tenu parole.

———

PERDUS SUR UNE BANQUISE

Peter Neswig était tonnelier du gouvernement dans la colonie danoise d'Upernawik, située sur les côtes de l'ouest du Groëland. Ce brave garçon arrivé très jeune dans cet endroit sauvage, n'avait pas eu d'abord l'intention d'y faire un long séjour, mais il s'etait épris d'une charmante jeune fille, avait demandé et obtenu sa main, puis il était devenu père et n'avait plus songé à quitter le pays.

Son premier né, un gros enfant du sexe masculin qui se nommait Carl Émile, était devenu, en grandissant, un bel enfant, puis un petit homme, et enfin un beau garçon aux yeux brillants, à l'activité dévorante, qui aimait son pays natal comme si c'eût été la plus belle contrée du monde. Il eût pu, s'il l'eût désiré, se rendre en Danemark, où son père avait encore des parents qui lui eussent fait un excellent accueil ; mais qui lui importaient les avantages dont il eût joui sur le territoire scandinave ? il se trouvait satisfait où il était, au sein de sa famille, ne rêvant qu'à deux plaisirs : celui d'aider son père dans ses travaux de tonnellerie et celui de se livrer de temps à autre à la chasse aux veaux marins.

N'oublions pas, non plus, de mentionner la joie qu'il éprouvait à se trouver près de Nicholina, la fille du secrétaire du gouverneur, dont la bonté, la charité n'avaient d'égales que sa beauté. Tout le monde à Upernawik savait à quoi s'en tenir sur les sentiments de Carl Émile pour Nicholina : elle seule les ignorait, car toutes les fois que le jeune amoureux avait pris la résolution de déclarer sa flamme à son idole, celle-ci lui avait ri au nez à la première parole sortie de sa bouche. On eût dit que la petite sauvage ne songeait pas à se marier ; d'aucuns ajoutaient qu'elle était pétrie d'orgueil et, se croyant au-dessus de tout le monde, ne voyait personne autour d'elle qui lui parût digne de devenir son mari. Et cependant Nicholina passait avec raison pour très coquette et très amie du plaisir. Dès qu'on avait organisé un bal à Upernawik, la fille du secrétaire du gouverneur arrivait la première dans la salle de danse. Son costume, façonné par elle-même, — ce qui prouvait son adresse, — était le plus gracieux de tous ceux qui se montraient à la fête, et l'on admirait les étoffes brodées de ses mains dont elle avait fait une jupe et le velours orné de perles cousues en festons et disposées en forme de fleurs qui couvrait sa jolie poitrine.

Quoique très heureux, Carl Émile n'était point satisfait, ce qui ne l'empêchait point de travailler avec courage, se fiant à l'avenir pour la réalisation de ses rêves. Il aimait peu le bal, à l'encontre de tous les jeunes gens de son âge, et il le prouva à l'époque du « festival du printemps » en s'en allant, en compagnie de son père, faire une chasse aux veaux marins.

Ce genre de sport est un des plus agréables aux Groënlandais quand arrive le mois d'avril. Les amphibies s'ouvrent un passage à travers la glace et dès qu'un rayon de soleil se montre à travers les nuages, on les voit se hisser sur les banquises et s'ébattre entre eux, sans songer au danger.

Le lendemain de Pâques, celui qui eût examiné la mer devant l'île d'Upernawik, eût vu une grande étendue d'eau glacée, d'une seule pièce ; mais, plus loin, à un mille de la côte, des banquises flottantes s'entre-choquaient sous les efforts d'une rafale du nord qui les renvoyait vers l'océan.

Les deux chasseurs s'étaient hâtés de partir, emmenant avec eux toute la famille, la mère de Carl Émile, deux petits garçons et deux fillettes, car on devait rester deux semaines loin de la maison. Peter prit sur son traîneau, auquel neuf chiens furent attelés, — trois de ses jeunes enfants. Carl Émile se chargea de l'autre et de tout l'attirail nécessaire pour un déplacement : il emportait la tente et les provisions indispensables, sur son véhicule traîné par douze grands chiens d'une force exceptionnelle.

Dès que tout ce monde-là fut parvenu à l'endroit de la côte que l'on avait désigné pour s'y établir, on dressa la tente, le repas fut préparé et Peter, en compagnie de son fils, se dirigea vers le rivage où il avait aperçu un certain nombre de veaux marins qui, sortis de leurs trous, respiraient sur les banquises de glace.

Les deux chasseurs avaient été probablement aperçus par les amphibies, car lorsqu'ils parvinrent à portée de fusil il n'y avait plus un seul d'entre eux aux endroits où ils se tenaient dix minutes auparavant.

Cette déconvenue, loin de décourager les chasseurs, leur suggéra le désir de s'avancer plus encore sur la glace. Ils avaient vu un bloc formant saillie, près duquel quelques veaux marins reparaissaient : ils allèrent se blottir à cet endroit, attendant le moment favorable pour faire feu sur un des animaux. A ce moment, ils entendirent les croassements d'une volée énorme de goëlands qui planaient au dessus des banquises. Un bruit semblable à la détonation d'une caronade, retentit dans le lointain et les deux chasseurs aperçurent un énorme bloc de glace qui se fendait en deux et dont la chute dans la mer souleva des vagues énormes, qui menaçaient d'entraîner toutes les banquises de la côte.

Ce qu'ils redoutaient ne tarda pas à arriver : un craquement leur apprit que la glace sur laquelle ils se trouvaient se détachait de la grande banquise attenant à la terre ferme. Ils coururent dans cette direction, espérant pouvoir sauter de l'autre côté, mais il était trop tard : une crevasse vaste, profonde leur coupait la retraite.

La pensée leur vint que, de l'autre côté du bloc de glace, il y avait peut-être moyen de retrouver un passage : ils se hissèrent comme ils purent sur cette masse glissante. Hélas ! ils se trouvaient réellement isolés, emportés au milieu de mille autres îlots du même genre, vers l'immense Océan, dans la direction du sud-ouest.

Loin de s'alarmer outre mesure, ils se dirent que cette embarcation de glace atterrirait à un moment donné et qu'alors ils trouveraient bien le moyen de regagner la terre. Cet espoir fut encore déçu : ils se serrèrent l'un contre l'autre quand ils comprirent qu'ils s'en allaient à la dérive et recommandèrent leurs âmes à Dieu.

— Que vont devenir ma femme et mes enfants ? se dit Peter à mi-voix. Et il ajouta en s'adressant à son fils : — Nous sommes perdus, je le crains ; mais ce que je regrette le plus, c'est de penser à ma famille qui va mourir de faim.

Et parlant ainsi, les larmes coulaient le long des joues du brave homme.

Au même moment, des veaux marins se montrèrent sur le bord d'une banquise et, instinctivement, les deux chasseurs mirent leurs armes en joue et firent feu. Deux des amphibies avaient été atteints. Et quand Peter et son fils tournèrent les yeux dans la direction de la terre, ils virent la mère et les enfants qui debout près de la tente, semblaient applaudir à leur adresse.

— Ils nous ont vus ! ils aperçoivent aussi les veaux marins que nous avons tués ! Ils vont s'en emparer : Dieu soit loué ! ils ne mourront pas de faim, et quelque bonne âme les ramènera à Upernawik, s'était écrié le père de famille.

Tout à coup la tempête se déchaîna ; le vent soufflait et le neige tombait par raffales. Des nuages sombres obscurcissaient l'horizon et le courant les entraînait ils ne savaient où. Les vagues se jetaient sur la banquise en se brisant en mille éclaboussures qui les transperçaient jusqu'aux os.

Les deux chasseurs s'étaient tus : ils priaient avec ferveur. Le père songeait à sa femme et à ses enfants ; Carl Émile, à Nicholina et à sa mère qu'il ne devait plus songer à revoir jamais. Et la banquise courait toujours à travers l'obscurité la plus profonde. Un choc se fit tout à coup sentir : le bloc de glace avait abordé quelque part ; il semblait être de nouveau attaché à un autre. Ce qui était évident, c'est qu'ils se trouvaient dans un endroit où l'eau était peu profonde. L'espoir revint dans l'âme de nos deux chasseurs. Si la banquise pouvait rester là jusqu'au moment où la tempête cesserait, se dirent-ils, ils pourraient peut-être trouver un moyen pour échapper à leur triste destinée.

Tandis que ceci se passait, tout était en joie à Upernawik. La nuit était bien obscure, si l'on veut dans les rues de la petite ville, mais dans chaque foyer l'âtre était rempli de bois et de tourbe : la chaleur intérieure faisait oublier la froidure du dehors. Dans l'un de ces logis, Nicholina, parée de ses plus beaux atours se préparait à aller à la danse. A ce moment-là, un ami pénétra dans la pièce où elle se tenait et vint dire au secrétaire du gouverneur que l'on entendait des bruits étranges du côté de la mer.

— Il faudrait avertir les autorités ajoutait un autre.

En effet on se rendit chez le chef de la ville à qui l'on fit part de ce que l'on savait.

— L'on dirait des aboiements de chiens en détresse, fit l'un des deux donneurs de nouvelles.

— Bah ! répliqua le gouverneur ; ce qui vous a effrayé, ce sont les voix de la tempête.

Un troisième villageois vint confirmer le dire de ses deux compatriotes.

— Allons voir ce qui se passe, fit alors le gouverneur.

Et tous se mirent en marche du côté du rivage. A travers l'obscurité, grâce aux lueurs des éclairs, ils ne tardèrent pas à apercevoir une banquise, sur laquelle se tenait un groupe de chiens. Nicholina, qui était accourue avec ses amis, fut la première à signaler ces bons animaux, et on la vit s'avancer aussi loin qu'elle le put sur la glace attenant au rivage.

— Prenez garde ! Nicholina, lui criait-on, vous tomberez dans l'eau.

— Reviens près de moi, ajoutait son père, je le veux.

Et, malgré ces injonctions, la jeune fille restait à sa place, sans se soucier des éclaboussures des vagues et de la rage du vent.

— Mais je les reconnais, s'écria tout à coup un villageois ! ce sont les chiens de Peter Neswig. Il en a vingt et un. D'où vient donc que leurs maîtres ne sont pas avec eux ?.

— Ils doivent avoir été noyés ! ajouta le gouverneur.

— C'est impossible, répliqua Nicholina dont le cœur battait avec force. Bientôt la nuit va devenir claire et nous verrons ce qui se passe près du rivage.

— Vous allez monter la garde ici, fit le gouverneur en s'adressant à deux de ses attachés ; quant à vous autres, mes amis, rentrez chez vous ét prenez du repos. Qui sait? dès qu'il fera jour, vous aurez besoin de donner des preuves de votre énergie.

Chacun obéit à cet ordre : le père de Nicholina fut obligé d'emmener celle-ci dans sa maison. Mais deux heures après, quand l'aube parut, la jeune fille se hâta de revenir sur le rivage : elle était pâle comme une morte et des pleurs coulaient le long de ses joues.

La neige avait cessé de tomber et l'on pouvait mieux distinguer ce qui se passait à l'horizon. Enfin le soleil se montra: c'était de bon augure. Un bloc de glace s'en allait à la dérive dans la baie d'Upernawik ; sur cette banquise, deux points noirs se détachaient sur la blancheur de l'eau congelée.

— C'est lui! c'est Carl Émile ! s'écria Nicholina tout à coup. Le bateau? où est le bateau de sauvetage?

Tous ceux qui se trouvaient près de la jeune fille lui demandaient des explications ; mais elle ne répondait que par ces mots :

— Amenez le bateau! je veux aller les chercher. Je les vois, je les sauverai. Qui veut venir avec moi? qui veut m'aider à les arracher à la mort?

Une douzaine de jeunes gens se précipitèrent pour braver le danger.

— Nicholina, ne t'expose pas, disaient-ils.

Mais celle-ci, s'emparant d'un aviron, s'était élancée dans l'embarcation et avait pris place sur un banc. Entraînés par cet exemple, ses amis la suivirent et l'on vit aussitôt le frêle esquif se battre contre les vagues dans la direction de la banquise.

Tous ceux qui restaient sur le rivage suivaient les sauveteurs avec la plus grande anxiété. Ceux-ci s'éloignaient rapidement ; mais plus ils avançaient, plus ils comprenaient l'imminence du danger qui les menaçait.

— C'est folie de vouloir aller plus loin, dirent-ils enfin à la jeune fille.

— Lâches ! laisseriez-vous ainsi nos amis mourir sans tenter de leur porter secours ?

— Soit ! mais cessez de ramer : nos bras suffiront à cette tâche.

— C'est moi qui vous ai entraînés : je veux vous aider dans le maniement du bateau, répliqua Nicholina.

Une heure s'était écoulée depuis le moment où la barque avait quitté la rive, heure terrible, pendant laquelle les gens restés à terre subissaient les angoisses les plus cruelles.

Nicholina et ses compagnons venait de faire le tour d'un îlot près duquel la fille du secrétaire avait aperçu la banquise sur laquelle se tenaient Peter et Carl Émile.

— Nagez! nagez toujours, criait la courageuse enfant dont les cheveux noirs couvraient les épaules, dont le visage radieux dénotait une ardeur irrésistible. Elle était ainsi aussi belle que la vierge de Domremy à la tête des armées françaises qu'elle conduisait à la victoire.

Hélas! les sauveteurs se désespéraient, car ils ne voyaient pas ceux qu'ils cherchaient au péril de leur vie.

— Les voici! cria enfin Nicholina à la veille de perdre connaissance, tant elle éprouvait de joie en voyant Car Émille qu'elle avait cru mort.

En effet, c'était bien le fils de Peter Neswig: afin d'empêcher son père de mourir de froid, il s'était dévêtu de sa houppelande et l'avait étendue sur le tonnelier couché sur la glace; lui se tenait accroupi, grelottant, les yeux clos, mais il avait entendu la voix de celle qu'il aimait et il cherchait à se remettre sur pieds.

— Ils sont vivants! s'écria Nicholina! Mon Dieu! soyez béni!

En quelques brassées, la barque accosta la banquise, et deux des amis du tonnelier et de son fils se hâtèrent d'aborder et de relever les pauvres naufragés. Peter avait les yeux fermés, mais son cœur battait toujours; quant à Carl Émile, il s'était mis à genoux devant Nicholina et ses lèvres murmuraient des mots qu'elle seule pouvait comprendre.

Tandis que ceci se passait, les gens d'Upernawik, rassemblés sur le rivage, suivaient des yeux les mouvements de l'embarcation.

— Ils n'ont rien trouvé, disaient-ils; ils reviennent seuls.

Ils n'avaient pas aperçu les deux chasseurs couchés au fond du canot des sauveteurs.

Mais quand Nicholina et ses camarades eurent touché au port, un cri de joie s'échappa de toutes les poitrines. Tous voulurent aider à porter Peter et Carl Émile à leur domicile. Il s'agissait de les réchauffer et de leur rendre des forces. Chacun fit de son mieux pour arriver à ce but.

Le fils de Peter Neswig fut le premier qui rouvrit les yeux: il songea aussitôt à sa mère et à ses frères et sœurs.

Une demi-douzaine de traîneaux se dirigèrent aussitôt vers l'endroit du rivage qu'il indiqua à ses amis, et, le soir même, le tonnelier et son fils avaient le bonheur d'embrasser ceux qui leur étaient chers. Tous avaient pu vivre grâce aux comestibles — les deux veaux marins — que leur avaient laissés les chasseurs au moment où ils recommandaient leur âme à Dieu.

Ce fut un jour heureux que celui qui réunit cette famille.

Nicholina avait été portée en triomphe: toute la petite ville s'était réunie pour rendre hommage à un courage si énergique. Carl Émile alla comme les autres remercier la noble jeune fille à qui son père et lui devaient la vie.

Lorsqu'ils furent seuls, on devine facilement ce que le jeune homme dit à celle qui lui était doublement chère, car elle avait donné la preuve évidente que lui même devait compter sur une grande affection. En effet Nicholina eût-elle exposé ainsi ses jours si elle n'avait pas éprouvé de l'amour pour Carl Émile?

Inutile d'ajouter que, quelques semaines après ces événements, il y

cut une cérémonie à l'église d'Upernawik. Le prêtre bénissait l'union des
des deux braves cœurs.

Carl Émile et sa femme sont le plus heureux couple qui soit au monde
sur le territoire du Groëland.

LES REQUINS DE L'ATLANTIQUE

Le 5 juin 18.., on avait mis le cap sur les Barbades (Petites-Antilles,)
et l'on goûtait à bord de l'*Eagle*, cutter américain, le charme incomparable d'une navigation rapide sur les flots unis, tandis qu'une douce
brise se jouait dans les voiles.

Peu à peu la marche se ralentit ; la vitesse diminuant, les voiles commencèrent à battre contre la mâture, et bientôt un calme plat laissa
l'*Eagle* à la merci d'un courant qui l'entraînait vers les récifs.

Il était impossible de songer à jeter une ancre ; les énormes rochers
qui s'élevaient perpendiculairement du fond de la mer ne présentaient à
l'équipage que des lames acérées prêtes à briser le navire, et qu'un
abîme béant pour l'engloutir.

Cependant les courants emportaient toujours le cutter ; les vigies dis-
tinguaient du haut des mâts le banc de sable brillant sous les eaux.
Toute la voilure était au vent, et l'on approchait cependant avec une
force irrésistible.

Soudain le cutter donna un coup de talon ; il courut encore quelques
instants, en donna un second, puis un troisième. Un choc violent avait
ébranlé toute la masse ; l'avant du navire était soulevé par les rochers
tandis que l'arrière flottait encore en roulant sur les vagues.

Aux deux premiers coups de talon, de sourds gémissements s'étaient
échappés de toutes les poitrines ; mais au troisième, un cri, un seul cri,
déchirant, immense, retentit, dominant le bruit des lames qui venaient
battre les sabords du navire.

Cet accident présageait les plus affreux périls ; pourtant on ne remarqua aucune avarie ; le cutter ne faisait eau nulle part ; sa proue, en heurtant la pointe du rocher, en avait brisé la surface, et son excellent blindage avait résisté aux premiers chocs. Néanmoins le danger ne faisait que croître ; le vent du large, qui s'était élevé depuis quelque temps, soufflait avec une force prodigieuse ; la mer grossissait, et l'*Eagle*, incliné sur les rochers, semblait à chaque instant devoir céder aux efforts réunis des éléments.

Vers neuf heures du soir, la violence du vent s'accrut, la mer devint encore plus houleuse, des nappes d'eau déferlaient sur les flancs du cutter, et semblaient devoir l'engloutir au fond des eaux. On entendit bientôt un nouveau cri d'angoisse ; le sabord s'abaissa jusqu'au niveau de l'Océan, et, malgré toutes les manœuvres de sauvetage, le bâtiment se trouva démâté et coiffé.

Le lieutenant Smith accourut aussitôt sur le pont, et au moment où il mettait le pied sur la dernière marche de l'escalier, le navire sombra ; il ne devait plus se relever.

L'équipage, qui se composait de vingt-quatre hommes, se trouvait heureusement sur le pont, à l'exception de deux matelots qui se noyèrent dans le cutter.

En un instant, tout l'équipage se débattit au milieu des flots. Les cris : « Au secours ! » poussés par les voix déchirantes des matelots qui se noyaient, les hurlements de fureur et de désespoir des autres, semblèrent apaiser un moment la violence de la tempête, car aussitôt que le navire eut sombré, le vent tomba, le calme reparut, et les rougeâtres lueurs de la lune éclairèrent les visages pâles des naufragés luttant au milieu de l'Océan.

Cependant la chaloupe, attachée aux dromes du cutter, était ballotée à la surface des flots et semblait destinée à sauver l'équipage. On coupa avec un couteau le seul cordage qui retint encore la chaloupe à l'*Eagle* ; ce cordage était le dernier lien qui rattachât l'existence des matelots au cutter ; une fois rompu, tout était fini entre eux et le bâtiment.

Tous les matelots se mirent aussitôt à nager vers la chaloupe, et, oubliant toute prudence, ils se jetèrent impétueusement sur la petite embarcation.

Ce n'était plus l'équipage soumis, intrépide et docile de l'*Eagle*, c'était une véritable bande effarée, indisciplinée, qui se ruait vers cette frêle machine. Aussi, comme il était facile de le prévoir, la chaloupe heurtée en tous sens chavira, et les matelots tombèrent pêle-mêle dans la mer ; puis, retournant vers la chaloupe, ils s'y accrochèrent comme ils purent ; ceux-ci à la poupe, ceux-là à la proue, n'ayant hors de l'eau que les bras et la tête.

Le lieutenant Smith, homme d'intelligence et de cœur, exerçait un grand empire sur l'esprit de ses matelots ; il leur fit comprendre que personne ne pourrait se sauver si l'on continuait à demeurer dans cette situation. Il leur démontra la nécessité de redresser la chaloupe et d'y placer deux hommes chargés de rejeter l'eau dont elle était remplie, pendant que les autres, cramponnés au plat-bord, resteraient dans la mer jusqu'à ce que la chaloupe put recevoir deux hommes de plus ; à mesure que la chaloupe serait allégée, d'autres matelots monteraient, et, par cette manœuvre de sauvetage, tout l'équipage pourrait échapper aux périls qui les menaçaient.

Au plus fort même du danger, on subit l'empire de la discipline. Le lieutenant commanda aux hommes qui étaient sur la quille d'abandonner leur position ; il fut immédiatemeut obéi ; chacun se mit à l'œuvre, et la chaloupe fut bientôt redressée.

Deux matelots sautèrent aussitôt dans l'embarcation, et à l'aide de deux chapeaux, se mirent à épuiser l'eau. Bientôt deux autres matelots montèrent dans la chaloupe, et chacun espéra se sauver à son tour, car tous faisaient leur devoir avec ordre, obéissant aveuglément aux instructions de leur chef, qui les animait et les encourageait par ses paroles et par son exemple.

Six hommes avaient pris place sur la frêle embarcation, lorsqu'un matelot s'écria avec épouvante qu'il apercevait les nageoires d'un requin. Il serait impossible de dépeindre la terreur qui s'empara de ces infortunés, se débattant au milieu des eaux.

Un requin est, dans toutes les circonstances ordinaires, un sujet d'effroi pour un marin, et ceux qui ont vu les gigantesques et horribles mâchoires de ces monstres, qui connaissent leur énorme puissance et leur incroyable voracité, ceux-là seuls pourront se faire une idée de la stupéfaction et de l'épouvante des pauvres matelots, à ce seul cri : « Un requin ! un requin ! Car ils n'ignoraient pas qu'une goutte de sang répandu suffisait pour attirer les pilotes qui accompagnent toujours ces écumeurs des mers, et que la mort serait dès lors inévitable.

A partir de ce moment, la voix du lieutenant ne fut plus écoutée, les matelots qui se tenaient accrochés aux sabords de la chaloupe, ne sachant comment se dérober à ce nouveau danger, se jetèrent tous à la fois, par un mouvement spontané, dans la chaloupe, et la firent chavirer de nouveau.

Cependant l'ennemi tant redouté ne se montrait pas, et le lieutenant pressa encore une fois les matelots de mettre en usage, pour leur salut commun, les seuls moyens dont il pouvait disposer. Sentant qu'il ne parviendrait pas à calmer les alarmes de ses hommes en s'efforçant de leur persuader que des requins ne se montrent jamais dans ces parages, il engagea les matelots qui s'étaient de nouveau cramponnés à l'embarcation à battre l'eau à grands coups de pied et à l'agiter le plus violemment possible, afin d'éloigner les monstres qui leur causaient tant d'effroi.

La manœuvre prescrite par le lieutenant s'exécuta peu à peu, et l'espérance commença à renaître au cœur des naufragés.

La chaloupe ne contenait plus beaucoup d'eau, et quatre hommes y étaient déjà montés ; un peu de patience, quelques efforts encore, de l'ordre, du calme, et tout l'équipage était sauvé.

En ce moment, comme les matelots demeurés dans l'eau, toujours suspendus aux sabords, pressaient leurs camarades qui étaient dans la chaloupe de continuer leur manœuvre sans relâche, afin de mettre l'embarcation à sec, il se fit un grand bruit auprès d'eux, et ils aperçurent quinze requins s'avançant vers la chaloupe.

Cette fois la terreur fut à son comble ; chacun quitta la position qu'il occupait pour se précipiter sur la frêle machine qui chavira ; et les vingt-deux marins furent voués à la mort la plus épouvantable.

D'abord les requins parurent peu disposés à se saisir de leur poie ; ils nagèrent au milieu des matelots, se jouant au dessus des vagues, courant et gambadant, se frottant contre leurs futures victimes, sans leur faire aucun mal.

Mais cela dura peu. Soudain un affreux gémissement, poussé par un des naufragés, annonça une douleur terrible et trouva un lugubre écho dans tous les cœurs. Un requin avait saisi la jambe d'un marin et l'avait complétement séparée du corps. Aussitôt que ces monstres eurent goûté au sang, l'attaque depuis longtemps prévue et tant redoutée par les matelots eut lieu sur toute la ligne ; des cris déchirants partirent de tous côtés, et les flots autour de la chaloupe furent bientôt rouges de sang.

Le lieutenant, même dans le moment où le péril était devenu effroyable, continua à donner ses ordres avec autant de sang-froid que de précision, et, disons-le à l'honneur du malheureux équipage, sa voix fut encore écoutée.

La chaloupe fut redressée une troisième fois ; deux hommes y grimpèrent immédiatement, et quelques matelots, se cramponnant comme auparavant au plat-bord, tinrent l'embarcation en équilibre.

M. Smith lui-même s'accrocha à la proue, ne cessant de ranimer et de relever le courage de ses compagnons.

Mais les requins suivaient la chaloupe, et il était peu problable qu'ils abandonnassent une aussi abondante proie.

Cependant, M. Smith encourageait toujours les matelots qui s'efforçaient de vider la chaloupe ; il oublia malheureusement un instant d'agiter l'eau avec ses pieds ; un requin lui saisit les deux jambes et les engloutit dans ses énormes mâchoires. L'officier ne put retenir un cri d'horrible souffrance.

Les matelots n'avaient pas cessé de témoigner le plus grand respect à leur intrépide lieutenant ; ils appréciaient tout son courage et la nobless de son âme, et, dès qu'ils le virent disparaître sous les vagues, deux hommes saisirent leur chef mutilé et le placèrent sur les écoutes de la poupe.

Ce brave officier, quoique en proie aux plus atroces douleurs, parut oublier ses propres tortures et voulut s'occuper encore du salut de son équipage bien-aimé. D'une voix éteinte, il donna quelques conseils aux matelots, déplora leur lamentable situation, et leur adressa ces paroles :

« Si quelqu'un de vous survit à cette nuit fatale, et s'il peut retourner à Philadelphie, qu'il affirme à notre vice-amiral que j'étais à la recherche des pirates, quand survint notre catastrophe ; qu'il dise que je fis toujours mon devoir, et que je... »

Ici les efforts de quelques matelots pour monter dans la chaloupe lui imprimèrent une forte secousse ; les hommes qui soutenaient le lieutenant dans leurs bras, craignant de tomber à la mer, le lâchèrent un instant pour se transporter au plat-bord ; l'infortuné roula dans les flots et s'engloutit. Ses dernières paroles se perdirent au milieu des cris de ses compagnons ; il ne reparut plus à la surface...

Avec lui s'évanouirent les dernières espérances des naufragés.

Ce fut alors un spectacle indescriptible. Ces malheureux, hâves, ruisselants d'eau, échevelés, les yeux sanglants, les vêtements en lambeaux, roulaient pêle-mêle au milieu des vagues en furie, ne sachant comment se soustraire à la voracité de ces monstres.

Quelques-uns déjà avaient perdu la vie ; ceux qui avaient pu échapper jusqu'alors à la poursuite des requins s'efforcèrent encore une fois de chercher un refuge dans la chaloupe ; mais elle chavira de nouveau. Alors, épuisés de fatigue, incessamment pourchassés par les monstres, ils perdirent tout espoir d'échapper à la mort ; tous furent dévorés par les requins, ou se noyèrent en poussant d'horribles imprécations, à l'exception de deux matelots qui parvinrent à grimper sur la quille de l'embarcation.

L'*Eagle* avait sombré vers huit heures. A dix heures tout l'équipage était devenu la proie des requins, ou avait été englouti. Il ne restait plus que deux naufragés, huchés l'un à la proue, l'autre à la poupe, et conservant encore une lueur d'espérance.

Quoique exténués de lassitude, tout couverts de blessures qu'avivait et aiguisait encore l'âcreté du sel marin, ils se regardèrent un instant comme sauvés. Le courage leur revint. Ils commencèrent par jeter l'eau de la chaloupe qui, bientôt, se trouva suffisamment allégée pour éloigner toute crainte d'un nouveau chavirement ; puis ils essayèrent de goûter un peu de repos.

Malgré les épouvantables scènes dont ils avaient été témoins, malgré les terribles dangers auxquels ils étaient encore exposés, ils ne tardèrent pas à s'endormir profondément, et le jour avait déjà paru lorsque le réveil vint les rappeler à leur horrible situation.

Les malheureux, qui avaient presque miraculeusement échappé au trépas, se sentirent torturés par une faim et une soif dévorantes ; car ils n'avaient pris aucune nourriture depuis trente-six heures. La faim tordait leurs entrailles, la soif brûlait leur gorge, et ils n'avaient, à bord de la chaloupe, ni biscuit, ni vin ; la réalité leur apparut dans toute son horreur : étaient-ils donc irrévocablement condamnés à mourir d'inanition ?

Tous deux, cédant à un engourdissement léthargique, le front pâle et le désespoir dans les yeux, fixaient des regards effrayants et sinistres sur les vagues houleuses, obéissant comme une masse inanimée aux oscillations de la chaloupe. Ils s'étaient familiarisés avec la terreur : maintenant la mort, la mort inexorable, se dressait devant eux.

La soif, la famine, le désespoir, la chaleur, se réunissaient pour les torturer ; cependant le ciel était bleu, l'air pur, et la chaloupe flottait sur la mer accalmée, entraînée rapidement par le courant.

Où étaient-ils ? Ils n'avaient aucun moyen de le savoir ; mais en tout cas ils devaient être fort éloignés de la terre, car le vent qui s'était élevé avait dû les pousser bien au large, et ils ne pouvaient plus espérer que l'embarcation serait jetée sur les côtes de d'Amérique.

Aussi, ce fut avec une joie indescriptible que le matelot placé à l'avant de la chaloupe, et qui, l'œil fixé sur l'horizon, cherchait à en sonder la ligne incertaine et vaporeuse, s'écria soudain : « Une voile ! une voile ! »

Les yeux éteints de son compagnon mourant s'illuminèrent à ce cri magique ; il fit un effort pour se soulever, et il plongea à son tour son regard dans la direction que lui désignait son ami. Il sembla qu'alors un baume consolateur coulait sur leurs blessures, calmait leurs douleurs, et leur faisait oublier la faim.

« Une voile ! » ce mot fut répété avec un véritabls délire ; car peu à peu on entrevit plus distinctement une ombre blanche, et l'on reconnut la voilure d'une frégate que le soleil faisait ressortir sur l'azur du ciel.

Quand toute incertitude eut disparu, les deux matelots, pénétrés d'une pieuse émotion, tombèrent à genoux ; leurs yeux se remplirent de larmes, et, joignant leurs mains tremblantes, ils remercièrent la Providence du secours inattendu qu'elle leur envoyait.

Pourtant la frégate avançait lentement, serrant le vent de près. Nos matelots faisaient toute sorte de signaux, convaincus que le navire les avait aperçus et qu'il venait à eux.

Ils se trompaient ; la frégate ne faisait que louvoyer ; lorsqu'elle eut fini sa bordée, elle vira de bord pour en prendre une autre, et continua ainsi sa route au plus près du vent.

Les naufragés, voyant le navire s'éloigner, redoublèrent leurs signaux, jetèrent leur jaquette en l'air, crièrent de toutes leurs forces ; mais tout fut inutile : personne ne les avait aperçus.

Et la frégate semblait fuir, diminuant graduellement de hauteur, s'amoindrissant et commençant à s'estomper de vapeur. Alors l'affaissement et la torpeur succédèrent chez les deux pauvres matelots à l'état d'exaltation et de réjouissance que l'espoir avait fait naître.

On distinguait à peine la voilure du vaisseau dans la brume ; encore quelques secondes et il disparaissait tout à fait à l'horizon.

L'un des naufragés, ne pouvant supporter cette nouvelle déception, retomba dans un morne désespoir ; mais son compagnon, réveillé et comme galvanisé par une inspiration soudaine, s'écria :

— Oui, c'est cela, je le tenterai, sinon nous sommes perdus !

— Parle vite, exclama son camarade, que veux-tu tenter qui puisse nous sauver ?

— Si difficile que cela soit maintenant, après ce que nous avons vu la nuit dernière, il faut le tenter pourtant ; car le bâtiment s'éloigne rapidement et va être hors de notre vue ; il n'y aura plus alors pour nous qu'à mourir. Oui, le sort en est jeté, j'essayerai d'atteindre le vaisseau à la nage ; si j'ai le bonheur de réussir, je te sauverai ; mais si mes forces me trahissent...

— Non, John, ton projet est insensé, reprit l'autre ; le navire est trop éloigné maintenant ; patientons encore ; un autre navire peut se montrer, tandis que...

Mais le brave matelot s'était déjà précipité dans la mer, après avoir noué sa jaquette autour de son cou, et nageait avec un courage surhumain.

Son camarade suivait avec angoisse tous les mouvements de l'habile et intrépide John, qui s'avançait à grandes brassées et semblait, contre toute prévision, devoir atteindre le vaisseau à force d'énergie et de persévérance, à moins qu'un requin ne vint se jeter sur sa route.

John ne tarda pas à apercevoir un de ces monstres ; sans perdre courage, il frappa violemment les flots avec ses pieds et ses mains, agitant l'eau autour de lui, puis il plongea.

Si le requin est le plus vorace des écumeurs de la mer, il en est aussi le plus poltron ; il s'effraye au moindre bruit et n'ose toucher à une proie que lorsqu'elle paraît immobile et inanimée.

John échappa donc au monstre, que le bouillonnement factice des vagues mit en fuite. Mais le navire était encore loin, et le vent qui avait fraîchi augmentait la rapidité de sa marche ..

Cependant, après des efforts extraordinaires, le nageur se crut assez rapproché du bâtiment pour espérer que sa voix serait entendue. Il cria à plusieurs reprises, mais en vain. Personne en ce moment n'était sur le pont ; le pilote, installé au gouvernail et tout entier à la manœuvre, n'entendit point ses appels désespérés, et le navire s'éloignait toujours...

Le matelot continua pourtant à nager : mais il sentait ses forces près de l'abandonner...

Retourner vers la chaloupe, où il avait laissé son compagnon, était devenu impossible ; car à présent il se trouvait à une trop grande distance de l'embarcation ; d'ailleurs la situation de son camarade était tout aussi affreuse que la sienne...

Le malheureux John n'en pouvait plus ; son corps était brisé ; il sentait sa dernière heure venue...

Était-ce un rêve ? En jetant un dernier regard sur le navire, il crut apercevoir un homme sur le gaillard.d'arrière... Il leva aussitôt les mains dans un effort suprême, les agita au dessus de sa tête, poussa des cris de délire, et se démena de toute façon, afin d'attirer l'attention de l'équipage...

Au bout de quelques instants, il vit l'homme courir vers un personnage dissimulé jusqu'alors contre le mât d'artimon ; ce personnage braqua une lunette dans la direction du naufragé. Presque aussitôt deux matelots se jetèrent dans un canot et ramèrent vigoureusement vers John.

A peine recueilli dans le canot, le pauvre naufragé songea à son compagnon, resté en proie aux plus terribles angoisses. Les matelots eurent bientôt atteint la chaloupe et sauvé ainsi les deux seuls survivants de l'équipage de l'*Eagle*.

John ne survécut que quelques années à ce drame maritime, dont il avait été un des principaux acteurs.

Quant à son compagnon, Francis F..., il est mort tout récemment dans le port de Yarmouth, à l'âge de 81 ans. C'est de lui que je tiens tous les détails de cette lamentable histoire.

LES NAUFRAGEURS DU LABRADOR

Il n'y a pas longtemps encore, — sous la Restauration, — les Bretons, dans certains parages du Finistère et surtout du côté de Penmark, se livraient à un effroyable crime qui consistait à attirer sur les côtes — par les nuits d'affreuse tempête — les navires qui passaient dans ces eaux irritées, à l'aide de signaux qui faisaient prendre les rochers de

Penmark pour un havre sûr, où ils pourraient attendre la fin de la tourmente et reprendre leur route. Ce n'était qu'un leurre : la mort était là.

Les romanciers ont usé et abusé de ces épouvantables événements. Le vaisseau, de quelque tonnage qu'il fût, brisé sur les récifs, devenait la proie de ces bandits; les naufragés, s'ils n'étaient pas massacrés ou noyés, se voyaient dépouillés, non seulement de leur propriété, mais encore des vêtements dont ils étaient couverts.

On a vu, hommes, femmes et enfants, se revêtir de paillassons ou d'herbes et marcher ainsi jusqu'aux premières maisons s'élevant aux abords de Quimper, pour y trouver un abri, du pain et quelques habits indispensables pour se présenter devant les autorités françaises et réclamer leur rapatriement.

Le drame de naufrageurs que nous allons raconter à nos lecteurs s'est passé il y a six mois sur la côte nord du Canada, en plein pays anglais. Rien n'est plus authentique, mais aussi rien n'est plus épouvantable. On ne comprend pas qu'en plein xixe siècle il existe encore des hommes assez sauvages, assez criminels, pour spéculer sur le malheur de leurs semblables et les attirer à une mort certaine pour s'emparer de leurs dépouilles.

Le navire norwégien à trois mâts *Oli-Sell* avait quitté la baie de New-York le 26 août, pour se rendre dans les mers du Groënland et se livrer à la pêche à la baleine.

Après avoir franchi le détroit qui sépare l'île de Terre-Neuve de la côte du Labrador par le 50° de latitude et le 80° de longitude, l'*Oli Sell* se trouvait en plein Océan et dans le voisinage du cap Charles.

Le 13 septembre, le temps, quoique le vent fût un peu tombé, était devenu menaçant et le navire tamponnait sur les roches des brisants. La houle de l'ouest et les courants portaient à la côte et le capitaine Adonto était d'avis que, si on ne réussissait pas à s'élever au vent, on courait grand risque d'être porté sur les bas-fonds du Labrador. On était alors par le travers du détroit de Belle-Ile et il s'agissait de doubler à tout prix la pointe du cap Charles, opération très difficile par une mer énorme et avec un bâtiment tout à fait dégréé.

L'équipage était à bout de forces, et il ne fallait plus compter que sur quelques hommes plus dévoués et plus audacieux que les matelots ordinaires. J'entends parler de six prisonniers qui s'étaient révoltés contre le capitaine Adonto et avaient été mis aux fers.

Une voie d'eau s'était déclarée et avait été « aveuglée », puis qui s'était rouverte ; et la manœuvre elle seule exigeait plus de la moitié de l'équipage.

Le capitaine regretta amèrement alors d'avoir sévi contre ses hommes, mais il ne songea même pas à les employer, tant il était certain de leur mauvaise volonté depuis qu'ils avaient été punis.

Vers·le soir du second jour, il devint évident que le navire allait être jeté sur les rochers de la pointe du cap Charles, qui passe, à juste raison, pour un des points les plus dangereux de cette côte.

Les officiers essayaient de diriger quelques manœuvres propres à retarder le naufrage ou à le rendre moins affreux, mais les marins, désespérés et épuisés, obéissaient mal, et il semblait qu'une fatalité poussât à sa perte le malheureux navire.

On voyait déjà, à travers la brume, les grosses masses d'écume blanche, qui entourent comme d'un linceul les rochers noirs du cap Charles ; le bruit terrible du ressac qui se brise sans cesse sur ce cap funèbre arrivait distinct malgré les hurlements du vent d'ouest.

A ce moment là, les gens de l'*Oli-Sell* virent courir sur les rochers des lumières qui gravitaient autour d'une sorte de phare. Dans des parages plus civilisés, on aurait pu attendre des secours ; mais les mœurs bien connues des riverains du cap Charles donnaient les plus grandes appréhensions au capitaine Adonto et à son équipage.

Quoiqu'il connût parfaitement les atterrages de la côte sur laquelle il se trouvait, il se demandait s'il n'avait pas été entraîné par le courant et si le feu fixe qu'il apercevait devant lui n'était point celui du port de Saint-John, dans l'île de Terre-Neuve ? Ne se serait-il pas trompé ? Hélas ? il n'en était pas ainsi. Le désir du pillage avait amené sur la côte du Labrador tous les colons du voisinage qui se tenaient embusqués là comme le chasseur qui choisit un carrefour fréquenté par le gibier, espérant que la chance leur allait envoyer l'*Oli-Sell* à dépecer. .

Leur instinct avait bien servi les misérables. La tempête leur amenait une proie certaine, et ils cherchaient, par tous les moyens possibles, à hâter la catastrophe. Les lanternes qu'ils promenaient sur les falaises n'avaient d'autre but que celui de tromper le pilote, si le navire en avait un,· en lui persuadant que devant lui un autre bâtiment naviguait librement.

Toute cette scélératesse était d'ailleurs superflue, car l'*Oli-Sell* n'en était pas à choisir sa route : il ne gouvernait plus et arrivait fatalement sur la triple ceinture d'écueils qui défend la côte canadienne. Sa perte n'était qu'une question de temps.

Dans l'entre-pont, la scène était épouvantable. Les six matelots mis aux fers étaient complètement oubliés à fond de cale. Les imprécations, les blasphèmes et les cris de douleur se croisaient dans cet étroit espace. Deux parmi ces misérables avaient réussi à briser leurs fers et cherchaient à enfoncer la porte de ce cul de basse-fosse. Les quatre autres, couchés à plat ventre sur le plancher, attendaient la mort dans l'immobilité du désespoir.

Un choc épouvantable ébranla tout à coup l'*Oli-Sell* qui venait de toucher et qui se coucha lentement sur le côté.

Des hurlements horribles dominaient le bruit de la tempête. Les six condamnés, roulés les uns sur les autres, se ruaient sur la porte pour tâcher de fuir : la mer entrait déjà par un sabord défoncé. La dernière heure était venue.

L'ouverture du fond de cale céda enfin sous l'effort des prisonniers, qui se précipitèrent pêle-mêle sur le pont du navire. Leur apparition ne fut pas même remarquée. Les matelots accrochés aux agrès tâchaient de résister aux attaques furieuses de la mer qui déferlait sur l'*Oli-Sell*. Le capitaine et ses officiers, réfugiés sur la dunette, essayaient encore de commander, mais leur voix se perdait dans la tempête. C'était le moment terrible où toute discipline disparaît, où chacun pense à son propre salut. Chacune des vagues énormes qui balayaient le pont enlevait quelques grains de la grappe humaine suspendue aux cordages. Certains, les plus braves, cherchaient autour d'eux une esparre, une cage à poules, afin de s'y attacher et de gagner la terre.

Le navire avait touché sur une roche à quelques encâblures de terre, et il était évident qu'avant une heure la mer l'aurait complétement démoli.

Tandis que ceci se passait à bord de l'*Oli-Sell*, des hommes couverts de peaux de bêtes, avec de longs cheveux qui leur tombaient sur les épaules et de grands chapeaux goudronnés qui leur recouvraient le cou, s'agitaient sur la grève. Des femmes déguenillées, portant des falots à la mèche brillante, couraient vers la mer et remontaient vers la falaise. On eût dit quelque sabbat mené par des sorciers.

Le premier marin que le ressac jeta sur la côte était un grand et solide gaillard qui, cramponné à une bille de sapin, avait atterri sur le sable et était pour ainsi dire évanoui, tant il avait avalé d'eau salée.

Une vive sensation de douleur rappela enfin le malheureux à la triste réalité. Des ongles crochus s'étaient, tout à coup, enfoncés dans les chairs meurtries, et des mains avides cherchaient à arracher les lambeaux de vêtements qui le couvraient. Les misérables pillards ne respectaient pas la mort, car ils croyaient dépouiller un cadavre.

Le matelot, nommé Fabrice, eut la force de jeter un cri qui fit fuir ces oiseaux de proie.

La horde sauvage, un instant effrayée par la voix de ce mort qui parlait, accourait sur lui, le bâton levé et le couteau entre les dents. Mais Fabrice s'était relevé sur un genou et portant la main à sa ceinture y avait trouvé un revolver qu'il braqua, à tout hasard, sur ses ennemis.

— *Let him alone* (laissez-le tranquile) ! dit celui qui paraissait commander les naufrageurs. Vous, pas de résistance ! ajouta-t il en s'adressant à Fabrice. Nous ne vous ferons pas de mal, mais éloignez-vous.

Fabrice pouvait-il résister à une vingtaine de bandits qui l'eussent écharpé s'il avait résisté ? Il ne le crut pas et il alla, en trébuchant, se hisser sur un rocher éloigné d'où il lui fut possible de voir la scène se faire sous ses yeux. Il assista au hideux spectacle de ces sauvages arra-

chant les vêtements et volant les bijoux des morts que la mer jetait sur
le sable. De tout l'équipage, personne ne paraissait avoir échappé à la
catastrophe, et quand le jour se leva, — un jour de Labrador, brumeux
et terne, — il n'éclaira que des cadavres. On les voyait entassés les uns
contre les autres au pied d'un rocher où les hideux naufrageurs les
avaient traînés, après les avoir complètement mis à nus. Matelots et
officiers se confondaient dans ce funèbre pêle-mêle.

Le soleil blafard qui éclairait cettte scène était levé depuis une heure
quand les voleurs de la côte se préparèrent à quitter la place. Leur troupe
s'était recrutée de quelques affreuses mégères qui avaient amené par
le licou des chevaux à longs poils, maigres et malpropres, qu'on aurait
dit créés pour porter des sorcières à un rendez-vous diabolique. Le butin
fut empilé dans de vastes paniers que les rosses furent chargées de porter, et on réserva la bête la plus décharnée pour placer sur son dos le
malheureux naufragé.

Au moment où le hideux cortège allait se mettre en marche, un homme fourbu, essoufflé, arriva qui annonça aux naufrageurs qu'un détachement de troupes régulières, à cheval, s'avançait vers la côte et qu'ils
couraient le risque d'être cernés avant d'arriver au village où ils rési-
daient.

La situation était critique. La loi est formelle au Canada; tout naufra-
geur est pendu haut et court. Mais il s'agissait de ne pas être trahis et
de passer aux yeux des soldats pour de braves pêcheurs qui revenaient de
la mer et en rapportaient du poisson. On ramassa du goëmon en toute
hâte et on en couvrit les paniers, de façon à ce que le pillage ne fût pas
visible aux yeux scrutateurs des soldats réguliers.

S'adressant ensuite au matelot hissé sur le cheval, le chef des naufrageurs lui dit d'une voix rude :

— Revêts ce caban et mets sur ta tête ce bonnet de toile cirée. Rappelle-
toi que, si tu dis un mot, tu es mort. Dussions-nous tous être pendus,
je jure de te planter ce couteau dans la poitrine si tu nous trahis?

Fabrice ne répondit rien ; il obéit scrupuleusement aux injonctions du
bandit.

Puis l'on se mit en route et l'on gravit les sentiers de la falaise.

Au moment où les naufrageurs débouchaient sur le sommet, ils aperçurent à deux portées de fusil devant eux un escadron du 7e dragons du
Canada, qui s'avançait à leur rencontre.

— Halte ! s'écria le capitaine. Qui êtes-vous ? d'où venez-vous ?

— Nous sommes de pauvres pêcheurs qui revenons de lever nos filets,
répondit effrontément le chef des naufrageurs. Si vous avez besoin de
poisson, dites-le. Nous avons fait une bonne prise.

— Non ! Et la contrebande, n'en faites-vous pas aussi ? répliqua l'officier.

— Oh ! pouvez-vous penser ? Nous respectons trop les lois pour cela, et d'ailleurs les navires ne touchent point sur nos côtes, à moins qu'ils fassent naufrage.

— Allons ! c'est bien ; passez votre chemin ! leur déclara le capitaine de dragons.

Au moment où les naufrageurs défilaient devant l'escadron des troupes du gouvernement, Fabrice saisit vivement les rênes de sa monture qui fit un soubresaut et se jeta de côté. Le matelot eut assez de présence d'esprit pour éperonner l'animal qui alla se jeter dans les rangs des soldats.

— Sauvez-moi des mains de ces bandits ! s'écria Fabrice ; ce sont des naufrageurs !

— Malédiction ! hurla le chef qui aurait voulu prévenir cette conversion malencontreuse et n'avait pas pu empêcher le matelot de se jeter au milieu de ses protecteurs naturels. Sauve qui peut ! acheva-t-il en lançant au galop le cheval porteur des paniers, sur lequel il s'était juché.

Les camarades de ce coquin voulurent imiter cet exemple, mais leurs chevaux mal nourris et peu disposés à la course se refusèrent à emboîter le pas. Il fallut se défendre ; mais était-ce possible à des gens qui n'avaient pas d'armes ? Le plus sage était de fuir et de laisser là les bêtes et le butin.

On eût pu voir un sauve-qui-peut général. Mais les dragons de la reine ne voulaient pas être ainsi dupés ; sur l'ordre de leur capitaine, ils coururent sus aux fuyards et s'emparèrent de la plupart des bandits du Labrador.

Les femmes demandaient merci et imploraient les vainqueurs de cette « course pour la vie ». Elles furent réunies en groupe et on les conduisit avec les autres prisonniers, qui tous avaient été garottés, au fort le plus voisin, où leur procès fut fait en peu de temps. Les chefs furent condamnés à être pendus. Les autres y compris les femmes, furent envoyés dans les pénitenciers du pays et forcés de subir les rigueurs du *hard labour* (travaux forcés).

Quant au pauvre Fabrice, qui au risque de sa vie avait livré les misérables naufrageurs de l'*Oli-Sell*, il fut choyé et soigné par les autorités du pays et demanda enfin, quand il se sentit capable de voyager, la faveur d'être rapatrié, qui lui fut accordée.

ÉCRASÉ PAR LES GLACES

RÉCIT D'UN DE NOS COMPATRIOTES

Nous avions quitté Amsterdam à bord d'un navire à vapeur, en route pour Christiania. Notre steamer passait avec juste raison pour un des meilleurs de la ligne du nord, et tout nous promettait une prompte et heureuse traversée, malgré la rigueur de la saison.

Notre équipage, composé d'excellents hommes de mer, était commandé par un capitaine et des officiers très expérimentés. Parmi les passagers, au nombre de vingt-trois, moi compris, on comptait une dame du plus grand mérite, femme d'un aide de camp du roi de Norvège, venant de Nice, où elle avait été passer la saison hivernale pour rétablir sa santé ; deux actrices se rendant à St-Pétersbourg, que l'on devait débarquer en route, et enfin un certain nombre de touristes et de négociants se rendant en Norvège et en Suède pour leurs plaisirs et leurs affaires.

Pendant les premiers jours de la traversée, tout alla bien. Nous étions à la fin de février, et déjà le soleil brillait dans nos haubans.

Au matin de la quatrième journée, un froid terrible se manifesta dans notre atmosphère. En quelques heures, la température, qui était d'abord à onze degrés au dessus de zéro, était retombé à douze degrés au dessous. On avait allumé les poëles du bord, et nous nous chauffions comme des Sibériens autour de ces calorifères marins.

Il n'y avait pas à en douter, et le capitaine lui-même corroborait cette opinion, nous passions dans le voisinage des montagnes de glace, se détachant des grands glaciers maritimes, pour descendre sur les côtes du continent européen. Chacun de nous songeait au danger possible dans de pareilles rencontres, et il était peu de personnes qui ne se disaient *in petto* qu'elles couraient un grand péril. Combien de navires avaient été écrasés par ces terribles glaces mouvantes, lesquelles, perdant l'équilibre, se couchaient tout à coup à droite, à gauche, et se fendaient en deux, anéantissant de toutes façons ce qui se trouvait à leur portée !

Un sentiment de terreur, impossible à réprimer, se produisait sur tous les visages, depuis celui du dernier mousse, jusqu'à ceux des passagers et des officiers, et chacun sondait l'horizon.

On redoutait une tempête et dès lors la situation eût été plus terrible encore ; car, le navire luttant contre les vagues, montant et descendant sur les collines de ces vallées liquides, pouvait se trouver inopinément contre une de ces grandes banquises et se briser comme le pot de terre contre le pot de fer.

La journée se passa sans que rien ne changeât la situation, et quand vint la nuit, ni le capitaine, ni ses officiers ne purent se décider soit à fermer les yeux, soit à prendre le moindre repos.

C'est à peine si quelques passagers eurent le courage de se laisser aller aux délices du sommeil. Mme de Sonnehart, la femme de l'aide de camp du roi de Norvège, fut du nombre de ceux qui voulurent rester dans l'habitacle, prêts à tout événement.

Quant aux deux actrices, elles avaient ri en présence du péril, déclarant bien haut qu'elles étaient trop jeunes pour mourir « glacées »; et que d'ailleurs elles étaient assurées contre tous les sinistres terrestres et maritimes.

La nuit vint, nuit sombre, noire, qu'aucune lueur ne perçait, et malgré les réflecteurs que l'on avait allumés à bord de notre steamer, le pilote ne parvenait pas à voir sa route. Inutile d'ajouter que les heures, régulièrement « piquées », s'écoulèrent avec une lenteur désespérante.

Enfin, le jour parut : nous étions entourés d'un brouillard de couleur opale si épais qu'on ne se voyait pas à deux pas à bord du steamer. Peu à peu, ces vapeurs denses se dissipèrent et le soleil qui perça le brouillard les chassa complétement. On eût dit le voile d'une belle mariée arraché lentement de son front rougissant par l'heureux époux qui vient de lui donner son nom, en lui abandonnant son cœur.

Épouvantable réveil que le nôtre ! A cinquante mètres au plus, vers tribord du steamer, se tenait, droite comme un obélisque transparent, une glace géante, montagne de cent mètres de hauteur, dont les aiguilles hérissées semblaient autant de bras infernaux, prêts à nous écraser dans leurs embrassements dantesques.

Chacun porta ses mains à ses yeux pour se cacher la vue d'un danger aussi menaçant ; nos dents claquaient de peur, notre respiration était arrêtée. On se recommandait à Dieu, et le plus profond silence régnait à bord.

Tout à coup la voix du capitaine retentit sur le pont.

— Machine en arrière ! hurla-t-il dans le porte-voix.

En effet, il s'agissait d'arrêter l'impulsion du navire et de rebrousser chemin. Il n'y avait aucune banquise du côté du sud : la montagne de glace était seule, isolée, mais terriblement menaçante.

Par malheur les ordres du capitaine ne pouvaient être exécutés comme celui-ci le désirait. Tout autour de nous s'était formée une sorte de

banquise composée par des glaçons flottants qui semblaient nous presser, nous enlacer et tendre à nous forcer à un contact immédiat avec
la terrible montagne glacée.

— Hélas ! nous sommes perdus, murmura le capitaine du steamer en
s'adressant à son second. Que faire ?

— Mon avis serait de mettre les embarcations à la mer et d'y placer
vos passagers, sous la direction de nos meilleurs matelots.

— Mais le choc des glaces ?... objecta le chef du steamer.

— Pourra être évité, grâce aux tampons de liège dont toutes nos yoles
et chaloupes sont bordées à l'extérieur.

— Soit : mais attendons alors que le danger soit plus imminent encore.

— Tel n'est pas mon avis, capitaine, ajouta le second. Plus nous met-
trons de temps à agir, moins nous aurons de chances de salut.

— C'est bien ! monsieur ; je vais donner des ordres.

Et le capitaine, au moyen de son sifflet, manifesta sa volonté à laquelle
on obéit aussitôt.

Cette manœuvre avait été si rapidement opérée, que les passagers ne
virent les embarcations à la mer qu'au moment où elles s'affalaient dans
l'eau.

— Mesdames, messieurs, dit alors le chef de bord, il se peut que notre
pauvre navire soit écrasé par cette énorme banquise ; mes officiers et moi
nous restons à bord pour tirer le steamer du danger qui le menace :
mais vous, descendez dans ces chaloupes pour être tout à fait hors de
danger. Mes meilleurs matelots vont vous conduire au delà de cette mer
de glace où nous irons vous rejoindre, dès que nous le pourrons. A la
garde de Dieu !

Dix minutes après tous les passagers, femmes et hommes, se trouvaient embarqués, et les matelots ramaient de façon à sortir du milieu
des glaçons dangereux qui les entouraient, mais dont l'amas ne dépassait point l'espace voisin de la montagne transparente.

— Bon courage, mes gars, à bientôt ! criaient le capitaine et ses officiers.

Un quart d'heure suffit pour opérer ce transbordement imprévu, cette
déroute poignante : nos cinq embarcations étaient parvenues au sein
d'une mer presque unie, éclairée par un soleil radieux. On eût pu se
croire sur un lac, en partie de plaisir, se livrant à une promenade joyeuse.
Mais, hélas ! la terrible banquise descendait toujours, menaçante, vers
le steamer, qui ne pouvait plus ni reculer, ni avancer.

Une demi-heure s'écoula dans une angoisse sans pareille. Tous les
yeux étaient tournés du côté du navire et de ce bloc géant qui paraissait
immuable. Cependant, à un moment donné, un énorme bloc se détacha
de la banquise et vint briser le mât de misaine avec un bruit épouvantable.
Dix minutes après, un autre morceau plus gros que le premier arrachait
les haubans du mât d'artimon et défonçait un des côtés du steamer.

Nous assistions terrifiés à la perte de notre véhicule maritime et de tous nos bagages.

A ce moment-là, le timonier du you-you, dans lequel nous étions placés au nombre de six, s'écria :

— Un homme à la mer !

En effet, on pouvait voir qu'un malheureux luttant contre les vagues, se débattant sur les glaçons et enfin s'accrochant à un énorme bloc, où il se maintint à force de poignet.

— C'est le lieutenant ! fit encore le timonier. Il faut le prendre à bord, car c'est le meilleur ami des matelots ; nageons, mes enfants, ajouta-t-il en s'adressant à ses deux camarades.

Le naufragé fut enfin hissé dans notre you-you.

Il était temps ! A peine ce malheureux se trouvait-il parmi nous que la montagne de glace, minée par la base, se retourna et recouvrit le navire. On entendit un craquement unique, sans pareil. Le drame était fini et ce choc produisit un tel remous dans tous les environs que les vagues montèrent et descendirent comme si la plus terrible tempête eût sévi à ce moment-là.

Deux embarcations sur les cinq qui avaient été jetées à la mer furent également écrasées et dans l'une d'elle se trouvaient les infortunées actrices embarquées pour Saint-Pétersbourg.

Qu'était devenue Mᵐᵉ de Sonnehart ? nous nous le demandions, quand, tout à coup, au coin d'un énorme bloc de la banquise qui flottait autour de nous, nous aperçûmes cette malheureuse dame accrochée aux bordures d'une autre embarcation également brisée.

Il va sans dire que l'on se hâta de la recueillir et de lui donner tous les soins possibles. La pauvre femme perdit connaissance et resta ainsi près d'un quart d'heure sans reprendre l'usage de ses sens.

Dans cet intervalle un vent assez léger d'abord, puis plus fort, s'était élevé, grâce auquel la banquise et ses débris se dispersèrent si bien, qu'après une heure d'alternatives plus ou moins périlleuses nous nous vîmes hors des atteintes des glaces.

Mais nous étions loin de nous croire sauvés pour cela. Ne nous trouvions-nous pas en pleine mer du Nord, exposés au froid, presque sans vivres, sans eau, destinés à mourir d'une façon plus ou moins fatale, si la Providence ne venait pas à notre aide ?

Dans la rapidité de notre embarquement, c'est à peine si les matelots avaient songé à jeter quelques méchantes provisions et cinq bouteilles de rhum dans le you-you. Il y avait trois grands pains, un jambon cru et dix boîtes de conserves. Mais qu'était-ce que cela pour sept personnes, si la navigation se prolongeait ?

Le soir venu, on fit des rations par parts égales ; mais la dame se plaignit de ne pas avoir de l'eau, car les spiritueux lui faisaient horreur. Il lui fallut forcément toutefois, se résigner à porter quelques gouttes de liqueur à ses lèvres. Contre son attente l'absorption de ce rhum lui rendit des forces et la réchauffa ; c'étaient un point important, car la malheureuse dame, glacée, couverte de vêtements humides, risquait fort de prendre une fluxion de poitrine.

La nuit fut très mauvaise, quoique les ondes ne s'élevassent pas trop : enfin le jour parut au milieu d'une brume qui se dissipa et nous laissa voir un trois-mâts de commerce, s'avançant à la voile dans notre direction.

— Sauvés, grâce à Dieu, nous sommes sauvés miraculeusement ! telle fut la pensée unanime.

Le trois-mâts avançait toujours, nos matelots et nous-mêmes nous faisions des signaux de détresse, et nous étions convaincus que le vaisseau marchand allait venir à notre secours. Hélas ! à vingt encâblures de notre you-you, il vira de bord et reprit sa route vers le nord.

Le désespoir fut général et l'on se demandait ce que cela voulait dire. Une demi-heure après, le même trois-mâts revint à portée ; nous le hélâmes à nouveau, et nous entendîmes enfin une voix qui criait dans la langue anglaise :

— Que désirez-vous ? (*what do you want ?*)

— Monter à votre bord. Nous sommes de pauvres naufragés ayant besoin de secours pressants, transis de froid et à la veille de mourir de faim.

Le capitaine avait immédiatement donné des ordres et fait stopper son navire. Un quart d'heure s'était à peine écoulé que nous étions tous sur le pont de notre sauveur.

Instruit de l'horrible événement et du sort de nos camarades de route, car nous avions été les seuls que la Providence eût voulu épargner, le capitaine marchand voulut inspecter le lieu du sinistre. Il changea de direction et descendit vers le sud ; mais son excursion fut inutile : on trouva çà et là quelques épaves, l'arrière du steamer se soutenant au dessus de l'eau : ce fut tout. Il fallut se résoudre à continuer notre route. Le trois-mâts se dirigeait vers Copenhague, où nous fûmes débarqués douze jours plus tard, rétablis et en parfaite santé. Seule Mme de Sonnehard se ressentait encore de son bain forcé dans l'eau glacée et des émotions de son naufrage.

Elle fit télégraphier à son mari un récit succinct de sa position, et celui-ci se hâta d'accourir près d'elle. J'avais été très compatissant pour cette noble dame qui m'avait pris en amitié, aussi me recommanda-t-elle à son époux tout-puissant à la cour de Christiania, et, grâce à lui, je pus parvenir dans cette capitale, où je me suis fixé et où j'occupe un emploi supérieur dans le ministère des affaires étrangères, grâce à la connaissance que j'ai de cinq langues vivantes.

UNE

GRANDE CHASSE DANS LES INDES ANGLAISES

Quelle que soit la guerre incessante faite par les Indiens des possessions anglaises aux « mangeurs d'hommes » qui infestent les jungles de leur pays, le nombre de ces carnassiers est toujours si considérable qu'il serait impossible de tracer ici la nomenclature des dévorés et des dévorants.

Nous avons connu à Paris un charmant homme, très élégant et fort distingué, qui habitait les grandes Indes et qui, le soir, après dîner, en fumant un exellent *puro*, nous racontait souvent ses chasses aux tigres dans les plaines de Comilla, non loin de Chandernagor.

Ce grand coureur d'aventures de chasse vient de mourir de la mort d'un brave, déraciné par un tigre.

Du reste, c'était la fin qu'il avait toujours rêvée. Un certain pressentiment lui faisait croire qu'un jour ou l'autre il serait occis par un de ces mangeurs d'hommes à qui il avait déclaré la guerre depuis sa jeunesse.

Alfred Joncourt, — tel est le nom de notre héros, — emporté par une mort violente, à l'âge de quarante-deux ans, avait pendant sa vie mis à terre, lui-même, quatre-vingt-trois tigres de la plus belle venue, dont les dépouilles ornaient les chambres de sa maison princière de Chandernagor et quelques salons privilégiés de ses meilleurs amis. A Paris, où il vint séjourner pendant deux ans, en 1867 et 1868, il avait apporté quatre dépouilles de ces quadrupèdes géants qui faisaient l'admiration des visiteurs de sa maison.

Un jour il retourna aux Indes ; la nostalgie du pays le ramenait vers ces climats incandescents où la vie est si facile, où la liberté est si grande.

Il n'entendait plus à Paris les cris rauques du tigre et il rêvait de se donner de nouveau ces plaisirs de chasse dont il ne trouvait point à Paris l'équivalent, voire même en assistant et en prenant part à la battue aux sangliers ou au hallali des cerfs.

Il partit le 29 janvier 1870 et depuis cette époque jusqu'au 15 janvier dernier, jour de sa mort, il augmenta sa collection de fourrures dans des proportions inouïes.

Je cède la plume à un de ses amis, le mien aussi, qui m'adresse la narration suivante de la grande chasse qui a été la dernière d'Alfred Joncourt.

« Nous quittâmes Chandernagor sur un *dengui*, espèce de bateau plat surmonté d'une dunette, fort en usage pour franchir les distances sur les fleuves de l'Inde. A bord de cette embarcation se trouvaient amoncelées toutes les provisions indispensables à une excursion lointaine : nous emportions même de l'eau fraîche, car il y a peu de sources dans les jungles où nous comptions pénétrer.

« Notre voyage sur les eaux du Gange dura huit jours ou plutôt huit nuits, car nous n'avancions qu'avec l'obscurité pour jouir de la fraîcheur. Pendant la journée, nous nous reposions habituellement soit à l'abri des murailles d'une pagode en ruines, ou dans une *chauterie* indoue.

« Nous mangions, nous dormions et bien souvent nous étions réveillés par les cris rauques des tigres qui venaient se désaltérer aux eaux du Gange.

« D'autrefois nous apercevions les lueurs d'un bûcher sur lequel des Indous de caste faisaient brûler les corps de leurs parents défunts. Et au pétillement de la flamme se joignaient les glapissements de voix féminines pleurant autour des buchers, en dansant la ronde des morts.

« Le *dengui* s'avançait ainsi chaque nuit, comme la barque à Caron sur le noir Érèbe.

« Enfin, certain matin, à la pointe du jour, nous atteignîmes l'endroit convenu, et nous pûmes débarquer en descendant jusqu'à un *gat* — sorte d'escalier de briques, quelquefois de marbre — placé devant un bengalow où avaient été faits à l'avance tous les préparatifs pour les grandes chasses aux tigres dont nous devions être les héros.

« L'avis général fut qu'il fallait partir aussitôt à la recherche des tigres.

« Les éléphants furent rapidement équipés par leurs *mahouts*, aidés des *coolies*. Ces bonnes bêtes pliaient les jambes comme leurs confrères élevés dans les cirques, afin de recevoir le *haouda*, espèce de hutte découverte pouvant contenir de trois à quatre chasseurs. Cette nacelle était très solidement amarrée à l'aide de cordes et de chaînes.

« Pendant cette opération, nous avions tous fait l'inspection de nos armes. Alfred Joncourt et moi, nous étions les seuls qui eussions des carabines se chargeant avec des balles explosibles qui eussent foudroyé tous les tigres qu'elles auraient atteints. Nous emportions chacun deux longues piques et un coutelas, non point que ces engins pussent servir à grand'chose en cas d'une attaque directe, mais enfin parce que c'est l'usage aux grandes Indes, depuis l'époque où la chasse aux tigres a été inventée.

« Nous prîmes place quatre par quatre dans les *haoudas* : trois chasseurs et un Bengali qui tenait le parasol au dessus de nos têtes et qui avait en outre pour devoir celui de nous passer nos armes au moment de l'attaque. Les *mahouts* s'installèrent sur le cou des éléphants, entre les oreilles, et l'on se mit en marche.

« Devant, autour de nous s'avançaient les rabatteurs conduisant en laisse une meute de petits chiens employés à certains moments de la chasse aux tigres.

« Nous avançâmes ainsi pendant quatre jours, sans rien trouver. Le soir, nous faisions halte pour nous reposer et certes nous en avions besoin, car rien n'est plus fatiguant que le mouvement de tangage que l'on subit quand on est monté à dos d'éléphant, ce qui produit sur quelques personnes l'effet du mal de mer.

« Le soir, nous installions notre campement avec toutes les précautions nécessaires, en allumant de grands feux, puis, le matin revenu, l'on reprenait la course à l'aventure.

« Le cinquième jour, vers les neuf heures du matin, nous vîmes les Bengalis, qui s'étaient écartés pour chercher la piste, revenir vers nous en poussant des cris de terreur et en se cachant sous le ventre de nos éléphants.

« Comme aucun animal ne se montrait, nous crûmes d'abord à une fausse alarme ; mais Alfred Joncourt, très habitué à ces incertitudes de la chasse aux tigres, avait deviné l'erreur générale.

« — Attention ! nous cria-t-il. Le tigre est près d'ici. »

« A l'instant même, un rugissement terrible se fit entendre. Il est impossible de comparer tout autre cri à celui-là ; c'est à la fois le roulement du tonnerre, un glas de mort, le sifflet d'une locomotive et l'on ferme instinctivement les yeux, comme lorsqu'on voit la clarté d'une arme à feu dirigée sur vous.

« Personne parmi nous ne fut à l'abri de cette indicible sensation. Les éléphants eux-mêmes en frémirent et se mirent à renifler d'une façon horrible et à battre l'air de leur trompe.

« Nous avions armé nos fusils et nous nous tenions prêts à faire feu. Les mugissements continuaient plus distincts et plus multipliés. Évidemment nous avions plus d'un ennemi à combattre ; chacun attendait résolument le commencement de la bataille.

« Tout à coup surgit de terre, comme une fusée, un tigre d'une longueur démesurée. A chaque bond qu'il faisait, il franchissait l'espace de quinze à vingt mètres ; puis il disparaissait dans les jungles et en ressortait encore pour y rentrer à un moment voulu. Il fit ainsi plusieurs évolutions en sens divers et arriva enfin à vingt mètres de distance, prêt à s'élancer encore.

« A ce moment où toutes les carabines s'apprêtaient à faire feu, la voix d'Alfred Joncourt se fit entendre qui criait :

« — Lâchez les chiens ! »

« Et à l'instant même, tous ces roquets, donnant la preuve d'un courage sans pareil, se précipitaient au devant du tigre, faisant cercle autour de lui et poussant des aboiements suraigus.

« Le tigre se tenait immobile au milieu de ces agresseurs méprisables.

« On eut dit qu'il considérait d'un air de profond mépris ces roquets qui le harcelaient, mais se gardaient bien d'avancer, se cachant, au moindre mouvement du tigre, derrière un rocher, sous les feuilles, dans un trou, et reparaissant aussitôt pour recommencer l'attaque.

« Le tigre avait pris une résolution : il s'était levé et les terriers avaient disparu.

« Alfred Joncourt n'avait pas perdu son temps : au moment où la bête fauve se levait, il lâcha contre elle un premier coup de feu qui la frappa au défaut de l'épaule, et il appuya cette première décharge par une seconde en plein ventre.

« Le tigre tomba raide mort ; mais le combat ne faisait que commencer.

« Au même instant, comme s'ils fussent réveillés par la détonation des armes à feu, trois autres tigres, non moins gigantesques que le premier, fondirent du milieu des jungles en poussant des rugissements de carnage et de mort. Un frisson nerveux parcourut nos membres et nous songeâmes à nous défendre avec résolution.

« L'éléphant sur lequel je montais en compagnie d'un officier de cipayes et d'un habitant de Chandernagor fit bonne contenance ; il s'arcbouta sur ses jambes de devant, la tête baissée, la trompe repliée en dedans, de façon à laisser ses défenses proéminentes : puis il attendit vaillamment la charge de son adversaire.

« Les tigres n'attaquèrent pas aussitôt. Ils firent auparavant plusieurs tours et détours : nous les suivions de l'œil, les armes à l'épaule. A un signal donné, nous fîmes feu sur l'un d'eux à portée de notre *haouda*.

« Le félin n'avait pas été achevé et sa rage ne fit que s'accroître : les yeux en feu, la gueule ruisselant de bave, il bondit aux pieds de l'éléphant et chercha à grimper jusqu'à nous. Par un brusque mouvement de l'épaule et du cou, l'éléphant le rejeta à deux pas ; mais, plus leste qu'un chat, le tigre recommença l'assaut.

« Le courageux éléphant chercha à le repousser et protégeant sa trompe qu'il ne voulait pas abandonner aux dents cruelles de son adversaire.

« Déjà nous voyons se dresser à la portée de nos mains la tête monstrueuse de l'animal féroce, nous entendions craquer sa mâchoire armée de dents triangulaires, quand, par instinct, nos carabines s'abattirent et nos six coups, tirés à bout portant, envoyèrent rouler dans les jungles notre redoutable agresseur.

« Pendant ce temps-là, une fusillade bien dirigée, partie des autres *haoudas*, avait mis un autre tigre hors de combat.

« Alfred Joncourt, lui, n'était pas aussi heureux que nous. En sa qualité de directeur de la chasse, il avait pris sous sa protection et dans son *haouda* deux Parisiens de ses amis, nouvellement débarqués, qui, aux cris des tigres, avaient éprouvé une terreur invincible et irrésistible : les malheureux s'étaient couchés au fond de la nacelle, tremblant de tous leurs membres. Alfred était seul pour se défendre contre une énorme tigresse qui s'était acharnée contre son éléphant et faisait de nombreux efforts pour atteindre le chasseur.

« Déjà celui-ci avait déchargé deux fois sa carabine, sans frapper son ennemi. Au moment où il se baissait pour prendre un des fusils tout chargés des mains de l'une des poules mouillées, inertes, et lâchement couchées, la tigresse, qui s'était hissée sur le cou de l'éléphant, se précipita sur la tête du vaillant chasseur et l'étreignit entre ses deux pattes formidables, tandis que sa mâchoire, grande ouverte, broyait le crâne de notre malheureux ami, resté seul à la défense de son *haouda*.

« Un cri unanime s'éleva de toutes nos poitrines. La tigresse avait relevé la tête et reçut en même temps une de mes balles explosibles, qui l'étendit inerte au fond de l'*haouda*.

« Quand nous fûmes arrivés, aussi prestement que possible, aux côtés de notre infortuné Alfred Joncourt, il râlait son agonie et nous pûmes à peine entendre ces mots :

« Ma femme, mon enfant ! »

« C'était à fendre l'âme.

« Le combat avait cessé. Les tigres — s'il y en avait encore dans les jungles — s'étaient déclarés satisfaits et avaient disparu.

« Nous songeâmes à rentrer au plus tôt au bengalow, et vous me croirez facilement, quand je vous dirai que le retour nous sembla long. Les Indous avaient embaumé à leur façon les restes de ce cher Alfred que l'on plaça dans une bière pour le ramener à Chandernagor.

« C'est le 17 février qu'ont eu lieu les funérailles ; toute la ville s'était donné rendez-vous à l'église et au champ du repos.

UNE CHASSE AUX SANGLIERS

Je me trouvais à Hambourg, en 1875, lorsque je reçus une invitation de chasse de l'un des riches propriétaires du pays, qui, connaissant ma passion pour ce genre de sport, avait voulu savoir par lui-même si j'étais aussi adroit qu'on le lui disait.

C'était une vraie bonne fortune que celle de pouvoir comparer une vraie chasse aux sangliers avec les battues, un peu monotones, des faisans et des chevreuils organisées par les amodiataires de chasse du voisinage.

Le rendez-vous était donné à l'entrée du parc de Graft de Meilhausen, tout près des portes de son manoir féodal. Nous nous trouvâmes là, au nombre de dix fusils, y compris le maître de la maison qui nous faisait les honneurs de sa chasse avec cette affable simplicité qui caractérise la noblesse du pays luxembourgeois.

Nous prîmes place, deux à deux, dans cinq petites voitures toutes semblables et ouvertes, malgré la rigueur de la saison, car nous étions à la fin de novembre; mais d'excellents manteaux de drap nous protégeaient contre la bise.

Notre course dura à peine une heure, le long des allées du parc de Meilhausen tirées au cordeau et ombragées par des chênes de haute futaie, non encore dépouillés de leur verte chevelure.

Nous suivions la longue allée droite du parc, qui traverse la propriété d'un bout à l'autre, dans une longueur d'au moins un mille allemand — 8 kilomètres. — Le soleil achevait de percer un brouillard assez épais d'abord et nous apercevions, deci, delà, quelques daims couchés qui dressaient leurs têtes couronnées de larges ramures et qui, fort tranquilles, nous regardaient passer tout en ruminant.

Nous quittâmes bientôt les grands bois de chênes, de hêtres et de pins, dont le soleil frappait les troncs couverts de mousse de ses plus gais rayons, et nous parvînmes sous des halliers plus touffus, dans un de ces endroits sombres qui semblent propres aux tragiques aventures.

C'est là qu'on mit pied à terre à l'entrée d'un enclos de forme carrée qui pouvait renfermer de cinq à six hectares de terrain.

Cet enclos était entouré de ses quatre faces par un palis de planches très solide et très haut.

Une petite porte s'ouvrit ; nous la franchîmes et nous nous trouvâmes devant un réseau d'allées ou plutôt de layons où les chasseurs s'engagèrent par bandes égales de cinq fusils.

Dans ces allées, et de distance en distance, s'élevaient comme des petits échafauds en planches, hauts de quelques marches et fermés par une balustrade à hauteur d'appui que les *jagers* appelaient *kansels* (chaires) et dans la première desquelles on fit monter l'un des prédicateurs, — non, je me trompe, — l'un des chasseurs conviés à la fête.

On nous enjoignit à tous, en nous casant dans ces forts détachés, de ne tirer qu'à balles franches et de faire feu devant soi seulement, dans la direction des clôtures du parc, mais jamais par côté et encore moins en arrière. Il y avait quarante pas de nos chaires à la clôture.

Dès la veille, le Graft de Meilhausen avait fait parquer les sangliers à qui nous devions « prêcher la morale », dans un petit enclos pratiqué au centre du fourré, au beau milieu du carré. On les avait détournés, pour les amener là, des bois les plus denses du parc lui-même, où ils étaient élevés et nourris en assez grand nombre, et, pour atteindre ce but, on avait agi avec eux de la même façon que quand on veut amener les taureaux dans un cirque, ou les chevaux de la Camargue dispersés sur ces vastes paluds, quand leur propriétaire veut les marquer dans ces *ferrades* renommées dans tout le midi de la France.

Je reviens à la chasse du Graft de Meilhausen.

On ne lâcha point les sangliers tous à la fois dans l'arène de la chasse. Dès que les chasseurs avaient été cantonnés dans leur chaire où ils préparaient leur artillerie d'éloquence, un signal se fit entendre : on entr'ouvrit la porte du petit enclos plein de sangliers, et le tiers des prisonniers, s'évadant aussitôt, se mit à fuir dans toutes les directions, de toute la vitesse imaginable.

Au même instant on lâcha à la poursuite de ces mangeurs de glands, d'énormes chiens d'une bravoure à toute épreuve, acharnés comme des désespérés, prêts à se faire éventrer quelquefois, et blesser toujours.

Leurs voix aiguës et glapissantes répondaient aux grognements furieux de l'ennemi qu'ils avaient mis en fuite sans le combattre.

Au moment où le lancer avait eu lieu, le son des trompes s'était fait entendre et la troupe confuse s'élançait à travers bois.

J'aperçus tout d'abord, en me retournant, quelques ombres noires rouler et disparaître dans l'épaisseur du taillis. Mais lorsque la bande, dans sa course folle, arriva à butter contre la clôture, force lui fut de se jeter qui à droite, qui à gauche, chaque animal cherchant une issue qu'il ne trouvait pas.

Les sangliers effarouchés suivaient les barrières et s'offraient en plein flanc aux tireurs échelonnés sur leur ligne de retraite.

La fusillade commença alors et devint bientôt crépitante. Les fuyards éperdus se trouvaient groin à groin et se heurtaient en se lançant un coup de boutoir au passage. La grêle des balles ne cessa pas de les atteindre, et cette hécatombe de sangliers ne finit qu'à la chute du dernier combattant.

Lorsque le silence eut succédé au bruit des décharges incessantes, quelques *jagers* armés de piques apparurent dans les allées du bois clos, allant reconnaître les blessés, non pour leur porter des secours, mais pour les achever à coups d'épieu et de revolver.

Dans cette ultime opération il fallait que ces hommes usassent de prudence et de précautions, car fort souvent le sanglier, qu'ils croyaient mort ou agonisant, se relevait d'un bond, l'œil injecté de sang, pour vendre chèrement le reste de sa vie. Un des animaux que j'avais atteints, et que je croyais réellement mort, s'était jeté sur un garde, le foulant aux pieds, et lui aurait fait un mauvais parti, si d'autres *jagers* ne fussent accourus.

Il est fort rare qu'un sanglier tombe à la première balle, et plus rare encore qu'il se relève après être tombé ; aussi, chacune des bêtes qui avaient été lancées dans l'arène, avait été frappée du haut de plusieurs tribunes. Il était donc fort difficile de faire équitablement la part de tireur dans le butin de la communauté : chacun d'eux put donc se targuer de nombreuses victoires.

On lâcha bientôt une seconde bande de sangliers, puis une autre, et deux fois l'impitoyable fusillade renouvela le massacre. Deux fois le silence annonça qu'il ne restait plus un être vivant de la race proscrite par le Graft de Meilhausen.

Les trompes se mirent alors à sonner un appel, pour réunir les chasseurs invités dans la clairière située au centre du carré.

De tous les bouts, de tous les coins de l'enclos, des hommes de service apportaient les cadavres sur des branches coupées.

On comptait les bêtes, à mesure qu'elles étaient jetées par terre, car il fallait que le nombre des morts fut égal à celui des vivants parqués la veille de la chasse dans le *toril* dont j'ai parlé plus haut.

Il y avait là trente et une bêtes étendues, côte à côte, et placées sur deux rangs de taille. Un grand nombre n'étaient que des marcassins de un à deux ans, mais les autres avaient plus d'âge et montraient des boutoirs solides et acérés qui justifiaient en quelque sorte les précautions des petits fortins où l'on avait enfermé chacun des chasseurs invités par le Graft de Meilhausen.

En sortant du parc enclos, tous les vainqueurs remontèrent dans leur voiture, la même qui les avait amenés le matin, et toujours deux par deux. On s'enveloppa dans un manteau et l'on rejoignit chaudement le château de l'hôte généreux et hospitalier.

Nous étions partis à neuf heures, nous rentrions à midi, afin de ne pas faire attendre les dames qui présidaient aux apprêts d'un déjeuner extraconfortable. Ce repas ne se termina qu'à six heures du soir.

Le Graft de Meilhausen avait mis en lumière tous les *hanaps* d'or et d'argent ciselés, conservés dans sa famille.

Nous déjeunions dans une vaste salle tendue de tapisseries fort curieuses, au plafond sculpté, aux boiseries armoriées, au centre de laquelle, dans une immense cheminée, brûlaient deux troncs d'arbres.

Tout ce qu'on apporta de plats et de vin sur cette table royalement servie est inimaginable.

Au dessert la nuit était venue, et le Graft de Meilhausen nous proposa d'assister à une curée aux flambeaux.

Ce spectacle ne différait en rien de ceux du même genre : on avait apporté deux cadavres de sangliers que l'on offrit, tripes et chair, à une trentaine de chiens pour en faire ripaille.

Un quart d'heure après la *livraison* des victimes, il ne restait plus

> Que des membres affreux,
> Que des chiens dévorants se disputaient entre eux.

Et les trompes de chasse sonnaient à briser le timpan de nos oreilles.

LE VAL-DORMANT

A l'Est de l'Etat de New-York, sur les rives de l'Hudson, au centre d'une de ces immenses criques qui dentellent ses bords, et à l'endroit appelé par les Américains Tappan Sea (mer de Tappan) à cause de la largeur et de la forme circulaire du fleuve, s'élève une petite ville connue sous le nom de Greensburgh, mais plus généralement appelée Tarry-Town (la ville où l'on reste). On prétend que ce nom lui fut anciennement donné par les ménagères du pays contigu, à cause de l'habitude invétérée qu'avaient leurs maris de hanter les cabarets du village les jours de marché. A deux milles plus loin, le voyageur rencontre une charmante vallée entourée de collines. Une petite rivière, dont le murmure semble inviter au sommeil, la traverse dans toute son étendue. Le cri de

la caille et le bruit du pivert troublent seuls la tranquillité de cet Eden.
Jamais poëte ne rêva un plus délicieux séjour.

Mes premières chasses à l'écureuil eurent pour théâtre un magnifique
bois de noyers séculaires qui bordent un des côtés de cette paisible
vallée. J'étais bien jeune encore, et jamais pourtant ce souvenir ne s'effa-
cera de ma mémoire. Le profond silence de cette retraite n'était troublé
que par le bruit de mon fusil, répercuté au loin par les nombreux échos
des collines environnantes. Si jamais je désirais une solitude pour y
passer le reste de ma vie agitée, certes je choisirais cette vallée, car je ne
connais rien de plus enchanteur.

Le caractère particulier de ses habitants, tous descendants des anciens
colons hollandais, et la tranquillité du lieu, ont fait donner à ce vallon
isolé le nom de *Val-Dormant*. Les jeunes gens eux-mêmes ont reçu de
leurs voisins le surnom de *garçons endormis*. Une influence soporifique
pèse sur ce coin de terre : l'atmosphère en est pénétrée. Les uns prétendent que cet endroit fut ensorcelé par un savant docteur allemand lors
du premier établissement des colons ; d'autres disent qu'un vieux chef
indien, le prophète de sa tribu, y pratiquait ses enchantements avant la
découverte du pays par Hendrick Hudson. Ce qu'il y a de certain, c'est
que ce lieu se trouve encore à notre époque sous la domination d'un
charme quelconque qui opère sur l'esprit des habitants, et les entretient
dans des rêveries continuelles. Ils croient aux choses merveilleuses ; ils
sont sujets aux extases et aux visions, et ils entendent des symphonies
et des voix mystérieuses dans les airs. Les lieux voisins du Val-Dormant
sont, à ce qu'on assure, hantés par les esprits, fréquentés par des apparitions nocturnes ; les météores et les étoiles filantes éclairent plus souvent la vallée que tout autre partie du pays, et le cauchemar semble
l'avoir choisie pour la scène favorite de ses ébats.

Celui qui paraît le chef de file de tous ces fantômes est un cavalier
sans tête ; on prétend généralement que c'est l'âme d'un soldat allemand
dont la tête fut emportée par un boulet dans une bataille dont on ignore
le nom, livrée pendant la Guerre de l'Indépendance. Les paysans l'aperçoivent quelquefois dans l'obscurité de la nuit monté sur un cheval
aussi léger que les vents. Dans ses courses nocturnes, il parcourt non
seulement la vallée, mais encore les environs. On le rencontre plus souvent auprès d'une petite église située dans le voisinage. Certains historiens authentiques, qui ont recherché avec soin l'origine des différentes
apparitions du revenant, prétendent que le corps de ce soldat ayant été
enterré dans le cimetière qui entoure l'église, sa dépouille mortelle quitte
chaque nuit son tombeau, et se rend sur le champ de bataille pour chercher sa tête. Ils disent aussi que la rapidité avec laquelle il passe quelquefois dans la vallée, comme le ferait un tourbillon, a pour cause la
crainte qu'il éprouve de s'attarder et de ne pas être de retour dans sa
tombe avant l'aube.

Telle est cette légende, qui a fourni matière à beaucoup d'histoires merveilleuses dans ce pays aux mœurs primitives. Les habitants nomment ce fantôme le *Cavalier sans tête du Val-Dormant*. Un fait à remarquer, c'est que ce penchant au merveilleux dont j'ai parlé ne se borne pas seulement aux gens du pays: ceux qui y séjournent quelque temps en subissent l'influence sans s'en apercevoir. Quelque incrédules qu'ils aient été avant leur arrivée dans ce lieu d'enchantements, ils sont forcés, après un court séjour, de respirer le pouvoir magique qui circule dans l'air; ils deviennent visionnaires, rêvent éveillés, et croient toujours avoir des spectres devant leurs yeux.

Cette contrée mérite donc toute l'attention du voyageur. C'est seulement dans ces vallées ombreuses enclavées dans l'immense Etat de New-York que les populations, les mœurs et les coutumes restent stationnaires. L'amélioration et la migration, qui opèrent tous les jours de si grands changements dans les autres Etats de l'univers, passent près de là sans oser y pénétrer. Ce pays ressemble à ces petites flaques d'eaux dormantes qui bordent un torrent rapide où un brin de paille reste immobile malgré l'empreinte du courant près duquel il se trouve.

Quoique bien des années se soient écoulées depuis que j'ai quitté les ombrages du Val-Dormant, je suis convaincu que j'y retrouverais les mêmes arbres et les mêmes familles que j'y ai laissés en partant.

Dans ce coin isolé du globe s'était établi, il y a environ une trentaine d'années, un certain Ichabod Crane, dans l'intention d'instruire la jeunesse du voisinage. Il était originaire du Connecticut, Etat qui fournit des pionniers de toute espèce à l'Union, et d'où chaque année émigrent des légions entières, soit vers les frontières pour y défricher des terres, soit dans l'intérieur pour y fonder des écoles. Le nom de *Crane*(1) convenait parfaitement à notre pédagogue. Figurez-vous un homme long et grêle avec des épaules étroites, des jambes et des bras d'une longueur démesurée, des mains dépassant de beaucoup les parements de son habit, et des pieds ressemblant à deux énormes pelles, tant ils étaient larges. Sa tête petite et aplatie sur le sommet, ses longues oreilles, ses yeux d'un vert vitreux, son nez allongé comme le bec d'une bécasse, lui donnaient l'apparence d'une girouette fichée sur une longue tringle de fer pour indiquer la direction du vent. A le voir gravissant une colline avec ses vêtements flottant sur son squelette, on l'eût pris pour le génie de la famine descendant sur la terre.

Son école consistait en un bâtiment grossièrement construit avec des troncs d'arbres et formait une vaste chambre. Les vitres en partie brisées étaient remplacées par des feuilles de vieux livres. L'emplacement, quoique solitaire, en était pittoresque, un ruisseau limpide coulait à côté, et un magnifique hêtre protégeait cet abri de son ombrage. On pouvait

(1) *Crane* signifie *grue* en anglais.

entendre à distance les élèves répétant leurs leçons, puis la voix menaçante du maître; quelquefois même les coups de baguette administrés à un retardataire dans le chemin de la science. A dire vrai, Ichabod Crane était un homme consciencieux qui portait au fond du cœur cette sage maxime: « Epargnez la verge et vous gâterez l'enfant. » Aussi ses disciples n'étaient-ils pas gâtés. Je ne voudrais cependant pas laisser supposer qu'il était un de ces maîtres d'école au caractère brutal, dont le plaisir est de tourmenter les jeunes garçons confiés à leurs soins. Sa justice était plutôt raisonnée que sévère. Il était indulgent avec les faibles ; mais quand il avait à sévir contre un enfant robuste, le châtiment était double, et en administrant le dernier coup, il assurait le battu qu'un jour « il le remercierait de sa sévérité à son égard. »

Lorsque la classe était achevée il partageait les jeux de ses élèves. Les jours de congé il reconduisait les plus petits chez leurs parents. Il choisissait de préférence ceux qui avaient de jolies sœurs, et pour mères de bonnes ménagères, car il trouvait son profit à vivre en bonne intelligence avec eux. Ce que lui rapportait son école était si peu de chose, qu'à peine aurait-il pu subsister, car c'était un rude mangeur; mais, d'après la coutume du pays, il était nourri chez les différents fermiers dont il instruisait les enfants. Il passait une semaine dans chaque famille, et faisait ainsi le tour du village, emportant avec lui son bagage qui tenait très à l'aise dans un mouchoir de coton.

Pour ne pas être trop à charge à ses patrons rustiques, qui considérent habituellement les frais d'une école comme un lourd fardeau et les maîtres comme des fainéants, Ichabod Crane se rendait utile et agréable de différentes manières: il aidait les fermiers dans leurs légers travaux, étendait le foin pour le faire sécher, raccommodait les haies des champs, conduisait les chevaux à l'abreuvoir et les vaches au pâturage, et souvent fendait la provision de bois pour l'hiver. Il mettait également de côté la dignité qu'il savait assumer quand il était à la tête de son petit empire, et s'immisçait dans les faveurs des fermières en flattant et en caressant leurs jeunes enfants: semblable au fier lion qui jouait autrefois avec la brebis, il plaçait un marmot sur ses genoux et le faisait sauter pendant des heures entières. A ces différentes professions il ajoutait encore celle de maître de chant, il apprenait à psalmodier à plusieurs jeunes garçons, ce qui augmentait de quelques schellings son modique revenu. Le dimanche il fallait voir avec quelle fierté il venait prendre sa place à l'église accompagné de ses élèves de chant. A l'entendre, le ministre ne lui arrivait pas à la cheville. Ce qu'il y a de certain c'est que sa voix dominait celle de la congrégation entière. Grâce à tous ces expédients réunis, le digne pédagogue vivait passablement, ce qui faisait dire à ses voisins, peu familiarisés d'ailleurs avec les travaux de l'esprit, que la vie de notre héros était des plus agréables.

Dans un village, un maître d'école est généralement un homme d'importance, parmi les femmes surtout, qui le considèrent comme un personnage mieux élevé et plus raffiné que les hommes de l'endroit. Elles ont la conviction que le ministre de Dieu seul lui est supérieur ; aussi, quand il arrive dans une ferme pour y prendre le thé, sa présence occasionne toujours une certaine sensation, et fait ajouter au repas un plat de gâteaux et de confitures. Quelquefois même on voit paraître sur la table la théière d'argent que la maîtresse de la maison n'exhibe que dans les grandes circonstances. Les ménagères du pays prodiguaient leurs plus doux sourires à notre homme de lettres. Aussi le dimanche, dans les intervalles du service divin, avec quel bonheur il détachait pour elles les grappes de raisin sauvage qui pavoisaient les arbres des environs ! Quel orgueil n'éprouvait-il pas en leur lisant les épitaphes des tombes du cimetière ! Avec quelle joie il faisait parade de sa science avec elles, pendant que les timides paysans se tenaient en arrière enviant son éloquence et ses manières !

Les fréquentes pérégrinations d'Ichabod en avaient fait une gazette ambulante ; il connaissait tous les commérages de l'endroit, aussi son arrivée était-elle toujous accueillie avec la plus grande joie. Les femmes le considéraient comme un homme de profonde érudition, car il avait lu plusieurs livres presque en entier, et possédait parfaitement l'histoire des sorciers d'Angleterre, par Mather Cotton, à laquelle il ajoutait la plus grande croyance. Quoique rusé, sa crédulité était étonnante, et le portait à ajouter foi aux choses les plus extraordinaires. Sa résidence dans ce pays de sorcellerie n'avait fait qu'augmenter ce penchant. Quand sa classe était terminée, son plus grand bonheur était de s'étendre sur le gazon épais, au bord du ruisseau qui murmurait le long de son école, et de relire les histoires fantastiques du vieux Mather. La nuit seule pouvait l'arracher à sa lecture favorite. Puis quand il retournait à travers le pays boisé à la ferme où son quartier était établi, tout bruit troublait son imagination excitée. Le gémissement du *whip-poor-will* (1), le coassement de la grenouille annonçant la tempête, les plaintes du hibou, le vol d'un oiseau, le moindre son, tout le faisait tressaillir. Les mouches à feu, si nombreuses en Amérique, étaient encore un sujet d'épouvante, et si par hasard un escarbot l'effleurait de son aile en passant, il se croyait au pouvoir des farfadets et des revenants. Sa seule ressource était alors d'entonner un psaume, croyant par ce moyen chasser les esprits qu'il croyait à sa poursuite ; et souvent les paisibles habitants du *Val-Dormant* étaient saisis d'effroi en entendant cette mélodie sauvage répétée par les échos des bois d'alentour.

Une autre source de plaisirs émouvants pour lui était de passer de

---

(1) Le *Whip-poor-will* est un oiseau que l'on n'entend que la nuit ; son nom lui vient de son cri, qui ressemble aux trois mots anglais dont il est formé.

longues soirées d'hiver en compagnie des bonnes vieilles femmes hollandaises occupées à filer au coin de leur feu, et de prêter une oreille attentive aux histoires de fantômes, de gobelins et de farfadets qu'elles lui racontaient. Celle de *l'homme sans tête* ou *Cavalier allemand*, comme on l'appelait quelquefois, attirait surtout son attention. Il leur parlait à son tour de sorciers, de présages, de bruits qui s'entendent dans l'air, et il les effrayait en les entretenant d'apparitions de comètes, de leurs queues flamboyantes, des étoiles qui tombent en leur disant que la terre tourne et que la moitié du temps les habitants du globe avaient les pieds en haut et la tête en bas.

Le plaisir qu'il avait à raconter ces histoires au coin d'un feu pétillant était chèrement payé par les terreurs qu'il éprouvait en retournant à son logement. Que de formes effrayantes n'apercevait-il pas sur son chemin! Que de fois ne trembla-t-il pas de frayeur à l'aspect d'un arbrisseau couvert de neige, qui, semblable à un spectre blanc, semblait vouloir lui barrer le passage! Que de fois aussi ne fut-il pas saisi d'épouvante en entendant le bruit de ses pas résonner sur la terre durcie par la gelée! Dans ces moments-là, il n'aurait pas consenti, même pour sauver son âme, à détourner la tête, dans la crainte d'apercevoir un fantôme à ses côtés. Souvent une rafale de vent hurlant à travers les arbres lui faisait croire que c'était le Cavalier sans tête se livrant à une de ses excursions nocturnes. Toutes ces terreurs n'étaient pourtant dues qu'aux hallucinations nefantées par son imagination superstitieuse, quoiqu'il prétendît avoir vu dans le cours de sa vie des apparitions, et avoir été obsédé par le diable en personne dans ses promenades solitaires. Le jour mettait fin à toutes ses frayeurs, et sa vie aurait été assez heureuse malgré l'œuvre des démons, si son chemin n'eût été entravé, par un être mille fois plus dangereux aux hommes que les gobelins, les gnomes, et toute la race des sorciers réunis, — par une femme!

Parmi les élèves de chant qui se réunissaient une fois par semaine pour prendre leur leçon, se trouvait Katrina Van Tassela, fille unique d'un riche fermier hollandais. C'était une jeune fille de dix-huit ans, d'une fraîcheur et d'une richesse de formes remarquables. Ses joues avaient le velouté des pêches que son père cultivait dans son verger; elle était renommée non seulement pour sa beauté, mais encore pour sa fortune. Sa mise, composée des modes anciennes auxquelles elle ajoutait toujours quelque nouveauté, rechaussait l'éclat de ses charmes, et laissait deviner un peu de coquetterie. Les bijoux qui ornaient sa tête étaient de l'or le plus pur, et son aïeul maternel les avait autrefois apportés de Saardam. Sous son jupon court pointait le plus joli pied de tout le pays.

Ichabod Crane avait un caractère affable et l'on ne doit pas s'étonner de l'amitié qu'il ressentit pour cette jeune fille, car il avait occasion de la voir très souvent dans les visites qu'il faisait à son père. Le vieux

Baltus Van Tassel était le portrait accompli du fermier heureux et content ; ses pensées dépassaient rarement les limites de sa propriété, où tout était dans un état des plus florissants. Il paraissait satisfait de sa fortune, car sa vie intérieure était confortable sans luxe. Son habitation était bâtie sur les bords de l'Udson, dans un de ces petits recoins verts, fertiles et ombragés, que les colons hollandais aiment à choisir pour y bâtir leur demeure. Un orme majestueux la couvrait presque de ses branches. Au pied de cet arbre séculaire murmurait l'eau limpide d'une source, qui, après avoir arrosé le verger, allait se perdre dans un ruisseau voisin bordé d'aulnes et de saules. Tout près de la ferme était une vaste grange destinée à renfermer les récoltes de l'année. Le toit était constamment couvert de pigeons, qui venaient s'y abattre en nuées épaisses. Çà et là des troupes de pourceaux grognaient en fouillant la terre : plus loin des oies d'une blancheur de neige prenaient leurs ébats dans une mare en compagnie d'une foule de canards. Les dindes se promenaient gravement dans la cour, et les pintades faisaient sans cesse entendre leurs cris discordants. Devant la porte de la grange, le modèle des maris, le guerrier par excellence, le coq se pavanait fièrement, faisant claquer ses ailes brunies, et poussait des kakaracas glorieux. Souvent il frappait la terre de son ergot, et appelait par un cri de joie ses nombreux enfants pour profiter du trésor qu'il venait de découvrir.

L'eau venait à la bouche de notre pédagogue chaque fois qu'il considérait ces richesses. Dans sa convoitise il se figurait voir les cochons rôtis courant çà et là avec un *pudding* dans le ventre, et une pomme entre les défenses ; les pigeons convertis en pâtés appétissants ; les oies nageant dans leur propre jus, et les canards accommodés deux à deux avec une sauce aux oignons.

Pendant que toutes ces idées passaient dans la tête d'Ichabod, il contemplait les gras pâturages, les vertes prairies, les vastes champs de blé, de seigle, de sarrazin, de maïs, et les vergers remplis d'arbres fruitiers qui entouraient presque complétement la propriété de Van Tassel. Son cœur soupirait en pensant à la jeune fille qui devait un jour hériter de ce riche domaine ; il songeait déjà aux moyens de vendre le tout au comptant, et d'en employer la valeur à acheter dans l'ouest une immense étendue de terre qu'il cultiverait en compagnie de sa chère femme. Bientôt son imagination s'échauffant, il lui semblait voir ses espérances réalisées. Il se figurait la charmante Katrina entourée de nombreux enfants, perchée sur le haut d'un wagon contenant une foule d'ustensiles de ménage. Lui-même suivait à quelque distance, monté sur une tranquille jument, avec un poulain qui folâtrait à ses côtés ; ils étaient en route pour le Kentucky, le Tenessée, ou pour tout autre pays, à la volonté de Dieu.

Son cœur fut entièrement subjugué la première fois qu'il pénétra dans l'habitation du vieux campagnard. C'était une de ces fermes spacieuses aux toits inclinés, bâtie dans style aimé des anciens colons hollandais ; sur le devant s'étendait un vaste portique qu'on pouvait fermer pendant les mauvais temps, des harnais, des fléaux, des instruments aratoires et des filets y étaient suspendus. Des bancs de chêne étaient placés des deux côtés. A l'une des extrémités on voyait un immense rouet, et à l'autre une barette, ce qui faisait supposer que ce porche servait à différents travaux. De là, Ichabod pénétra dans le vestibule, qui formait le centre de la maison, et où la famille faisait sa résidence habituelle. Ses yeux furent éblouis à l'aspect d'un dressoir chargé de pots d'étain plus brillants que l'argent. Il aperçut dans un coin un énorme sac de laine prête à être filée : dans un autre, plusieurs pièces de toiles que le tisserand avait rendues la veille. Le long des murs pendaient des guirlandes de pommes et de pêches séchées, entremêlées de poivre rouge et d'épis de maïs. A travers une porte entr'ouverte, il put jeter un regard dans le salon et contempler les fauteuils et les tables d'acajou resplendissants comme des glaces ; les chenets avec leur accompagnement de pelles et de pincettes, et la cheminée décorée de brillants coquillages. Un buffet ouvert, rempli d'argenterie et de porcelaine de Chine, acheva de fasciner ses yeux.

Dès que Ichabod eut contemplé ces différentes sources de bonheur et de puissance, la paix disparut de son cœur ; son unique étude fut de savoir comment il parviendrait à gagner l'affection de la fille de Van Tassel. Cette entreprise offrait plus de difficultés réelles que n'en rencontraient autrefois les chevaliers errants, lorsqu'ils allaient par monts et par vaux combattre les géants et les dragons à qui était confiée la garde du castel où gémissait prisonnière la dame de leurs pensées. Quelque épaisses que fussent les cuirasses de leurs adversaires et les portes d'airain qu'ils avaient à traverser, ils exécutaient tous ces prodiges aussi facilement qu'un homme aujourd'hui ferait entrer la lame de son couteau dans un pâté de Noël. La châtelaine reconnaissante accordait alors sa main à son libérateur, et tout était terminé.

Le maître d'école avait à s'insinuer dans les bonnes grâces d'une coquette de village aussi exigeante que capricieuse, et à déjouer les projets d'une foule d'adversaires rustiques, grands admirateurs des charmes de Katrina, qui assiégeaient son cœur tous à la fois, se surveillant les uns les autres d'un œil jaloux, mais prêts à se réunir et à faire cause commune contre un nouveau soupirant.

Le plus formidable de ces derniers était un nommé Abraham, plus communément appelé, d'après l'abréviation hollandaise, Brom Van Brunt. Il était le Goliath du pays, et à dix milles à la ronde on ne parlait que de sa force et de ses exploits. Ses larges épaules, sa tête où respirait la fierté, ses cheveux noirs et crépus, ses bras musculeux, tout lui donnait l'apparence d'un athlète. Sa taille herculéenne lui avait valu le sobriquet

18

de *Tom Bones*. Il montait à cheval comme un Tartare ; on le voyait toujours le premier aux combats de coqs et aux courses de chevaux ; l'influence qu'il avait acquise sur ces camarades le faisait choisir pour arbitre dans toutes les querelles. Une fois sa décision donnée, il n'admettait aucune réclamation. Toujours prêt soit à s'amuser, soit à se battre, il y avait cependant plus de malice que de méchanceté dans son caractère, car, malgré la rude écorce qui le couvrait, on trouvait en lui de bons sentiments. Trois ou quatre de ses compagnons l'avaient pris pour modèle ; il parcourait la campagne à leur tête, et se rendait avec eux à toutes les parties de plaisir qui se donnaient aux environs. En hiver, Tom portait une casquette en fourrure surmontée d'un queue de renard, et quand on l'apercevait de loin arrivant à une réunion entouré de ses acolytes, on s'attendait toujours à quelque rixe. Quelquefois, au milieu de la nuit, on les entendait passer au grand galop, poussant des hurlements qui réveillaient les fermières en sursaut et les remplissaient d'effroi ; quand le bruit avait cessé, les bonnes femmes se contentaient de dire : « Ah ! c'est Tom Bones et sa bande. » Les voisins avaient pour lui cette considération qui est un mélange de crainte et d'étonnement, et quand une méchante plaisanterie était commise dans le village, ils secouaient la tête en disant : « Tom Bones y est pour quelque chose ».

Ce singulier personnage avait depuis quelques temps jeté les yeux sur la belle Katrina. On prétendait même qu'elle n'y était pas insensible. Ce qu'il y a de sûr, c'est que tous ceux qui aspiraient à la main de la belle Hollandaise se retirèrent une fois qu'ils virent que Brom en était épris.

Tel était le rival qu'Ichabod Crane avait à combattre. Un homme plus robuste que lui aurait reculé devant un pareil obstacle ; un plus sage aurait désespéré du succès. Mais la nature de Crane était un composé de persévérance et de souplesse ; il pliait sans se rompre et fléchissait à la moindre pression. Dès que le péril était passé, il se relevait plus droit que jamais.

Entrer ouvertement en lice avec un semblable antagoniste eût été folie ; car, comme Achille, Tom n'était pas homme à se laisser traverser dans ses amitiés. Le maître d'école chercha à s'insinuer insensiblement dans les bonnes grâces de Katrina. Il profitait de son titre de maître de chant pour faire de fréquentes visites à la ferme. Il était d'autant moins gêné dans ses assiduités, qu'il n'avait nullement à redouter l'interposition des parents, ce qui est souvent une pierre d'achoppement pour les prétendants. Van Tassel était un homme simple et indulgent. Il aimait son enfant plus que sa pipe, ce qui n'était pas peu dire, et lui laissait, — en bon père qu'il était, — une liberté illimitée en toutes choses. Sa femme, de son côté, avait assez de besogne à surveiller son ménage et sa basse-cour ; elle prétendait, avec raison, que les oies et les canards demandent des soins constants, tandis que les jeunes filles peuvent parfaitement se garder elles-mêmes. Pendant qu'elle s'occupait dans l'intérieur de la maison, le vieux Baltus, son mari, s'asseyait sous la véranda, et, tout en fumant, surveillait avec attention les évolutions d'un soldat de bois, qui un sabre à chaque main, combattait vaillamment le vent, du haut de la grange où il était fixé. En même temps Ichabod courtisait l'héritière à l'ombre de l'ormeau qui protégeait l'habitation.

Aussitôt qu'Ichabod Crane eut laissé entrevoir ses intentions, son rival perdit du terrain, et dès ce moment la discorde se mit entre les deux adversaires.

Tom, malgré sa nature sauvage, avait quelque chose de chevaleresque dans le caractère : il aurait volontiers, à l'instar des chevaliers errants d'autrefois, vidé cette querelle en champ clos; mais le maître d'école, qui connaissait la force redoutable de son rival, aurait refusé le combat. Bien plus, Ichabod savait que ce dernier s'était vanté de le mettre en morceaux et de le placer ainsi sur un des rayons qui servaient de bibliothèque aux livres des élèves, et il ne désirait nullement lui donner occasion de remplir sa promesse. Le système pacifique qu'il avait adopté avait quelque chose de provoquant, et ne laissait à son rival que la possibilité de le tourmenter par des plaisanteries. C'est ce que fit Tom. Ichabod devint dès lors l'objet incessant des persécutions de toute la bande : ils enfumèrent, en bouchant la cheminée, la chambre où il donnait sa leçon de chant; la nuit ils pénétrèrent dans son école et mirent tout sens dessus dessous, ce qui fit croire à l'infortuné pédadogue que tous les sorciers du pays se donnaient rendez-vous chez lui et s'y livraient à leurs ébats. Le terrible adversaire profitait en outre de toutes les occasions pour tourner le maître d'école en ridicule aux yeux de Katrina; il avait dressé son chien à aboyer d'une manière comique, et le présentait comme maître de chant et rival d'Ichabod.

Les choses allèrent ainsi quelque temps sans amener aucun résultat définitif. Une après-midi d'automne, Ichabod, assis sur son siège élevé, trônait dans son école entouré de ses jeunes élèves : il tenait à la main son sceptre despotique, sa férule ; sur sa table étaient une foule d'articles prohibés qu'il avait saisis, tels que pommes aux trois quarts rongées, canons de bois, toupies, cages à mouches, et des légions entières de *cocotes* en papier. Il venait apparemment d'infliger un acte de punition conforme à sa fameuse maxime, car tous ses élèves paraissaient étudier profondément. Quelquefois ils jetaient à la dérobée un regard sur le maître; mais ils reportaient de suite les yeux sur leur livre. Ce silence profond fut tout à coup interrompu par l'arrivée d'un nègre juché sur le dos d'un poulain, qu'il conduisait au moyen d'une corde. Il s'arrêta devant la porte de l'établissement, et, sans mettre pied à terre, remit au maître d'école une invitation de M. Van Tassel, le conviant à une réunion qui avait lieu chez lui le soir même. Après avoir délivré son message d'un air important, le nègre partit au galop, tout fier de la mission dont on l'avait chargé. Tout devint vacarme et confusion dans la salle, où un instant avant régnait la tranquillité. Les livres furent jetés au loin, les encriers et les bancs renversés; les élèves sortirent en courant, en criant, en trépignant de joie, car ils gagnaient une heure de vacance dans cette affaire.

Ichabod passa une bonne demi-heure à brosser, à frotter et à lustrer son unique habit noir rapé depuis longtemps; il arrangea ses cheveux au moyen d'un débris de miroir caché soigneusement dans son pupitre, et qu'il avait tout récemment confisqué à un de ses bambins; puis, pour paraître avec éclat à la réunion il alla emprunter un cheval à Van Ripper, chez lequel il était alors domicilié. Ces préparatifs terminés, il se mit en selle, et partit comme un chevalier à la recherche d'aventures.

Je dois, en narrateur consciencieux, donner ici une légère description du coursier et de l'équipement de notre héros. L'animal qu'il montait était un vieux cheval de labour pelé et décharné. Il avait un cou de mouton, et sa tête ressemblait à un marteau de forge; sa toilette avait été tellement négligée depuis des années, que les crins de son cou et de sa queue, entremêlés et agglutinés par le fumier de sa litière, ne formaient que des masses compactes. Il n'avait qu'un œil qui brillait comme une escarboucle. Dans sa jeunesse il devait avoir eu quelque mérite, si nous en jugeons par le nom belliqueux qu'il portait. Son maître le bilieux Van Ripper, l'avait surnommé *Gunpowder* (poudre à canon), et il en avait fait autrefois son coursier favori.

Ichabod convenait parfaitement à une semblable Rossinante; ses étriers trop courts faisaient remonter ses genoux au pommeau de la selle. Il avait un fouet à la main, et ses deux bras, en suivant les mouvements de la bête, ressemblaient assez à une paire d'ailes battant l'espace. Un petit chapeau aux bords étroits cherchait en vain l'équilibre sur le sommet de sa tête, et les longues basques de son habit noir couvraient presque la queue de Gun-powder.

C'était, comme je l'ai dit, par un beau jour d'automne. Aucun nuage n'obscurcissait le ciel. La nature avait revêtu cette riche parure de pourpre que nous nous plaisons toujours à associer à l'idée d'abondance et de bien être. Des bandes de canards sauvages commençaient déjà à faire leur apparition. On entendait le bruit de l'écureuil caché dans les noyers, et plus loin, dans un chaume très épais, la caille jetait son cri plaintif. Les petits oiseaux faisaient leur banquet d'adieu; dans la joie qui les animait ils voltigeaient en gazouillant de branche en branche, de buisson en buisson. Le rouge-gorge, la grive mouchetée, le merle au bec jaune, le pivert aux ailes d'or et à la crête de feu, le geai bleu, ce bruyant babillard des bois, tous à l'envi faisaient entendre leur ramage.

Notre instituteur poursuivait paisiblement sa route, contemplant avec satisfaction les trésors de l'automne: de tous côtés il apercevait les arbres ployant sous le poids de leurs fruits; plus loin il admirait de vastes plantations de maïs aux épis dorés, des champs de sarrasin où des milliers d'abeilles venaient butiner en bourdonnant. Absorbé dans ses réflexions, il longeait une rangée de collines qui dominent quelques-uns des plus beaux points de vue de la contrée. Le soleil commençait à disparaître graduellement. La vaste mer de Tappan était calme comme un enfant au berceau. De longues ombres se dessinaient déjà dans la vallée. Quelques teintes d'ambre couronnaient les cimes éloignées des montagnes. Dans le lointain on découvrait sur l'Hudson une petite corvette dont les voiles frappaient mollement les mâts ; elle se balançait en suivant le courant ; et comme le ciel se réfléchissait dans l'eau pure du fleuve, le navire paraissait suspendu dans les airs.

Notre maître d'école arriva sur le soir à la demeure de Van Tassel : il la trouva remplie de la fine fleur du voisinage. Les vieux fermiers étaient pour cette occasion revêtus de leurs plus beaux habits ; tous portaient la culotte, les bas bleus de cérémonie, et leurs souliers ferrés étaient ornés d'énormes boucles d'étain. Les femmes avaient des robes à longue taille et des ciseaux suspendus à leur ceinture. Un chapeau de paille ou une robe blanche distinguait les filles de leurs mères. Les vestes des jeunes gens étaient remarquables par la quantité de boutons de cuivre qui les couvraient. Selon la mode du temps, ils portaient tous la queue entourée d'une peau d'anguille, qui était considérée dans le pays comme un préservatif infaillible pour la conservation de la chevelure.

Tom Bones était le héros de la fête : il venait d'arriver sur son coursier favori, nommé Dardeville, animal rempli, comme son maître, de fougue et de méchanceté. Il n'y avait que lui qui osât le monter. A l'entendre, un cheval doux était indigne d'appartenir à un garçon de cœur, aussi préférait-il ceux qui donnent de la besogne à leur cavalier et l'exposent sans cesse à des dangers. En pénétrant dans le salon du riche Hollandais, Ichabod tomba en extase, non pas devant les charmes des belles fermières, mais devant la table couverte de somptuosités culinaires. Des pyramides de gâteaux de toute espèce s'y trouvaient entassées ; des tartes aux pêches, aux pommes, à la citrouille, se pavanaient à côté d'énormes tranches de jambon et de savoureux morceaux de bœuf fumé ; des plats de poires, de prunes, de coings, accompagnaient d'appétissants ragoûts de poulets, et à l'une des extrémités de la table s'étalait la belle théière d'argent.

Notre instituteur fit honneur au repas, — il mangea de tout, — son cœur se dilatait à mesure que son estomac s'emplissait ; il se grisait en mangeant comme d'autres le font en buvant. Ses gros yeux roulaient de tous côtés ; il caressait en imagination la possibilité d'être un jour maître de cette splendeur à laquelle il n'était pas accoutumé. — Avec quelle volupté il abandonnerait sa vieille école enfumée ! Avec quel plaisir il quitterait son ami Van Ripper et tous ses autres patrons si sordides et si mesquins ! Comme il chasserait à grands coups de pied de chez lui tous ces pédagogues errants qui auraient l'insolence de l'appeler collègue ! Le vieux Baltus Van Tassel, la figure épanouie par la joie et le contentement, se promenait parmi ses hôtes en leur faisant les honneurs de sa maison. Aux uns il secouait cordialement la main ; aux autres il donnait un petit coup sur l'épaule en les engageant à agir sans façon et à se servir eux-mêmes. La collation terminée, on entendit le son de la musique qui invitait les convives à se livrer à la danse. Le musicien était un nègre à tête blanche qui depuis plus d'un demi-siècle servait d'orchestre à tout le voisinage. Son instrument était aussi vieux et aussi usé que lui. De temps à autre il raclait sur deux cordes, accompagnant chaque coup d'archet d'un mouvement de tête des plus grotesques. Chaque fois qu'un nouveau couple devait s'élancer en avant, il s'inclinait jusqu'à terre et frappait du pied avec violence.

Ichabod était aussi fier de sa danse que de son chant, car il se croyait sans égal dans ces deux arts. Tous ses membres, toutes ses fibres étaient en action, et à le voir ainsi gambader et tourner dans la chambre, on l'eût pris pour saint Guy, patron des danseurs. Les nègres étaient en admiration devant lui ; à chaque porte, à chaque fenêtre, ils formaient une pyramide vivante de noirs visages contemplant avec étonnement cette scène à laquelle ils n'étaient guère accoutumés. Ils étaient accourus en foule de toutes les fermes voisines. Comment notre pédagogue, notre homme de lettres, n'aurait-il pas été heureux et animé? il dansait avec la dame de ses pensées, qui lui souriait gracieusement tout en ayant l'air de prêter une oreille attentive à ses compliments. Pendant ce temps, Tom Bones, dévoré de jalousie réfléchissait dans un coin de la chambre.

La danse terminée, Ichabod alla rejoindre le vieux Van Tassel, qui, en compagnie de quelques philosophes de ses amis, fumait sur la piazza. La conversation roulait sur les temps anciens, et on racontait une foule d'anecdotes sur la dernière guerre. Le pays, à l'époque où se passent les faits que nous racontons, était un de ces endroits favorisés qui abondent en chroniques et en grands hommes. Pendant la révolution, les lignes anglaises et américaines s'étaient plusieurs fois approchées du Val qui avaient été conséquemment fréquenté par des maraudeurs et des chevaliers de toute espèce. Le temps qui s'était écoulé depuis lors permettait à chaque conteur d'arranger son histoire à sa guise et de se poser en héros. On parla de Duff Marting, hollandais à barbe bleue qui s'était emparé presque seul d'un frégate anglaise, à l'aide d'une pièce de quatre qu'il avait placée sur un parapet construit de ses propres mains. Heureusement pour les habits rouges que son canon éclata à la sixième décharge. Un riche campagnard prétendait avec emphase que dans la bataille de *White-Plains* il avait paré une balle de mousquet avec son sabre, et offrait comme preuve irrécusable de son exploit, de faire voir quand on le voudrait l'arme qu'il avait alors et qui en portait la marque. Tous prétendaient avoir été d'intrépides guerriers, et à les entendre, ce n'était qu'à leur prouesse que l'on devait l'heureuse issue de la guerre et l'indépendance des Etats-Unis.

Au récit des batailles succédèrent des histoires de revenants. Le Val-Dormant est riche en légendes de cette nature, car la superstition règne en souveraine dans cet endroit tranquille et isolé ; elle n'a cependant aucun accès dans nos villes, pas même dans nos villages, où, la population se renouvelant et augmentant chaque année d'une manière prodigieuse, ces idées de sorcellerie n'ont pas le temps de surgir dans la tête des habitants. C'est probablement la raison pour laquelle nous entendons si rarement parler de fantômes et de revenants : ces conversations n'ont lieu que dans les anciennes colonisations hollandaises.

La cause positive de cette tendance au merveilleux est particulière à l'atmosphère du Val-Dormant. L'air qu'on respire dans ce coin de terre isolé est contagieux. Son influence s'étend au loin et enveloppe de son manteau de sorcellerie toute la contrée voisine.

Plusieurs habitants du Val assistaient à la soirée de Van-Tassel, et racontâient, selon leur l'usage, des légendes merveilleuses, telles que convois funèbres , rencontrés sur le minuit, gémissements et lamentations entendus près de l'arbre où le major André fut arrêté. On parlait également de la Dame blanche, qui les nuits d'hiver, aux approches d'une tourmente, apparaît dans la vallée, près du rocher du Corbeau, où autrefois on avait trouvé son cadavre dans les neiges. De toutes ces histoires, la plus capitale était celle du Cavalier sans tête, qu'on avait vu si souvent parcourir le pays, et qui la nuit bronchait à cheval au milieu des tombes du cimetière.

La situation isolée de l'église semblait avoir été choisie à dessein pour en faire un lieu de rendez-vous des esprits nocturnes. Elle se trouve sur un monticule entouré d'acacias et d'ormes majestueux à travers lesquels on aperçoit les murs blanchis à la chaux et brillants de propreté. Du sommet descend une source limpide qui va se perdre dans un immense bassin bordé de saules. De là on entrevoit les montagnes bleues du fleuve Hudson. A voir ce lieu de repos, où les rayons du soleil semblent se jouer avec tant de traquillité, on dirait que les morts attendent d'un sommeil paisible dans ces couches silencieuses l'heure du jugement dernier. Un large vallon boisé traversé par une petite rivière qui serpente à travers des rochers brisés et les arbres déracinés, s'étendait d'un côté de l'église ; à l'époque dont nous parlons, un pont de bois la traversait dans sa partie la plus large. La route qui y conduisait était ombragée de grands arbres, ce qui lui donnait pendant le jour un aspect sombre et mélancolique. tandis que la nuit l'obscurité était effrayante. Cet endroit était une des promenades favorites du Cavalier sans tête ; c'est là qu'on le rencontrait le plus souvent. On racontait que le vieux Brower, qui jamais n'avait voulu croire aux revenants, ayant une nuit rencontré dans le Val-Dormant le Cavalier sans tête, avait été obligé de monter en croupe derrière lui ; qu'après avoir galopé par monts et par vaux pendant près d'une heure, ils étaient enfin arrivés près du pont en question ; que là le cavalier s'était changé en squelette, et avait disparu derrière la cime des arbres, tandis que le vieux Brower s'était senti précipité dans la rivière.

Tom Bones rapporta quelque chose de plus étonnant encore ; il affirma qu'en revenant un soir du village de Sing-Sing il avait fait rencontre du cavalier nocturne, auquel il avait proposé de faire une course avec lui à la condition que le perdant payerait à l'autre un bol de punch ; que lui, Tom, avait gagné le pari, car son cheval Dardeville marchait mieux que celui du spectre, mais qu'arrivés près du pont de l'église le fantôme avait disparu sans payer sa dette.

Toutes ces histoires racontées à demi-voix firent une profonde impression sur l'esprit du superstitieux maître d'école. A son tour il cita des extraits de son auteur favori Mather Cotton ; il parla des événements étonnants qui avaient eu lieu dans son pays, le Connecticut, puis des choses merveilleuses que souvent il avait entrevues dans ses promenades nocturnes du Val-Dormant.

Cependant les invités commencèrent graduellement à se préparer au départ. Les vieux fermiers montèrent avec leurs familles dans les voitures qui les avaient amenés, et pendant quelque temps on put entendre le roulement des chariots sur les routes tortueuses. Le rire joyeux des jeunes filles, se mêlait aux pas précipités des chevaux qui frappaient le sol en cadence. Longtemps les échos des collines et des vallons répétèrent ces bruits confus ; peu à peu ils s'affaiblirent, et bientôt tout redevint silencieux.

Ichabod était resté le dernier, désirant encore échanger quelques paroles avec l'héritière qui avait captivé son cœur, convaincu d'avance qu'il était à la veille de réussir dans son projet ambitieux.

Je ne prétends pas raconter ce qui se passa dans cette entrevue ; je dirai seulement que notre pédadogue sortit presque immédiatement après avec un air fort mécontent. « Oh ! les femmes, les femmes ! murmurait-il » entre ses dents. Elle a donc fait la coquette avec moi ! Les encourage- » ments qu'elle paraissait me donner n'étaient pas par conséquent que » des feintes pour mieux s'assurer la conquête de mon rival ! Dieu seul » le sait, mais pas moi. » Sans même jeter un dernier coup d'œil sur les richesses agricoles qu'il avait si souvent contemplées et admirées, il se rendit à l'écurie, éveilla à grands coups de pied son cheval, se jeta en selle et partit.

Désappointé et le cœur gros de regrets, Ichabod retournait à l'habitation de Van Ripper en longeant les hautes montagnes qui bordent Tarry-Town. A ses pieds la mer de Tappan roulait tranquillement ses vagues sombres et clapotantes, çà et là on apercevait les mâts élevés de quelque bateau caboteur à l'ancre. Le silence était si profond, que notre maître d'école éconduit pouvait entendre l'aboiement d'un chien de garde veillant sur l'autre rive de l'Hudson. A la faiblesse du son, il pouvait approximativement juger la distance immense qui le séparait de ce fidèle compagnon de l'homme. De temps en temps le cri prolongé d'un coq éveillé accidentellement retentissait dans le lointain. Tout paraissait mort autour de lui. Quelquefois il tressaillait au cri mélancolique d'un grillon ou au coassement d'une grenouille cachée dans un marais voisin.

Toutes les histoires de revenants dont il avait entendu le récit dans la soirée lui revinrent alors à la mémoire. La nuit devenait de plus en plus obscure. Les étoiles paraissaient s'enfoncer plus profondément dans le ciel ; par moments des nuages errants les cachaient entièrement à ses regards. Jamais il ne s'était trouvé dans une position aussi isolée. Ce qui augmentait son malaise, c'était de traverser des lieux où les histoires de sorciers qu'il avait écoutées une heure auparavant s'étaient accomplies.

Au centre de la route qu'il parcourait s'élevait un majestueux tulipier, qui dominait tous les autres arbres du voisinage. Ses branches noueuses, d'une grosseur prodigieuse, touchaient presque la terre pour se relever ensuite. On l'appelait le « tulipier du Major André. » Car ce fut presque sous son ombre que l'infortuné avait été arrêté. Le peuple considérait ce géant des forêts avec un mélange de respect et de superstition, en partie à cause du sort malheureux de celui dont il portait le nom, en partie pour les histoires merveilleuses qui y avaient rapport.

Ichabod se mit à siffler en approchant de cet endroit redoutable. Il se figura qu'on répondait à son sifflement ; ce n'était qu'une rafale de vent s'engouffrant à travers les branches sèches de l'arbre séculaire. Quand il fut plus près, il crut entrevoir quelque chose de blanc suspendu au milieu des branches, il s'arrêta et cessa de siffler ; mais en regardant avec attention, il vit que l'écorce avait été enlevée par la foudre. Tout à coup il entendit un gémissement prolongé : alors ses dents claquèrent, ses genoux serrèrent la selle avec violence ; ce n'était que le frottement d'une branche contre une autre agitée par le vent. Il passa sans accident ; mais d'autres dangers l'attendaient encore.

A deux cents pas environ du tulipier, la route est traversée par un ruisseau qui se jette dans une vallée boisée et marécageuse connue sous le nom Willy's Swamp. Quelques souches raboteuses, placées les unes près des autres, servent de pont. Du côté de la route où le ruisseau pénètre dans la vallée, un bouquet de chênes et de noyers, couvert entièrement de vignes sauvages entrelacées les unes dans les autres, y produisent une obscurité profonde. Passer ce pont était l'épreuve la plus sévère ; c'était l'endroit même où André avait été pris. L'ombrage de ces noyers et de ces vignes avait caché les paysans qui l'arrêtèrent. Depuis lors ce ruisseau a toujours été considéré comme ensorcelé, et les écoliers, qui, pour rentrer chez leurs parents sont obligés de le traverser à la tombée de la nuit, ne s'aventurent qu'en tremblant sur les cailloux qui servent de passage.

En approchant de cet endroit redouté, le cœur d'Ichabod battait avec violence ; mais rappelant tout son courage, il appliqua quelques violents coups de talon sur les flancs de son cheval, et essaya de traverser le pont au galop. Gun-powder, loin d'écouter son cavalier, fit un bond de côté, et se mit à courir à toute bride dans la direction opposée. L'infortuné, dont la terreur augmentait de plus en plus, tira les rênes ; mais le rétif animal, au lieu d'obéir, continua son chemin avec plus d'ardeur. Enfin, à force de coups, le vieux Gun-powder revint en galopant, puis, arrivé en face du pont, il s'arrêta d'une manière si brusque que le maître d'école faillit en perdre les arçons. Au même instant, un bruit sourd vint frapper l'oreille exercée d'Ichabod. Dans l'ombre épaisse du bosquet, sur le bord même du ruisseau, il aperçut une masse informe, immobile, semblable à un géant monstrueux prêt à s'élancer sur lui. La position était vraiment terrible.

Les cheveux du malheureux se dressèrent de terreur. Que lui restait-il à faire ? Rebrousser chemin était chose impossible. En outre, quel espoir avait-il d'échapper au fantôme, si c'en était un, puisqu'il pouvait le poursuivre monté sur les ailes du vent ? Il demanda d'une voix tremblante : « Qui êtes-vous ? » Cette question resta sans réponse. Il la répéta d'une voix plus agitée, le même silence continua. Eperdu, mort de peur, il se remit à frapper le vieux compagnon de de Van Ripper, puis, fermant les yeux, il entonna le verset d'un psaume. Alors l'objet qui causait son épouvante se mit en mouvement, et d'un bond prodigieux se plaça au milieu de la route. Malgré l'obscurité de la nuit, on pouvait distinguer en quelque sorte la forme du fantôme ; il paraissait monté sur un cheval noir d'une puissante encolure et se tenait au large d'un côté du chemin, trottant de front avec le vieux Gun-powder, qui paraissait avoir abandonné son humeur rétive.

Ichabod ne se sentait aucun goût pour ce singulier compagnon, car il se rappelait en outre l'aventure de Tom Bones avec le Cavalier sans tête, aussi aiguillonna-t-il sa monture, espérant le devancer et le laisser loin derrière lui. L'étranger imita son exemple, et conserva sa distance. Le maître d'école se mit alors à galoper de toute la vitesse de son cheval, mais le fantôme ne perdit pas un pouce de terrain. Notre instituteur, mourant de frayeur, essaya d'entonner le second verset du psaume. Ce fut en vain, sa langue séchée et collée à son palais ne pouvait faire entendre le moindre son. Il y avait quelque chose de mystérieux et de terrible dans le silence obstiné que gardait le personnage qui l'accompagnait. Bientôt il en connut le motif. Arrivé au sommet d'une petite colline, il aperçut en relief la forme du spectre attaché à ses pas. Un manteau noir l'enveloppait entièrement. Qu'elle ne fut pas l'horreur, l'effroi d'Ichobod en s'apercevant que ce corps était sans tête. Son épouvante ne fit qu'augmenter, lorsqu'il vit que le fantôme la portait suspendue au pommeau de sa selle. Ichabod, voulant encore, si c'était possible, dérouter son funèbre compagnon, fit partir Gun-powder à fond de train, mais le fantôme le suivit ; leur course devint alors fantastique, les étincelles et les éclats de rochers volaient sous les pieds de leurs chevaux. Ichabod, pour activer la fuite, s'était jeté sur le cou de sa monture. Bieatôt ils atteignirent la route qui conduit au Val-Dormant et Gun-powder, qui semblait possédé du démon, au lieu de la suivre, prit à gauche et s'enfonça au grand galop dans la montagne. En peu d'instants il arriva près d'une vallée sablonneuse couverte d'arbres et traversée par le fameux ruisseau hanté par les apparitions nocturnes, d'où l'on aperçoit le monticule sur lequel se trouve l'église dont nous avons parlé.

La peur qu'avait éprouvée le cheval du maître d'école lui avait fait gagner du terrain sur son redoutable compagnon ; mais en parvenant au milieu de la vallée, les sangles de la selle se brisèrent, et Ichabod la sentit tourner sous lui. Il la saisit par le pommeau et essaya, mais en vain, de la retenir. En voyant l'inutilité de ses efforts, il se cramponna au cou de Gun-powder et la laissa tomber. Pendant une seconde il songea à la colère qu'éprouverait Van Ripper quand il le verrait revenir sans la selle ; mais ce n'était pas le moment de songer à cette bagatelle, le fantôme arrivait, on entendait le bruit de sa course. Le malheureux Ichabod avait toutes les peines du monde à maintenir son centre de gravité ; tantôt il penchait à droite, tantôt à gauche, quelquefois son cheval le faisait sauter avec tant de violence, qu'il craignait d'être fendu en deux.

Une percée à travers les arbres lui donna l'espérance d'être bientôt arrivé près le pont de l'église ; le miroitement d'une étoile dans le ruisseau lui apprit qu'il ne s'était pas trompé, il aperçut à quelque distance les murs blancs du cimetière, et se rappela que s'était l'endroit où le cavalier sans tête, avec lequel Tom Bones avait couru, s'était évanoui. « Si je puis seulement atteindre le pont, pensait l'infortuné maître d'école, je suis sauvé. » Au même instant il entendit hennir tout près de lui le coursier de son mystérieux compagnon. Un solide coup de pied appliqué dans les côtes de Gun-powder le fit se précipiter sur le pont, qu'il franchit en un clin d'œil. Alors Ichabod jeta un regard derrière lui pour voir si le revenant avait, selon son habitude, disparu dans un éclair. Il le vit s'élever sur ses étriers, se préparant à lui lancer sa tête. Il voulut essayer d'éviter l'horrible projectile, mais il était trop tard ; le spectre l'atteignit sur le crâne avec un bruit effroyable, et l'envoya rouler la tête la première dans la poussière du chemin. Ensuite Gun-powder et le cheval du fantôme disparurent comme emportés par un tourbillon.

Le lendemain matin on retrouva le vieux cheval débarrassé de sa selle paissant tranquillement à la porte de la ferme de son maître. Ichabod ne parut pas au déjeuner. L'heure du dîner arriva, même attente. Les élèves se réunirent devant l'école et passèrent la journée à jouer en attendant le maître, qui ne vint pas. Van Ripper commença alors à concevoir des inquiétudes sur le sort de son hôte et sur celui de sa selle. On fit des recherches, mais on ne trouva sur la route qui conduit à l'église que la selle du fermier souillée et foulée aux pieds. On apercevait distinctement les pas de deux chevaux dont la course avait dû être furieuse. De l'autre côté du pont on ramassa le chapeau de l'infortuné maître d'école, à côté duquel gisaient épars les débris d'une citrouille.

On sonda le ruisseau sans y trouver le corps de l'infortuné visionnaire. Van Ripper comme exécuteur testamentaire, examina le paquet qui renfermait la garde-robe du défunt : il y trouva deux chemises, deux cols, une ou deux paires de bas de laine, une vieille culotte, un rasoir rouillé, un livre de prières, et une pipe cassée. Quant aux livres et aux meubles de l'école, ils appartenaient à la communauté, à l'exception de l'*Histoire des sorciers* par Mather Cotton, d'un almanach et d'un livre de nécromancie dans lequel on retrouva une pièce de vers inachevée qu'Ichabod avait voulu composer en l'honneur de l'héritière de Van Tassel.

Van Ripper livra aux flammes ces livres de magie, et depuis lors il ne voulut plus envoyer ses enfants à l'école, prétendant qu'on ne retire rien de bon de savoir lire et écrire. Quant à l'argent de son trimestre, que le savant avait touché quelques jours avant sa disparition, on ne put savoir l'endroit où il avait été déposé.

Cet événement mystérieux devint le texte de la conversation générale. Le dimanche suivant des groupes de causeurs se réunirent dans le cimetière, sur le pont, et à l'endroit même où l'on avait retrouvé le chapeau et la citrouille. On se rappela l'histoire de Brower, celle de Bones, et après les avoir commentées et comparées à ce qui venait d'avoir lieu, les fermiers secouèrent la tête et arrivèrent tous à cette conclusion : qu'Ichabod avait été emporté par le Cavalier sans tête. Grâce à sa qualité de garçon et plus encore parce que le pauvre maître d'école ne devait rien à personne, on ne s'occupa plus de lui. L'école fut transférée dans une autre partie de la vallée, et l'on fit venir un nouveau maître pour remplacer celui qui avait disparu.

Quelques années après, un fermier du pays s'étant rendu pour affaires dans la ville de New-York, raconta à son retour qu'Ichabod était encore en vie, qu'il avait abandonné son école par frayeur, et en partie aussi parce que la fille de Van Tassel avait refusé l'offre de son cœur et de sa main. Il était allé dans un autre village de la contrée ouvrir une école, et en même temps il avait étudié le droit : puis après avoir pris son diplôme d'avocat, il s'était jeté dans la politique, avait écrit pour plusieurs journaux, et finalement il venait d'être nommé juge de paix.

Quelque temps après la disparition de son rival, Tom Bones conduisit à l'autel la charmante Katrina. On remarquait que chaque fois qu'on
faisait allusion à l'histoire du maître d'école, il se mettait à rire de tout
cœur, particulièrement lorsqu'on parlait de la citrouille brisée, ce qui fit
supposer qu'il ne disait pas tout ce qu'il savait de cette affaire mystérieuse.

Cependant les bonnes femmes du pays, qui sont les meilleurs juges
dans ces sortes d'affaires, prétendent encore aujourd'hui qu'Ichabod a
été enlevé par le diable en personne ; et très souvent pendant les longues soirées d'hiver, on raconte son histoire avec force commentaires.
Le pont près duquel il disparut devint plus que jamais un objet d'épouvante et d'effroi, et c'est probablement pour cette raison que la direction
de la route a été changée depuis quelques années. La salle où se tenait
l'école, ayant été abandonnée, tomba bientôt en ruines, et l'on assure
que le fantôme de l'infortuné pédagogue vient souvent encore la visiter.
Aussi les garçons de la ferme affirment-ils que pendant les belles nuits
d'été la voix d'Ichabod se fait entendre dans les tranquilles ombrages du
Val-Dormant.

TABLE

Limoges. — Imprimerie de Charles BARBOU, avenue du Crucifix.